Caste and Hindu Society

3rd edition

种姓与印度教社会

（第三版）

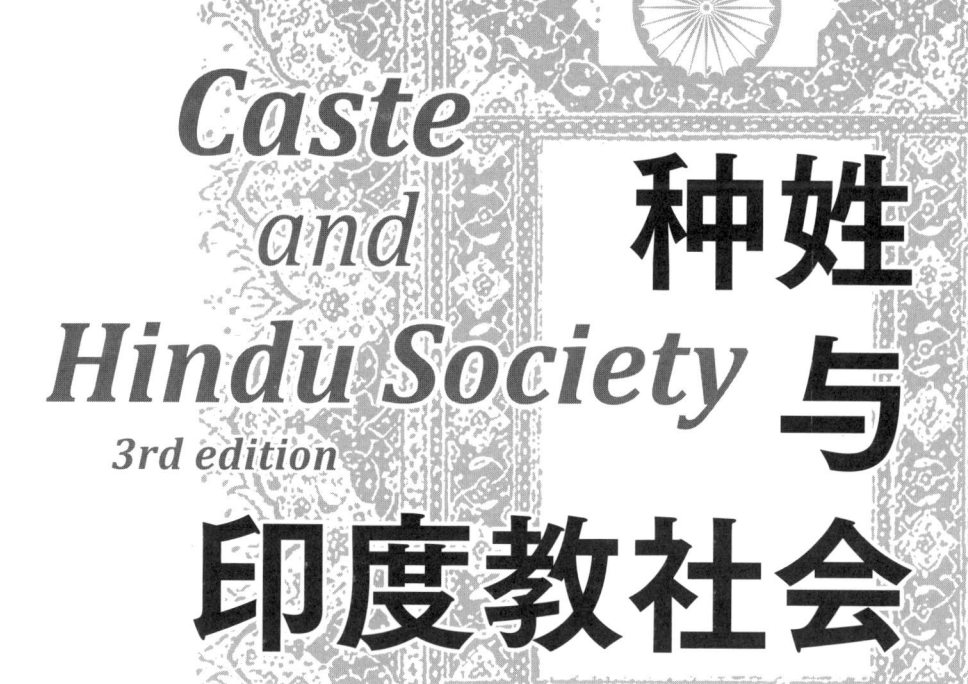

尚会鹏 —— 著

北京大学出版社

图书在版编目(CIP)数据

种姓与印度教社会 / 尚会鹏著. -- 3版. -- 北京：北京大学出版社, 2025.8. -- ISBN 978-7-301-36382-9

I. D735.121；B982

中国国家版本馆CIP数据核字第2025ZV9096号

书　　　名	种姓与印度教社会（第三版）
	ZHONGXING YU YINDUJIAO SHEHUI(DI-SAN BAN)
著作责任者	尚会鹏　著
责任编辑	董郑芳
标准书号	ISBN 978-7-301-36382-9
出版发行	北京大学出版社
地　　　址	北京市海淀区成府路205号　100871
网　　　址	http://www.pup.cn
新浪微博	@北京大学出版社　　@未名社科-北大图书
微信公众号	北京大学出版社　北大出版社社科图书
电子邮箱	编辑部 ss@pup.cn　　总编室 zpup@pup.cn
电　　　话	邮购部 010-62752015　　发行部 010-62750672
	编辑部 010-62753121
印　刷　者	大厂回族自治县彩虹印刷有限公司
经　销　者	新华书店
	650毫米×980毫米　16开本　25.5印张　374千字
	2001年5月第1版　2016年1月第2版
	2025年8月第3版　2025年8月第1次印刷
定　　　价	89.00元

未经许可，不得以任何方式复制或抄袭本书之部分或全部内容。

版权所有，侵权必究

举报电话：010-62752024　电子邮箱：fd@pup.cn

图书如有印装质量问题，请与出版部联系，电话：010-62756370

第三版修订说明

2022年12月初，北京大学出版社的编辑徐少燕女士通过微信告诉我，《种姓与印度教社会》在网络上有一定的关注度，读者的评论还算中肯，出版社建议出第三版。在这个人们更爱刷手机而不愿读纸版书的时代，还能不断有读者关注这部高度专业的著作，作为作者的我感到欣慰。

这次修订，有以下几点需要说明：

第一，修订了正文中一些表述方法和错漏之处。

第二，在第四章"达利特解放运动"中，增加了第四节"印度的保留政策与阶序人社会的公平问题"。我的考虑是：读者在阅读这部20多年前完成的著作时，可能想知道今日印度的种姓问题以及作者对这一问题有何新看法。这一节或可作为对读者这一需求的回应。

第三，在第十一章"关于种姓印度教社会的若干理论"中，增加了第四节"路易·杜蒙与他的《阶序人》"。这一节的内容不仅包括对法国著名人类学家路易·杜蒙的种姓理论的评价，还包括该书出版后我对印度种姓的新思考以及杜蒙的理论与心理文化学之间的关系。

第四，"untouchable"这个词的含义是"不可接触"。在传统种姓制度下，一部分人被认为是"untouchable"，直译为"不可接触者"或"贱民"，但这个词带有贬义（中文译名加了引号），近些年，无论印度还是印度以外的文献，对这个词的使用越来越少，而对"Dalit"一词的使用越来越多。"Dalit"在梵语中意为"被压迫者"，不带贬义。经过考虑，本书第三版将前一版中的"不可接触者""贱民"以及"哈里真"等改为"达利特"（Dalit）。

第五，如本书首版序言所说，写作本书与作者想探寻"资本主义为什么产生于西方而不是东方"这一"斯芬克斯之谜"有关。本书并没有给出这个谜题的答案，但作者也没有放弃探求。作者2023年出版的新著《阶序人、阶序人主义与阶序人社会：印度教徒基本人际状态研究》（社会科学文献出版社），采用新的分析工具研究了印度教徒的基本人际状态。"种姓"这个本书的核心概念，在新著中只是"阶序人"（印度教徒的基本人际状态）的一部分。新著对印度教社会进行了类似"基因解码"式的剖析，可看作对上述谜题的一种回答，亦是作者对印度社会文化的一个总结性认识。读者可参考阅读。

第六，有一点需要说明的是，本书使用"印度教社会"的概念，因为印度有不同宗教，不同教徒构成的社会差异甚大，如印度的"穆斯林社会""基督教社会"就与"印度教社会"完全不同，甚至连"印度教"也是一个相当模糊、宽泛的概念。印度教有不同派别，派别之间的差异大到甚至完全可以称为新宗教的程度。"印度教社会"只能大体被界定为居住在南亚次大陆的由践行不同仪式、信奉由不同教义构成的大体可称为印度教的人组成的社会。另一点需要说明的是，本书主体内容的写作始于20世纪80年代后期，初版出版于2001年，修订版出版于2016年，第三版是对修订版的修订，前后跨越近三十年。本书中使用材料的时间跨度也较长，一些材料是几十年前的。但本书所研究的是一种已延续几千年并且至今仍有影响力的人类制度，它并非那么容易变化。人类对这一制度的认识是一个长期积累的过程，一些材料虽较早却并没有过时，反映的是学者对这一制度认识的积累过程。在修订过程中，笔者尽量补充了一些新材料，但毕竟这不是一部研究种姓制度新变化的著作，它更注重的是这一制度的某些稳定特征，故而并没有（亦无必要）在追踪新材料上花费太多精力，只是尽量做到不忽视那些与本书基本观点相矛盾的重要新材料。

本书第三版的责任编辑是北京大学出版社的董郑芳女士。她按出版新标准严格要求，对全书做了大量细致的编校工作。书如玉器，越打磨、把玩，就越细腻、温润。作者衷心感谢董编辑为打磨本书所倾注的心血。

尚会鹏

2025 年 1 月

于福建厦门杏林湾畔

修订版序言

本书初版于2001年，出版后获得北京市第七届（2002）哲学社会科学优秀成果奖一等奖（这也是目前我的著作获得的最高奖项）。今天看来，初版中所用材料有的已显陈旧，一些表述亦有欠妥之处。这次修订版，修正了初版中的错误，补充了一些新材料和新想法，进一步推敲了一些表述，但仍保留了初版的篇章结构和基本风貌。

本书初版以后，我投注较大精力从事心理文化学理论和方法的构建工作，终在2013年出版了《心理文化学要义——大规模文明社会比较研究的理论与方法》（北京大学出版社），算是在理论和方法论上对自己的学术研究活动有了一个集成总结，也算是对本书初版序言中提及的那个"斯芬克斯之谜"的一个学理性解答。原计划将本书的修订版列入"心理文化学堂系列"丛书（该丛书由社会科学文献出版社出版，第一批出版的三部专著是：尚会鹏，《中国人与日本人：社会集团、行为方式和文化心理的比较研究》；尚会鹏，《中国人与印度人：文化传统的比较研究》；游国龙，《许烺光的大规模文明社会比较理论研究》）。但这时，我从北大出版社得到了将本书作为"北京市社会科学精品文库"之一再版的消息。我不敢称自己的作品为精品，因为我知道目前中国的学术生态欠佳，合格的学术产品较少，精品更少，而且，是否精品，是需要时间检验的。在一个人们常常抱怨"被代表""被幸福""被和谐"的时代，自己的著作"被精品"，毕竟是一件可以满足作者自尊心的高兴事，尽管"被精品"的东西也未必是真正的精品。由于精品文库是一个总体设计，难以与"心理文化学堂系列"兼容，经考虑，我放弃了将本书修订版放入"心理文化学堂系列"丛书的打算。

　　随着中印两国交往日益密切和互联网日益发达，现在去印度旅行、工作、访问的中国人越来越多，关于印度种姓制度的信息也比本书初版时大为丰富。近些年，印度的经济发展很快，种姓制度及印度教社会亦发生了变化。但如书中所言，种姓制度是印度教的一部分，它与印度教社会如影随形，只要印度教在，种姓制度就不会亡，它仍会对今日乃至可预见的将来的印度教社会有影响。今天，由于网络的发达，我们随时能得到种姓影响印度教徒生活和行为方式的信息，如"不可接触者"被烧死、遭强奸，违背种姓规定的通婚者被实施"荣誉处决"，以及海外的印度人在择偶、交往中仍受到种姓意识的影响等。我还注意到，种姓问题还影响到进入印度的外国企业的经营。发生在2012年8月印度北部哈里亚纳邦的日本铃木汽车印度子公司"玛鲁蒂铃木"工厂的暴乱（造成1人死亡、约90人受伤，工厂停产；起因是工厂的印度管理人员对员工发表了基于印度教等级制度的歧视性言论），可视为种姓制度至今仍在起作用的一个例证。这也佐证了本书中（基于心理文化学）的一个观点：种姓，作为一种社会制度，会发生变化，但作为印度教徒的一种思考方式和行为原理，它根植于印度教徒心中，构成印度教徒民族特性的一部分（用心理文化学的术语说，它是"阶序人"这种印度教徒的"基本人际状态"的一个维度）。正如苹果树，无论生长在怎样的环境中，无论其个体有怎样的差异，总能看出其与梨树的不同。本书中的材料可能不是，也做不到是最新的，但它的研究问题是在严肃思考印度教徒的行为方式、解读印度教社会时必不可少的。

　　这本修订版的责任编辑是北京大学出版社的胡利国先生（他也是我另一部书《心理文化学要义——大规模文明社会比较研究的理论与方法》的责任编辑），感谢他为本书做出的认真细致的工作。

尚会鹏
2015年1月
于北京智学苑白求村

首版序言

我自大学时代起常思考这样的问题:"当代资本主义为什么产生于西方而不是东方?""近代以来面对西方的挑战,同是东方社会,为什么日本学习西方经验迅速实现了社会的现代化,而印度和中国则分别沦为殖民地和半殖民地社会?"当时受一种观点的影响,我认为对于任何社会发展变化都应到经济关系中寻找原因。经济关系成了存放问题答案的"宝箱",对宗教、文化价值观以及文化心理诸因素稍作强调便有被斥为"历史唯心主义"之虞。在诸种经济关系中,土地所有制关系又被认为最重要。记得研究生时代读胡如雷的《中国封建社会形态研究》时,我竟激动不已并投书胡氏赞该书可与《资本论》媲美。我的硕士学位论文(部分内容见本书第七章)就是在这种思考下选题并完成的。但后来有两个因素使我改变了看法。第一个因素是我对印度的土地所有制有了更多的了解。一方面,印度很早就存在土地私有制;另一方面,直到英国人在20世纪实行赋税改革时,印度一些地区还存在较原始的土地公有制。印度的社会形态同土地所有制的关系不像西欧社会那样,即一种所有制清楚地对应一种社会形态,而是各种土地所有制与各种社会形态混合并存,难分难解。第二个因素是实际观察。新中国成立初期实行的土地所有制变革,可以说是古今中外最彻底的改革。人们曾天真地认为,随着土地私有制的废除和公有制的确立,中国所有问题都会得到解决。但实际并非如此。土地所有制变革并没有从根本上改变中国贫困的状况,政治关系、人际关系、价值观和行为方式的变化也没有宣传的那样大。我陷入了困惑。

就在这个时候,我接触到马克斯·韦伯的著作。韦伯花了很大的精力研究当代资本主义生产方式何以在西方产生，这实际上同我一直关心的问题是一回事。我怀着极大的兴趣阅读韦伯的书，为他那百科全书式的知识和庞大的理论体系所折服。叹服之余，怀着"天降大任于斯人"的责任感，给当时中国社会科学院副院长马洪先生写了一封信，力陈在中国开展韦伯研究之必要。信，自然没有回音。不久，一股"韦伯热"悄然在中国兴起。不过当许多人开始"发烧"般地吹捧韦伯时，我却先"退烧"了。因为我发现，韦伯对东方社会的了解是肤浅的，许多观点是错误的。例如，他对中国和印度不加区分，认为这两个社会只是东方社会的两个变种。但实际上，中国和印度分属两个完全不同质的文明。再如，在韦伯那炫耀华丽、佶屈聱牙的文句背后，我读到了西方人的傲慢和对东方文化的蔑视。不过，韦伯对宗教伦理的重视影响了我，我开始注意印度教和种姓制度等制约印度社会发展的社会学诸条件。

另一个对我有重大影响的人物是文化人类学家许烺光。他是华裔美国人，在中国出生并生活到28岁。与西方学者不同，他有东西方两种生活的经历，故其立论中少见西方学者常有的那种偏见。他的理论从多元价值观出发，说了许多别人没有说过的观点。我又成了一个许氏的崇拜者，并将他的《宗族、种姓与社团》一书的部分章节译出发表。许氏并没有直接回答那一直困扰我的"斯芬克斯之谜"，但根据他的理论，似乎可以得出这样的结论：一个社会就是一个具有特殊亲属体系、特殊文化心理取向、特殊次级集团和特殊价值体系的"模式"。"当代资本主义为什么产生于西方而不是东方？"的问题，是一个"苹果为什么结在苹果树而不是梨树上？"的问题。

这样，在兜了一个圈子后，我似乎有所感悟：像"东方为什么……？""西方为什么……？"之类的问题，固然十分吸引人，却过于庞大、过于复杂，要想就此类问题寻求到单一而明确的答案，无异于神话中所讲的要向无所不能的智慧老人寻得一语破的的"天机"，实际是不可能的。此后，我便少了些狂热，多了些冷静，放弃了寻求"天机"的努力，也不再盲信什么，而选择种姓制度为突破口，致力于对印度教社会和文化特点的研究，成功后再推及其他社会。至于为什么选择种姓制度，已如书中所述——这时，我似乎明白了古人"四十不惑"的道理：那"不惑"并非"无所不知"的"不惑"，而是指人到中年后感知到人生之短暂，宇宙之无穷，故不去想没有答案的问题，不去做没有结果的事情。

以上就是我的思想探索之路。

确定了研究方向以后，如何选择研究角度便成了一个重要问题。有关种姓的材料可谓汗牛充栋。我深知，完全从历史的角度谈，我不如史学家之博学；完全做微观的描述，我没有社会人类学家进行精细田野调查的条件；纯理论的研究，可能会陷入空谈而于事无补。能否从不同侧面对种姓制度做一立体透视呢？我相信这不仅可能而且应该。于是，我确立了几条原则：(1) 多侧面把握。不仅把握种姓的社会构造（第二、三章），还把握种姓与村落社会的权力结构（第五章），种姓与社会运动（第四章）、社会冲突（第六章），种姓与印度教（第二章），印度教的心理文化特征（第六章），种姓的历史（第七章），种姓的跨文化比较（第十章）等，力求对这一制度有个全面认识。(2) 在考察近代以来种姓制度的变化（第八章）和种姓与现代化的关系（第九章）上多下些功夫。种姓是一个历史问题，更是一个现实问题。它至今仍影响着印度人（尤其是印度教徒）的生活，影响着印度社会的现代化。对这方面的探讨，相信对于同样背负历史负担并正走在现代化之路上的中国，不无借鉴意义。(3) 宏观与微观相结合。在做整体把握和理论概括时，必须以微观考察为依据；重视个案研究，不使立论失于空泛。至于个案研究材料，有的是我亲自调查（库土尔村）而来，有的来自他人的调查报告（如第三章和第五章的个案研究）。

自1986年起，我开始以论文的形式将研究成果陆续在不同刊物发表出来。有的论文受到好评并得了奖。我自我感觉良好，认为是找到了正确的路子。但当我1994年着手把这些（发表过和未发表过的）内容梳理成一部专著时，竟对着厚厚的一摞书稿困惑起来：这不是一本完全意义上的社会学著作，不是一本纯粹的文化人类学著作，也不是一本历史学著作。到底属于哪一类，自己不清楚。当把那些尚说得过去的一篇篇论文串成一本书时，没想到出现在眼前的竟是一头"四不像"！但我并不怀疑我的研究方法错了，而是认为囿于分析概括能力未能将多侧面的考察有机地联系起来。于是，我又将各篇论文打散，重新思考组合，力求理出各部分之间的内在联系。这就是眼前的这本书。尽管做了最大的努力，仍有多处不尽如人意。人在困惑时常常能找出为自己辩解的理由：既然自然界有"四不像"的生物，学术界也应允许有"四不像"的作品。眼下学术界提倡所谓"立体研究""多学科交叉研究"等，不就是鼓励生产"四不像"吗？本书记录着我的学术追求的漫长历程，望读者能包容这样的追求。

在这本书即将出版之际，我首要感谢的是我的恩师陈洪进教授。他是我研究生时的导师，我的学术生涯直接受他的影响，本书的一些重要观点都同他讨论过并受到教益。他在本书出版前去世了。谨将本书奉于先生灵前以表学生悼念之意！我还要感谢令人尊敬的季羡林教授，我从他丰富的著述和平时谈话中得到许多启示，他还审阅过这本书的书稿并给以教诲。感谢中国社会科学院文学研究所黄宝生研究员，他审阅了全部书稿并提出了多处中肯的修改意见。此外，感谢的还有：印度马德拉斯大学社会人类学系副教授 V. Karuppayan 博士，他为我在印度南部乡村的考察提供了诸多方便；印度尼赫鲁大学社会学系的 Patricia Uoeroi 博士，她是我 1991—1992 年在该大学研修时的联系导师，为我的学习和研究工作提供了许多帮助；印度尼赫鲁大学图书馆副馆员 A. R. Sethi，他为我利用该图书馆的各种资料提供了方便；中国社会科学院亚洲太平洋研究所研究员薛克翘，我就一些印地语词汇和印度教问题请教过他。

自知是在一条艰苦的道路上探索。我努力了，但做得怎样，只有听读者评说。我随时准备着修正自己的错误。

尚会鹏

2001 年 3 月 14 日

于北京燕北园白求村

目 录

第一章　种姓及种姓研究 ································ 001
　　第一节　种姓在印度 ································ 001
　　第二节　种姓研究的历史与现状 ···················· 012

第二章　种姓的社会构造 ································ 026
　　第一节　种姓的隔离与对立 ························ 027
　　第二节　种姓的结合 ································ 043

第三章　种姓制度的极端形式：不可接触制 ············ 057
　　第一节　不可接触制的历史与现状 ················· 057
　　第二节　个案分析：印度北部村落中的不可接触制 ····· 070

第四章　达利特解放运动 ································ 082
　　第一节　达利特解放运动的兴起与发展 ············· 082
　　第二节　达利特运动的领袖安培德卡尔 ············· 088
　　第三节　达利特与新佛教运动 ······················ 093
　　第四节　印度的保留政策与阶序人社会的公平问题 ··· 103

第五章　种姓与村落社会的权力结构 ···················· 108
　　第一节　乡村统治的基本形式：潘查雅特制度 ······· 108

第二节　种姓、阶级与权力结构 …………………… 124
　　第三节　个案分析：古吉拉特的种姓与乡村社会 …… 133

第六章　印度的社会冲突及其根源 …………………………… 143
　　第一节　地位之争、种姓冲突及其根源 ……………… 145
　　第二节　教派冲突及其根源 …………………………… 151
　　第三节　印度社会冲突的心理文化基础 ……………… 165

第七章　历史上的种姓与乡村社会 …………………………… 178
　　第一节　孔雀王朝以前印度北部的乡村社会与种姓制度 … 178
　　第二节　孔雀王朝时期的乡村社会 …………………… 185
　　第三节　18世纪印度西部的村落社会与种姓制度 …… 194

第八章　种姓制度的变化 ……………………………………… 216
　　第一节　近代以来种姓制度的变化 …………………… 216
　　第二节　种姓的社会流动及其理论 …………………… 240

第九章　种姓与印度教社会的现代化 ………………………… 252
　　第一节　种姓价值观与社会的现代化 ………………… 252
　　第二节　印度教的拯救观与社会的现代化 …………… 272
　　第三节　文化整合和种姓的未来 ……………………… 280

第十章　种姓的跨文化比较 …………………………………… 291
　　第一节　同古埃及的比较 ……………………………… 292
　　第二节　同日本的比较 ………………………………… 294
　　第三节　同美国的比较 ………………………………… 300
　　第四节　同中国的比较 ………………………………… 305

第十一章　关于种姓印度教社会的若干理论 …………………… 310
　　第一节　马克思、恩格斯关于印度村社的论断 …………… 310
　　第二节　马克斯·韦伯的印度宗教观、种姓观 …………… 329
　　第三节　许烺光对印度种姓、印度教社会的心理
　　　　　　文化学分析 ………………………………………… 340
　　第四节　路易·杜蒙与他的《阶序人》 …………………… 351

主要参考文献 …………………………………………………… 365

附录　印度南部乡村社会实态——坦焦尔地区库土尔村的
　　　实地考察 ………………………………………………… 371

重要译词 ………………………………………………………… 387

第一章　种姓及种姓研究

种姓是了解印度社会的一把钥匙,也是今日印度社会中的重要议题。虽然种姓制度在现代印度已不再合法,但其在印度社会中仍然具有极大的影响力。作为社会学和人类学领域的重要研究对象,种姓制度一直是广大学者关注的焦点。本章将探讨印度的种姓制度以及相关的研究进展,希望能够为读者提供更加全面深入的资料。

第一节　种姓在印度

一、种姓在印度的重要性

印度教徒最典型、最重要的社会集团是种姓(caste)。

种姓是印度教社会特有的等级制度。这一制度在理论上把人划分成四个等级,即婆罗门(Brahmin,神职人员和知识分子)、刹帝利(Kshatriya,武士和国家管理者)、吠舍(Vaishya,工商业者)、首陀罗(Shudra 或 Sudra,工匠和奴隶)。除了这四个等级外,还有一个被称为"Untouchable"① 的阶层,实为第五个等级。种姓自产生后不断分裂、衍化,每一等级分化成许多小集团,称作亚种姓(sub caste),

---

① "Untouchable"一词直译为"不可接触者"。但这带有贬义。近些年,无论是印度还是印度以外的文献,对这个词的使用越来越少,而较多地使用"Dalit"一词。"Dalit"在梵语中意为"被压迫",不带贬义。经过考虑,本书将"不可接触者""贱民"以及"哈里真"("不可接触者"的另一称呼)等改为"达利特"(Dalit)。

或阇提（jāti）。今日印度教社会已有上万个亚种姓集团。这一制度主要在印度教徒中实行，但也会影响信仰其他宗教的人。

在印度，种姓具有广泛的影响力。这种影响力可以从横、纵两个方面考察。

从横的方面看，种姓制度影响每一个印度教徒和印度教社会生活的各个方面。从政治经济制度、文学艺术、宗教哲学、道德到人们的衣食住行、婚丧嫁娶诸方面，无不受到种姓制度的深刻影响。正如印度社会学家 A. R. 德赛（A. R. Desai）所言：

> 印度社会典型的社会集团是种姓集团，不仔细研究种姓的各个方面，就无法了解印度社会的实质。在印度，种姓在很大程度上决定了一个人的职务、地位、上升机会和障碍。在农村，种姓差别甚至决定了家庭和社会生活模式以及居住环境和文化的类型。土地的占有情况通常也依种姓而定。由于各方面的因素，担任行政职务也是按种姓的，尤其是在农村。种姓还决定了人们的宗教和世俗文化生活模式，规定了各个社会集团的心理特征，并发展出了隔离和高低关系细微的阶序金字塔（hierarchic pyramid）。这个金字塔以大量的达利特为底层，以几乎不可接近的婆罗门为顶端。印度教社会就是一个由几百个自治的种姓世界组成的社会。①

在传统印度教社会，一个人从生到死，举手投足，都受到种姓法规的支配，或可说一个人的一生就是走种姓规定的路线。种姓决定了一个印度教徒在哪里出生和举行怎样的出生仪式，在哪里居住和居住怎样的房子，吃何种食物和怎样吃，穿何种衣服和怎样穿，从事何种职业和怎样从事，得到怎样的报酬和报酬多少，同什么样的人交往和怎样交往，同什么样的人结婚和怎样结婚，享有怎样的社会地位和权利以及负有怎样的义务和责任，在哪里死去和怎样死去，甚至死后要受到怎样的对待，等等。这种规定几乎具有神圣的力量，要改变它几

---

① A. R. Desai, *Rural Sociology in India*, 4th ed., Popular Prakashan, 1969, p. 38.

近不可能。

从纵的方面看,种姓具有极强的适应能力,种姓的历史几乎同印度文明史一样悠久。据历史学家推测,大约在公元前1500年雅利安人(Aryans)来到南亚次大陆之时,种姓的雏形就已存在。几千年来,种姓制度一直未被消灭。在历史长河中,种姓制度也发生了变化,不过这种变化只是种姓体制内的变化,即主要体现为种姓集团的分裂与融合、种姓数目的增减、种姓地位的升降等。也就是说,只是量变而非质变。在印度历史上,许多富有改革精神的统治者和思想家都在不同程度上试图消除或改革这一制度,但没有一个人成功。佛教的创始人释迦牟尼被认为是最早反对种姓制度的宗教领袖,他曾抨击种姓制度和与之相联系的婆罗门教,力倡"四姓平等"。佛教兴起时代,种姓制度确曾衰落,这从当时许多婆罗门著作者的伤感主义的著述中可以看出来。但是,佛教是在反对婆罗门教这一意义上抨击种姓制度的,也就是说它是在批判婆罗门教时顺便"捎带"上了种姓制度。实际上,佛教也承认现实生活中的种姓制度,因为从根本上说,种姓制同佛教强调的"业报"理论相一致,所以即便是在佛教最盛时代(一般认为是公元前3世纪到公元3世纪),种姓制度也没有销声匿迹,它不仅在一般民众中仍起作用,而且佛教本身亦受其强烈影响,譬如佛教徒也按种姓分成不同的集团。在释迦牟尼时代至今的两千多年里,印度出现了许多从不同角度试图革除种姓制度的人物,遗憾的是他们的尝试皆以失败告终。最典型的例子也许要算近代启蒙主义思想家拉姆·莫汉·罗伊(Ram Mohan Roy,1772—1833)的试验了。受近代西方资本主义"民主""自由""平等"思想的影响,罗伊在其一系列著述和演讲中对种姓制度进行了批判,并建立了一个任何种姓成员都能参加、成员一律平等的新型组织——"梵社"(Brāhmo Samāj)。然而,这一组织在印度的影响并不大,只限于城市地区少数受过高等教育的婆罗门种姓,相对于种姓的汪洋大海,"梵社"只是一座小小孤岛。而且后来"梵社"自身也受种姓的影响,带上了浓厚的种姓色彩,以至于今日的"梵社"成员在印度社会已成为一个特殊的种姓集团。其他一些企图消除或改造种姓制度的宗教家和社会改革家，大体都像罗伊那样，不但未能触动这一制度，反而以在已经很长的种姓名单上又添一个新种姓告终。印度历史上，统治王朝不断更迭交替，外来文化冲击一次接一次，但种姓制度一直没有灭亡。即便是在资本主义生产关系已有了相当程度发展的今天，种姓仍未退出历史舞台，它同许多现代因素相结合，表现出极大的适应性（关于这个问题，第八章将详细讨论）。

由此看来，种姓对于印度教社会实在太重要了，言印度宗教哲学必言种姓，言印度社会必言种姓，言印度人的行为方式和文化心理必言种姓，言印度的过去和现在亦必言种姓。从这个意义上说，称印度教社会是种姓社会、印度教文化是种姓文化，或无不当。

印度社会学者 S. C. 杜伯（S. C. Dube）指出，传统印度社会有七个特征：(1) 森严的身份制；(2) 阶序主义的（hierarchical）；(3) 社会地位的评价标准是礼仪而非经济或政治；(4) 四个人生目标："法"（Dharma）、"利"（Artha）、"欲"（Kama）、"解脱"（Moksha）；(5) 四个生活期（four Ashramas）；(6) 债（Rin）意识；(7) "轮回"的说教。① 前三个是直接讲种姓制度的，后四个也与种姓制度有关。

描述一个人，要抓住其特征。同样，认识一个社会，也必须从研究特征入手。种姓制度是研究印度教社会的突破口，是了解印度教社会与文化的一把钥匙——这就是本书的基本出发点。

二、种姓的名称

种姓有好几个名称，这些名称中，有的意思完全相同，可互相替用；有的意思不同，不可替用；有的只是部分重合。有关它们的含义及用法，说法不一，这里试作讨论。

在印度语言里，表示"种姓"这一概念的词有两个，一个是"varna"（瓦尔纳），一个是"jāti"（阇提）。"瓦尔纳"一词最早出自印度教

---

① S. C. Dube, *Indian Village*, Routledge & Kegan Paul Ltd., 1955, p. 45.

(Hinduism)圣典《梨俱吠陀》,原意为"色"。据说,大约在公元前1500年,印度次大陆的征服者为了把自己与原住民区别开来,称白皮肤的雅利安人为"雅利雅瓦尔纳",称黑皮肤的原住民为"达萨瓦尔纳",这是最初的划分。严格说来,这时的"瓦尔纳"尚无等级的含义。但到后来,"瓦尔纳"逐渐失去了"色"的意义,成了社会等级名称,形成了著名的四瓦尔纳制度。

关于"瓦尔纳"一词后来如何演变成了包括婆罗门、刹帝利、吠舍和首陀罗在内的四等级制度的名称,学者们有种种推测[①],这里不予详述。四瓦尔纳体系后来逐渐分化,发展为包括许多更小集团的等级体系,即印度教社会现实中存在的种姓制度。严格地说,四瓦尔纳图式同现实社会中存在的种姓制度并不相符。第一,从理论上说,四瓦尔纳图式应存在于全印度,但实际上并非完全如此,在温迪亚山以南地区不存在纯粹的刹帝利和吠舍。第二,按照四瓦尔纳图式,同一个瓦尔纳的成员可以通婚、共食和社会交往,但实际上,受地理、语言等条件限制,通婚和社会交往的圈子要小得多,如操泰卢固语的婆罗门不得同操孟加拉语的婆罗门结婚。操同一种语言的婆罗门也并非皆可通婚,他们被进一步划分为在共食和通婚方面有严格规定的圈子。第三,对各瓦尔纳从事职业的规定也与现实不完全一致。婆罗门理论上只能从事祭司和与敬神相关的职业,但实际上婆罗门中不仅有务农的,也有当兵的,刹帝利中也有从事农业、教育和工商业的。许多职业者有时无法划归到经典瓦尔纳图式中的任何一种。这样,在印度各地,实际上存在许许多多从事相同职业、内部通婚、有共同生活方式的亚种姓集团,这种小集团在印地语、泰卢固语等印度语言中被称作"阇提"。所以,严格说来,"瓦尔纳"只是一种理想图式,实际社会中瓦尔纳具体分化为不同的阇提集团。但印度人对瓦尔纳与阇提的区分并不那么严格,经常混用。如两个印度教徒见面,一个人可以问另

---

① 参见崔连仲:《古代印度种姓制度的几个问题》,《辽宁大学学报(哲学社会科学版)》1987年第1期;崔连仲:《古代印度种姓制度》,《历史研究》1977年第4期。

一个人:"你是什么阇提?"也可以问:"你是什么瓦尔纳?"回答可以是"婆罗门",也可以是"卡雅斯塔"(Kayasta,印度北部一阇提集团)。

近代西方人到达印度时,看到的正是这种阇提集团。最早到达印度的葡萄牙人称这种集团为"卡斯塔"(casta,意即出身、生、种);随后到来的英国人和法国人沿用了这一称呼,记作"caste"(中文译作卡斯特),此即英语和法语中种姓名称的来历。由于前面提到的印度人常把阇提和瓦尔纳混用,故西方学者也用"caste"概括瓦尔纳和阇提,但有时也加以区别,称瓦尔纳为"caste",称阇提为"sub caste",中文分别译作"种姓"和"亚种姓"。"种姓"一词出自我国古代汉译佛经和旅印高僧的著作,此名称从一开始就兼指"瓦尔纳"和"阇提"两概念,因此用它作"caste"的译语是合适的。

许多人强调把瓦尔纳同卡斯特严格区别开来的重要性。根据辽宁大学崔连仲教授的介绍,我们知道有人批评把瓦尔纳同卡斯特或等级混淆的用法。譬如,其中一个叫特劳特曼的人提出新看法:"瓦尔纳是神的创造,并且是不变的,而卡斯特可以合并或分裂为较小的卡斯特,新的卡斯特也可以登记。这样,瓦尔纳对卡斯特来说是'次序'或'地位',而不能作为'卡斯特'或等级。"我们还可以举出别的一些持如是观点的学者,如社会学者 M. N. 斯利尼瓦斯也认为:"倘若社会学者要理解种姓制度,从瓦尔纳模式的束缚下摆脱出来是绝对必要的。"[①] 似乎混淆了二者便是误入歧途。然而,这种区别在理论上或许可以做得到,实际上却行不通。这首先是因为,种姓与亚种姓的区分,只在英语里有,在印地语和其他任何印度语言里都见不到,这说明印度人自己常常将二者混用。"阇提"这一名称,有时同"瓦尔纳"完全没有区别:一个种姓集团,它既是一个瓦尔纳,又是一个阇提。例如,孟加拉的婆罗门,对外部人来说,他们是瓦尔纳意义上的婆罗门,对其内部人来说,他们则是阇提意义上的卡雅斯塔或雷迪(Reddi)[②]

---

① 参见崔连仲:《关于种姓的几个概念问题》,《南亚研究》1983 年第 3 期。
② 本书中对于种姓名、地名、人名等尽量进行汉译,对于一些不太关键的词或部分不宜翻译之处,则仍保留原文,以便于读者阅读和信息查找。

(婆罗门的两个亚种姓集团)等。古里教授正确地指出了这一点。他批评了那种以"同印度人民在此问题上的天赋情感相违背"为由反对将亚种姓提高到种姓地位的观点。"因为仅就马拉塔地区而言,对于一个局外人来说,他只知道一个萨拉斯瓦特婆罗门(Saraswat Brahmin)是一个萨拉斯瓦特,而对于一个萨拉斯瓦特来说,他的较通行的名称是沈维(Shenvi)或萨西提卡尔(Sashtikar)或者帕德卡尔(Pednekar)。社会一般承认的是种姓,但各特定种姓或个人承认的是亚种姓。"① 也就是说,瓦尔纳意义上的种姓和阇提意义上的种姓,在印度教社会实际中各有不同的作用和重要性。

还有一个理由说明将瓦尔纳同阇提、种姓同亚种姓做严格区分并无太大意义。尽管瓦尔纳图式同现实社会中的阇提不那么相符,但所有阶层的印度教徒在思考种姓问题时,都是依据四瓦尔纳图式。现实中各种姓集团间的关系以及相互作用,也基本上是依据这一图式。在讨论任何一个实际中的集团的地位时,四瓦尔纳图式是一个基本的参考框架。种姓的上升运动,即低种姓者通过模仿高种姓者的生活习俗而使自己地位上升的努力②,以及关于种姓的地位之争等,与其说是指向某一特定亚种姓集团,不如说是从四瓦尔纳的立场考虑的。

三、种姓的定义

要给种姓下定义是十分困难的。诚如古里教授指出的:"虽然学者们投入了辛勤的劳动,但我们并未得到一个关于种姓的真正可通用的定义。依我看来,因为种姓这一现象的复杂性,任何对它下定义的企图都是要失败的。"③ 因此他回避了对种姓直接下定义。

考虑到对种姓下定义的困难,有人认为,与其说种姓是什么,不如说它不是什么,这更容易些。泰雅·郑金在他一本通俗性小册子里,

---

① G. S. Ghurye, *Caste and Race in India*, 5th ed., Popular Prakashan, 1969, p. 19. 着重点为笔者所加。

② 参见本书第八章第二节。

③ G. S. Ghurye, *Caste and Race in India*, 5th ed., p. 1.

用了一连串的"不是什么"来阐述种姓的概念：

种姓不是阶级。在各个种姓中，有受过教育的，有没受过教育的；有穷人，有富人；有出身高贵的，有出身平凡的；高层阶级的大部分成员来自高种姓，大部分的下层阶级来自达利特，但这种联系不是必然的，并且正在减弱。

种姓不是肤色，尽管那些老的权威说它似乎是。一个生得黝黑的婆罗门，其地位也不低于另一个婆罗门。一个皮肤一点不白的达利特，也不低于另一个碰巧生得漂亮的达利特。大部分高种姓的人生得比他们地区的低种姓的漂亮，而且漂亮能大大提高一个新娘的地位，但人们不能说，种姓产生于肤色。人们拒绝从达利特手中接受水，但不拒绝从一个黑人手中接受，因为前者尽管肤色白但毕竟是达利特。

种姓也不是雅利安与非雅利安，或征服者与被征服者。雅利安人从未到达过印度的东部和南部。印度南部的婆罗门是最高的种姓，但没有记录说明他们曾征服过什么人。部落首领在相当近的时代曾成为刹帝利——第二种姓，而印度南部的大部分地区没有刹帝利。这里的统辖种姓——马拉塔（maratha）、雷迪、奈尔等，甚至不是再生种姓。

种姓也不是职业。许多职业（几乎都是手工业）都与特定的种姓相联系，但主要的职业（如农业）是对所有人开放的。而且还有许多非婆罗门人当祭司，也常有非刹帝利人当兵。政府的职务也通常由各个种姓的人担任。一个不是班尼亚（Banya）出身的人也可以当商人，尽管有许多商人是班尼亚。圣者（Sainthood）身份甚至对达利特也开放。

种姓甚至不是印度教或印度人所特有的。锡兰、巴厘岛、巴基斯坦都不同程度地存在种姓制度，日本也存在达利特。①

---

① Taya Zinkin, *Caste Today*, Oxford University Press, 1962, p. 2.

说种姓不等于阶级、肤色和职业，是对的，如果它等于其中的一种，种姓就不成其为种姓了。但种姓毕竟同这些因素有关。科学研究应告诉人们种姓与这些因素具有怎样的联系，而不是简单地宣布 A 不等于 B。泰雅·郑金甚至不认为种姓为印度社会所特有，这样一来，人们对种姓的关心似乎都成了大惊小怪，对这种没有任何特殊之处的东西进行研究似乎成为多余。然而，他忽视了这样一个简单的事实，即他所列举的印度之外存在种姓制度的地方，如锡兰（今斯里兰卡）、印度尼西亚的巴厘岛、巴基斯坦（我们似乎还应当加上尼泊尔、孟加拉国），或者本身就属于印度教文化圈，或者受了印度教文化的影响。用这些地方存在种姓制度来作为种姓非印度社会所特有的根据，是站不住脚的。的确，日本、美国等历史上甚至今天也存在与种姓相类似的社会制度（关于这个问题，在本书第十章将专门讨论），但都没有发展到像印度种姓那样完善和支配一切的程度。从这个意义上说，视种姓为印度社会所独具有何不当？

事实上，种姓的几个特点是十分明显的。两千多年前，希腊人麦加斯梯尼就记述过："和另一种姓的人缔结婚姻关系是不被允许的。同时，也不允许从一种职业或行业转到另一种职业或行业，不允许一个人从事一种以上的职业或行业，除非他属于哲学家种姓。为了保持哲学家种姓的尊严，可以破例地允许这个种姓的人改变职业。"[①] 他已经提到了种姓的两个重要特征：对婚姻的限制和对职业的限制。

S. V. 科卡尔曾这样描述种姓制度：种姓是具有下述两个特征的社会集团：（1）它的成员受出身的限制；（2）一个种姓的成员同本种姓以外的人通婚，受到不可抗拒的社会法律的禁止。[②] 此定义描述了种姓的血缘规定性和内婚制两个特点，但正如 J. H. 胡顿（J. H. Hutton）指出的，这种描述不能令人满意。"受出身的限制"是一句意思极含混的话，近代以前的各种社会的等级制度都可以说具有这样的特点。

[①] G. S. Ghurye, *Caste and Race in India*, 5th ed., p. 2.

[②] 转引自 J. H. Hutton, *Caste in India: Its Nature, Function and Origins*, Cambridge University Press, 1946, p. 48。

"出身"在多大程度上、在哪些方面以及通过怎样的原理限制人们，在各种等级制度中是不同的，而恰恰在这一点上，科卡尔的定义没有告诉我们任何东西。就通婚这一点说，事实亦并非完全如此。许多种姓（特别是在印度南部）一直在通过"顺婚"（anuloma hypergamy）（高种姓男子娶低种姓女子）方式从别的种姓吸收成员，以及从那些虽然起源于一个共同祖先但已成为一个独立种姓的群体中吸收成员，这样的种姓有马拉巴尔海岸的安巴拉瓦西（Ambalavasi）和奥里萨的沙基尔帕萨（Shagirdpesha）、乔沙（Chasa）、卡兰（Karran）等。通婚并非绝对被禁止，绝对禁止的是"逆婚"（pratiloma hypergamy）（低种姓男子娶高种姓女子）。

胡顿在评估了对种姓下定义的困难后说，种姓集团的特点是十分多样的，以至于我们很难给它下一个简短的定义。然而，他还是非常谨慎地这样做了，他写道：

> 种姓制度是这样一种制度：以种姓为基础的社会，划分成许多自我维持的（self contained）和绝对分离的（segregated）的单位（种姓）。这些单位的相互关系是被等级和礼仪决定了的。①

这个定义比科卡尔的定义更为全面一些，但正如他自己承认的那样，这也不是一个完全令人满意的定义。在我们读了胡顿教授的著作以后，得到的只是印度教徒生活复杂和充满矛盾的印象，而得不到有关种姓制度的明确概念。

翻一翻权威的当代百科全书，种姓的定义是这样的：

> 种姓：拥有某种特定社会阶级的人类群体，其划分方式大体上按照血统、婚姻和职业而定。②

这个定义比较简单、明了。然而，对我们来说，它显得过于简单

---

① J. H. Hutton, *Caste in India: Its Nature, Function and Origins*, p. 48.
② 中国大百科全书出版社《简明不列颠百科全书》编辑部译编：《简明不列颠百科全书》第 3 卷，中国大百科全书出版社 1985 年版，第 487 页。

了，种姓的其他一些特征并未被包括进去，尽管这个定义已包括了种姓最基本的东西。

当代社会学者和社会人类学者在详细观察和描述的基础上给种姓下的定义是很有意义的。例如，印度德里大学教授、社会人类学家斯利尼瓦斯对种姓下的定义，被许多人认为是概括较全面的一个。他写道，种姓"是一个世袭、内婚制的通常又是地方性的集团。这些集团同世袭的职业相联系，在地方种姓等级体制中占据特定的地位"①。这一定义简明扼要地概括了种姓制度的几个特征。然而，它并没有包括种姓制度的全部特点，例如种姓作为一个宗教组织和社会管理机构的特点。这里，我们不妨提一下英国社会人类学家凯思林·高夫对种姓下的定义。她写道，种姓是这样一种制度：

> 每一个较大的种姓集团，按照传统习惯总是一个有亲属关系、社会关系、经济关系、宗教关系并具有管理机能的以当地为限的组织单位。②

高夫的话说得比较含糊。如果把"亲属关系"理解为血缘和通婚圈的规定，把"社会关系"理解为等级体制，把"经济关系"理解为世袭的职业，那么可以看到，此定义同前述斯利尼瓦斯的定义基本上吻合，只是多了"宗教关系"和"管理机能"这两个特点。

综上所述，尽管人们对种姓制度做了大量的研究，但至今我们仍没有一个能精确、完整表述种姓制度的概念。也许，随着研究的深入，一个"真正可以通用的定义"将来会出现。在此之前，我们把传统的种姓制度理解为具有下述几方面规定性的社会制度更为合适。这些规定有：（1）血缘或出身；（2）婚姻；（3）等级；（4）职业；（5）空间和社会隔离。在下一章将讨论这些特征。

---

① M. N. Srinivas, *Caste in Modern India and Other Essays*, Asia Publishing House, 1962, p. 3.

② 陈洪进编：《南印度农村社会三百年——坦焦尔典型调查》，黄思骏、刘欣如译，中国社会科学出版社1981年版，第78页。

第二节　种姓研究的历史与现状

对印度种姓制度的研究起自 19 世纪下半叶欧洲"印度学"的兴起。一百多年来，种姓研究经历了很大的变化，人们对其认识也越来越深入。法国社会学家路易·杜蒙（Louis Dumont，1911—1998）把种姓研究划分为三个时期：自 19 世纪中期到 1900 年为第一时期，解释态度占主导地位；1900 年到 1945 年为第二时期，解释态度虽仍存在，但已开始从解释转向描述；第二次世界大战结束以来为第三个时期，这是以人类学的实际调查为主的精细研究（intensive studies）时期。[①] 这种划分方法未必妥当，但第二次世界大战战前与战后的研究无论在方法论抑或内容方面都有很大不同则是事实。这里，根据所能看到的材料，试对战前和战后两个阶段的研究作一概述。

一、战前研究：种姓起源诸说简述

战前的种姓研究的一个特点是，学者们花很大的力量探讨种姓的起源，即试图解释"种姓为什么存在"这一问题，因而说此时期的研究为解释性研究亦无不当。关于种姓起源的观点很多，几乎到了"有多少学者就有多少观点"的程度。以下仅介绍几种有代表性的观点。

（一）"瓦尔纳"论

"瓦尔纳"意即"色"，指古代印度的四个等级：婆罗门、刹帝利、吠舍和首陀罗。许多印度教徒，特别是婆罗门，相信人类起源于四个瓦尔纳，而四个瓦尔纳起源于原人普鲁沙（purusa）。根据最古老的婆罗门经典《梨俱吠陀》记载，诸神将原人当作供物祭祀，切割其身体而生产人类。原人的嘴成了婆罗门，胳臂成了刹帝利，大腿成了

---

① Louis Dumont, *Homo Hierarchicus: The Caste System and Its Implications*, trans. by Mark Sainsbury, Weidenfeld & Nicolson, 1970, pp. 22-32.

吠舍，双足成了首陀罗。大致类似的说法还散见于其他印度教经典。但在现实社会中，种姓集团绝非四个。如何解释与职业相联系的众多阇提集团？婆罗门企图用瓦尔纳的杂婚来说明这种现象。《摩奴法典》中有，瓦尔纳之间的杂婚产生了包括旃陀罗（Cāndāla，其地位相当于达利特）在内的几个阇提集团，这些集团的社会地位之高低，是由杂婚的具体情况而定，如是高种姓男子娶低种姓女子的"顺婚"，还是相反的"逆婚"。这些阇提集团同四个瓦尔纳之间以及四个瓦尔纳之间杂婚，便产生了无数的组合，故有众多与职业相联系的集团。①

这种观点显然符合婆罗门的利益，所以长期得到婆罗门种姓的支持。他们企图通过强调神意，使社会分层固定化和神圣化，以确保自己至高无上的地位。但这种观点也包含了某些合理的成分。例如，不同集团间的杂婚、堕落（指因无视传统习惯而被开除种姓的现象），的确与种姓分化有关。

（二）职业论

自 19 世纪下半叶开始，欧洲的印度学发达起来，对种姓起源问题的探讨也开始被置于科学、现实的基础上。特别是进入 20 世纪后，每十年一次的印度国情普查，为人们认识这一问题提供了实证材料。一些从事国情普查的英国殖民官吏，将印度人按种姓（阇提）分类登记并作比较研究，得出了种姓主要起源于职业的看法。持这种观点的代表人物是 J. C. 内斯菲尔德（J. C. Nesfield）。他认为，未开化社会向文明社会的发展伴随着分工的发达，在文明社会中，产生了各种新职业集团，如金属加工业等，也形成了酋长、贵族、祭司等统治集团和各种承袭父方职业的具有各种职能的等级。在种姓产生的数个世纪以前，印度社会已到达这一阶段。而等级向种姓的转化，则源自婆罗门等级的职能与婚姻的结合，即婆罗门首先实行了"是婆罗门就要求配偶父母也是婆罗门"这一婚姻原则。这样一来，其他世袭的等级，无论地

---

① 《摩奴法典》，〔法〕迭朗善译，马香雪转译，商务印书馆 1982 年版，第 12 页。

位高低，或者说无论是从事高级职业的集团还是从事低级职业的集团，部分是出于模仿，部分是出于自卫，都因制定了婚姻规定而种姓化了。各个种姓在印度教社会中的地位取决于两个标准：一是该集团的职业处在技术发展的何种阶段，二是这种职业在婆罗门看来是高还是低。由于职业出现的早晚和技术的复杂程度不同，故从事这些职业的集团便有了不同的身份和地位。某些职业古老而原始，如农业和篮筐编织业，某些职业则是在生产发展较高阶段出现的，如金属加工业（还有政治、宗教等相关职业），由从业者共同组成的行会（guild）是种姓产生的基础，在种姓形成过程中，宗教没起什么作用。①

职业论这种观点得到许多人的支持，那些重视职业作用的种姓起源论，都或多或少受此观点影响。但此观点亦遭到许多人批判。

首先，有学者指出，这种观点过于重视经济因素而忽视种族因素。根据内斯菲尔德的说法，婚姻的规定和种姓的产生是在雅利安人入侵一千多年后（公元前2世纪到前1世纪），但根据今天已有的历史知识，排他性的婆罗门集团至少可以追溯到吠陀时代后期（公元前7世纪前后）。而且，与种姓密切相关的瓦尔纳制度，也表明种姓确与种族有关。其次，此说忽视了宗教因素。对种姓在关于饮食、交往等方面的规定，无法从经济上解释清楚。例如，对于把诸如洗衣、清扫之类的职业从村落经济中分离出来，没有什么经济理由。种姓间的高低关系，与其说是由其职业在生产发展阶段所占位置决定的，不如说同洁净与不净（"污秽"）等宗教观念关系更密切。例如，铁匠职业应比铜匠职业出现晚，但铁匠在印度并不是一个受尊重的职业。内斯菲尔德的观点还解释不了这样的事实：农业种姓在印度南部属低种姓，而在印度北部则一般属高种姓。种姓与职业的关系并非绝对，同一职业由不同种姓的人从事、同一种姓的人从事不同的职业也绝非罕见。最后，职业的分化和行会的形成并非印度社会所独有，在古代中国和欧

---

① J. H. Hutton, *Caste in India: Its Nature, Function and Origins*, pp. 213-214; N. K. Dutt, *Origin and Growth of Caste in India*, Kegan Paul, Trench, Trubner & Co., 1931, pp. 23-25.

洲也有各种形式的行会组织，但这些组织并未禁止其成员与其他集团的人通婚和共食。职业论无法解释为何不是在世界其他地方而唯独在印度行会发展出了种姓。

尽管如此，此观点的合理成分是不容忽视的。因新技术的应用和新职业的出现而形成的新的种姓集团，无论是在古代还是在现代，都是常见现象。近代印度社会出现的玻璃业种姓、印刷业种姓等就是例子。因从事共同的职业而具有共同的利益、形成共同的婚姻和社会交往圈子的这种力量，对于排他性社会集团的形成不可低估。而且，内斯菲尔德等人都是从实地调查材料出发，而不是依据婆罗门传承的经典得出结论，他们的工作对种姓起源的研究无疑是有贡献的。

（三）种族论

鉴于与种姓有关的"瓦尔纳"一词意即"色"，一些学者认为，种姓起源于肤色差别，即种族征服。人类学家 H. H. 里斯利（H. H. Risley）是这一观点的代表。

19 世纪末，里斯利在孟加拉地区对种姓进行形体人类学调查时发现，种姓地位高低与鼻型指数之间有一种奇妙的一致性：地位高的婆罗门鼻子细长，地位最低的达利特鼻子扁平，其他介于二者之间的种姓者社会地位的高低也与其鼻型指数相一致。由此，他得出了一个惊人的结论："印度人的社会地位与鼻子的宽度成反比。"[①] 他把种姓的起源归于白肤、高鼻的雅利安人与黑肤、宽鼻的原住民（达罗毗荼人）的接触与混血，尤其是雅利安人为了维持血统纯正而规定的族内婚。他假设，在公元前 3000—前 1500 年，白皮肤的雅利安人征服了次大陆的原住民——黑皮肤的达罗毗荼人，最初到来的雅利安人主要是青年男子，他们从被征服者中娶妻，而只把女儿嫁给雅利安人。这样，虽然发生了混血，但征服者雅利安人仍保持着血统的骄傲。当他们自己集团内的女性到了足以结婚时，为了阻止进一步混血，他们便停止

---

① 转引自 G. S. Ghurye, *Caste and Race in India*, 5th ed., pp. 126-136.

从原住民中娶妻，而只在自己集团内通婚，于是种姓便产生了。随着集团内人口的增多，一些人离开母集团，遵循同样的过程形成新的种姓集团。这样，虽然征服加强了混血，但由于征服者从来不把本集团女性嫁予原住民，故避免了人种的完全融合，这就是种姓形成的基础。种姓还因下述情况得以强化和扩大：操不同语言、居住在不同地区、崇拜不同神灵、食用不同食物、遵守不同习惯、从事不同职业或虽从事同一职业却采用不同方法者，也都被视为具有不同的血缘，不能与之通婚。里斯利得出结论说，种姓是种族歧视的结果，美国历史上黑人的地位可资为证。

这种观点较好地解释了种姓同种族的关系问题。自里斯利之后对印度人身体的测量结果也表明，种姓与体型之间确实存在某种对应关系。这一观点也对种姓内婚、社会隔离等特点做了令人满意的回答。许多学者在对此做了某种程度的修正和限定后都接受了这一观点。G. S. 古里认为，如果只限于婆罗门文化的中心地印度斯坦（北部印度），里斯利的观点是正确的。他强调，企图维持雅利安人种纯洁性的婆罗门祭司的操纵，对种姓形成起了重要作用。"种姓乃婆罗门之子"这句话体现了他的这种看法。① 但这种观点也有其缺陷：它解释不了种姓的共食限制和其他禁忌。

雅利安人从未征服过南部和东部印度，但这些地区也存在种姓制度。里斯利的观点有一个前提，即雅利安人文化比原住民文化优越，但这个前提后来受到人们的怀疑。也有人批评他将近代欧美人的种族歧视套用到古代印度。J. H. 胡顿以美国的黑人为例批评了这种观点：美国历史上黑人的地位确有与种姓制度相似之处，如有专为黑人开设的饭馆和车厢，甚至还有专供黑人居住的城镇。但是，白人并不认为雇用和接触黑人会玷污自己，黑人可以在白人家中当佣人和厨师。在印度，不要说雇用达利特当厨师，就连与其接触也应回避。美国的黑人与白人可以通婚，故有"二分之一混血儿""四分之一混血儿"之

---

① G. S. Ghurye, *Caste and Race in India*, 5th ed., pp. 56-58.

说;而在印度,虽有不同种姓通婚的现象,但混血儿在种姓方面是受到争议、贬低的。而且现实中种姓与种族也并不完全一致,无论是婆罗门还是达利特,既有白皮肤的,也有黑皮肤的。种族征服与种姓的形成和发展有密切关系,这在今日几乎已成定说,但仅仅以此解释种姓的起源是有问题的。

(四)宗教论

J. H. 胡顿是英国殖民官吏,在印度任职期间对印度少数民族纳伽族(纳伽人)做过调查。纳伽人居住在印度东北部地区,历来较少受印度教和外来文化影响。胡顿发现,村民有很多禁忌,如移居者到一个新的村落后不能从事其原来职业,不能吃某一类食物,不能吃外来者做的食品,不同外人共食和通婚等。这些禁忌均来自对"有灵物体"和"魔力"(magical power)的敬畏。据此,胡顿推测,雅利安人入侵前的原住民社会,已根据禁忌观念分成许多集团,即已形成某种程度的种姓制度。雅利安人是具有明确等级制的民族,雅利安人文化在种姓制度形成上所起的最大作用是带来了集团间的高低关系原则,从而使种姓制度发达起来。但是,禁忌以及其他形式的原始宗教信仰并非次大陆居民所独有,原始宗教信仰之所以唯独在次大陆发展为种姓制度,是因为次大陆的下述许多特殊因素:孤立的地理环境,认为不洁食物会污染身份的原始观念,关于图腾崇拜、禁忌和有灵物体的原始观念,关于污秽、沐浴、净化及礼仪上洁净的观念,对再生、业报、转世等教义的信仰,与手艺和职业相关的巫术信仰,世袭的职业,敌对文化的冲击,种族间的冲突,部落与政治组织的相互对立,审慎的经济和政治政策,以及婆罗门对无知民众的压迫和操纵等。[①]

德国社会学家、宗教社会学的创始人马克斯·韦伯也十分强调宗教在种姓形成过程中的作用。他认为,仅是职业上的分化并不会产生

[①] J. H. Hutton, *Caste in India: Its Nature, Function and Origins*, pp. 190-191.

如种姓那样森严的划分和尖锐的对立,种族和经济因素无疑也对种姓形成起了作用,但种姓的本质是宗教和礼仪的差别,种姓根植于氏族"克里斯玛"信仰。所谓"克里斯玛"原是指具有某种超自然、超人禀赋的人物,氏族"克里斯玛"则是指具有咒术性和特殊力量的氏族集团。对"克里斯玛"的信仰和崇拜是一种普遍现象,但在印度,这种信仰的作用远超在其他地方。人们相信,整个氏族具有一种神赋力量,这种力量一代又一代维持在氏族内。氏族"克里斯玛"从一开始就包含种姓差别的萌芽。这种"克里斯玛"在有权力的婆罗门和王公中最明显,婆罗门在把种姓与业报、轮回的教义相结合方面获得了成功,由此,种姓社会秩序在宗教和伦理上得以正当化。不仅婆罗门和刹帝利,那些有技术的能工巧匠也因技能的占有和分化而形成了具有"克里斯玛"性质的职业集团。正是在这种职业(特别是手工业)中,种姓秩序和传统得以维持。韦伯还指出了种姓形成过程中其他因素的作用,如部落、种族及婆罗门与王公贵族等,但最根本的是对氏族"克里斯玛"的信仰。[①]

这种观点较好地解释了种姓的禁忌及洁净与不净观念等特点,但在解释种姓的内婚制特点方面显得缺乏说服力。此外,它也无法解释印度仍不断发生的由于新职业的出现而产生新种姓这一现象。

(五)雅利安人家庭制度论

以研究印度哲学和古代史著称的学者 E. 塞纳(E. Senart)通过对梵语文献的研究认为,雅利安人的文化对印度种姓制度的形成起了决定性作用,而原住民因素只起了辅助性作用。种姓起源于雅利安人社会,种姓制度的所有特性在古代雅利安人的家庭组织中就已具备。他在比较了古希腊、古罗马和印度古代家庭制度后指出,三者之间在婚姻规定、共食、家庭仪式、洁净与不净观、自治机能等方面有惊人的

---

① Marx Weber, *The Religion of India: The Sociology of Hinduism and Buddhism*, trans. by H. H. Gerth and D. Martindale, The Free Press, 1958, pp. 49-54.

相似之处。雅利安人的家庭制度发展为种姓的过程是：雅利安人的社会分为贵族、祭司和庶民三个等级，他们在征服了文化落后的黑皮肤的原住民以后，便在广大地区以村落的形式定居下来。定居带来了经济的发展、职业的分化和职业性集团的增加。以血缘为基础的家庭共同体（family community）是当时居支配地位的社会组织。职业集团模仿家庭共同体使自己团结起来。雅利安人的洁净与不净观念促进了种姓的形成。根据这种观念，雅利安人禁止其成员从事不净的工作，并会把从事这种工作的人开除出集团。这些观念又被原住民或混血者模仿而流行开来。这样，各个集团依照净与不净的程度形成了高低贵贱的等级序列，集团间的隔离也发展起来，确立了至高无上地位的婆罗门不断助长和强化种姓的倾向。同时，雅利安人对丧失血统纯洁性的担心，也促进了族内婚的发展。也就是说，种姓是由雅利安人的家庭组织发展而来，人种、职业和部落等因素在种姓形成过程中也起了一定作用。

但是，根据一些学者的研究，古代印度的家庭、种姓共同体这些组织是有明显区别的。而且，洁净与不净观念、族内婚和共食等规定在吠陀早期并未出现，说它们是雅利安人的习惯似缺乏根据，这些习惯在原住民中更明显。同种族论一样，塞纳的观点也是以雅利安人在文化和人种上优越于原住民这种假设为前提的，这是在19世纪末期颇为流行的观点。但进入20世纪以后，人们对这种观点提出了质疑。特别是20世纪20年代初发现的印度河文明遗址，表明在雅利安人到达次大陆之前原住民的文化已相当发达，这使人们不得不重新考虑原住民文化在种姓起源中所起的作用问题。

（六）原住民文化论

以G. 斯雷特（G. Slater）为代表的学者，认为对种姓形成起决定作用的不是外来的雅利安文化，而是次大陆原住民的达罗毗荼文化。他的主要根据是，在雅利安文化中心地的北部印度，种姓制度没有南部印度那样发达和强韧，而雅利安人从未到达过南部印度，那里一直是原住民的达罗毗荼文化占优势。在解释种姓制度形成的原因时，他的观点与内斯菲尔德相似，不过他强调，职业的分化之所以在印度形成了种姓，原因还在于印度特殊的地理气候条件。炎热的气候使人们劳动欲低下，以掌握某一种技能为满足。气候又促使人性早熟，人们尚未成年时就结婚，因此儿子的婚姻不能不由父亲来决定。父亲当然倾向于选择与自己职业相同的家庭的女子，久而久之，在职业集团内便形成了内婚制和排他性习俗。职业的分化和对劳动的厌恶，催生了婆罗门具有最高地位、达利特具有最低地位的种姓体制。这种体制在雅利安人进入次大陆以前就已存在，雅利安人的到来只是增强了种姓制度本来就具有的两个倾向：第一，肤色不同的影响；第二，种姓社会地位的高低。①

地理气候因素对种姓形成也许是有影响的，但把它说成是种姓形成的主要原因似乎不妥。固然可以看出，印度南部的种姓制度比印度北部更牢固和保留得更完整，但这或许是因为印度南部比印度北部历史上更少受外来者侵略和统治。无论如何，斯雷特不囿于定说，敢于独辟蹊径向"雅利安人优越论"挑战，自有其学术意义。

二、战后研究：方法论新特点

对种姓起源的探讨反映了自 19 世纪下半叶到第二次世界大战前学者（主要是西方学者）关心种姓制度的重点。对这个时期的许多西方学者来说，种姓制度令他们惊异，使他们受到冲击，因而他们企图寻求一种可以解释这一现象的答案。这种研究无疑是重要的，它加深了人们对种姓制度乃至印度教社会特点的认识，也促进了对印度古代历史、宗教、民族、文化等方面的研究，但它的局限性也是明显的。许多学者关于种姓起源的理论，基本上是依据古代文献（主要是由婆罗门传承下来的经典）做出的推测，缺乏实证性。第二次世界大战后，

---

① Gilbert Slater, *The Dravidian Element in Indian Culture*, Laurier Books Ltd. /AES, 1982, pp. 50-55.

种姓研究进入了一个新阶段。社会学和文化人类学的发展，使人们用一种新的视角看待种姓制度。按照这一视角，与其将种姓制度当作一个特殊之物来解释，不如将其当作一种合理的普通存在加以认真观察和描述。因此，在这个时期，正面论述种姓起源的研究几乎不见了，代之而起，以职业社会学家和文化人类学家的田野调查为基础的实证性研究成了种姓研究的主流。这是一个丰富多彩的时期，调查种姓制度各个方面的报告不断出现，不断运用新概念。总的来看，同第二次世界大战前比，战后种姓研究在方法论上有下述几个明显的特点。

第一，与古典学者主要依据古代文献的做法不同，这个时期的研究者主要通过在当地居住、亲自参与社区生活等实地考察来获得研究材料。社会学家和文化人类学家对过去那种过分依赖古典文献的研究方法提出了异议，他们十分强调第一手材料的重要性。他们参与并调查的社区通常是一个村落，或包括数个村落的中等规模的社区，或一个部落等，如德里大学社会学教授斯利尼瓦斯调查的印度南部的果戈人（Coorgs）和迈索尔地区的村落[1]、D. N. 马宗达（D. N. Majumdar）调查的印度北部的莫哈纳（Mohana）村[2]、英国文化人类学者凯思林·高夫调查的泰米尔纳德邦坦焦尔县孔巴佩泰村和纳亚尔人（Nayars）[3]等。他们的观察真实而详细，反映了战后社会科学研究的对象规模越来越小，分工越来越细的发展趋势。

第二，社会学家和文化人类学家把焦点对准现实生活，而只将史书、地方志所载的历史情况作为补充和参考。有时，他们为说明现实问题也追溯历史，但都不太久远，如凯思林·高夫、斯利尼瓦斯、古里等人多溯至英国人统治印度时期，并且不是为追溯历史而追溯历史，

---

[1] M. N. Srinivas, ed., *India's Villages*, West Bengal Government Press, 1955; M. N. Srinivas, *Social Change in Modern India*, University of California Press, 1966; M. N. Srinivas, *Caste in Modern India and Other Essays*; M. N. Srinivas, *India: Social Structure*, Transaction Publishers, 1980.

[2] D. N. Majumdar, *Caste and Communication in an Indian Village*, Asia Publishing House, 1958.

[3] Kathleen Gough, *Rural Society in Southeast India*, Cambridge University Press, 1982.

而是为了说明今天的问题。他们主要关心的是现实存在，对种姓的起源和发展不太感兴趣。对现实中种姓制度所作的社会学和文化人类学的观察和描述，代替了古典学者对种姓起源的推测。

第三，研究者采用多角度、全方位的研究方法，把种姓作为印度人生活的一个方面来考察，对与之有关的其他方面，如家庭关系、亲属关系、宗教生活、经济和政治情况等均加以考虑。他们研究的范围（一般以一个村落为限）虽小，但解剖麻雀式的研究几乎包括了印度人生活的各个方面。另外，这个时期学者们对种姓制度的认识已深入心理文化层次。例如，美籍华裔学者许烺光（Francis L. K. Hsu）从同中国、美国（某种意义上代表西方）的社会组织对比的角度，考察了印度教种姓社会的心理文化诸特征，颇具启发性，我们将在本书第十一章中详细介绍他的研究。

第四，与古典学者强调种姓的孤立与排斥特点不同，战后，同一种姓或亚种姓内许多集团之间的联系受到研究者重视。对种姓间相互关系的详细调查始于20世纪30年代。1936年，美国牧师W. H. 韦索尔（W. H. Wiser）出版《印度教徒的贾吉曼尼制度：印度教村社成员之间在服务方面的社会经济制度》[①] 一书，引起人们的注意。"贾吉曼尼制度"（Jajmani system）是种姓之间固定的分工关系，它揭示了村落中各种姓集团间的结合关系。战后，这方面的研究得以进一步展开和深入。学者们发现，这种制度以不同的形式和名称存在于印度各地。关于这一制度的本质，有人认为是一种"剥削"和"强制"关系，有人则认为是一种和谐的依存关系。除了这种对种姓"垂直结合"关系的考察，"水平结合"问题也受到重视。学者们通过实地调查认识到，同一种姓或亚种姓集团的人之间的联系通常超越一个村落，有时遍及几个村落。这同古典学者们认为种姓联系一般以一个村落社区为限的观点不同。

[①] 已故赵卫邦先生在其文章中对该书有介绍，参见赵卫邦：《印度村社制度下的札吉曼尼关系》，《南亚研究》1982年第2期。

这个时期，学者们关心的一个重点是"社会变化"问题，杜蒙称研究社会变化和政治现实"是这一时期的一种偏好"①。这似乎同下述事实有关：英国人对印度的统治结束以后，印度面临独立地把印度教种姓社会转变为现代工业社会的任务，在这一转变过程中，传统的社会组织将发生怎样的变化问题，受到人们普遍的关心。斯利尼瓦斯可以说是在这个方面最富成果的学者之一，他为描述种姓的变化而提出的几个概念，如"统辖种姓"（dominant caste）②、"梵化"（sanskritization）、"西化"（westernization）等得到广泛运用。美国加利福尼亚大学的 W. B. 埃蒙纽（W. B. Emeneau）教授指出，自斯利尼瓦斯提出"梵化"这一概念以来，在"探讨印度社会变化方面还没有人提出过比这更有影响的概念"③。"梵化"和"西化"两个概念反映了种姓变化的双重性：既有日趋严格的一面，又有衰落的一面。当然也有人不赞成这两个概念，如马宗达认为，低种姓者不可能借助仿效高种姓者的生活习俗而提高其地位，并批评这两个概念"不严谨""缺乏任何突出的优点"。④

在早期的研究著作中，经常可以看到"村社"（village community）一词，这一概念所指内容大体是：村落在经济上自给自足，在政治上自治，村民因某种共同利益而具有一种连带责任，村落社会较少产生紧张和冲突。村社研究，早期的重要学者是英国历史法学家 H. S. 梅因（H. S. Maine），后经巴登-鲍威尔（Baden-Powell）的批判修正得以发展。村社被认为是印度社会基本结构的支柱，它同大家庭、种姓制度一起，被认为是印度社会的基本特色。但在战后，"村社"概念

---

① Louis Dumont, *Homo Hierarchicus: The Caste System and Its Implications*, trans. by Mark Sainsbury, p. 31.

② 将"dominant caste"译作"统辖种姓"而不译作"统治种姓"，是基于下述考虑：前者指种姓集团不仅在政治权力方面而且在社会生活诸方面都占有优势，而后者容易使人认为其只在政治权力方面占优势。

③ M. N. Srinivas, *Social Change in Modern India*, Preface.

④ D. N. Majumdar, *Caste and Communication in an Indian Village*, pp. 164-170. 详见本书第八章。

受到批判。有关印度农村的调查报告大量问世，这使人们逐渐清楚了村落同外部社会的联系以及村落内部的构造。这些调查表明，种姓成员间的联系通常是超越村落的，村民中存在明显的阶级划分和利益冲突。根据这些研究，已不能用"村社"概念简单说明印度农村了。一些研究者批评说，那种田园牧歌式的"村社"概念，与其说是事实，毋宁说更接近神话。也就是说，旧的"村社"概念过高估计了村落的孤立性、闭塞性，不是把村落理解为一个复杂的社会，而是理解为没有紧张、不安和纷争的单纯自给自足的社会，而事实并非如此。

战后出版的大量调查研究成果为我们提供了关于印度种姓制度以及村落社会的真实而详细的图画。概括起来，我们大体可得出这样的印象：

（1）种姓作为一种社会制度，只在有限的地域（一个村落或几个有联系的村落）内实行。过去，一个种姓联系的最大范围通常与一个小的政治单位（一个小王国）的疆域相一致。一个村落或地区的人口分属一系列彼此相互排斥却又有联系的种姓，种姓的数目有多有少。

（2）统辖种姓或者居于统辖地位的家族或家庭组合，一般对村落的其他成员拥有政治和经济上的控制权力。这种统辖权力根植于对土地和物质财富的垄断占有。

（3）每一个种姓都对应特定的职业，并以交换食物、产品或服务的形式与其他种姓相联系。尤其重要的是，村落中的无地者、手工业艺人及其他贫穷的低种姓的人，为那些控制着土地的统辖种姓或统辖家族提供手工业产品或劳务，后者则向前者提供一定的食物。这种交换关系（"贾吉曼尼"，后文会详细叙述）是一种既与"洁净""污秽"等宗教观念有关，又同经济相联系的制度。

（4）种姓等级体制中存在地位之争。一个地区内，某个种姓集团地位的高低通常依据当地人们认为的"洁净"与"污秽"的程度来排列。中间种姓、低种姓以及按照印度教观点不在种姓体制内的达利特，都要努力改善其种姓地位。他们通常采用的办法是：放弃被认为是污秽的传统生活习俗，模仿高种姓习俗（此一过程被斯利尼瓦斯称为

"梵化")。

（5）村落里的统治权力被统辖种姓或统辖家族所垄断，偶尔被两个相互对立的统辖种姓所分享。非统辖种姓倾向于支持某一个统辖种姓或其中的某一派力量，并受其庇护。当统辖种姓内部争夺权力的斗争变得激烈时，这种支持尤为重要。

（6）种姓集团之间或种姓集团内部时有冲突发生，这种冲突或由种姓评议会解决，或由统辖种姓或统辖家族中的一个或数个长老解决。

（7）种姓或亚种姓本身是一个内婚制的集团，一个亚种姓通常是由有亲属关系的人组成。每个亚种姓集团通常都住在自己的住区内。一般来说，达利特居住在与其他洁净种姓相隔离的地方，或自成一个独立的小村落，或附属于主村落。

（8）在各种现代因素（如城市化、商品经济等）的刺激下，种姓制度发生了缓慢的变化。种姓对职业、交往及食物等方面的限制已经松弛，贾吉曼尼制度正在朝着现代雇佣关系的方向变化。但种姓也获得了某些新的职能，它在政治领域里发挥着越来越重要的作用，种姓协会（caste association）及各种以种姓为基础的政党和组织的建立与发展说明了这一点。

当然，以上只是极简略的概括，在下面的章节中我们将更详细地介绍和评述相关的研究成果。

应当说，由于当代社会学家和文化人类学家的不懈努力，人们对种姓制度的认识已比以前清楚得多、深刻得多了。但当代的研究也存在一些问题。其一，研究者的研究范围（多是一个村落）过小，得出的结论有局限性。印度各地情况差别很大，很难一概而论，即便弄清了自己研究范围内的东西，但得出的结论究竟在多大程度上有普遍意义，仍是问题。其二，正如杜蒙指出的那样，这个时期，研究历史材料常被忽视，研究者（自然不是全部）有一种夸大直接观察的作用、夸大现实与古代文献记录之间差距的倾向。

第二章　种姓的社会构造

尽管至今仍没有一个大家都能接受的有关种姓的定义，但这并非说我们无法对种姓制度加以描述。事实上，第二次世界大战后实证性研究的加强，尤其是社会学者和社会人类学者提供的大量调查报告，为我们分析种姓制度的社会构造创造了条件。

这里的所谓"构造"，可以从两方面理解。一是"种姓的构成"，即分析各种姓集团由哪些人组成以及他们在政治经济地位、地区分布上有哪些特点等。本章将涉及这种意义上的构造，但这不是重点。另一种意义上的构造是指"职能性构造"，即种姓间的相互关系和相互作用，这是本章研究的重点。

正如有学者批评的那样，人们在认识种姓关系时，往往强调种姓的分离和对立，一提到种姓，人们会列出它的职业世袭、内婚、等级制等特点。诚然，种姓的隔离与对立是种姓构造的一个重要方面，但并非事情的全部。本章的分析试图避免这种偏向，我们不仅分析种姓的隔离与对立，还分析种姓的结合，并进一步分析是什么因素影响着这种相互作用。

需要指出的是，我们这里讨论的种姓的构造，大体上是以传统的种姓制为蓝本。自近代以来，种姓制已发生了种种变化。现代的种姓制同西方人初到印度时看到的情况（关于这一点，我们将在第七章中讨论）已有很大不同。但了解种姓发生变化前的构造特点是认识这一制度所不可或缺的，只有这样我们才可脉络清楚地把握这样的问题：今日种姓制度在哪些方面发生了变化，为什么？在哪些方面没有或很少发生变化，为什么？哪些因素是本来就有的，哪些是新的？变化的趋势如何？等等。

第一节 种姓的隔离与对立

传统的种姓世界是隔离和对立的世界，种种限定把人们禁锢于一个个自我封闭的集团之内。

一、血缘的规定

种姓是一种等级，等级与阶级的一个明显区别在于，前者的成员资格基于出生机会这一先天因素，后者的则主要基于职业、经济地位等后天因素。

在种姓制度下，一个人生来就被认为属于他父母所属的集团，种姓成员的资格不是由自己选择而是由出生机会决定。一个人的社会和经济地位、应享受的权利和应尽的义务，不是像现代社会那样基本上取决于职业、学历、机遇、能力等后天因素，而是取决于他侥幸出生于那个种姓，所以是在他出生之前就预定了的。因此，种姓对出生的规定首先是生物意义上的。例如，在马哈拉施特拉地区，一个人生下来，不是属于婆罗门，就是属于普拉布（Prabhu）、马拉塔、瓦尼（Vani）、索纳尔（Sonar）、苏塔尔（Sutar）、班达里（Bhandari）、昌巴尔（Chambhar）或马哈尔（Mahar）等，除非因违犯种姓法规被开除种姓，其身份终生不变。"倘若他偶然从事一种并非专属某一种姓的职业——譬如说军事，他仍然属于原来种姓。一个属于婆罗门种姓的将军与一个马拉塔种姓出身的将军，虽军衔一样，但私下他们却属于两种不同的身份集团，彼此之间不可能按平等条件发生任何社交关系。"① 也就是说，他们的不同完全取决于出生机会。

印度教徒相信来世和转生，故在人的出生和死亡问题上做了许多

---

① G. S. Ghurye, *Caste and Race in India*, 5th ed., pp. 2-3.

文章,人的出生被认为具有某种超自然意义。按照印度教理论,人有"一生"和"再生"之分。所谓"一生",是指肉体的、生物意义上的出生,而所谓"再生",则是指除了肉体和生物意义上的出生外,人还有一次精神或宗教意义上的出生。按照规定,在婆罗门、刹帝利、吠舍、首陀罗中,只有前面三个瓦尔纳有再生的机会,只有他们才有权举行"再生礼"和佩戴再生标志——"圣线",故被称作"再生族"("再生族"的三个瓦尔纳举行"再生礼"的年龄各不相同,分别为婆罗门八岁、刹帝利十一岁、吠舍十二岁)。首陀罗只有肉体的出生而无精神或宗教的出生,故称"一生族"。尽管"再生族"和"一生族"在社会地位、权利和义务诸方面有种种差别,但按照印度教的观点,他们都属于有权出生的人,故现在有时把他们合称为"种姓印度教徒"。至于无种姓地位的达利特,他们的出生本身就是一种罪恶,故不能用"出生"一词言之。我们曾看到这样的报告:在印度一些村落里,达利特家中有男孩子降生,通常不是一件令人高兴的事。妇女常常痛哭不止,她们为婴儿苦难的命运而悲伤;为了婴儿的幸福,她们向神祈祷,希望他早日转生为一个高种姓的人(详见本书第三章)。

印度教徒对"出生"和"血统"问题具有特殊的敏感性。印度古文献谈到,七代不发生混血被认为是一种美德,故有"七代纯婆罗门血统""十代纯婆罗门血统"之说。许多婆罗门是血统世系的专家,对本种姓和与他同一社区的其他种姓的世系都有清楚的了解,因此任何企图隐瞒和改变出身的尝试都极难成功。对混血的普遍担心也反映在印度教法典中。《摩奴法典》第十卷(共131偈)是专门讲这个问题的。对混血者的种类、名称、地位、职业等都做了详尽的规定。对血统的强调和对混血的担心(二者实际是一回事),是种姓存在的一个重要心理原因。

二、婚姻的规定

种姓是一个严格的内婚制集团,一个集团的人只能同本集团的人结婚。种姓之间的通婚在理论上是被禁止的,实际上也是这样实行的。

显然，这一特点与前述印度教徒重视出生问题相联系。按照印度教传统的看法，种姓混杂（jāti-samkara）是一种严重的罪恶，《摩奴法典》对此有严格的规定。那些违背规定同外种姓者结婚的人，要受到包括开除种姓在内的严厉惩罚。被开除种姓者成为一个"堕姓人"，即沦为达利特，一般来说他们只有通过来世"转生"才能改变自己的地位。内婚制原则在种姓社会中如此重要，以至于一些研究种姓制度的学者把族内婚视为种姓制度的本质。

但在特殊情况下，高种姓男子娶低种姓女子也是允许的，这种婚姻叫"顺婚"。"顺婚"尽管是丢脸的，不为社会所提倡，却还能为社会所容忍。但相反的情况，即高种姓女子嫁给低种姓男子的"逆婚"，则被绝对禁止。《摩奴法典》规定，"再生族（男子）初次结婚要娶同种姓女子，但如愿再娶，要依种姓的自然顺序优先择配"（第三卷第12偈）。"首陀罗只应该以首陀罗女子为妻，吠舍可以在奴隶种姓或本种姓中娶妻；刹帝利可在上述两个种姓和本种姓中娶妻。婆罗门可以在这三个种姓和僧侣种姓中娶妻。"（第三卷第13偈）但《摩奴法典》没有规定低种姓男子可娶高种姓女子。即便是"顺婚"者，有时也要受到严厉惩罚："糊涂到娶最后一个种姓的女子为妻的再生族，很快就使家庭和子孙堕落到首陀罗境地。"（第三卷第15偈）娶首陀罗女子者，如为僧侣种姓，立即成为"堕姓人"；"如属武士种姓，生子时立即成为堕姓人"；"如为商人种姓，当此子生一男儿时立即成为堕姓人"（第三卷第16偈）。"不娶本种姓女子而与首陀罗妇女同床的婆罗门堕入地狱。如跟她生一个儿子，他就丧失婆罗门种姓。"（第三卷第17偈）据说，唯一准许种姓间通婚（不管是"顺婚"还是"逆婚"）的例子，是印度西南部马拉巴尔海岸地区的一些手艺人种姓。①

从理论上说，同一个瓦尔纳的成员可以通婚，但实际上通婚的圈子要小得多。每一亚种姓集团（阇提）都禁止其成员同本集团以外的人结婚，尽管这些人可能同属一个瓦尔纳。这样，内婚制的真正单位

---

① G. S. Ghurye, *Caste and Race in India*, 5th ed., pp. 8-19.

是亚种姓集团而不是瓦尔纳。以马拉塔地区为例，一个孔肯纳斯塔婆罗门男子必须与出身于孔肯纳斯塔婆罗门家庭的女子结婚，一个卡尔哈达婆罗门同样也必须在卡尔哈达婆罗门中寻找配偶。古吉拉特地区的班尼亚种姓进一步分成斯利马提（Shrimati）、波瓦尔（Porwal）、穆德（Modh）等通婚集团，其中波瓦尔又细分成达萨·波瓦尔（Dāsa Porwal）和维萨·波瓦尔（Visa Porwal），苏拉特地区的达萨（Dāsa）只能与苏拉特地区的达萨结婚，孟买的达萨只能同孟买的达萨结婚[1]；其余种姓可类推。缔结婚姻前，确认双方属何种姓是头等重要的，必须确保婚姻在同一群体内进行。

对于违反内婚规定者的惩罚有多种形式。通常的做法是依据法典规定，将冒犯者双方开除出各自所属的种姓集团。情节较轻者，须向被冒犯的集团赔罪道歉，然后，两个当事者中亚种姓较高的一方及其双亲可能要被降为较低一级的亚种姓。惩罚措施大多由种姓会议执行。除此以外，种姓会议还会对其他违反婚姻规定的行为进行制裁，这些行为有拒绝履行婚约、父母拒绝将适龄女儿送至其夫家、女人从夫家逃跑、通奸等。在极端情况下，种姓长老会甚至可以处决违反种姓通婚规定的本种姓成员，这就是所谓的"荣誉谋杀"[2]。"荣誉谋杀"事件直到今天仍存在。

实行严格内婚制的集团须有一定的规模，因为如果通婚圈子过小，就会带来近亲结婚的严重后果。有人认为，这种内婚制集团的人数应不少于两千人。所以，种姓除了有严格的内婚规定外，还有对"外婚"的规定，这是种姓内婚制必不可少的补充。按照古里教授的说

---

[1] G. S. Ghurye, *Caste and Race in India*, 5th ed., pp. 8–19.

[2] 印度媒体常出现种姓"荣誉谋杀"的报道。印度官方数据显示，2010年4月19日至6月30日，印度北部共报告"荣誉谋杀"19起。按照英国《观察家报》的说法，更多"荣誉谋杀"被警方视作"自杀"处理，实际发生数可能是统计数字的10倍。"荣誉谋杀"通常由受害者亲属执行。观念保守的印度农村地区，任何违背家族意愿和传统道德观的婚恋关系，如不接受包办婚姻、不同种姓通婚、婚外恋，都可能遭到"荣誉谋杀"，且往往逃脱法律追究。参见沈敏：《印度"贱民"青年高攀 遭妻子亲属当街杀害》，新华网，2017年12月15日，http://www.xinhuanet.com/world/2017-12/15/c_129766307-htm，2025年2月2日访问。

法，印度教徒的外婚制有两种形式：一种是氏族外婚制，或称"哥特拉外婚制"（gotra exogamy）；另一种是禁婚亲等（prohibited degrees），或称"萨宾达外婚制"（sapinda exogamy）。这两种制度都要求种姓成员在自己所属的哥特拉（gotra，氏族集团）或禁婚亲等之外寻找配偶。例如，马哈拉施特拉邦的昆比（Kumbi）和查马尔（Chamar）两个种姓分成许多小的外婚集团，这些集团叫"库尔"（Kul）。库尔内禁止通婚。在印度西部和西北部地区，哥特拉外婚制尤其严格。旁遮普地区和北方邦的阿西尔（Ahir）种姓的成员必须避免在下述四个哥特拉内寻找配偶：其父亲所属的哥特拉、其外祖父所属的哥特拉、其祖父的父亲以及其外祖母的父亲所属的哥特拉。[①] 实行哥特拉外婚制或萨宾达外婚制，保证了通婚圈子不会太小。但即便如此，由于有的亚种姓集团人数少，居住地域又闭塞，其通婚范围仍十分狭小。除了前述古吉拉特地区的班尼亚种姓外，马拉塔地区的卡瑙季亚婆罗门（Kanauja Brahmin）也是个例子。根据记载，1901年印度国情普查表明，这个种姓分成六个至七个哥特拉，每个哥特拉由十个至十三个库尔或家族组成。这些家族的名称为 Khatkul、潘查达里（Panchadari）和达克拉（Dhakra）等。按照法规，一个 Khatkul 出身的男子只能与同一个 Khatkul 出身的女子结婚，只有他的第一个 Khatkul 的妻子死了，第二次结婚时，才能娶潘查达里出身的女子，而他同 Dhakra 出身的女子结婚无论什么情况下都是被禁止的。在这种情况下，近亲结婚是不可避免的。有的学者认为，种姓的内婚规定是印度人口质量降低的一个重要原因。

自近代以来，在许多新因素的影响下，传统的种姓制度开始丧失某些职能（参见本书第七章），但唯独在通婚方面仍松动不大。人们在印度媒体上仍常常看到因违反通婚规定而受到严厉惩罚甚至被处死的例子。在印度近代史上，早期一些受西方的"平等""自由"思想影响的知识分子，曾激烈抨击森严的种姓制度，其中一些人甚至身体力行，带头打破种姓对婚姻的规定，但他们的行动在种姓势力的汪洋

[①] G. S. Ghurye, *Caste and Race in India*, 5th ed., p. 231.

大海中显得微不足道。况且，这种行动绝大部分仅限于顺婚，即高种姓出身的男子娶低种姓女子为妻，逆婚的例子几乎未见，而顺婚现象在种姓制度中本来就是允许的。

从一些报告来看，顺婚现象一般在偏僻山区较多。这是因为，这些地区比较闭塞，受婆罗门文化影响较少，中间、低种姓者的人数多于高种姓。例如，古里教授指出，在喀拉拉和旁遮普的山地，一个Ghirath种姓（在当地种姓等级序列中地位最低）的妇女（寡妇例外），可以同比她高一级种姓的成员结婚。如果她生下的女性后代继续同更高种姓者联姻，那么到第六代时，就可以同Rana（拉纳，当地最高种姓）种姓者结婚，其子女便具有拉纳种姓成员的资格了。甚至婆罗门种姓也实行这种顺婚。在马拉巴尔西海岸地区，南布迪里（Nambudiri）种姓以及其他婆罗门集团的青年，可以同盛行母权制的刹帝利以及纳亚尔的妇女结婚。此外，拉其普特（Rajput）、班尼亚、昆比或帕提达尔（Patidar），都实行顺婚制度。顺婚者生出的后代的集团分别称为"Visas""Dāsas"和"Panchas"。

顺婚制度对当代印度人的婚姻产生了消极的影响。在顺婚制度下，女子求偶的方向只允许由低向高或水平流动，男子求偶的方向只允许由高向低或水平流动，流动的结果则使最高种姓的女子和最低种姓的男子出现了"剩余"，这就是印度社会高种姓"老姑娘"、低种姓单身汉多的原因。① 顺婚制还至少在部分意义上助长了嫁妆制度的盛行。一方面，一个低种姓女子为了同高种姓联姻，要准备丰厚的陪嫁。由于同高种姓联姻是女子改变自己地位的唯一办法，因此许多低种姓家庭便不惜钱财以博得女儿夫家的欢心。另一方面，高种姓家庭女子由于求偶范围小，为觅得如意郎君，也不得不陪以厚嫁。印度媒体上有妇女因陪嫁少而受虐待甚至受迫害致死的报道，许多有识之士也谴责这一制度。据报道，1983年7月3日印度总统宰尔·辛格在加尔各答

---

① D. N. Majumdar and T. N. Madan, *An Introduction to Social Anthropology*, Asia Publishing House, 1956, pp. 73-74.

为印度著名的社会活动家拉姆·罗伊的塑像揭幕时说："嫁妆问题又有发展的趋势。……中等家庭，若没有 3 万—5 万卢比的现金，就无法嫁女。即使已婚妇女，也常因未能满足男方索取嫁妆的要求，而受夫家虐待，甚至被迫害致死或被迫自杀。应该废除嫁妆习俗，避免这种习俗带来的危害。"尽管如此，嫁妆制度不仅未被废止且有进一步发展的趋势，很大一部分原因出在种姓制度上。

三、等级的规定

种姓是一种森严的等级制度。在这个体系中，每个种姓集团都占据一定的位置，其地位高低依婆罗门、刹帝利、吠舍和首陀罗顺序排列。被排斥在种姓体制之外的达利特地位最低。从占印度人口的数量来看，婆罗门约占 5%、刹帝利约占 4%、吠舍约占 2%，三个"再生族"种姓人数加起来约占印度人口的 10% 强。"一生族"即首陀罗人数最多，约占 45%，达利特约占 18%。这样，印度的种姓体制大体上构成了一个以婆罗门为顶端、以达利特为最底层的等级金字塔。

在传统种姓体制中，婆罗门有至高无上的地位。他们被认为是神在大地上的代表，或者在某种意义上，他们就是神。刹帝利出身的国王，虽有很大的权力和很高的荣誉，但其地位却在婆罗门之下。《乔达摩法经》规定，当一个刹帝利国王和一个婆罗门人在路上相遇时，国王应为婆罗门人让路，因为道路属于婆罗门而不属于刹帝利；一个 100 岁的刹帝利老者和一个 10 岁的婆罗门小孩相比，后者为尊。当然，这些规定带有浓厚的理想主义色彩，很大程度上只是法经的撰写者——婆罗门知识分子一厢情愿的规定。实际上，拥有政治和社会实权的刹帝利，常常不甘于接受这种规定。在印度历史上，以婆罗门为代表的僧侣势力同以刹帝利为代表的社会统治势力，常常为获得最高的社会地位而斗争。但无论如何，种姓社会中僧侣集团的优越地位是十分明显的。它不仅是一种宗教伦理上的规定，也为一般世俗社会所接受。这一点同"皇权至上"的传统中国社会形成对照。因为在中国古代，只有皇帝才有资格被视为神的代表（所谓"天子"即此意），僧侣的地位无法与皇帝相比。

等级制度总是同各等级集团的不平等待遇联系在一起。种姓法规给婆罗门以种种特权,这些特权中有礼仪方面的,有政治方面的,也有经济和日常交往方面的。例如,印度教的某些祭神仪式专属于婆罗门,其他任何种姓都不得举行这种仪式。最神圣的经典《吠陀》,只有婆罗门才能学习。某些神庙的特殊部分,只有婆罗门才能进入,洁净的首陀罗以及其他种姓必须在所划定界线之外。至于达利特,由于他们不被认为是印度教徒,故被禁止举行任何祭祀印度教神的仪式、学习《吠陀》和进入神庙。在日常生活中,婆罗门从来不向任何非婆罗门鞠躬行礼,但是别人须对他行礼。当他接受了一个非婆罗门种姓成员的敬礼时,他只在口头上祝福一声就行了。有些低种姓的成员,特别是在印度北部,对婆罗门极端尊敬,从不会跨过婆罗门的影子,有时甚至必须先喝一点婆罗门成员的大拇趾浸过的水才能用膳。这种意识和行为在低种姓成员,尤其是达利特中根深蒂固,已内化为他们的自觉行动。在政治和经济方面,高种姓也有一些特权。有的法典规定,国家中重要的职务皆应由婆罗门和刹帝利担任。17世纪、18世纪马拉塔地区的婆罗门职员有下述特权,"他们的货物可以豁免某些捐税,并且,他们所需输入的粮食,在运送给他们时,无须缴纳任何船舶税。马拉塔地方部分地区的婆罗门地主的土地课税率明显低于其他等级","在孟加拉土地上的地租额往往随着土地占有者所属种姓之不同而有所差异"。[①]

然而,这里讨论的种姓"地位",基本上是一种与宗教相联系的礼仪地位。从理论上说,种姓地位同政治和经济地位是不一致的。一个礼仪地位很高的人,可能因经济不充裕或有节俭的习惯,得到的物质享受反而不如礼仪地位较低者,但礼仪地位高的人绝不会因生活简陋而降低其身份。事实上,一些婆罗门是乞丐,靠农业种姓的施舍度日,却仍受人尊敬。许多情况下,在农村社区影响最大、操纵一切的不

[①] G. S. Ghurye, *Caste and Race in India*, 5th ed., p. 15.

是婆罗门而是经济富裕的其他种姓。近代资本主义生产方式在印度的发展使一部分礼仪地位不太高的种姓富裕起来，但即使如此，他们见到婆罗门时仍须行吻脚礼。1985年，一个来华访问的印度人亲口告诉笔者这样一个例子：古吉拉特邦一个"哈里真"（Harijan，对达利特的称呼）出身的部长家中雇了一个婆罗门用人，一次，这位政治权力很大的部长要婆罗门用人为他倒一杯水，却遭拒绝，原因是后者的礼仪地位高于前者。

但若从整个种姓体制看，种姓的礼仪地位同政治和经济地位有很大的一致性。在历史上，国王、政府官吏、大小封建主、村落领头人等有权势者，一般出生于高种姓。尽管近代以来由于资本主义因素的发展，出现了依照政治、经济和其他非先天因素重新划定人的地位的趋势，但在农村，一个基本的事实仍是：婆罗门多属于地主阶级，佃户几乎都是中间种姓，而无地雇工则几乎全是达利特。

一个种姓集团在种姓体制中的地位，是由多方面因素决定的。其一，确定一个种姓集团究竟属于哪一个瓦尔纳至关重要，四瓦尔纳图式是决定一个集团地位的重要依据。其二，职业也是一个重要因素，从事"净业"（如务农、经商、手工业等）者的地位高于从事"污秽"职业（如渔业、屠宰、洗衣、理发等）者。祭神被认为是最洁净的职业，故祭司们的食物、衣着、器物、身体都被认为是最洁净的。但同是祭神，提供血肉牺牲者的地位就低于提供鲜花和果品者，因为前者从事的是"不净"职业。除此以外，种姓的地位还同该种姓遵守的习俗有关，如素食者的地位高于食肉者，实行童婚和禁止寡妇再嫁者的地位高于不遵守这些习俗者，等等。因各地习俗不同，决定种姓地位的因素带有很大的随意性，故往往很难确定某个具体亚种姓集团的地位。人们对处在种姓金字塔顶端的婆罗门和最底层的达利特的地位有较大的共识，而处在中间位置的大量种姓的地位都不明确，并且他们认为自己的地位高于其他集团。一些学者通过调查发现，中间种姓的地位划分是模糊不清的，很难找到人们公认的标准，因此中间种姓常常为了地位的高低而争执不休，有时甚至发展成激烈的冲突。同时，种姓的地位也因地区而异，从事同一职业的种姓并非在印度各地都有相同的地位。一个极端的例子是：在西孟加拉邦村落中地位较高的编织匠种姓，到印度南部便成了达利特。① 在北方邦，拉其普特种姓的地位仅次于婆罗门，但在古吉拉特地区，其地位却在农业种姓帕提达尔之下。这表明了一个事实：有关种姓等级的规定的森严性，因实际中确定种姓地位的困难而被冲淡了。

四、职业的规定

传统的种姓是一个世袭的职业集团。一个或数个种姓的联合，往往垄断一个社区的某一职业，放弃这种职业去寻另外的职业，一般被认为是不正当的。一个婆罗门认为自己当祭司是天经地义的，而一个昌巴尔则把制革与造鞋当成自己的职责。一个出生于农业种姓的人按规定不得经商和从事其他职业，一个编织匠将终生从事编织，木匠的儿子仍是木匠，铁匠的儿子还负责打铁。印度电影《流浪者》中那句著名的台词——"法官的儿子永远是法官，贼的儿子永远是小贼"，正是这种种姓意识的反映。

按照印度教法典之规定，四个瓦尔纳各司其职，不得僭越。婆罗门从事与祭祀有关的职业，非婆罗门不得为僧。这样规定的结果是，僧侣业完全为婆罗门所垄断，他们的工作主要有学习和传授《吠陀》知识、掌管祭祀、布施和接受施舍。刹帝利除学习传授《吠陀》知识和施舍的工作外，还从事战争、国家管理等。吠舍主要从事农业、手工业、畜牧业和商业，也可以学习《吠陀》。首陀罗从事农业、渔业、狩猎及服务业。达利特只能从事被认为最"不净"的行业，如屠宰、狩猎、渔业、搬运尸体、打扫、洗衣、制熟皮等。《摩奴法典》规定："低种姓者若以高种姓职业为主，国王则剥夺其财产，并立即放逐之。"对于破坏种姓职业习惯的人，种姓会议会施以惩罚。处罚方式有罚款、请同胞吃酒席、开除种姓等。种姓会议还有权处罚其他与职业相关的冒犯事件，如抢夺他人的顾客、私自提高或降低产品价格等。

---

① M. N. Srinivas, ed., *India's Villages*, pp. 180-206.

从这个意义上讲，种姓会议发挥着行会的作用。

然而，种姓对职业的规定并非绝对，在现实生活中，它有一定的变通性。一般来说，任何种姓都不允许其成员从事任何一种被认为卑贱的工作（如割取棕榈叶、酿酒等），也不允许其成员从事被认为"不净"的职业（如清扫、制革等），从事这些职业被认为有罪，会降低种姓身份（因此这些职业只能由不被认为是印度教徒的达利特从事）。但他们可以从事那些合适而又不至于亵渎的职业，如婆罗门可担任会计、税收员和土地丈量员，甚至还可投身军界。特别是自近代以来，由于职业的多样化和种姓束缚的松弛，许多婆罗门从事以前被认为不适于他们干的职业。在中部印度，有相当多的婆罗门从事贸易业。图鲁（Tulu）地区的 Havig 婆罗门除掌犁外，还从事其他农业劳动。据说北方邦的 Kanaujia 婆罗门甚至亲自耕田，而该地区的 Sanadhya 婆罗门则以当店员和沿街叫卖为生。在拉其普特，婆罗门不但愿意在自己的土地上从事全部必要的劳动，而且愿意向其他较富裕的土地占有者出卖劳力。马德拉斯的婆罗门既当民政等公务以及军事人员，也当商人、农耕者、工业家甚至工人。① 由于婆罗门被认为是最洁净的，因此在当代印度，从事厨师职业者多为这个种姓。在教育、公务员、科研、文化等行业，婆罗门种姓占优势，但没有听说婆罗门从事屠宰、清扫、制革等职业的。

在当代印度，种姓与职业的传统模式已发生很大变化，呈现出极复杂的情况。第一，一种职业并非只由某单一种姓所从事。例如农业，在印度北部，农业种姓就有贾特（Jat）、拉其普特和婆罗门，在印度西北部则有昆比、帕提达尔，印度南部则有维拉拉里狄和纳达尔（Nadar）。再如商业种姓，印度北部有班尼亚，在印度西部有波西（拜火教徒），在泰米尔地区则有雷迪。从事纺织业的种姓全印度有十多个。这些种姓中有的是从一个大集团分裂出来的，有的则属不同集团。第二，同一个种姓集团的人有时从事一种以上的职业（后文会详细叙述）。

---

① G. S. Gharye, *Caste and Race in India*, 5th ed., pp. 16-17.

许多中等种姓的地位本来就很模糊。所以，一些职业可由许多种姓的人从事而不受歧视。有些职业如农业、商业等，被视为任何种姓的人都可从事，因为需要大量的劳动力，而且也不牵涉污秽与洁净问题。但这种变通对下述两个集团是例外。其一，僧侣职业。这是同诸神打交道的职业，因此非婆罗门莫属。其二，达利特。无论在任何时候和任何情况下，他们都不得从事种姓法规规定以外的职业。直到现代，他们的政治地位有变化，而职业情况仍无太大的变化。据一份材料报告，在印度工业化的大都市，仍有70%的达利特从事传统职业，在农村则为85%。①

五、地域的规定

每一个较大的种姓集团，大体上在特定的地区活动。从全印度看，一些重要的种姓集团的大体分布见表2-1。

表2-1　种姓的地理分布

种姓名称	分布地区
南布迪里（Nambudiri）　纳亚尔（Nayar）	喀拉拉
纳达尔（Nadar）　卡拉尔（Kallar）　切提（Chetti）	泰米尔纳德
卡马（Kamma）　雷迪（Reddi）	安得拉
林伽雅特（Lingayat）　握卡利伽（Vokkaliga）	卡纳塔克
马哈尔（Mahar）　马拉塔（Maratha）　拉其普特（Rajput）	马哈拉施特拉
班尼亚（Banya）　科提（Kati）	古吉拉特 旁遮普
贾特（Jat）	北方邦

两个种姓集团是分布在全印度的，一个是种姓体制中处于最高地位的婆罗门，一个是首陀罗。不过，即便是这两个集团，从中分化出的亚种姓或次亚种姓集团也呈现明显的地域性特点。以婆罗门为例：

---

① A. E. Punit, *Social Systems in Rural India*, Sterling Publishers Private Ltd., 1978, p. 85.

由该种姓分化出的约两千个亚种姓集团，大都以特定的地区为活动范围。有些婆罗门亚种姓集团本身就是以地名命名的，如西孟加拉邦的 Radhiy Brahmin（Radh 为西孟加拉古名）和 Barendra Brahmin。北方邦的婆罗门包括以下述地区命名的集团：以 Kanuj 命名的 Kanaujia Brahmin、以 Mithila 命名的 Mithila Brahmin、以 Jijhota 命名的 Jijhotia Brahmin、以 Saraswati 河命名的 Saraswat Brahmin、以 Gaur（古印度北部一个地区）命名的 Gaur Brahmin。它们的名字本身就说明了其分布的地域范围。

种姓的这一特点无疑同印度的历史特点相联系。印度历史上长期呈现为诸小王国对峙的局面，各地区间缺乏人口流动，王国疆界限定了种姓集团活动的最大范围。只是到了近代，随着政治疆域的统一和交通条件的改善，地区间人口流动增加，种姓的集团活动范围有所扩大，才开始出现跨地区的种姓组织。

六、隔离的规定

在传统印度教社会，种姓集团之间实行严格的隔离，这种隔离表现在物理和社会两个方面。

（一）物理隔离

印度大部分村落有一个共同特点，即各种姓分居不混。许多村落都明显地分为两部分：一部分是主村，为种姓印度教徒居住；另一部分是附村，距主村有一定距离，是达利特居住地。主村又进一步划分成许多小区，各种姓的人大体居住在自己的小区里。这种小区叫 thola（有的地方叫 pana）。甚至，有的 thola 又进一步划分成更小的 thola。这些 thola 一般以住在该区内的种姓名称命名，例如，印度社会学家 D. N. 马宗达调查的印度北部的莫哈纳村，就分成拉其普特种姓区、酪农区、杂役区、洗衣人区、皮匠区，各种姓分离而居，互不混杂。在印度南部，这种情况也很普遍。在泰米尔和马拉雅姆地区，各种姓有自己的住区。有时村落分成三个住区：村中占支配地位的种姓或婆罗门居住区、首陀罗住区和达利特住区。根据人类学家凯思林·高夫的报告，坦焦尔地区孔巴佩泰村"各种姓的住处大体上是按他们的职业类别和教规等级分布的。婆罗门是地主当中最高的种姓，都在婆罗门街上，住着宽敞的砖瓦房，不和其他住户毗连。帕兰是无地雇工中地位最低的种姓，住在泥糊的草棚里，密集分布在村外的两个村庄里，与婆罗门街有许多稻田相隔。非婆罗门种姓主要是佃农和专业劳动者，他们的街道在村子的中部，草房比较宽大，同婆罗门街道虽不相连，但相距不远"①。在拉姆纳德地区的一个村子里，主要地区被纳雅卡尔（农民）、牧人、工匠、洗衣人、理发匠占据，他们构成一个群落，定居在村子东北角，而达利特则住在村子西北角和东南角。在马拉塔的一些地区，各种姓都被指定居住在村中界限分明并按种姓名称命名的住宅区，被压迫等级则居住在村子的外围。②

一般说来，一个 thola 就是一个种姓居住和社交的场所范围，除了重大的传统节日和举行全村祭祀活动外，各种姓很少在一起活动。许多村落的某些地段甚至不允许某些种姓通过。达利特和其他低种姓不得进入婆罗门和其他洁净种姓的 thola，他们的迎亲队列不得经过高种姓区，他们的孩子也不得到别的种姓区玩耍。有趣的是，这种规定有时也适用于高种姓，如在印度南部，要是一个婆罗门偶然通过达利特的住区，达利特会用牛粪来欢迎他。迈索尔地区的婆罗门认为，倘若他们能设法通过一个村子中的达利特住区而未遭受窘迫的话，那么他们将有好运。③ "有关种姓污秽与洁净的法规禁止婆罗门进入农奴（帕兰）街。反过来，帕兰根据自己的权利也禁止婆罗门进他们的街。因为大家认为，如果婆罗门进街，婆罗门和帕兰都要生病和破财。"④

---

① 陈洪进编：《南印度农村社会三百年——坦焦尔典型调查》，黄思骏、刘欣如译，第 55—56 页。
② G. S. Ghurye, *Caste and Race in India*, 5th ed., pp. 10-11.
③ Ibid., p. 12.
④ 陈洪进编：《南印度农村社会三百年——坦焦尔典型调查》，黄思骏、刘欣如译，第 98 页。

种姓的这种空间隔离起着维持和强化种姓意识的作用。生活在同一个种姓区的成员形成了一个稳定、封闭的社交圈子，这里没有与高种姓的攀比，也克服了由隔离带来的诸多不便。因此，即便是那些地位最低的达利特，由于有这个圈子的保护，也并不感觉种姓制度有什么不好。

（二）社会隔离

社会隔离反映在生活的许多方面，严格且繁细。

1. 饮食

每一种姓或亚种姓集团同时也是一个共食单位（commensal unity），即同属于一个种姓集团的人才能在一起吃东西。对种姓间食品的授受，也有严格规定。一般来说，洁净的高种姓不得接受污秽的低种姓的食物，否则就会降低自己的地位。细分起来，又有油炸食物和水煮食物之分，有时可以接受前者而不可以接受后者。饮水、抽烟等也有这样的规定。关于一个人究竟可以从什么样的种姓手里接受什么样的食物，各地区有很大差别，但所有种姓集团都不同程度地遵守这样的原则：不接受较自己低下的种姓集团烹调的食物。婆罗门被认为是最洁净的，任何种姓都可以接受其烹调的食品。达利特被认为是最污秽的，接受或者接触他们的食物或水被认为是玷污，所以他们都有自己的专用水井。有的餐馆不允许达利特进入，有的虽允许他们进入，却规定只能用专用餐具。这种限制有时甚至发展到荒谬的地步：高种姓的食物，只要达利特从旁掠过，或看见过，就被认为是受了玷污，非被倒掉不可。

2. 服饰

圣线是血统高贵的标记，只有再生族才能佩戴。一些地区不允许某些种姓穿鞋和衣服。例如，在马拉巴尔的东海岸，不允许割取棕榈油的种姓穿鞋、佩戴金首饰和携带雨伞。在马拉巴尔地区，除婆罗门外，公开禁止其他一切种姓遮盖腰部以上的身躯，妇女亦然。这种规定直到20世纪60年代中期还在实行。某些种姓有专用的服饰和标记，如古吉拉特邦的刹帝利穿黄色衣服、佩剑，其他种姓不得乱用。在泰米尔纳德邦，只有"吉祥种姓"结婚时才能骑马列队而行，打着某种标记的旗帜，以及用12根柱子架设他们的婚礼场地。有的村落规定，达利特只能穿白衣服，结婚时不能骑马而只能步行，过高种姓住区必须脱鞋等。

3. 住房

许多印度村落的一个共同的特点是，村落中心有一片上等砖瓦房屋，为富裕的高种姓所居，周围是低种姓的土屋，远离村落地方的达利特的房屋更差。房屋的优劣，固然受种姓的经济条件限制，但种姓法规也起相当大的作用。在印度南部，高种姓规定低种姓只能建哪一类的房子及只能用哪一种材料。东西海岸的一些低种姓，按规定不得建一层以上的房子。有的卑贱种姓在婆罗门等高种姓面前提及自己的住宅时，不敢使用比"粪堆"更好的名称。

4. 日常接触

每一种姓或亚种姓集团，都是一个自我封闭的社交圈子，不洁种姓不得同其他种姓接触和交往，不得进入寺庙、广场和其他公共场所，不得进入高种姓的院子。在马拉塔的派施华（首相）政权下，达利特在下午三时至九时不准进入浦那（首都）城门，因为在此期间，人们所投射的影子太长，易触及高种姓而使之受玷污。清道夫通常是在别人起床前把道路打扫干净，因为假若别的种姓早上起来看到一个达利特，会被认为是倒霉的事。达利特如果在白天出门，必须带上表示其身份的某种标记。在马拉塔地区的农村，一个达利特不准往地上吐痰，他外出时须携带一瓦罐，把痰吐在其中，以免玷污洁净种姓。此外，他还必须携带一束树枝，用以扫除其足迹。倘若一个婆罗门经过，他必须在一定距离之外平卧地上，以免他的影子玷污婆罗门。这些应当说属于极端的例子，在这种情况下，他们不仅是达利特，而且是不可接近者、不可看见者。社会集团的隔离如此严格，自然谈不上跨集团的社会交往。

第二节　种姓的结合

从前文的分析可以看出，种姓是一种封闭、隔离的社会组织，各种姓都倾向于排斥其他集团。种姓间排斥和对立是种姓的一大特点。

然而，这只是种姓构造的一个方面。倘若只是对立和排斥，种姓体制最终会崩溃，社会亦无法运转。种姓除具有相互排斥和对立的特点外，还有结合的一面。也就是说，种姓构造中除有一种"斥力"外，还有一种将各种姓捆绑在一起的"凝聚力"。

一、贾吉曼尼制度：种姓结合的纽带

（一）贾吉曼尼制度简介

早期的印度学家和种姓制度研究者多以差别的角度考察种姓制，较多强调种姓的区别和对立，而对种姓间的联系和结合较少注意。例如，对于胡顿等人来说，一个种姓似乎是一个孤立的、完全自我维持的集团。后来的学者注意到这个缺陷，开始对种姓间的结合给以较多的注意。这方面的开拓者是美国牧师 W. H. 韦索尔。他从 1925 年起，花五年时间在印度北部边传教、边调查。他把种姓间的职业分工联系称作"贾吉曼尼制度"，并于 1936 年出版了《印度教徒的贾吉曼尼制度：印度教村社成员之间在服务方面的社会经济制度》。在他之后，揭示种姓间结合关系的著作多有发表。

何谓贾吉曼尼制度？"贾吉曼尼"一词源于古代梵语文献中的"yaja mānā"，意即举行了一次祭祀的人。"贾吉曼"（jajman）原是指请婆罗门为自己举行家祭的人，"贾吉曼尼"（jajmani）则是指有资格为别人举行家祭的人。后来，这个词有了变化："贾吉曼"成了对所有雇主的称呼，而"贾吉曼尼"则是指为主顾服务的低种姓和达利特。因此，贾吉曼尼制度实际上是一种"主人—奴仆""主顾—侍奉者"的关系。

美国学者 T. O. 比德尔曼（T. O. Beidelman）对贾吉曼尼制度下了如下的定义：

> 在一个区域内两个或两个以上的特定家族之间，其职业、付酬以及礼仪义务皆受到天生的和世袭的规定。这是一种封建主义制度。①

以下试以韦索尔的报告了解贾吉曼尼制度的实态。

韦索尔调查的是印度北部（今北方邦）一个村落。当时，该村落共 754 人、161 户、24 个种姓。韦索尔认为，村落中各种姓集团间存在一种"相互服务"的关系。例如，婆罗门、唱诗者种姓为农业种姓举行家祭，同时从后者那里获得施舍。花匠、金匠、木匠、铁匠为其他种姓提供服务，也从后者那里获得服务或其他形式的报酬。村里的理发匠，每周两次为村落长老那样的重要顾客提供服务，对其他高种姓是每周一次，对一般顾客则只在适当的日子提供。理发匠还发挥着这样的作用：把顾客的好消息向村内外传达、在结婚仪式上充当中间人等。对于这样的服务，顾客或付给一定的实物（如谷物、蔬菜、陶器、布料等），或提供一定的服务（如祭祀、唱诗、修理房屋等）作为报酬。从事手工业和服务业的每个种姓（一般为低种姓），都为一个或数个固定家族（一般为高种姓）服务，并领取固定的报酬。倘若村落规模较小，村中只有一户木匠种姓，那他服务的对象就是整个村子，村中所有种姓都是他的顾客。倘若木匠种姓有多户，其服务范围可能会超出村子，形成跨村落的服务体系。这种关系一经确立，便作为习惯固定下来，而且世代不变。韦索尔认为，在这种制度下，贫苦的人在生活上有保障。这种制度甚至也把达利特编织在一起。他认为，这种关系不仅存在于服务者、工匠、差役种姓同高种姓之间，也存在

---

① B. Cohn and T. Beidelman, *A Comparative Analysis of the Jajmani System*, Journal of the American OrientalSociety, Vol. 80, No. 3, 1960.

于其他各种姓之间。①

韦索尔之后，一些学者提供的报告也表明，贾吉曼尼制度普遍存在于印度各地，只是名称不尽相同。例如，印度南部的"耶吉曼鲁制度"（yejmanru system）、古吉拉特地区的"犁人制度"（hali system）、卡纳塔克邦的"阿亚制度"（aya system）等均属这种关系。

贾吉曼尼制度的主要特点是劳动分工同种姓制度的结合。在这种体制下，服务种姓处在奴仆地位，为高种姓提供的服务通常不是单一的而是包括一切杂务，也通常不计时日，双方没有任何协议或契约，完全凭感情和信用维持。报酬一般也是不计量的，除了给付粮食和提供服务外，有时还给以小块土地或出借耕牛、农具，在重大节庆日子给一些礼物和"小费"等。所有这些交换都由礼仪和习俗规定，且世代不变。

贾吉曼尼制度反映了种姓间结合的一面，各种姓通过这一制度牢固地结合在一起。基于此，一些学者得出了同那些强调种姓孤立和排斥特点的学者完全不同的结论。他们认为，这一制度是一种高度协调而精妙的机器，其好处在于避免了不同种姓集团间的竞争和冲突，在这种制度下，各种姓相互合作和依赖。学者里奇（Leach）就认为，种姓制度是一种非竞争性（non competive）制度。"种姓制度是由担任不同职能的种姓和亚种姓组成的有机制度，同时也是一种劳动分工制度。通过这种制度，劳动者之间在很大程度排除了竞争。"② 他认为，种姓间的冲突和竞争只是近代的事。"如果一个种姓集团出于某种共同的经济或政治目的，通过同其他种姓集团竞争而发挥政治党派作用的话，那么他们的这种行动就违背了种姓的传统。"③

然而，在我们看来，这是把贾吉曼尼制度理想化了。处在这一制

---

① W. H. Wiser, *The Hindu Jajmani System: A Socio-Economic System Interrelating Members of a Hindu Village Community in Services*, Lucknow Publishing House, 1936.

② 转引自 R. Jayaraman, *Caste and Class: Dynamics of Inequality in Indian Society*, Hindustan Publishing Corp., 1982, p. 32。

③ Ibid.

度下的各种姓绝非平等关系,那些礼仪地位高、拥有土地的种姓集团明显处于优势地位。他们享用下层种姓提供的劳动和服务,而给付他们的报酬绝不是等价的。下层种姓没有土地,经济上不独立,他们不得不忍受富有的高种姓的剥削。因此,贾吉曼尼制度下的种姓结合,与其说是一种和谐的合作关系,毋宁说是一种强制的人身依附关系。法国社会学家杜蒙就指出,印度乡村社会有两类种姓,一类是有土地的种姓,另一类是无土地的种姓。在每个村庄,土地总归一个(或几个)种姓集团所有,其他都是依附种姓。依附种姓通常需要通过对高种姓家庭的依附关系来获取生活来源。居支配地位的种姓可以凭借实力改变其职业,而低种姓(如工匠和服务种姓)的职业很固定。至于达利特,其职业更难改变。因此,从本质上说,这一制度是一种剥削关系。它在宗教、礼仪的名义下,把地位不同的各种姓集团编织在一个体系中,使低种姓和达利特牢牢依附于高种姓。

贾吉曼尼制度也不是没有竞争、没有紧张关系的"高度和谐的机器",各种姓集团为了获得政治、经济权利和较高的礼仪地位而竞争。那些处于依附地位的低种姓并不总是那样"忠顺",他们反抗高种姓的斗争不断发生。强调种姓和谐结合的人,只看到了问题的一个方面。

不管怎么说,贾吉曼尼制度反映了种姓间的相互依赖关系则是肯定的。由于种姓法规,某些种姓不能从事某种职业。譬如,清扫、搬运尸体、洗衣等被认为是污秽的,高种姓不能从事,这些事只能由"污秽"种姓来完成。这样,便把彼此对立的种姓集团在经济上联系起来了,就连那些处在最下层的达利特,也成为这个体制中一个不可或缺的部分。这在一定程度上抵消了种姓对立、分裂的力量。因此,对贾吉曼尼制度的揭示把我们对种姓的认识推进了一步。

(二)贾吉曼尼制度与印度农村阶级关系的特点

这里,我们将从阶级关系的角度进一步考察种姓集团之间的结合问题。

土地上的农民分属于不同阶级,他们以怎样的方式同土地结合以及各阶级之间是怎样的关系，受到社会制度的影响。在种姓制度下，可以说农民是以"贾吉曼尼"方式同土地结合的，阶级关系也带有"贾吉曼尼"特点，我们可以从雇佣关系和租佃关系两个方面来考察这一问题。

在贾吉曼尼制度下，雇主与受雇者的关系是稳定和僵化的，形成一种类似农奴主与农奴的关系。出生于某一种姓的人只能世世代代为某一特定雇主服务，一个村子的人不能自由地为邻村的雇主工作。那些没有土地的"服务种姓"本来就严重依赖较富裕的高种姓，而贾吉曼尼制度加深了这种依赖。传统规定他们只能同某些集团打交道，因此，他们的劳动过程及社会生活只同少数人发生联系，这就是印度历史上一直盛行"中间人"制度的一个重要原因。当事者之间交换各种服务，这种交换没有市场价格，甚至也不容易确定数量，没有确切的账目。这种交换只在彼此熟识的情况下才有可能，而这种熟识正是安土重迁的农村社会的特征，对于彼此居住相距甚远或流徙不定的人们来说是不可能的。这种关系甚至影响到今天——印度农村的雇佣关系仍具有这样的特点：在一个较大的村庄，居住在同一地区的雇主只从附近的一些农业工人住区而不是从全村所有居民中招收农业雇工。多数雇工一般都只同某个雇主保持关系，形成类似"仆—主"的关系。他们之间似乎达成这样一种"谅解"：当雇主需要雇工服务时，雇工将优先考虑为这位雇主劳动，同时，雇主则保证不轻易解雇雇工。显然，这同资本主义社会纯粹的雇佣关系是不同的。

在雇工只为特定雇主服务的情况下，很难在较大范围内形成统一的劳动力市场。因为，在这一制度下，对铁匠、木匠及其他服务种姓来说，市场是很少变化的，至多是随着人口的增加和村庄的扩大，铁匠、陶工、理发匠等不再只是一个而变成两个或三个。卡尔·马克思甚至认为这一特点是印度社会未能出现工场手工业分工的主要原因。[①]由于以实物为主要付酬形式，不同村落、不同雇主对不同种姓的付酬

---

① 〔德〕卡尔·马克思：《资本论》第 1 卷，人民出版社 1975 年版，第 396 页。

标准存在不同，很难形成统一的劳动力价格。譬如，在一个村落，同一职业的工匠或服务种姓可能领取相同的报酬，而在另一个村落，这个职业的种姓获得的报酬或者多些，或者少些；理发匠在一个村落中的报酬可能包括粮食、小块土地及特定数量的膳食，但在邻村，可能只包括粮食和一部分现金。即便是在同一村落，也会有不同的付酬标准。雇主的经济能力、雇主和雇工或者主人和奴仆的种姓地位以及传统习惯的规定等，都会影响付酬标准。而且，这种付酬方式往往同劳动者的技术和熟练程度无关，一个较为熟练的工匠所得报酬，可能还少于同村受雇于不同主人的不熟练的工匠挣的钱。在典型的资本主义制度下，这种现象即便存在，也总是会为受雇者的自由流动所冲破，从而产生统一的劳动力价格和市场。而在贾吉曼尼制度下就很难做到这一点。对于一个拥有财产的高种姓来说，本村处于依附地位的劳工是专供他以及他那些拥有财产的邻居使用的劳动力后备军，他认识这些人并与其保持联系。而对于雇工来说，由于长时间为雇主服务而建立起来的关系，他在困难的时候，可能会得到雇主的钱、物及道义上的支援；他们的生活是依附于人的，但相对来说也有保障。这种"主—仆"关系超越了那种能够根据数量、价格和合同来衡量的雇佣关系，戴着温情脉脉的面纱。对于雇主来说，他可能在半夜三更的时候需要一个雇工来帮忙，例如夜里突然下大雨，住宅和稻谷被水淹了，或节庆之日人手不够等，在这种特殊时候从事这样的工作是无法计价的。在他看来，倘若为了省钱抛弃多年朝夕相处的本村雇工，那么在他最需要劳动力时就没有了保证。对于雇工来说，他们需要工作，需要吃饭，可能会突然急需一笔钱为其亲属办婚丧之事，而他们更容易从老雇主那里借得这钱。虽然本村的雇主给的报酬没有邻村的高，但为本村雇主干活能保住他们的饭碗。到邻村去干活，或许能得到较多收入，但要冒风险。

我们再来考察一下贾吉曼尼制度下农民与土地结合的方式。

我们知道，在中国历史上，由于没有种姓制度的束缚，农民身份相对自由，因此较自由的租佃制一直是中国农民与土地结合的主要形式。所谓租佃制，是指以契约的形式将土地的耕者和所有者结合起来，一般来说，当事者之间的分成比率、土地耕种方式和期限等条件都明载于地契之上。契约时限一到，佃农可以离土改佃。而在贾吉曼尼制度下，农民缺乏身份自由，土地的所有者与耕种者之间类似"主—仆"关系，对于分成比率、期限等一般没有明确的契约规定，耕种者除耕种地主的土地外，还要为其打零工和提供其他服务，而地主的付酬方式及数量也有很大的不确定性。因此，贾吉曼尼制度下的土地所有者与农民的关系类似西欧历史上的农奴制，而同中国较自由的租佃制形成对照。

近代以来，特别是1947年印度独立以后，"自由租佃制"在印度获得了一定的发展，佃农的人身依附有所松弛。但在印度很多地方，地主和佃农间仍有很明显的"主—仆"关系痕迹。许多地区的租佃关系缺乏写明租佃内容和条件的契约，而这些都是由习惯规定了的，至多只是口头上的协议。在这里，建立在种姓法规基础上的贾吉曼尼制度，无声地起着租佃保证人的作用，租佃双方都遵守这些条件。地主通过向佃户提供消费和生产贷款、在佃户有困难时给以帮助以及保证其租佃权利等办法，把佃户束缚在土地上并使其牢牢依附于自己，而佃农除了耕种租来的土地之外，有时还不得不为地主打零工、干家务。在印度许多地方，地主和佃农之间的这种"主—仆"关系性质，成功地阻止了将传统的贾吉曼尼关系转变为合法租佃制的企图。例如，现在印度许多地方的农村，存在大量的隐蔽的租佃现象，即佃农同地主达成某种默契，当政府登记地主或佃农的土地数额时，佃农或申明他耕种的是自己的土地，或表明他是为地主干活的劳工，结果，很难弄清地主究竟有多少土地和有多少佃农。有的邦试图通过立法形式登记佃农，以了解佃农数量，但收效甚微。许多佃农不承认自己是地主的佃户，而宁愿说自己是所租土地的所有者。这是因为，倘若承认自己是佃农，根据政府的有关法令，地主的一部分土地就可能会被收走，而这是对世世代代建立起来的贾吉曼尼关系的破坏，是他们不乐意干的。

总之，贾吉曼尼制度是印度乡村社会中分工体制的一个重要特点。这种分工体制，与其说是建立在经济发展的需要之上，毋宁说是由种姓规定的，它反映了种姓集团之间相互依赖和结合的一面。当然，这种依赖和结合，是以对富有的高种姓大为有利的形式完成的。贾吉曼尼制度构成了印度社会独特的阶级结构，在这种结构中，阶级的划分隐藏在种姓的外壳之下，阶级对立常常为温情脉脉的"主—仆"关系所掩盖。尽管这个制度并不像有的学者赞美的那样是高度协调的和非竞争性的，但它的存在的确在很大程度上缓和了种姓集团间的隔离和对立，从而使种姓具有了很大的弹性和适应能力。

二、印度教：种姓的黏结剂

种姓是印度教的一部分，无论是有关种姓隔离与对立的种种规定，抑或贾吉曼尼式的结合关系，均与印度教有关。故要考察种姓构造的特点，不可忽视印度教。

印度教体系庞杂，教派众多，同种姓有关的思想散见于各类经典中，也体现在各类神话、戏剧、民间传唱等作品中。其中，对种姓影响最大的是印度教的"洁净"与"污秽"观念和"业报轮回"思想。这些观念和思想为种姓制度提供了比较严密的理论基础。

（一）"洁净"与"污秽"观念

印度教有一个基本的认识，即世界森罗万象的背后有一个终极的、超自然的实在，这个终极实在在印度教语境中称作"梵"（Brahmā），世界万象皆为它的幻化并终复归于它。但万事万物同梵的距离是不一样的，复归的时间也有长有短。印度教趋于把世界看成一个有差别的、长长的序列，人类社会只是这个长序列中的一段。人生来就有差别，这种差别正如人与树、石的差别一样自然。在复归梵的阶梯上，每人都处在一个固定位置，种姓地位实际上表明了人与梵的距离，或者说人在通往梵的阶梯上所处的位置。尽管印度教各派说法不同，但人在通向终极实在道路上存在的根本差异，是每个教派都承认的。这是种姓制度存在的理论基础。

那么，如何测量宇宙间万事万物同那个超自然的"绝对实在"之间的距离呢？具体到人类社会，种姓划分所依据的标准是什么？答案是：印度教的"洁净"与"污秽"的观念。

犹太教也视某些食品（如猪、兔、马的肉等）为不净。然而，根据我们的知识，尚无哪一种宗教的洁净与污秽观念如印度教之发达。如前所述，印度教倾向于把宇宙万物看作一个有差别的序列，而在这个序列中，自然界、超自然界以及人类社会，皆依洁净与污秽而分类定位。譬如，在动物界，牝牛被认为是洁净的，鱼类属一般，猪、鸡、狗的洁净度较低。在植物界，菩提树最洁净，棉花比麻洁净。金属也有分别，其洁净度依金、银、铜、铁序而降，而金属又比陶类更洁净一些。人体的洁净度依头、手、腿、脚而降（《摩奴法典》上说，肚脐以上为净，以下为不净）。人体和动物的排泄物以及同血、死亡、腐烂有关的东西被认为最污秽。河流中以恒河、山脉中以喜马拉雅山为最净，如此等等。这个名单可以无限长地开列下去，全部排出来是不可能的。一般来说，洁净度越高者，同神的距离越近。在同一类中被认为最洁净者（如牝牛、菩提树、恒河、喜马拉雅山等），通常都具有神的资格。

这种观念用之于人类社会，便成为种姓划分的重要思想依据。社会中各类职业连同从事职业的人，也被划分出洁净与不净来，并依此排列地位。祭神、讲诵《吠陀》经典等与神有关的职业理所当然被认为最洁净，因而从事此类工作的人（婆罗门）地位最高。在传统印度教社会，牝牛常与婆罗门并称，都被认为具有神性、不可亵渎。被认为最污秽的职业有：（1）与杀生有关的职业，如屠宰、捕鱼、狩猎等；（2）与死亡有关的职业，如搬运人畜尸体、焚尸等；（3）接触人畜排泄物的职业，如洗衣、理发、接生、清扫等；（4）亵渎牛的职业，如杀牛、硝牛皮、经营牛皮买卖及食用牛肉等。自然，从事这类职业的人也被认为是最污秽的，他们通常是处于社会最底层的所谓达利特。处于最洁净和最污秽职业之间的大量职业，也有等级，不过这种排列因地区而异，难概而论之。洁净与污秽观念解释了经济并不发达的传统印度村落为何分工那样繁细。例如，把诸如洗衣、搬运人畜尸体等工作分化为专门的职业，不是出于经济理由，而是出于洁净与污秽观念，因为洁净种姓从事这种工作被认为会受到污染。

不仅如此，印度教徒还把污秽看作像传染病之类的东西，会因直接或间接接触而受传染。种姓隔离的一道道藩篱正是基于印度教徒内心深处对被污染的恐惧。混血被认为最严重的污染，因此确立了种姓间的通婚规则。食物授受可以传染污秽，故有共餐和食品授受之严格规定。社会交往也能传染污秽，故同一种姓的人会形成一个封闭的社交圈子。前面提到的种姓隔离的各种表现形式，几乎都可以从洁净和污秽观念中得到解释。这种观念在社会组织上的极端表现就是"不可接触制"。传染污秽就会降低种姓地位，因此人们总是设法维持隔离。污秽可以传染，洁净也应是可以转移的。实际上，印度教徒也倾向于这么认为。低种姓接受来自婆罗门的祝福和抚摩，教徒长时间注视某一神像以获得"神性放射"（Darshan）等，都说明了这一点。但与污秽的传染会带来社会地位的变化不同，洁净（或"神性"）的传散并不会使低种姓的社会地位提高。这主要是因为，这些规定多是婆罗门制定的，故对高种姓有利，高种姓不希望低种姓和达利特轻易改变其地位。

再生种姓，尤其是婆罗门，为了维持自己礼仪上的洁净，力避从事不净之业和与污秽种姓接触，违反这种规定通常要受到包括开除种姓在内的严厉惩罚。无论是在古代典籍还是在现实社会中，因同污秽种姓接触而受惩罚的例子不胜枚举。然而，如前所述，包括达利特在内的污秽种姓也是村落社会的一部分，特别是贾吉曼尼制度把这些人也编织在种姓分工体制之中，使他们承担着村落必不可少的劳动。因此，高种姓要做到完全不同他们接触是不可能的。若严格按照理论规定去做，村落社会便无法运转。以婆罗门为首的高种姓必须解决这样一个实际问题，即他们在现实生活中不得不同污秽种姓接触，事后仍能恢复他们在礼仪上的洁净性。印度教中一整套净化仪式，就是在这一需要下发展起来的,以下试举几例。

在所有污染中,同污秽种姓说话、听其声、见其形,被认为是最轻的污染,其净化方法比较简单:同污秽种姓讲过话的,再同婆罗门讲一次话就被净化了。看到污秽种姓的,看一眼日、月、星就能去污。若同污秽种姓接触过,淋浴一次即可净化。接受达利特的食品、同污秽种姓的女人交合,被认为是十分严重的污染,但也有办法净化。有的法典如《摩奴法典》规定,"婆罗门仅只一夜接近旃陀罗妇女所犯的罪行,以三年行乞和不停念诵娑毗陀利赞歌而清除"①;有的则规定,事先不知道身份而与污秽种姓之女交合者,可通过两次绝食的办法赎罪。对于从污秽种姓手中接受食物者,有的法典规定绝食三日便可得到净化。

此外,为了既能维持高种姓礼仪上的洁净又能使日常生活正常进行,印度教为高种姓准备了种种开脱之道。譬如,印度教有这样的规定:被污秽种姓或被开除种姓者接触过的座位、长椅、舟、车、道路、草等,经风吹可得净化;街道上受污染的泥土、水及砖瓦等,同样可得风净化。《摩奴法典》规定,狗及旃陀罗弄死的野兽的肉是洁净的,并援引古代圣仙在饥饿难耐之时接受旃陀罗的食物的例子,规定在危及生命之时从任何人手里接受食物都不会受玷污。有些规定可以说随意到了极端地步:"诸神曾对婆罗门指定他们特有的三件清净的东西,即他们不知道被污染的东西,他们怀疑时用水浇过的东西,和他们发出命令'愿此物品于我为净'的东西。"②

这样看来,随意性极大、多至数不清的净化方法,大大减轻了高种姓印度教徒被污染的后果,缓解了他们对受污染的担心。如果说洁净与污秽的原理是一把刀,把印度教徒划割成一个个封闭的集团,那么,这种原理在一定程度上又为简单易行的净化方法所缓和。印度教既为种姓隔离提供了坚实的理论根据,又准备了种姓隔离被破坏后的

---

① 《摩奴法典》,〔法〕迭朗善译,马香雪转译,第280页。
② 同上书,第128页。

种种退路，这就使种姓制度有了更大的弹性，不至于因过于僵硬的规定而崩溃。

(二) 业报、轮回理论与种姓制度

支撑种姓制度的另一重要思想，是印度教的业报轮回之说。

既然宇宙万事万物皆为"梵"自我展现之结果，并且"梵"对于现实世界亦无道德上的约束力，那么这种超自然的存在便有了永恒的恐怖性和不可抗拒的力量。这在现实生活中意味着：人们在身体、能力、财富、地位等方面的差异是由某种超自然力量预先安排好的，这种宿命的世界观在业报轮回理论中得到了最好的说明。按照这种理论，包括人在内的一切有生命之物都有超越身体的藏在意识和感觉世界背后的"实在"，这个"实在"叫"阿特曼"（Atman），身体中的这个"实在"是那个宇宙背后的"终极实在"（"梵"）的一部分，因而也是永恒不灭的。阿特曼只是寓于躯壳之中，而躯壳是暂时的，要灭亡的，故阿特曼总是从一躯壳转入另一躯壳。阿特曼附着一种神秘的"业力"，它由生命体行为的性质所决定。在阿特曼借助躯壳不断转移的过程中，业力起决定性作用。对于人来说，阿特曼每转移一次称为一世，因此，人除了有一个可感觉到的现世之外，还有感觉不到的前世和来世，人在这三个世界中流转轮回，无始无终，无穷无尽。三个世界有因果联系，即善行有善果，恶行有恶果，阿特曼转世采取什么形态完全由人在世时的行为所决定，只有通过艰苦卓绝的修行，才能摆脱这种轮回，达到解脱。业报轮回是印度教（还有佛教、耆那教等其他宗教）重要的思想支柱，这种思想通过吟诵史诗、讲述神话故事及各种形式的布道，影响千百万印度教徒。

深入探讨这一思想本身，并非本书的目的。我们的兴趣是理解这种思想的社会意义，即它同种姓制度的关系。

认为人的现世、前世和来世都是阿特曼根据业力规定的，实际上等于宣布，种姓间的不平等不仅是合理的，也是神圣的。一个人无论是婆罗门还是首陀罗，是富有还是贫穷，是高贵还是卑贱，是享福还是受罪，都是前世行为的结果，而现在的一举一动和一言一行，又在决定着一个人的来世。这种思想教导印度教徒：你出生于你眼下的种姓是你前世行为的结果，你必须固守传统的职业和种姓之"法"（达摩，亦作达磨，即一种姓的职业及与之相应的各种行为规范和义务），这样来世才能得到幸福。若违背种姓之"法"去从事别的职业，不管你干得多么好，对来世也不会有好处。业报轮回思想告诉人们，前世是一种预定的、不可改变且具有决定作用的力量，此生无论有什么遭遇都必须接受。对于一个低种姓或达利特来说，业报思想告诉他，他悲惨的命运并非由不合理的社会制度和人间压迫所致，而是他前世罪孽造成的。他遭受苦难是在偿还他前世欠下的"债"。要改变这种地位是不可能的，唯一的办法是接受命运的安排，这样，来世才有提高地位的可能。若不这样，阿特曼会记录下你今世的"不轨"行为，来世可能会更悲惨。这一理论还意味着，低种姓地位的任何提高都是违背神意的，因而也是不被接受的。对于他们蒙受的贫困、饥饿及种种社会歧视，不仅不应予以同情，而且是他们赎罪、净化灵魂所必不可少的手段。由此可以解释，为什么有的种姓印度教徒一面谴责杀生，一面却对活活烧死他们认为违反种姓达摩的达利特无动于衷。

业报轮回思想要求每个人都恪守自己的阶位而不僭越，故它像一副强有力的黏结剂，把种姓永久地胶定下来，又像一条无形的绳索，把个人牢牢地束缚于种姓的桩柱上。这种理论从根本上否定了对种姓制度的彻底批判和改造。受这种思想的影响，不仅高种姓极力赞美和维护种姓秩序，就连那些处于种姓阶梯最底层的达利特，也心甘情愿地接受种姓制度的安排。通常，他们会抱怨自己前生的行为而不会怀疑种姓制度本身，他们所做的充其量不过是想改变其他种姓对自己的看法，或者说把自己在种姓序列中的位置提高一点，而不是彻底否定种姓制度。这一思想可以说对于维持种姓制度以及稳定印度教社会，发挥了无法估量的巨大作用。

业报轮回思想的社会意义还不仅仅在于为种姓制度提供了最强有力的辩护。这一思想虽否认个人可为改变现世地位做出世俗努力，却不反对宗教上的努力。这一思想教导人们，超越轮回、达到解脱才是改变自己地位的根本途径，而要做到这一点，出家修行、苦行、巡游等宗教实践是必要的。这样，业报轮回思想在阻断了世俗变革之路的同时，还网开一面，为那些更具雄心、对现实地位不满的人设计了释放能量的通道。印度教社会中普遍存在的出家、苦行、巡游等行为，除了有追求灵魂超越这一明显的宗教意义外，还有一种重要的社会意义：它是人们对严酷的现实生活的抗议形式。当一个在种姓的重压下受尽凌辱的"污秽"种姓抛弃世俗生活、遁入森林过清净生活之时，他自然也挣脱了种姓的桎梏。当一个人集中精力专心于亲证神明之时，他自然也忘记了种姓歧视给他带来的一切烦恼。他们以这种消极形式表达了其对低下的社会地位和种种不公平待遇的不满。同时，这种形式还起着吸食阿片或"精神疗法"的作用。一时的清静可使他们逃开种姓的重压而得以休憩，使那受创伤的心灵得到治疗。对于那些有着更大的社会野心、企图追求更高地位的人，以及那些对种姓制度不满并试图改造它的人，出家、苦行不仅能带来很多追随者，满足其追求地位的需求，还能消磨其意志，摧垮其身体。这样，印度教设计的这一巧妙机制，把所有的社会不满以及所有"过剩"的社会能量引导到逃避和自我折磨的道路上，使其无法形成足以撼动种姓制度根基的力量。

　　印度教真是一个奇迹。它是一个包罗万象的大厦，每个印度教徒都生在其中，死在其中，溶化在其中。它把人们划割成一个个种姓集团，并以极大宽容性承认和接受人们之间的差异。它提出了种种维护种姓差别的办法，也设计了使这种差别免遭破坏的防御和修复机制。似乎可以这么说，在我们了解的世界诸文明中，没有哪一个文明中的等级制度像印度的种姓制度那样，建立在如此无懈可击的神学和哲学基础之上。印度教像永不干结的黏结剂和具有巨大伸缩性的橡皮绳，既能把人们牢牢黏缚住，又为他们提供了一定的活动余地，从而使种姓制度僵而不死、硬而不脆，历经千年而不衰。

第三章　种姓制度的极端形式：不可接触制

提到种姓制度，人们常常只想到婆罗门、刹帝利、吠舍、首陀罗四大等级集团，但实际上，在这四大集团之外，还有一个为数众多的"不可接触者"（达利特）阶层。按照印度教徒的看法，达利特在种姓体制之外，不属于印度教徒。然而，抛却宗教立场来看，不可接触制（untouchability）是种姓制度的一个重要方面，可以说它是种姓制度的极端表现，而这一制度中的一个广泛阶层——达利特也应是种姓的一部分（有人称他们为第五种姓）。就今天的印度而言，当人们提到种姓制度时，多数情况下如果不是全部也是在很大程度上指称不可接触制。因此，要认识种姓制度，就不能不考察不可接触制及达利特阶层。

第一节　不可接触制的历史与现状

一、起源与发展

从历史记录看，梨俱吠陀时代的印度社会似乎还不存在不可接触制。成书于后期吠陀时代的《耶柔吠陀》《奥义书》文献中出现了"旃陀罗"、"尼沙达"（Nisāda）等被雅利安人轻视的人，他们带有达利特的特点，因此这一制度很可能产生于后期吠陀时代，即公元前900年—前600年。这个时代，正是定居于今旁遮普一带的雅利安人向恒河中下游扩张、与原住民文化发生混合的时代。更重要的是，这是古代印度社会从以游牧为主向以农耕为主过渡的时代。这一转变给人们的生活习惯和思想带来了重大影响。在思想方面的表现是不杀生、禁肉食等新观念的提出。这是因为，在农业社会中，牲畜成为宝贵的生产工具。印度教徒对牛的崇拜起源于何时尚无证可考，但联系到牛在农业社会比在游牧社会起更大作用这一事实，不应把这种崇拜现象追溯至游牧社会。在农业社会中，牛既是生产工具又是交通工具，同时还可向人们提供牛奶，故崇拜牛实属自然。当然，牛在游牧社会中的作用也很重要，但不会被神化，因为人们要食其肉，用其皮。只有在粮食生产基本上能满足需要的农耕社会，不杀生、禁食牲畜乃至牛的神化才有可能，才会出现把与屠宰牲畜有关的职业视为"不净"，把杀牛和食用牛肉视为罪大恶极的价值观。我们尚难确定洁净与不净观念究竟是原住民（达罗毗荼人）所固有还是雅利安人带来的，但不可接触制的形成与这些观念密切相关，它们出现于农业有了相当发展的农耕社会之中，似乎有更多令人信服的理由。

婆罗门在这一制度的形成过程中无疑起了重要作用。他们垄断了祭司地位，处于社会的最高层，这意味着另一部分人必将被推向最低层。为了强调自己的神圣不可侵犯性，原始的洁净与污秽观念似乎是再好不过的思想工具，因为它可以用来解释当时出现的阶级分化和社会不平等现象。对宗教上的洁净与污秽的极端强调，导致包括婆罗门在内的瓦尔纳社会成员回避污秽之物，以及对那些从事污秽工作的社会集团的极端歧视和物理上的隔离，从而形成以婆罗门为一端、以达利特为另一端、中间依据洁净程度排列的社会等级制度。

然而，若无国家权力的提倡和保护，仅靠婆罗门的宣传是难以形成一种社会制度的。自然，在不可接触制形成之初，国家权力尚未发展到足够强大的程度，政府权力对村落中的种姓和不可接触制不可能有太多干预。但历史资料表明，吠陀时代晚期，恒河流域的确已出现超越部落的国家。国家的统治者（主要是刹帝利种姓）完全有可能利用婆罗门的意识形态，从政治方面促进不可接触制发展。须知，一个人被逐出种姓成为达利特之一员，是一种比任何来自政府的刑罚都严厉的惩处。依照政府法律对被统治者的惩罚，是外加的和一时性的，被惩罚者并不一定遭其亲属集团的怨恨，他在社区中实际的社会和礼仪地位也不一定会降低，但被开除种姓则不然。一个人若被逐出种姓成为达利特，不仅他的朋友、亲戚以及同一种姓中的其他人都会立即改变对他的态度，甚至他的妻子、儿女也要同他离散，这比任何国家法律和行政手段都有效。设置一个能看得到的地狱，对统治者来说是有用的，它不仅能起到震慑反抗者、维护社会秩序的作用，还能对这个社会中广大的劳动阶级——吠舍和首陀罗——起着一种"比上不足、比下有余"的安慰作用。

达利特的来源比较复杂，但总的来看由两类人构成：一类是非瓦尔纳社会成员，另一类是被排挤出来的原瓦尔纳集团的人。

第一类大多数是居住在雅利安社会圈以外的落后部落成员。他们有自己的语言和宗教信仰，一直过着以狩猎和采集为主的生活。随着文明程度较高的雅利安社会不断扩张，他们有的被征服，有的则由于狩猎、采集场所变小而不得不进入极不适宜耕作的地区，一直处于生产上落后、文化上封闭的状态。那些被征服的部落，一部分被同化在印度教社会之中，成为瓦尔纳成员，相当一部分未被同化，成为达利特。从一定意义上说，印度教社会有意不同化他们，因为种姓社会需要有人来承担那些被认为污秽的工作，这些部落作为提供劳动的阶层，对于维持印度教社会秩序必不可少。

第二类来自瓦尔纳社会的分化，这一类在数量上较前一类为少。他们又可进一步分为两种情况。一种是，一部分人由于世代从事污秽之业，维持不净之俗，久而久之，也被认为是不净之人，成为达利特。另一种是由于战乱、迁移、违犯种姓法规、杂婚、犯罪等离开种姓集团或被开除种姓的人。

从历史资料推测，古代达利特集团的种类似乎并不多。旃陀罗多从事采集、狩猎活动，与雅利安社会很少有直接关系，一般都在村落社会的附近地区维持着牢固的部落组织和相对独立的生产。这同现代的情况有很大不同，现代虽然很多达利特从事非农职业，但拥有土地和从事农业劳动者也不少。以部落（"表列部落"）形式居住在距村较远者有之，但更多是以"外种姓"集团的形式分散居住在村落周围。

同古代相比，他们的种类似乎更多，同村落社会的关系也更密切。因此有理由认为，在长期的历史发展中，达利特阶层经历了一个人数和种类由少到多、职业由单一到多样、居住由集中到分散的发展过程。这一发展过程很可能与下列因素有关。

第一，随着农业的发展，可供狩猎和采集的场所越来越少。一方面，部落难以维持生计，他们或从事农耕，或住在村落周围，为村落农业提供辅助性劳动，如制革、制陶等。另一方面，农业的发展需要更多的劳动力。对于土地所有者来说，村落周围住着的从事贱业的人群，可以在农忙季节和突然需要大量劳动力的时候提供劳动。

第二，随着部落社会内部财富和职业的分化，部落成员也发生了阶级分化，一部分人沦为被剥夺阶级。由于印度教的作用，部落的分化采取了种姓化的路线：被剥夺阶级被视为不净，成为达利特。

第三，种姓社会的进一步分化和职业的不断增多，使越来越多的人从事新职业。根据印度教的规定，不从事传统职业的种姓成员的种姓资格不被承认，新职业通常被视为不净，这样就使达利特的人数越来越多。这种倾向经在村落社会中指导人们宗教生活的婆罗门祭司的不断宣传和灌输而得以增强。

第四，统治阶级的提倡和鼓励。村落周围有一个达利特阶层，不仅可以为村落社会提供必要的劳动，也可以缓和村落内部的紧张和冲突。当村落内部的阶级矛盾激化时，村落的统治阶层常常把人们的视线引向村外的达利特。由于国家和地方政府官员都出身于瓦尔纳社会，因此他们总是利用政治、经济、行政和宗教等手段，有意保护和发展这一制度。

二、达利特的分布

现代印度的达利特有许多集团，分布在印度各地。下面简述几个人数较多、分布较广的大集团。

旃陀罗，这个名称很早就出现在印度教法典中，现在主要分布在孟加拉地区，是西孟加拉邦最大的种姓。该集团社会地位低下，但在所有达利特中，地位又稍高，被认为是"洁净的达利特"。该集团进一步分成八个互不共餐、互不通婚的亚集团，多数从事农业，少数从事船运，另外还有木匠和商贩等。在村落社区中，他们不能接受婆罗门的服务，也不能接受理发匠的服务。估计人数为350万—400万。

多姆（Dom），与旃陀罗有渊源关系，主要分布在旁遮普地区，职业有唱歌、乐器演奏、清扫、藤编等，也有务农和从事手工业的，被认为是"不净的达利特"。孟加拉地区也有多姆，是从别处移居而来。北方邦的多姆分为两部分：一部分是定居的，职业主要是农业雇工、草编工等，收入甚低；另一部分过流浪的生活。1901年国情普查时，在多姆集团下登记的人数超过85万人，大部分在孟加拉和北方邦。1951年，西孟加拉邦的多姆为11万人。

查马尔（Chamār），又称昌巴尔，是印度最大的达利特集团，主要分布在印度北部和印度南部的马德拉斯地区，大多数从事制革业，被视为"不净的达利特"。他们曾是传统村落中的奴仆，在收获季节享受实物报酬。1901年登记人数为1120万，仅次于婆罗门（1490万）。北方邦的查马尔最多，约占人口总数的52.6%。

马哈尔，主要分布在马哈拉施特拉邦，约占该邦人口的10%，人数约400万。他们操马拉提语，是德干西部古老的民族之一。据说，"马哈拉施特拉"一词即由"马哈尔·拉施特拉"（"马哈尔之地"）而来。20世纪初印度第一次人口普查时，该集团分成53个亚集团，传统职业有村看守、清扫夫、动物尸体搬运工、村信使等，被认为是"不净的达利特"。近代以来，一部分马哈尔放弃传统职业，当上了港口搬运、铁路、纺织厂和兵工厂工人等。由于他们没有不食牛肉的限制，因此一些人成了英国人家庭或社会机构的仆佣。马哈拉施特拉邦的马哈尔大部分是新佛教徒。

其他达利特集团还有旁遮普地区的朱拉（Chuhrā）、拉贾斯坦和孟买的班吉·梅塔尔（Bhangi Mehtar），以及孟加拉的宾马利（Bhuinmāli）和哈里（Hari）、奥利萨的哈迪（Haddi）、安得拉的马拉（Mālā）、泰米尔纳德的帕赖扬（Paraiyan）等。

三、达利特的境遇

（一）古代

自古以来，印度达利特的境遇就十分悲惨。《摩奴法典》规定，他们必须住在村外，夜间不得到城市和村落中去，白天进村镇要按国王的命令用某种标记区别自己。《政事论》① 还规定，在建造城市时，应把旃陀罗和异教徒的居住地建在墓地边上。有的法典还规定，他们要穿死人的衣服，用破碗吃饭，戴铁首饰。他们的主要职业有搬运尸体、执行死刑、看守坟墓、屠宰、清扫、制革、为人丧事打鼓等。有的法典记载，每日向神献祭之后，在将食物给予旃陀罗时，要像对待狗、鸟、虫子一样，将食物抛在地上或盛在容器里，通过其他瓦尔纳成员给他们。达利特是不被当作人对待的。《摩奴法典》记载的对他们的惩罚有罚款、流放、割舌、断肢、烙烫、切割阴茎、投火，用烧红的刺刀穿口，往口内和耳内灌沸油等。

（二）殖民地时期

英国人统治时期，达利特的境遇基本上没有改变，每个村落仍由10—30个种姓构成。其中有几个集团是达利特，他们仍住在村落周围，与种姓印度教徒保持着物理上的隔离。不过，随着传统村落经济结构的变化，从事非传统职业的人多了起来。

自20世纪初开始的每十年一次的国情普查，使人们对达利特的情况有了具体的了解。从国情普查时依据的登记标准看，他们具有以下特征：（1）不可接受洁净的婆罗门种姓的服务；（2）不可到为种姓印度教徒服务的店铺里购物；（3）种姓印度教徒认为，同他们接触会受到污染；（4）种姓印度教徒不可从他们手中接受食物或水；（5）不可利用道路、渡船、水井、学校等公共设施；（6）不可进入寺院。

---

① *Kautilya's Arthaśāstra*, trans. by R. Shamasastri, Mysore Prining and Publishing House, 1967.

根据这些特征，1935 年政府公布的达利特集团为 429 个。

在实际生活中，对达利特的歧视非常繁细，涉及面也很广。例如，1930 年 2 月，马德拉斯管区（今泰米尔纳德邦）的拉姆纳德县的卡兰种姓针对达利特宣布了八条规定，违者要受暴力惩罚。这八条规定是：

（1）不得佩戴金银饰品；

（2）男子禁止穿遮盖腰部以上、膝盖以下的衣服；

（3）男子不得穿风衣、衬衣和背心；

（4）不得理发；

（5）在家里不得使用除陶器之外的任何其他器皿；

（6）女子的衣服不得遮盖上半身；

（7）女子不得用鲜花饰身，不得用番红花膏（用番红花做的化妆品）；

（8）男子不得打伞、穿拖鞋。

由于这些规定未得到严格遵守，因此翌年 6 月，卡兰种姓再次聚在一起，把规定增至 11 条，又增加了女人运水时只能用陶器，禁止小孩读书识字，禁止占有土地，婚礼时禁止演奏音乐和使用马车等。

调查报告称，19 世纪末，喀拉拉邦的达利特帕赖扬，对人说话时不敢自称"我"，只能说"你的奴隶"，不敢提"我的子女"，只能说"你奴隶的猴子"或"你奴隶的牛仔"，不许说"我要去吃饭"，必须说"你的奴隶要去喝水"，不敢说自己吃的是"大米"，只能说它是"污粥"；说话时必须用手捂嘴，以免把污秽传染给洁净的种姓印度教徒。

英国殖民政府曾颁布过若干旨在否认不可接触制实践的法令，如 1850 年英属孟买政府颁布《革除种姓歧视法》，1925 年马德拉斯管区通过法令，宣布公共设施向所有人开放等。但这些法令的影响极其有限，实际生活中达利特的地位没有任何变化。

（三）独立以后

独立后的印度政府在提高达利特地位、保护其权益方面做了一些工作。除了制定相关的法令外，政府还通过小册子、电影、新闻广播等方式，呼吁禁止不可接触制。有时，政府还设立"达利特日""达利特周"，资助与达利特的共餐会、文艺演出和演讲会，向废除不可接触实践有成效的村落颁发奖金，鼓励种姓印度教徒同达利特通婚等。例如，1971 年，马哈拉施特拉政府规定：对于新郎为达利特、新娘为种姓印度教徒的婚姻，奖给 300 卢比；对于新郎为种姓印度教徒、新娘为达利特的婚姻，奖给 200 卢比。但在 1963—1969 年，这样的婚姻仅有 17 对。中央政府还任命一位负责调查保护达利特政策实施状况的官员，每年向政府提交报告。这些做法有一定的效果，但距废除这一制度还很远。

现代印度社会中，不可接触实践主要不是表现在法律和政治方面，而是在实际生活方面。各地区达利特受歧视的情况很不一样。从一些材料来看，在农村地区这个问题仍较严重。有的村落仍不允许达利特从公用水井中汲水、进理发店和餐馆，不允许他们路过高种姓居住区。有的地方甚至荒谬地规定，达利特不得蓄向上翘的胡须，不得在种姓印度教徒面前穿鞋等。印度著名社会学家 L. P. 德赛在 20 世纪 70 年代初对古吉拉特邦 69 个村庄里达利特受歧视的状况做了一个调查，为我们了解印度不可接触制提供了一份定量的材料，见表 3-1。

表 3-1　古吉拉特农村不可接触歧视状况调查

实行不可接触的方面	实行（%）	不实行（%）	模棱两可（%）
1. 用水	74	7	19
2. 进神庙	89	8	3
3. 进住宅	90	10	—
4. 进商店	82	14	4
5. 在商店中授受物品	60	30	10
6. 支付工资	59	26	15
7. 田间劳动	35	48	17
8. 理发店	94	6	—

（续表）

实行不可接触的方面	实行（%）	不实行（%）	模棱两可（%）
9. 制陶工	70	27	3
10. 缝纫店	31	64	5
11. 村落会议中的座位安排	47	53	—
12. 学校中的座位安排	2	96	2
13. 邮件传递	17	83	—
14. 向邮局购买邮票	4	96	—
15. 乘坐公共汽车	4	96	—

注：百分比为所调查的69个村庄中各项所占的比重。

资料来源：I. P. Desai, *Untouchability in Rural Gujarat*, Popular Prakashan, 1976, p. 258。

从这份调查材料中，我们可以得出以下几点结论：

（1）即使是在农村，传统的不可接触制也确实衰落了。这种情况是传统种姓制度衰落的一个重要方面，我们将在本书第七章第一节详细讨论。

（2）在公共场合（表中7、10、11、12、13、14、15项），这种歧视较不明显。这似乎同政府的宣传有关。这也说明，在现代社会人口流动频繁的情况下，实行不可接触制已不太容易。

（3）在涉及宗教和个人生活方面（表中1、2、3、8项），不可接触歧视仍相当严重。

应当指出，这个调查并未涉及婚姻问题。在这个问题上，种姓规定松弛最少，达利特与其他种姓通婚仍属罕见。考虑到这一因素，似乎还应把歧视问题看得更严重一些。

达利特仍遭受歧视和迫害的一个重要表现是，他们依然是各种暴力的最大受害者。现代印度虽然已从法律上废除了不可接触制，更谴责对达利特施以暴力，但社会习俗根深蒂固，特别是在农村，旧的意识仍禁锢着人们。21世纪初，达利特遭受高种姓和一些富裕的低种姓的暴力有不断增强的趋势。根据联合国人权理事会2008年4月通过的一项决议文件，2005 年印度发生了 56 709 起涉及妇女的案件，其中包括谋杀、绑架和强制流产等暴力行为，特别是对达利特部落和宗教群体中的少数妇女。①

这些数字是根据达利特正式提出的申诉得出的，实际数字要远高于此，因为有更多的遭受迫害的人没有提出申诉。另外，大量关于达利特受迫害的个案报道，也使我们有充分理由得出这样一个具有讽刺意义的结论：在制定了一系列旨在保护达利特的法律和法令的现代印度，"被保护者"遭受暴力的情况反而更严重了。

（四）独立后严重的达利特遭迫害的事例

翻阅印度报刊，不断会看到达利特被杀害、被烧死的报道，这里仅举几例。

事例一　1968 年 12 月，泰米尔纳德邦坦焦尔地区，在一个名叫基尔马尼的村子里发生了一件震动全印度的达利特被烧死的惨案。该村的无地农业雇工（达利特）同高种姓地主发生纠纷，前者要求增加工资，被后者拒绝后，举行罢工。这激怒了高种姓地主和富农，他们指使 200 多名武装暴徒，袭击和焚烧达利特住地，后又将 43 名（一说 45 名）达利特（其中包括多名妇女、儿童和婴儿）关在一所房子里，放火烧了房子，致使全部达利特被烧死。事件发生后，政府组织了调查委员会调查处理此事，但最后，事件的主谋获得取保释放的处理。②

事例二　1977 年 7 月，地点是比哈尔邦距巴特那市 100 千米左右的贝尔奇村。该村有百余户人家，富裕且有势力的种姓集团是古尔米（属首陀罗），但其人数不到该村总人口的 20%，其余人全为达利特（该村种姓构成较特别，在大多数印度村落中，达利特和其他种姓人数之比与此相反）。这或许就是他们残酷迫害达利特的原因。

一达利特向一婆罗门地主退佃，引起这个婆罗门地主的恼恨。他

---

① 参见 https://upr-info.org/en，2025 年 3 月 30 日访问。
② 孙培均：《觉醒中的印度贱民》，《南亚研究》1982 年第 4 期。

是当地一个有势力的政治家，又是古尔米种姓的头人，便仗势将那个达利特驱逐出村子。但村里的达利特同情这个农民，显示出要抵抗种姓印度教徒的势头。在人数上处于劣势的古尔米种姓十分惧怕，在这个婆罗门地主的支持下，他们策划了迫害达利特的活动。一日，几十个武装暴徒乘车来到村里，把11名达利特（其中包括妇女和儿童）拉到地主家门前的广场，将10个大人砍去手、脚，再投入燃烧着的火堆，将一个小孩投入火中活活烧死。此事轰动整个印度，当时，印度总理英迪拉·甘地闻讯后骑大象赶到这里慰问，总统德赛称此次虐杀为"国耻"。①

事例三 卡纳塔克邦的德纳巴里村，距班加罗尔市40千米，人口500余人，其中有达利特150人。达利特住在村外围，大部分是地主的佃农和无地农工，少数从事搬运工作。英迪拉·甘地上台后，该邦实行土地改革，规定了地主拥有土地的限额，但地主把土地分散在亲属名下，故他们的实力并未受到削弱。有几户达利特在土地改革中得到少量土地，可以自己耕种。由于达利特的实力有所加强，因此他们显示出摆脱地主控制的势头。此外，随着到城里做工的青年人增多，达利特的眼界有所开阔，他们对自己低下的社会地位日益不满。这使高种姓地主十分恼火。一个达利特青年对种姓印度教徒不满，在村里宣传解放达利特思想，被村中高种姓地主视为眼中钉、肉中刺。一日，高种姓地主将该青年捆绑起来毒打，其母听说后来到种姓印度教徒住区寻找儿子，到村公所时，被一群印度教徒拳打脚踢，昏迷过去。当她醒来时，发现自己被剥光衣服，躺在地主家的一间屋子里。她的儿子被堵着嘴，绑着双手，也在那里。残忍的地主竟要青年当着众人的面与其母性交，青年死命抵抗，暴徒就狠狠打他。后来，当达利特的村邻闻讯赶到时，暴徒已逃走，那青年已被折磨致死。②

事例四 1979年9月，在中央邦皮扎拉德普尔县皮哈拉村，达利

---

① 转引自山際素男（1982）『不可触民の道：インド民衆のなかへ』（三一書房）、125—128頁。

② 山際素男（1982）『不可触民の道：インド民衆のなかへ』（三一書房）、70—80頁。

特集会时要求废除债务奴隶制，惹怒了当地的高种姓印度教徒。会后，一批暴徒袭击了达利特居住区，烧毁 26 间棚屋，杀死 1 人，重伤 7 人。

事例五 在北方邦贾辛古尔县查通纳村，达利特多是无地雇工，为高种姓地主干活，且报酬极微。达利特要求提高工资，否则便不再为地主服务。达利特的这种反抗行为使高种姓地主十分恼火。1980 年 3 月，一伙种姓印度教徒来到达利特居住区，放火烧毁 14 所住房，烧死 1 名怀孕的妇女。①

事例六 缅浦尔是比哈尔邦中部奥兰加巴德地区的一个小村庄，村里只有 70 来间泥墙草顶的茅屋，聚居着为数不多的达利特——亚达夫种姓（主要以放牛为生）。2000 年 6 月 16 日晚上八九点钟，一支 150 多人的队伍从三面包围了这个小村。他们身着黑色制服，手里拿着刀枪，闯进村后不问青红皂白，大开杀戒，见村民就开枪。一阵疯狂屠杀之后，他们又挨门挨户搜查，一些躲在茅草房和牛棚里的村民也未能幸免。在这次种姓屠杀中，34 名村民惨遭枪杀，其中包括 15 名妇女和数名儿童，另有 19 人受伤。罹难者中，26 人是达利特，8 人属于其他低种姓。据称，这次屠杀是为了报复一周前在邻近的纳瓦达地区高种姓 13 人被杀事件。当时，印度总理瓦杰帕伊对屠杀事件深感震惊，并谴责暴行。②

事例七 据印度报业托拉斯报道，2000 年 10 月 15 日，印度再次爆发种姓仇杀事件，东部比哈尔邦西万地区贾希普村在 13 日深夜有 11 名村民遭到身份不明的枪手杀害。当地警方说，当天深夜，一群身份不明的枪手潜入村内，闯进亚达夫家族的一座房屋开枪扫射，造成 11 人当场丧生，其中包括妇女和儿童，另外造成 2 人受伤。警察闻讯后立即赶到现场，并在当地部署了两个连的准军事部队。警方认为这是两个种姓之间因土地纠纷而爆发的仇杀事件。当时，比哈尔邦首席部长德维强烈谴责这起仇杀事件，并下令缉捕凶手。

---

① 山際素男（1982）『不可触民の道：インド民衆のなかへ』（三一書房）、98 頁。
② 李文云：《印度发生种姓大屠杀》，2000 年 6 月 23 日，环球网，http://data.people.com.cn/pd/hqsb/detail.html?id=5e446882683c48758ff9766280fb8e8f，2023 年 3 月 6 日访问。

有时，受迫害的达利特会向政府、法院和警察申诉，以求用法律手段保护自己，但种姓印度教徒力量太强大，许多法院、政府机关及传媒方面的办事人员本身也会受种姓意识支配，在审理案件时偏袒印度教徒。有的地方警察和办事人员水平太低，根本不知道政府有保护达利特的法令。另外，法令中对迫害达利特的行为处罚偏轻。例如，1955 年制定的《不可接触制犯罪法》第 3—7 条规定，对迫害达利特者处以 6 个月以下的监禁或 500 卢比以下的罚款，或二者并施。一个达利特这样诉说道："我们村里的井干了，必须到一个很远的水塘里汲水。但那里的水极不卫生，政府禁止我们食用，并通知我们到种姓印度教徒的水井取水。我们害怕他们，不敢白天去取，有四名妇女晚上偷偷去汲水，不想被他们发现。第二天一大早，种姓印度教徒来到我们的住区，将那四名妇女拖拉到村广场，拳打脚踢，并剥光衣服、剃光头，用绳拴了四人的脖子，在村里游行示众。我们报告了警察，但警察只对五个暴徒各罚款 60 个派沙。暴徒们笑嘻嘻地交了钱，完事了。"[①]

应当指出，虐待和迫害达利特并非完全只是种姓印度教徒所为。达利特并不是一个划一的集团，其内部分成相互排斥的集团。达利特集团之间也保持着不可接触制，即一部分达利特视另一部分达利特为异端，为不净，并拒绝同他们接触和交往。他们之间不可接触制的严格程度，并不比他们同种姓印度教徒之间的轻。很多迫害达利特的事件，是达利特自己所为。随着近代以来新的机会的增多，达利特内部分化加剧，嫉妒以及利益、地位之争比以往任何时候都更激烈。一部分达利特在反抗种姓印度教徒迫害的同时，也对另一些达利特进行着残酷迫害。据印度报载，"在比哈尔邦人民党政权下对哈里真所犯下的十二次大暴行中，有八次就是这些落后种姓干的"[②]。

---

① 山際素男（1982）『不可触民の道：インド民衆のなかへ』（三一書房）、97—98 頁。
② 转引自杨瑞琳：《印度教种姓制度的今昔》，《南亚研究》1982 年第 1 期。

第二节　个案分析：印度北部村落中的不可接触制

1965 年，印度社会福利部成立了一个"表列种姓的不可接触制、经济和教育发展委员会"（Committee on Untouchability Economic and Educational Development of Scheduled Castes），负责对印度各邦的不可接触制度进行调查。该委员会的一个调查小组在北方邦的坎普尔地区选择了四个村子为调查对象，同达利特以及其他种姓进行了广泛的接触和谈话。这四个村子是莫达尔（Moldhar）、普贾尔地（Pujaldi）、班各西尔（Bangsil）和温塔尔（Ontar）。1969 年，该委员会发布调查报告。根据这份报告，M. K. 潘迪教授写了《印度农村的社会生活》（*Social Life in Rural India*）（1977）一书。从他们的调查、研究中，我们可以了解现代印度村落中不可接触制度的一些情况。

一、不可接触实践及其原因

这几个村子里的高种姓是婆罗门和拉其普特。他们把另一些集团看作"不可接触的"。这些集团有拜基（吹鼓手）、劳哈尔（Lohar，铁匠）、科利（织工）、米斯特利（木匠）、柏达尔（舞者）、查马尔（皮匠）、兰伽达（篮筐编织匠）。这些人之所以成为达利特，主要有两个原因：

（1）从事的职业。这些职业大都被种姓印度教徒视作不净或亵渎神明的。例如，查马尔的职业是跟死牛打交道，而牛被认为具有神性，他们剥牛皮鞣革，被认为不净。

（2）对"业报"的信仰。大多数达利特认为，他们是在偿还自己祖先的罪恶，他们的祖先或自己前生的罪孽使自己失去了"解脱"的资格，成为达利特。

这两个原因都同印度教信仰有关。许多人对调查者说："先生，我们出生于高种姓，这种恩惠是我们前生行善（vertue）的结果。我们现在已经接近解脱（mukti），假若我们同达利特接触，我们将从被拯救的道路上滑跌下来，死后会成为一个污秽者。"莫达尔村的一个高种姓成员说，出于洁净的原因，他不能同达利特接触。

这种信仰不断为婆罗门和其他高种姓所增强。高种姓在社区生活中居优势地位，他们希望维持这种地位，便造出了不可接触理论。在乡村中，传统实在是一种可怕的力量，人们很难冲破传统的束缚。从调查的情况看，大部分人是按照他们祖先的传统办事的。例如，当调查者劝人们不要实行不可接触制时，他们这样回答："难道我比我的父亲和爷爷懂得还多吗？"

这种因袭传统的态度，既适用于种姓印度教徒，也适用于达利特，这是不可接触制难以彻底铲除的最大原因。

不可接触制从一个达利特生下之日起就影响着他和他的家庭生活。与婆罗门和拉其普特男孩子的出生不同，在大多数达利特家庭中，男孩子的出生不是令人高兴的事。一个达利特男婴降生时，妇女们通常啼哭不止，她们在为婴儿苦难的命运而悲痛。为了婴儿的幸福，人们向神祈祷，希望他早日死去并再生为一个苏瓦尔纳（当地一个高种姓名称）。

但是，令人惊奇的是，这个人从婴儿直至童年时代，并不像人们想象的那样受到他低下出身的严格限制。在学校和家里，达利特的孩子同婆罗门的孩子在一起玩耍，还经常在一起学习。在这几个村子里，调查者没有发现一个达利特孩子被拒绝进入婆罗门的家门。

然而，达利特儿童能进苏瓦尔纳的院子，却不能进他们的屋子。这一原则也同样适用于成年人。在吃喝方面，两方的儿童不能在一起。在宗教节日和结婚仪式等重要时刻，无论是达利特儿童还是达利特成年人，都被禁止参加。因此，很难说达利特孩子什么时候被认为是达利特，什么时候不被认为是达利特。

在莫达尔村的日常生活方面，不可接触制并不那么明显。从早到晚，很难看出一个达利特同其他村民有什么不同。清晨，他同其他村民使用同一个牧场，在同一源头汲水，从同一个小卖部里买东西。乍一看，这种制度似乎徒有其表，但几天以后，调查者就发现，当一个苏瓦尔纳在水塘边时，达利特不能去那里。但他们也发现，达利特从未在什么地方被其他种姓驱赶过。

在社会交往和宗教方面，不可接触制是十分明显的。在进行调查的日子里，莫达尔、普贾尔地和班各西尔三个村子举行了一个祭祀蛇神的仪式，它们共同筹备了一个宴会，仪式进行了三天。仪式期间，达利特不得进入距仪式帐篷30步以内的地方。仪式在人们的高声吟唱中结束，唯有达利特不能吟唱。当调查者询问为什么祭司能唱而达利特不能吟唱时，回答是："先生，他们什么也不懂。不管怎么说，他们知道什么呢？"当调查者以同样的问题询问达利特时，他们回答说："先生，那诗的最后几段我们都知道，但我们不敢唱。我们唱诗将使蛇神恼怒，而且，作为对我们的惩罚，我们来世还将转生为达利特。"

村民们并非每天去神庙，也不定期过礼拜日，所以很难说清楚在不举行仪式的日子里达利特是否被禁止入庙。一个苏瓦尔纳说，达利特是可以进庙的，但有一件事情说明了事实并非如此。一次，调查人员试图让一个达利特到德奥萨里的庙里去，但被他拒绝了。调查者没有再坚持让他去，因为这引起了村民的愤怒。甚至达利特也都对此不满："你们待几天就走了，我们怎么办？"

在祭祀蛇神的仪式上，进餐完全是隔开进行的。苏瓦尔纳在村广场上用金属碟子吃东西，而达利特在远离人群的地方用树叶和自己专用的碟子吃，但他们必须在一定距离之外洗碟子和扔掉树叶，平时严格禁止达利特同其他种姓在一起吃饭。

还有一条很严格的规定，即在高种姓结婚的时候，达利特不能在场。吹鼓手（达利特）可以参加婚礼，但是他们只能在一个规定的场内活动。一个有趣的现象是，新娘是由四个达利特护送到车子上去的，但他们必须把脸避开，不得看新娘。这种规定也同样适用于达利特结婚的场合。苏瓦尔纳可以参加达利特的婚礼，但不能待得太久。达利特同其他种姓的通婚是绝对禁止的。

房屋的类型也反映了不可接触实践。达利特的房子较低矮，并同村落主体保持一段距离。

甚至在死的问题上，也有很大的区别：达利特同苏瓦尔纳的火化场是分隔开的，达利特不能接近苏瓦尔纳的火化场，因为这会引发后者灵魂的痛苦，并可能影响他们的灵魂升天。

除了这些实践，还有其他一些习惯。例如，早晨看到一个达利特被认为是不吉利的，所以达利特早晨去沐浴必须蒙面，等等。

二、达利特的心理

同以前相比，这些村落里的不可接触制已有所松动。这主要是因为：第一，现在，村落内各种姓集团间的交往以及村落与外部的交往增多了，不可接触制会带来许多不便；第二，达利特觉醒了，他们已开始意识到对他们的歧视和不公平。

不过，在人们的意识中，这一制度的影响仍是巨大的。以前村评议会开会时，达利特同其他种姓是分开坐的，现在能坐到一起了，不过，身体仍要保持一定的距离。老年人似乎比年轻人更严格些。有的老苏瓦尔纳仍劝达利特穿白衣服，以示其地位低下。

这些村落里的达利特大都没受过什么教育。他们深受印度教"业报"思想的束缚，相信他们目前的悲惨处境是他们作恶所致，已经习惯于对生活逆来顺受。他们没有认识到实行不可接触制是违法的，法律在村落中不起什么作用。这是因为：第一，所有的重要官职都在婆罗门和拉其普特种姓手中，他们不愿意消除这一制度。一般来说，这些人对法律是了解的，他们知道实行不可接触制是违法行为，但他们仍默认这种行为。第二，村落分散，距县城遥远，村民与政府官员接触不多。一个村落仍基本上是一个封闭的小社会，这影响了法律的实施。

由于这些，在过去几年里，这几个村子没出现一起有关不可接触制的司法案件登记。一方面，当地的政府官员对此事持冷淡态度；另一方面，达利特拒绝起诉。这同整个印度的状况相一致：由于各级官员（多出身于种姓印度教徒）态度冷淡、官僚主义甚至有意阻挠，又由于惧怕报复，因此许多达利特即便被迫害也不敢起诉。

这些村子的官职都为高种姓占据。下面是该地区的官职与种姓构成。

官职	种姓
地区发展官	婆罗门
森林看守	婆罗门
税收官	婆罗门
四个农业发展官	婆罗门
乡村工业发展官	斯里瓦斯塔瓦
工作员	婆罗门
村长	婆罗门

调查人员同该地区发展官的谈话，反映了高种姓对不可接触制的态度。这个发展官是一个瑙提雅尔婆罗门，对达利特极为蔑视和反感。他认为，不可接触制在急剧衰落，这是一个很坏的变化。他指出，连达利特都能在政府里任职，这将使国家变糟。他的观点反映了这个地区大小官员的一般态度。

另一个有趣的现象是，这些村子里的达利特中也存在种姓制度。达利特之间的等级制度，也像达利特同婆罗门、拉其普特种姓之间那样明显。达利特集团中的等级体制是按如下次序排列的：（1）拜基；（2）科利；（3）柏达尔；（4）米斯特利；（5）劳哈尔；（6）兰伽达；（7）查马尔。

调查小组还调查了达利特集团中的通婚和共食情况，调查结果如下：

拜基—科利	可以通婚和共食
米斯特利—劳哈尔	可以通婚和共食
兰伽达—查马尔	可以通婚和共食
柏达尔	不可以与本集团以外的人通婚和共食

拜基和科利两个集团中还流行着避免身体接触之类的习惯。这两个种姓成员在与其他亚种姓接触之后，便须沐浴全身。

达利特之间的分裂，使他们没有力量对付其他种姓和向旧的社会秩序发起挑战。一个婆罗门种姓说，如果在达利特中还实行不可接触的话，那么就不可能指望其他种姓放弃不可接触实践。

更为严重的是，社会和宗教方面的不可接触实践已形成一种心理状态。达利特认为他们悲苦的命运是命中注定的，故有十分严重的自卑心理。他们的言谈举止谦卑恭顺，"奴性十足"。因此，不可接触实践不仅为种姓印度教徒所提倡和实行，也为达利特自己所接受。他们宁愿接受目前的处境，把地位的改变留到来世。

要解决不可接触制问题，转变这一制度的受害者的态度和信仰十分重要。调查者认为，应该教育达利特，使他们懂得这一制度并非神意安排，而是人创造出来的；还应该教育高种姓，在一个文明社会里，所有人都是平等的，实行不可接触制是一种罪恶。事实上，高种姓都懂得这一点，他们实践这一制度，并非由于不懂平等，或者是信仰，而是由于他们希望保持自己对所有达利特的优越地位。

经济上的贫困和政治上的受压迫，加剧了达利特的困境。因此，提高他们的经济地位和让他们参加政治活动，也是逐渐解决这一问题的办法之一。但是，这些办法只能减少不可接触制度的影响，而不能从根本上消除它。消除这一制度的关键是改变达利特的心理和态度。

三、达利特的态度：同一个达利特的谈话

为了进一步了解达利特的心理状态和对不可接触制度的态度，调查人员同达利特进行了面对面的谈话。他们选择了一名叫伽利鲍的达利特为谈话对象，因为他比较机灵，而不像其他达利特那样，害怕见陌生人。伽利鲍受过一点教育，上到小学五年级。他愿意回答调查小组提出的问题。下面是访谈对话的内容：

问：你叫什么名字？

答：伽利鲍。

问：你的种姓和亚种姓是什么？

答：分别为达利特和兰伽达。

问：你的主要职业和辅助性职业是什么？

答：务农（拥有二分之一英亩的土地）和篮筐编织。

问：你知道你是一个达利特吗？

答：知道。

问：怎么知道的？

答：从人们的态度和从我父母那里知道的。在我们这个社会里，我们的出身就是这样（他对调查人员在这个问题上的无知表示蔑视）。

问：你知道你为什么是一个达利特吗？

答：不知道，先生。一定是由于我的祖先犯了什么罪，或者由于我在前生作了什么恶。

问：你是否曾经不把自己当作一个达利特来看待呢？

答：没有过。

问：你不认为自己的地位是下贱的吗？

答：认为是下贱的。

问：你为什么不反抗这一制度呢？

答：怎么可能呢，先生？我依靠苏瓦尔纳生活。为了活着，我必须接受现实。

问：你是否知道不可接触制是犯法的？

答：不知道，先生。无论如何，这里有什么法律？这里有种姓的法律，钱的法律。波特瓦利（掌管政府税收的村官员）是一名婆罗门。森林看守和地区发展官（BDO）也是婆罗门。我的债权人是一名拉其普特。请您告诉我，有谁肯听我们穷达利特的呢？

问：你们村是苏瓦尔纳多，还是达利特多？

答：苏尔瓦纳远远超过我们（比例约为4∶1）。

问：假如你们占了多数，你认为这会对你有帮助吗？

答：在日常生活方面也许可以。但是，我所在的社团胆子太小，而且不团结。我很苦恼，只有神才能帮助我们。

问：你认为，经济上的独立可以帮助你们吗？

答：是的，先生。但是，我们怎么能做到这一点呢？经济上的独立自然会给我们带来信心，但我们仍然是达利特。

答：在帕提那边的奥塔苏，有一个达利特放债人，他有钱，有枪，有打手。但是，你不会想到，索伦德·杜塔（莫达尔村的村长）要同他吃饭，还向他借钱。我们需要的是一种社会变革。

问：你难道不觉得，这个放债人的孩子将比你们面对的问题少些吗？

答：那当然，先生。

问：如果一个达利特可以发迹，你是否认为你们所有人都可发迹，如果你们尝试干的话？

答：一个人不能成为一个社团。（他在回答这个问题时，耸了耸肩膀。）

问：如果我说你们命该如此，你们会有什么看法？你们喝酒，不工作，不考虑未来……

答：你也会同样，先生，假若你的明天也像我们的话。

问：你多大年纪？

答：44岁。

问：你自孩提时起，注意到了不可接触制度的社会变化吗？

答：是的，先生，它正在衰落。但是，这不是由于社会变化，而是由于需要。在旱季，苏瓦尔纳需要水，所以他不得不请我帮忙。我从河里为他取水。在另外一些条件下，他不会接受我用手提来的水。

问：你们村有哪些不可接触实践？

答：我们不能同他们居住在一起，我们不能进他们的房屋，不能用水塘里的水，我们只能在溪流的下游洗澡，我们必须在远离他们洗衣服的地方焚烧尸体，我们不能进庙宇，不能穿鞋。

问：你们在村评议会中有两名成员，对吗？

答：对的，先生。

问：他们同其他成员坐在一起吗？

答：坐在一起。

问：你可知道，婆罗门庙宇已向所有人开放了？

答：不知道，先生。但这同我们有什么关系呢？我们甚至连我们自己的蛇神庙都不能进。

问：你相信神吗？

答：相信，先生。

问：你是否认为，因为你是一个达利特，神就不那么爱你？

答：不，神爱我们每一个人。

问：那么，他为什么使你成了一个达利特呢？

答：这是"业报"，因为我在前生作了恶。

问：你能想出摆脱你目前处境的办法吗？

答：不能，先生。

问：如果我给你足够的钱和财产，你打算干什么呢？

答：我将改变我的名字，然后搬到别的村子住。

问：你将选择什么种姓？

答：拉其普特，先生，乔罕（Chauhan，当地拉其普特的一个亚种姓）。

问：为什么不选择婆罗门？

答：他们对他们的宗谱了解得非常清楚，因此他们会侮辱我。

问：你愿意实践不可接触制度吗？

答：我被迫这样做，只有这样我才能生存。

问：你的孩子上学了吗？

答：有一个孩子上学了。

问：他遇到什么麻烦了吗？

答：没有。

问：教师是什么种姓？

答：婆罗门。

问：你的孩子同其他种姓的孩子在一起玩耍吗？

答：是的，但几乎全是在学校。

问：婆罗门种姓是不是教育他们的孩子不要同达利特孩子玩耍？

答：不。

问：你认为这些孩子会同你的孩子成为朋友吗？

答：是的。我从孩子时代起就有婆罗门朋友。

问：你进他们的房子吗，同他们一起吃饭吗？

答：不。

问：为什么？

答：为了维持我们的友谊。我们清楚地了解我们的界线。

问：那么，你怎样改变不可接触制呢？

答：神创造了它，只有神才能改变它。

问：你知道，我们的圣典中没有一处关于不可接触制的记载，不是神创造了它。

答：神可能没有创造它，但至少，神希望我们存在。

四、婆罗门的态度：同一个婆罗门的谈话

坎普尔的地区发展官是一个婆罗门。下面是调查人员同他的访谈对话的内容。

问：你叫什么名字？

答：××××。

问：你的种姓和亚种姓是什么？

答：婆罗门和瑙提雅尔。

问：你是什么职业？

答：坎普尔的地区发展官。

问：你当地区发展官多久了？

答：大约两年了。

问：你结婚了吗？如果结婚了，你的妻子是什么种姓？

答：已经结婚了。我的妻子也是一个婆罗门。

问：你赞成种姓间通婚吗？

答：决不赞成。

问：你的家在这里吗？

答：不在。我的家在特哈里。

问：谁为你做饭？

答：一个婆罗门厨师。

问：如果你的厨师是一个非婆罗门，你会介意吗？

答：会的。我认为，我吃的食品只能由一个婆罗门来做。

问：顺便问一下，你的种姓出身在你的工作中引起过麻烦吗？

答：是的，有许多非婆罗门反对我。

问：为什么？

答：我想他们是妒忌。

问：我们听到许多关于不可接触制度的事，你所在的地区实行这一制度吗？

答：实行。不过，正在衰落。

问：为什么说正在衰落？

答：我曾在一些村子里住过，我发现这一制度并不那么严格。例如，达利特可以进婆罗门的家门。

问：你是否认为，教育达利特将有助于我们铲除不可接触制度？

答：我不那么认为。根据我的看法，达利特满意他们目前的状况。

问：他们认识到实行不可接触是一种违法行为吗？

答：没有。

问：在你任职期间，有没有发生过这方面的案件？

答：没有。但我怀疑将来会有。

问：为什么这么说？

答：在你参观了几个村子之后就会知道，他们自己发展了这一制度。此外，达利特已将他们目前的处境当作"业报"的结果接受下来了。

问：我们发现，你的职员大部分是婆罗门，这是为什么？

答：因为他们应该占据这些职位。一个地位高而且负责任的职务，不能由一个达利特担任，他们不配。无论如何，很难找到一个受过教育的达利特。

问：你认为，一个受过教育的达利特会好一些吗？

答：不会。你不可能通过教育来改变他们的教养。依我看，如果一个达利特当了国家的部长，这个国家就不会有什么进步。

问：你难道不认为，在一个文明社会中实行不可接触制是一种错误吗？

答：社会对它无可奈何，这是神的意志。

问：神在什么地方说过应该实行不可接触制？

答：在我们所有的圣典中，讲不可接触制的圣典不止一部。

问：你曾经在修道院中受过教育，你知道，政府把实行不可接触制列为违法行为。你是政府的一个成员，如果让你评论这一制度，你怎么办？

答：政府必须制定一些非强制性的法律。你想象得到吗，先生，连一个著名人士也要从一个达利特手中接水喝？

问：你认为应该怎么办？

答：他们应该保持他们的原状。捧达利特为名流，已成为这个国家的一种"时髦"。

第四章 达利特解放运动

从前文的分析可知，处在种姓金字塔底层的达利特是种姓体制下受歧视、受迫害最甚者。无疑，自不可接触制度存在之日起，就有达利特反歧视、反迫害的斗争。不过，受印度教思想的束缚，千百年来，他们对自己的处境更多是逆来顺受，即便有反抗，由于达利特内部划分为许多互不来往的集团，难以团结，因此反抗也是零散和无组织的，没有太大的社会意义。近代以来，尤其是进入20世纪以后，情况有了变化，达利特中开始出现有组织、有领导的大规模的反抗斗争。这种斗争一直延续到现代。达利特反歧视、反迫害和争取解放的斗争是当代印度社会的一个重要组成部分，也是我们了解种姓制度的一个重要方面。

第一节 达利特解放运动的兴起与发展

一、达利特解放运动的历史背景

较大规模的达利特解放运动始于20世纪初期，这主要同下述几个因素有关。

（一）英国人的殖民政策

总的来说，英国殖民主义者对待种姓、宗教问题基本上采取了维持传统的做法。例如，在近代历史上几次有名的达利特争取进寺庙的斗争中，殖民政府基本上都承认婆罗门和寺庙方面的主张，即承认宗教、种姓不平等的合法性。但在公共生活方面，殖民统治者根据资产阶级的"法律面前人人平等"的原则，对印度教社会中某些歧视达利特的习俗给以某种干预。以教育为例。按印度教规定，达利特无受教育之权利。19世纪后半叶起，许多达利特表示了对教育的关心，因此遭到种姓印度教徒的激烈反对。著名的1856年马哈尔少年诉讼案，清楚地反映了英国人的政策倾向。这一案件发生在孟买管区南部的达尔瓦地区。一个达利特（马哈尔）少年想入一所公立学校遭拒绝，其家长向政府申诉。孟买政府承认少年方面的要求合理，同时又担心达利特入校会引起社会骚乱，故将申诉驳回。后来，这一案件交由当时东印度公司的最高决策机关"董事会"裁决。董事会做出决定：公立学校原则上应向包括达利特在内所有印度人开放。但这一决定遭到印度教徒的强烈反对，各地出现了迫害达利特家长的事件。为了平息事态，殖民政府不得不采取折中办法，即为达利特建立分离的学校。在不可接触制特别严格的印度南部，这类学校很多。这类学校尽管条件简陋、规模小，但毕竟为那些历来被排斥在学校门外的达利特子弟提供了接受初等教育的机会。更重要的是，它对极严格的不可接触歧视提出了挑战。殖民政府推行的"教派选举法"（后文会详细叙述），为达利特在中央和地方政府中保留了一定的席位，这刺激了达利特的参政意识。进入20世纪30年代，殖民政府又进一步采取了保护达利特的政治权利的政策，将所有达利特全部列出（故称"表列种姓"），并予以保护。这种做法自然显示了其维护殖民统治的用心——将基于宗教、种姓的集团分裂合法化、固定化，借以削弱日益发展的反帝运动，但确实在一定程度上为达利特改善其地位开辟了道路，激发了达利特反迫害的愿望。

（二）知识分子的改革运动的影响

随着西方殖民统治的建立，印度社会出现了一个受过西方式教育、受西方价值观影响的知识分子阶层。这些人接受了西方关于"人道主义""自由主义"及"平等""博爱"的思想，开始用批判的眼光审视种姓制度和印度教社会，形成了改革传统社会制度的动向。拉姆·莫汉·罗伊是这一动向的早期代表。他于1828年建立"梵社"，开始反对种姓制度，大声疾呼禁止"萨提"（Sāti，寡妇殉葬）、童婚等陋习。从这些主张和行动中引申出否定不可接触制思想是很自然的。不过，早期的知识分子的改革活动，主要是为寡妇争取改嫁、提高结婚年龄和普及子女教育等家庭制度的改革，几乎没有涉及不可接触制。罗伊虽批判种姓隔离，可他自己在社交、生活起居等方面，仍严格遵守种姓习惯，佩戴着只有高种姓才能戴的圣线。到了19世纪中叶，在主张社会改革的知识分子中，出现了抨击不可接触制的人。如"圣社"的创始人达雅南达·萨拉斯瓦蒂（Dayānanda Sarasvati，1824—1883）宣布，按出身划分种姓不符合吠陀思想，吠陀经典中根本没有讲到不可接触制。他谴责对低种姓尤其是达利特的虐待，提出所有人都有研究吠陀的权利。另一位出身于马哈拉施特拉的社会改革家贾蒂巴·普勒（Jyotiba Phule），于1852年在浦那城为达利特开设了第一所学校，并于1868年将自己门前的蓄水池向达利特开放。一些较开明的土邦王公，也对达利特表示同情和关心，资助达利特运动领袖安培德卡尔（Ambedkar）留学的巴罗达土邦王公沙雅吉拉奥·格克瓦德（Sayajirao Gaekwad Ⅲ）就是其中的代表。尽管这些人的作用很有限，但他们的言行和发起的运动促进了达利特的觉醒。

（三）达利特自身的觉醒

随着商品经济的发展，传统的村落社会结构开始解体，到外做工的达利特多了起来，他们的活动范围扩大了，眼界开阔了，因而开始对自己低下的社会地位不满。到19世纪后半期，以居住在城市的达利特为中心，出现了要求提高自身地位的运动。印度最大的达利特集团之一、住在马哈拉施特拉地区的马哈尔的觉醒，就是一个例证。19世纪末到20世纪初，许多马哈尔从传统的村落社会中脱离出来，进城当工人或到政府雇佣军中服役。他们建立自己的组织，发行报纸，出版书籍，为维护自己的权益大声疾呼。其领导者有亚格乌卡尔（曾任英军会计)、班索迪、坎普列等。1892年，孟买管区军队被取消，同时政府决定不再雇用马哈尔出身的人当兵，此事引起广大马哈尔的不满。他们发起请愿运动，陈述他们过去的战功，要求政府继续任用他们。这类运动也以不同的形式和内容发生在印度其他地方。到了20世纪初，达利特争取改善地位的运动更加广泛，出现了达利特成为一支独立的政治力量的可能性。领导印度民族解放运动的政党——印度国民大会党（简称国大党，其成员主要是婆罗门等种姓印度教徒），也不得不正视他们的要求，认真考虑达利特和不可接触制问题。在1917年的议会上，国大党把废除不可接触制写进了党纲。20世纪二三十年代，达利特解放运动达到高潮。在达利特和许多社会改革家以及慈善团体、宗教团体的压力下，各地的道路、水井、池塘甚至寺庙，纷纷向达利特开放，达利特的政治权利也有所扩大。

二、达利特争取改善地位的斗争

当代印度达利特要求改善地位的斗争，主要体现在下述三个方面。

第一，反对不可接触制。前文已经指出，不可接触制是种姓隔离的极端形式，即便是在法律上已废除这一制度后，在大部分乡村地区，达利特在许多方面仍受到歧视。甚至在像新德里那样的大都市，不可接触制也并未完全绝迹：达利特居住在一定的区域，一般从事又脏又累的工种。在有的工厂里，他们被隔在一个单独的地方吃饭，只能在别人用完之后使用自来水管。在都市生活中，一个高种姓印度教徒不愿同一个达利特握手和来往的例子仍有发生。印度一直存在达利特反歧视的斗争，近代以来这种斗争更为明显。

从历史上看，有组织、大规模的达利特反对不可接触实践的斗争始于20世纪20年代。近代历史上较著名的反歧视事件有两个，一个是"马哈德水塘事件"，另一个是"纳西克寺院事件"。

马哈德是一小城镇名，位于孟买南部。在该镇高种姓居住区附近有一水塘，按照习惯，达利特不得使用水塘里的水。1924年，孟买管区政府宣布所有水塘应向达利特开放后，种姓印度教徒仍拒绝开放这个水塘。为了抗议这种违法行为和要求废除不可接触制，1927年3月19—20日，达利特以领袖安培德卡尔为首在马哈德镇举行了盛大抗议集会，参加者达万人。会后，达利特向水塘行进，取用水塘里的水。早有准备的高种姓教徒手持棍棒袭击了行进队伍。为了净化水塘里的水，种姓印度教徒请婆罗门祭司祈祷，向水塘撒牛粪、牛尿和牛奶（印度教尊牛为圣，认为这些东西具有净化作用）。这一举动更激起了达利特的愤怒，冲突趋于激烈。安培德卡尔在集会上猛烈抨击种姓印度教社会，称印度教徒尊为圣典的《摩奴法典》是种姓差别的元凶，并将一本当众付之一炬。后来，此事件由孟买法院审理，斗争转移到了法庭。1937年，孟买高等法院裁决达利特方面胜诉。"马哈德水塘事件"作为近代达利特觉醒的标志受到人们的重视。

纳西克在孟买东北150千米处，有许多沐浴场、寺院、石窟，是著名的印度教圣地。1930年3月2日，在安培德卡尔的领导下，约15万名达利特聚集在纳西克，要求祭祀罗摩神的喀拉拉姆寺院向达利特开放。寺院方面不理睬达利特的要求。达利特连续几日进行集会、游行，安培德卡尔多次同寺方进行交涉，仍无效果。达利特同印度教徒发生了严重冲突，斗争一直持续到1935年。

在当代印度，达利特反歧视、反迫害的斗争仍持续不断。印度报刊中常有达利特因表达对受歧视的地位不满而遭受暴力的报道。这一点已在第三章中做了论述。

第二，反对经济剥削和压迫。在现代印度农村，达利特极端贫穷的状况仍无太大的改变，许多人不得不成为农业雇工或分成制农民，受地主、富农的剥削。但和以往不同的是，他们对这种状况的不满增加了。过去他们逆来顺受，虽被压迫却不敢言声，现在许多人敢于同他们的高种姓雇主讨价还价，甚至敢违抗他们的命令。这种反抗引起了高种姓印度教徒的仇恨，于是出现了大量的暴力案件。例如，1968年12月，泰米尔纳德邦基尔马尼村的无地雇工因要求加工资举行罢工，43名达利特被活活烧死；1977年7月，比哈尔邦贝尔奇村的11

名达利特因土地问题与高种姓发生纠纷，后被烧死；1980年3月，北方邦贾辛古尔皮查通纳村的达利特不愿按规定的低工资到高种姓家干活，14户达利特的房屋被焚烧，1名达利特妇女被烧死；2022年9月，在印度北方邦，一名出身于达利特种姓的16岁少女遭两男性轮流性侵后纵火焚烧，被送医后死亡，北方邦当局去年处理一宗高种姓男子奸杀贱民被害人案件时，在验尸之前就火速将遗体火化，引发众怒①；等等。因禁止达利特反抗经济剥削和压迫而产生的暴力现象是当今印度社会冲突的一个重要方面。

第三，争取在政府和公职机构中为自己保留更多的位置。由于达利特在经济、社会地位和受教育程度等方面都较印度教徒落后，无法同后者竞争，所以早在英国人统治时期，达利特便提出了在政府和公职机构中为自己保留名额的要求。独立后，印度宪法规定，中央和邦议会的议席必须为表列种姓和表列部落保留一定数额。一些法令也在就业、受教育等方面作了同样的规定。例如，西孟加拉邦规定大学不为达利特保留名额为违法。但这种做法引起高种姓印度教徒的极大不满，为此经常发生暴力冲突。例如，1980年底至1981年初，古吉拉特邦阿默达巴德市邦立医科大学的学生抗议在研究生部为达利特保留名额。随后，抗议演变为遍及整个古吉拉特邦的种姓暴力冲突。再如，1990年8月7日，印度政府宣布实施"曼达尔方案"，为低种姓在政府和公营企业中保留27%的职位数额，从而引发了全印各城市受高等教育的高种姓青年的普遍反对。在这次由保留名额引起的全国性暴力冲突事件中，多名学生自杀（包括自焚）和被杀，人们称这为一场"种姓战争"。②

---

① 参见 https://www.rfi.fr/cn/%E5%9B%BD%E9%99%85%E6%8A%A5%E9%81%93/20220920-%E5%8D%B0%E5%BA%A616%E5%B2%81%E8%B4%B1%E6%B0%91%E5%B0%91%E5%A5%B3%E9%81%AD%E6%80%A7%E4%BE%B5%E7%BA%B5%E7%81%AB%E4%BA%A1，2025年7月8日访问。

② 孙培均：《90年代印度的经济和政治》，《南亚研究》1991年第1期。

第二节　达利特运动的领袖安培德卡尔

达利特解放运动的扩大和发展，是同印度著名的社会活动家、达利特运动的领袖安培德卡尔联系在一起的，故提到达利特解放运动，不能不提到安培德卡尔。

提到现代印度的伟大人物，人们通常会想到圣雄甘地和尼赫鲁。但在印度，你若问广大达利特谁是印度伟人，他们首推安培德卡尔。他们认为，安培德卡尔是继佛陀之后最伟大的思想家，而甘地和尼赫鲁只是印度教徒的领袖。的确，安培德卡尔在领导和组织印度达利特运动上做出了杰出贡献，他关于种姓制度、印度教及社会改革的思想，确有许多独到之处。

一、生平

1891年4月14日，安培德卡尔出生在印度中部一个叫穆霍（今属中央邦）的小镇上，父母属于马哈拉施特拉地区最大的达利特阶层——马哈尔。

少年时代的安培德卡尔受到种姓印度教徒的歧视。在学校里，他只能坐在教室的角落，教师不愿触摸他的作业本，也不向他提问题。少年受辱的经历使他终生难忘，他在后来领导达利特运动时，常常以自己的亲身经历来鼓动和组织达利特。

1907年，16岁的安培德卡尔大学考试合格。1912年，他大学毕业，由于成绩优异，得到当时开明的巴罗达土邦王公的资助，到美国哥伦比亚大学留学，由于奖学金中断，他于1917年辍学回国。根据出国前的合同，他必须在军队里做秘书工作为巴罗达土邦服务一段时间。尽管他很受王公器重，但在日常生活中仍受各种歧视：印度教徒同事和用人都因怕被污染而不敢接近他，他栖身的客店老板知道他是达利特后，把他撵出了客店。他放弃了继续为巴罗达土邦供职的打算，筹措资金，于1920年3月赴英国继续他未竟的学业。1922年，他完成伦敦大学博士学位并获得英国律师协会授予的律师资格。1923 年回国后，他先后在孟买高等法院、孟加拉法律学院任律师、教授。在法庭上，他为维护达利特的利益慷慨陈词；在法庭外，他积极组织领导改善达利特地位、反对虐待和迫害达利特的斗争。这使他在达利特中的威信越来越高，并于 1926 年成为孟买省立法院两名指定议员之一。1931 年 9 月，安培德卡尔作为达利特的代表参加了在伦敦召开的第二次英印圆桌会议。会上，他力陈达利特是一个与一般印度教徒不同、受歧视的社会集团，印度应当按教派选举并为他们保留议席。

在 1937 年的省立法议会选举中，安培德卡尔领导的独立劳动党获得孟买省 15 个保留议席中的 11 个，成了第二大在野党。第二次世界大战爆发后，安培德卡尔对英国人持合作态度，积极倡议孟买省政府组织由马哈尔达利特组成的战斗部队，并取得成功。1942 年 7 月，安培德卡尔在那格浦尔举行了有 7 万人参加的全印达利特大会，再次声称达利特是独立的政治集团，并成立了新党"全印表列种姓联合会"。同年，他成为中央政府内阁一员，担任劳务部长。在此期间，他致力于印度各项劳动关系的立法工作，并巡视各地，为争取让达利特在官职方面得到优待（为他们保留一定名额）做了大量工作。印度独立后，安培德卡尔任印度首任法务部长，并负责起草印度共和国宪法，他被称为"现代摩奴""印度宪法之父"。1954 年，他竞选下院议员失败，退出中央政界；1955 年，他组织成立代表包括表列种姓和表列部落在内的所有被剥夺阶级的政党"共和党"。此时，他的健康情况开始恶化。1956 年 12 月 4 日，安培德卡尔病逝于新德里，享年 65 岁。

二、社会思想：与甘地的对立

安培德卡尔在领导达利特运动的过程中，演讲多次，并用大量文章和小册子来阐述他的思想。他一生著有《国大党和甘地为达利特做了些什么》（1945）、《谁是首陀罗：他们在印度雅利安社会中是怎样成为第四瓦尔纳的》（1946）、《达利特：他们是怎样的人以及怎样成为达利特的》（1948）、《佛陀及其教法》（1957）等。

同甘地、尼赫鲁以及历来的印度教徒社会活动家不同，安培德卡尔的思想是反印度教的。在20世纪30年代以前，他曾试图在印度教范围内改良社会，改善达利特的地位。例如，他曾号召达利特放弃那些被种姓印度教徒认为不净的生活习惯、模仿高种姓。他企图通过这种手段在种姓体系中争取平等地位，但后来发现此路不通。根深蒂固的种姓偏见使种姓印度教徒无法接受达利特地位提高的任何事实。道路、水塘可以对穆斯林开放，唯独不能对达利特开放；可以对苍蝇、小虫实行"不杀生主义"，却可虐待和杀害达利特。安培德卡尔发现幻想破灭后，便走上了反种姓制度、反印度教的道路。

在印度近代史上，圣雄甘地和安培德卡尔都被称为达利特运动的领袖。甘地也曾激烈谴责不可接触制，并身体力行，带头打破种姓限制，亲收达利特女性为义女，还多次领导达利特争取进庙权的斗争，称达利特为"哈里真"（Harijan，意为"神之子"），所以也有人把甘地称为达利特的"救星"。但他与安培德卡尔之间的分歧和对立是深刻的，可以这么说，除了同情达利特遭遇这一点外，他们两人的社会思想几乎没有什么共同之处。安培德卡尔的许多社会思想都是在批判甘地的。所以，将二者对待种姓制度及达利特运动的态度做一比较是有意义的。

甘地和安培德卡尔的对立体现在下述几个方面。

第一，对印度教和种姓制度的看法不同。甘地自称是虔诚的印度教徒，笃信印度教的传统生活方式。他虽然认为不可接触制度不好，应当废除，但认为它不是种姓制度的本意，种姓制度是好的、应当维护。后来他又提出，种姓制度不好，但瓦尔纳制度是好的。与此相反，达利特出身的安培德卡尔从切身感受中认识到，达利特受歧视、受迫害的根源在于印度教和种姓制度。达利特要摆脱受奴役、受虐待地位，获得真正的社会、经济和政治上的平等，必须从根本上否定种姓制度。他认为，印度的社会改革应首先杀死种姓这个"怪物"。种姓按出身把人分成相互隔绝、相互排斥的部分，人们的职业由出身决定，个人没有选择和发挥才能的余地，是一种地位高的人站在利己的立场上使同是印度人的下层人民永远处于被支配地位的社会制度，它带来的是印度人的分裂和堕落，培养了狭隘的集团意识、对其他种姓的敌对情绪和嫉妒心，无法产生超越种姓圈子的公德心。只要不废除种姓制度，印度社会就不会进步。他还进一步把批判的锋芒指向种姓制度的基础——印度教。他认为，由于种姓制度的根基是"宗教"①，因此，斗争的敌人不是维护种姓制的"人"，而是向人们鼓吹遵守种姓制度的"夏斯特拉"（印度教经典，尤其是指各类法典的统称），打破"夏斯特拉"神圣不可侵犯的权威是先决条件。他曾在几万人参加的集会上烧掉被印度教徒尊为圣典的《摩奴法典》，这在印度社会引起极大震动。

第二，对英国人统治的态度不同。在甘地看来，废除不可接触制固然重要，但与印度正受外国人统治这一问题相比，只是个次要问题。只有印度各教派、各集团团结一致，赶走英国人以取得政治上的独立，不可接触制问题方可得到解决。安培德卡尔则认为，只有政治上的独立是不够的，如果说婆罗门有权利反抗英国政府的统治，那么达利特更有百倍的权利反抗婆罗门的统治。他认为，英国的统治给印度带来了很大的恩惠，如自由、平等、博爱的观念和法制，以及铁路、邮政、通货等。英国人还起着保护达利特的作用，如果没有英国的保护，以婆罗门为首的种姓印度教徒无疑更会将达利特踩在脚下。不过，他并不认为英国的殖民统治就是好的，印度人为此付出的代价太高，如饥荒、物质的极度贫乏等，而达利特是最大的牺牲者，他们的地位在英国人统治下没有任何改变，人民不需要这样的政府。然而，在进行政治变革之前应先进行社会变革，因为达利特若没有基本的权利，"斯瓦拉吉"（自治）对他们来说只意味着一种奴隶制。在政治变革上，他认为印度的目标应是争取自治而不是完全的独立，因为在印度未实现民族一体化的情况下，要求完全的独立会伴有危险。他不赞成甘地发

---

① 安倍德卡尔认为，严格说来印度教不能称为宗教。所谓的印度教，只不过是种种命令和限制的杂烩而已，缺乏与宗教名称相符的带有普遍性的精神原则。

动的旨在争取印度独立的"公民不服从"运动，认为这是一种"愚蠢行为"，是"大失策"。

第三，对达利特斗争方法的态度不同。甘地认为，达利特争取解放最好的方法不是同英国人合作，也不是改信其他宗教，而是同印度教徒合作，参加反英独立运动。据他的说法，对英国政府开展不合作运动意味着印度人之间的合作和团结。在反对英国统治的斗争中，通过印度教徒的不断忏悔和良心发现，不可接触制就会自然废除。安培德卡尔则认为，这种救世主态度令人难以容忍。他不赞成利用达利特反歧视斗争达到某种政治目的，斥责甘地对达利特运动的态度是虚伪的、是别有用心的。他指出，在种姓印度教徒视达利特不如动物的情况下，达利特不可能与他们团结一致；必须承认达利特在文化和宗教上的差异，把他们当作像穆斯林、锡克教徒那样的特殊集团来对待，这样，他们的政治、经济和社会权益才能得到保障。改善达利特地位的最好的办法是从一些具体措施入手，如：实行独立选举，以使之更好地参与政治生活，增强其政治发言能力；为达利特开设学校，以提高其文化水平；分配给他们土地，以使之摆脱对其他种姓的依附；制定法令，以促进不可接触制的废除等。他甚至还提出了建立达利特单独居住区的主张。在1931年第二次英印圆桌会议前夕双方的一次会见中，甘地斥责安培德卡尔"分裂祖国"，指出达利特也是印度教徒，将达利特同种姓印度教徒从政治上分离开是一种"自杀"行为。安培德卡尔则针锋相对地说："你认为我有祖国，实际上我没有祖国。为什么要把待我们不如狗猫、连一口水都拒绝给予的国家和宗教当成自己的呢？"

总的来看，安培德卡尔在对待不可接触制、种姓制度及印度教问题上态度十分激进，而在对政治改革以及英国人统治的态度上却很保守。他的理想具有反印度教和与英国人合作两个特点，这使他受到多方面的谴责。正统的印度教徒骂他破坏印度文化传统，大逆不道；国大党势力骂他是分裂主义者、卖国贼、英帝国主义的帮凶；共产主义者批判他把达利特利益放在高于一切的地位，而不是把下层人民以阶级为基础组织起来，认为他缺乏阶级眼光，是分裂主义者。公正地看，这些指责都不无偏激之处。不能否认，他的观点和他领导的达利特运动在客观上为英国殖民主义者所利用，给帝国主义在印度的"分而治之"政策"帮了忙"，他对印度教和种姓制度的分析批判也并不都能令人接受。但安培德卡尔的思想有其复杂的形成原因，不能简单论之。甘地和其他国大党领袖利用印度教语言和生活习惯组织和领导群众，甘地本人满足于印度教徒把他当成半人半神偶像来崇拜等，这些做法引起了不仅是达利特，也包括广大穆斯林在内的非印度教徒的反感，使他们感到国大党是印度教徒的政党而不是代表全体印度人。甘地企图通过反英斗争把印度各教派、各集团融合在一起，应当说这种想法是好的，但在现实中难以办到。根深蒂固的种姓偏见，特别是对达利特的歧视，不是仅凭种姓印度教徒良心发现就能克服的，安培德卡尔通过自身受歧视的经验指出这一点，十分具有说服力。他对印度教和种姓制度的反思和评论触到了印度教文化的深层结构，也击中了要害。安培德卡尔最终寻求的也是现代化、独立、强盛的印度。他确信只有达利特获得解放才能产生真正的民族意识，实现国家和全民族的利益。他的确为改善达利特的地位做了不少实事，受到达利特的衷心爱戴。在不可接触制被废除之前，旨在提高达利特地位的许多具体措施都是有意义的，并且也确实取得了成果。他主持制定的包括废除不可接触制的具有平等主义性质的印度宪法，直接导致了后来其他有关废除不可接触制法令（如 1995 年通过的《不可接触制犯罪法》等）的产生，使得不可接触制至少不再合法了。所有这些都是应被肯定的。

第三节　达利特与新佛教运动

在谈到当代印度达利特反歧视、反迫害的斗争时，我们已指出有三种形式，即反对不可接触制，反对经济剥削和压迫，争取在政府和公职机构中保留名额。这些斗争主要是社会和经济方面的斗争。在达利特进行这些斗争的同时，还有一种特殊形式的反抗，即脱离印度教、皈依其他宗教（改宗）。

本来，达利特一般都自认为是印度教徒，他们膜拜印度教神明，模仿高种姓的生活方式。但如前所述，印度教徒认为他们是丧失种姓资格者，不承认他们有信仰印度教的权利。在这种情况下，一些人无奈皈依了其他宗教，如伊斯兰教、基督教、佛教等。尤其是在前述几种斗争形式受阻、在种姓体制中争取平等位置的努力失败后，脱离印度教、改信其他宗教便成了争取改善地位的最后手段。达利特集体皈依其他宗教的活动有大发展的趋势，这引起了正统印度教徒的不安。

以马哈拉施特拉地区的达利特为主体的新佛教运动的兴起，是达利特改宗运动中最壮阔的一幕，它是印度达利特反歧视、反迫害斗争的一种特殊形式，也是当代印度种姓体制已发生动摇的体现。

一、佛教在印度的复兴

众所周知，产生于印度的佛教在印度流行了七八百年后便在本土灭亡了，但自20世纪上半叶开始情况出现了变化，即在印度，佛教又出现了复兴的迹象。1891年，锡兰高僧达摩波罗（1864—1933）访问印度北部佛教圣地菩提伽耶（传为释迦牟尼成道之地），哀叹此地衰败凋零之景象，决心修整佛教遗址，复兴佛教。同年5月31日，达摩波罗在科伦坡成立"菩提伽耶摩诃菩提会"，呼吁修缮印度佛迹，复兴佛教。后来其更名为"摩诃菩提会"，总部设在加尔各答，并在一些大城市和佛教圣地设有支部。该组织由锡兰僧人领导，其主要活动是保护和修缮菩提伽耶、蓝毗尼（传为释迦牟尼诞生地）、那烂陀（著名佛教寺院）、桑奇和阿旃陀等佛教遗迹，并以这些遗址和一些大城市为据点，布道讲经，修建寺院、学校、图书馆、旅店、疗养院、孤儿院，以及出版佛教方面的图书和刊物等。但该组织主要以修缮佛迹为活动重点，对传教活动并不太积极，故只在印度北部地区的一些知识分子中有影响，下层民众中的支持者很少。除了摩诃菩提会的活动外，印度其他地区还有一些复兴佛教的活动。1890年，阿约提·达斯（Ayoti Das）在印度南部成立南印度佛教协会，在下层民众（主要是达利特）中传播佛教。1920年印度南部的佛教徒举行集会，要求殖民当局在达利特子弟受教育方面给予照顾。1924年，喀拉拉地区设立"全喀拉拉佛教徒大会"，在孟加拉地区也出现一些复兴佛教的活动。不过这些活动规模都比较小，而且彼此间几乎没有什么联系，所以佛教复兴在印度一直进展比较缓慢，1951年前后，印度的佛教徒才大约18万人，约占当时印度总人口的0.04%。印度南部的佛教徒更少。根据1951年印度国情普查报告，印度南部马德拉斯邦仅有佛教徒1179人，迈索尔邦仅有1107人。

安培德卡尔领导的达利特解放运动，使佛教复兴运动获得了较大的发展。前文已指出，安培德卡尔曾激烈抨击印度教，但他并不反对宗教本身。他反对印度教是因为印度教制造了种姓制度和不可接触制度；对于宗教本身，他认为贫穷者还是需要的，因为宗教能给人以希望，而希望是人生力量之源。特别是在晚年，他一方面对在印度教范围内走改良道路感到绝望，另一方面又惧怕达利特走上革命道路，故考虑宗教问题更多一些。当他看到马克思主义在印度和世界其他地方迅速传播，包括达利特在内的印度下层人民中出现接近马克思主义、接近革命的倾向时，他表现出极大的忧虑。当达利特解放运动的发展需要他进一步做出抉择时，他无法跳出改良主义的圈子，便把达利特解放的希望寄托于宗教，他在逝世前夕皈依了佛教。其实，他在皈依佛教之前，就已经做了长期的酝酿和准备工作，并对佛教有过许多论述。早在20世纪30年代中期他就承认，以前在印度教范围内争取达利特与种姓印度教徒享有同等权利的斗争纯是对时间和精神的浪费，他宣布打算让达利特集体改信其他宗教。消息传出后，印度的伊斯兰教、基督教、锡克教和佛教组织纷纷向他伸手，都想把他（自然还有他领导下的大批达利特）拉到自己的宗教中来。安培德卡尔曾认真考虑过改信锡克教，并亲自参加了1936年4月在旁遮普阿姆利则城召开的锡克教布道大会。但后来，他放弃了这一打算，其思想的天平逐渐向佛教倾斜。1946年，他在孟买为达利特和其他下层人民创办了一所高等学校，取释迦牟尼的名而命名为"悉达多学院"。在以后的多次演讲中，他高度评价释迦牟尼和佛教，对佛教表现出极大兴趣。他在一次题为《佛教及其宗教的未来》的演讲中，预言佛教会在下层人民中传播开来，印度会复兴佛教。1950 年，他出席在斯里兰卡召开的世界佛教大会，宣称他已得出结论，即印度达利特除了佛教的教诲，别无解放之路，并号召达利特大规模皈依佛教。1956 年 10 月 14 日，借世界佛教徒纪念释迦牟尼诞生 2500 年之机，他带领 50 万（一说 100 万）达利特，在那格浦尔举行盛大的皈依佛教仪式，此事成为印度现代史上的一次壮举。但此后不久，安培德卡尔因劳累过度猝然去世。他去世后，在那格浦尔、阿默达巴德、亚格拉等地，达利特集体皈依佛教的活动愈演愈烈，在短短两年时间里，约有 1000 万人改信了佛教。到 1961 年，据说改宗者已超过 2500 万人，约占当时印度总人口的 6%，但印度官方统计远低于此数。据 1961 年印度国情普查报告，印度的佛教徒为 325.6 万人。即使是按这个数字，也比 10 年前增长了约 17 倍，因此可以说这一段时间是印度新佛教发展的鼎盛时期。20 世纪 60 年代和 70 年代，达利特集体皈依佛教的活动仍常有发生，但势头已经减弱。根据印度官方统计，1981 年，印度有佛教徒 471.98 万人，约占当时印度总人口的 0.7%；其中，大部分是安培德卡尔家乡的达利特，即马哈拉施特拉邦的马哈尔，约占佛教徒总数的 85%。由此可知，所谓印度的"新佛教运动"，主要是指安培德卡尔领导的以马哈拉施特拉邦为主的达利特皈依佛教的活动。新佛教徒把每年的 10 月 14 日（安培德卡尔带领达利特皈依佛教日）定为"法轮日"。

二、新佛教的主要教义

印度佛教复兴的原因很复杂，但有一点很清楚，即近代以来，印度的被压迫阶级（尤其是达利特）开始觉醒，他们反歧视、反迫害，争取改善地位，要寻求一种新理论来指导行动和维持团结。佛教是印度土生宗教，人们对它的教义、哲学思想及戒律在心理上有一种亲近感，故佛教成为他们优先考虑的对象。

在解释为何为达利特选择佛教时，安培德卡尔给出了以下几个理由：

（1）佛教是同产生了不可接触制的婆罗门教、印度教及种姓制度做斗争的宗教；

（2）佛教具有经得起现代科学批判的合理性；

（3）佛教不美化贫困，认为下层人民改善物质生活是正当的；

（4）佛教是印度本土宗教，且是印度过去最繁荣的宗教，改信佛教无损于印度文化传统；

（5）佛教作为一种世界宗教，在印度以外地区受到很高评价，将来可期望得到国际上佛教组织的援助；

（6）佛教是唯一能与马克思主义相对抗的宗教。

这里有几点需要说明。第一，安培德卡尔选择佛教而没选择其他外来宗教，说明他是热爱印度文化的，他不喜欢的是印度教文化，而不是印度文化。第二，防止马克思主义在达利特中传播是他皈依佛教的重要目的之一，但实际上他也赞成马克思主义的某些观点。他在一次题为《佛教与共产主义》的演讲中，列举了马克思主义与佛教相似的地方：都认为人生、社会皆"苦"，都主张禁止私有制，提出了相似的理想目标。不过前者主张通过暴力，后者主张通过爱和正义的方法解决问题。当然，安培德卡尔理解的马克思主义是否就是真正的马克思主义，是有疑问的。他企图以佛教对抗马克思主义，这样做的动机出于他的这种认识：马克思主义中的许多东西都在佛教里了，而且后者比前者更适合印度情况。第三，改信佛教的首要原因是佛教反对种姓制度。然而，如前所述，佛教反对种姓制度是有局限性的，它只是在批评婆罗门教的意义上反对种姓制度，即它反对种姓制度的神学基础，而对现实社会中的种姓制度是承认的。这说明，安培德卡尔所称的"佛教"同真正的佛教是有区别的。

佛教中许多教义确与印度教相对立。例如，印度教宗拜"梵天"及其各种化身，信奉无数个神灵和偶像，佛教则主张从自身获得解脱；印度教同森严的种姓制度结合在一起，认为人生来就是不平等的，佛教中则含有某些平等思想；印度教歧视和束缚妇女，视女人为污秽，佛教则给妇女以学习的权利和自由；印度教有形形色色的神秘仪式，佛教则没有；等等。所有这些，都比较符合达利特反歧视、反迫害斗争的需要。新佛教继承了传统佛教的这些内容，并将其作为反对印度教的思想武器。

然而，佛教的基本教义是讲业报轮回，教导人们从现世中解脱出来，达到超脱轮回的"涅槃"境地。从这一点上讲，佛教同印度教的基本教义是相同的。佛教这种消极的特性对于唤醒被压迫的达利特阶层为争取解放而斗争显然是不利的，因为按照业报轮回的理论，每个人现世的社会经济地位都是前世之果报，那么安于眼下的种姓秩序应是合乎逻辑的，这是安培德卡尔无法接受的。此外，传统佛教的"四圣谛"（苦、集、灭、道）之说，把人生看作"苦"的连续，这种看法有同达利特的悲惨生活状况相吻合之处从而能引起他们的共鸣，但这种看法对人生的理解过于悲观，无法使达利特满怀希望地投身于改变现状的斗争。这些消极内容很可能成为被压迫阶级接受佛教的障碍。鉴于此，安培德卡尔从达利特解放斗争的实际出发，用现代观点对佛教的基本教义重新做了解释。这些解释集中反映在他于1956年完成的《佛陀及其教法》一书中。这本书是安培德卡尔从浩如烟海的佛教典籍中整理出来的，是印度新佛教徒的经典。该书对于佛经中符合达利特斗争需要的，予以保留、引用；否则，便不予采用，或者做出新的解释。根据安培德卡尔在该书序言中所言，他对传统的佛教教义所做的新解释主要集中在以下几个方面。

（1）对释迦牟尼离家出走原因的新解。佛教徒及佛教研究者中，对释迦牟尼离家出走的原因存在多种说法。许多佛教典籍记载，他之所以出家，是因为他悟出了人生的真谛，即看到了社会、人生一切皆"苦"，唯有遁入空门才能从"苦"中解脱出来。多数佛教徒也是这样认为的。而《佛陀及其教法》则否定了这种说法，认为释迦牟尼离家出走不是要逃避现实生活，而是出于解决现实矛盾的原因。根据该书的解释，当时释迦族同邻国发生了水利纠纷，释迦族内部围绕如何解决纠纷产生了分歧。释迦牟尼不主张通过武力解决争端，这与当时主战派军事首领严重矛盾。根据部落会议表决的结果，主战派获得了胜利。这样，对释迦牟尼来说，要么放弃不战主张，要么被处以死刑或流放。他选择了出走的办法。

（2）对佛教"四圣谛"的新解。佛教虽认为"生、老、病、死，一切皆苦"，但并不美化贫困，也不褒奖贫困者的忍耐和屈从精神。佛教认为贫困、负债等是"苦"，但并不反对贫困者和被压迫者打破"苦"的现状，为改善自身的地位而斗争。"涅槃"不是灭尽三界内之烦恼业因及生死果报，也不是七情寂灭，而是获得现世的幸福。

（3）对佛教轮回转世、因果报应理论的新解。安培德卡尔认为，佛教不承认有灵魂，因为信仰灵魂会带来迷信，这无论是对被压迫阶级还是对社会都是有害的；佛教也不是精神和肉体完全消灭论者，佛教相信轮回转世之说，但转世的不是灵魂而是物质（元素），是物质的再生。安培德卡尔解释道：人的身体由地、水、火、风四种物质元素组成，人死后，这四种元素会与游离于空间的相同元素汇合，在一定的条件下，游离在空间的这四种元素又重新结合，构成新的生命，完成转世之一环。这符合物理学上的"物质不灭""能量守恒"定律。佛教也相信因果报应说，但"业报"与前世和来世无关，只与现世相联系。一个人的状况是现世行为的结果，他作恶或行善，必在现世中得到报应。"业"的目的是维持现世的道德秩序，但这个道德秩序不是由神而是由人建立并维持的。

（4）对比丘和僧团的看法。僧团不受种姓、性别、身份、地位的限制，向所有人开放，其成员一律平等。比丘不是苦行者（Sādhu），不应有一般苦行者的那种自我满足、蔑视他人、蛊惑人心的特点。比丘也不像印度教的婆罗门祭司那样相信神灵、主持仪式、索取物质利益。安培德卡尔对现实社会中的比丘只致力于自我完善、不关心社会活动的做法极为不满。为了对急剧增加的新佛教徒进行教化，他曾呼吁印度的比丘给以帮助，但未得到什么响应。他向摩诃菩提会提出请求，希望派比丘帮助新佛教徒提高佛法水平，也未有结果。因此，他对当代的印度比丘（属南传佛教）进行了言辞激烈的批判。他在《佛陀及其教法》中宣称，比丘不仅应致力于自我修养，还应致力于社会服务，只有通过服务社会，才能获得人格的完善。宣扬佛法是比丘最大的义务。比丘出家，不是要脱离世俗专事自我修炼，而是为了获得为在俗者广泛服务的自由与机会，比丘应为广播佛法而战。

（5）对佛教的"不杀生"思想的新解。新佛教认为"不杀生"不是绝对的，佛教只反对"为杀生而杀生"，不反对必要的杀生。犯罪者受惩罚，是自己行为的果报，是符合佛法的。这和大乘中"一阐提人皆能成佛"的思想极其相似。

安培德卡尔不是专门研究佛教的学者，而是一个宗教的鼓吹者，因此，他眼里的佛教教义是不是真的佛教教义是有疑问的。在对待传统佛教的问题上，他不顾多年来众多佛学研究者的研究成果，采取了明显的实用主义和随意的态度。他把佛典中凡是他认为符合现代科学精神、符合达利特斗争需要的东西，都说成是佛教固有的，而把不符合科学精神、不符合达利特斗争需要的东西，要么说成是后代比丘所加，要么说是受了印度教的影响。在解释佛教教义时，他还把自己的许多思想加了进去。这种态度遭到佛教人士及其他人士的指责。有人说，佛教的教诲是基于慈悲，而安培德卡尔的佛教思想是基于仇恨，他的佛教思想或教义中充满了憎恨和侵略性。这种批评并非没有道理。尽管安培德卡尔拒绝了别人劝他创立新宗教的建议，但说他吸收了佛教的某些教义而创立了一个新宗教亦不为过。新佛教的一些教义确实比较偏激，更多的是注意达利特斗争的行动和政治目的而非精神教化，从这个意义上说，新佛教与其说是一种宗教，不如说是一种行动纲领。不过，自释迦牟尼死后，佛教自身教派林立，许多基本问题众说纷纭，莫衷一是，佛教不断地适应时代的要求而发展、变化，并受到其他宗教（包括印度教）的影响，也是不能否认的事实。从这一点上说，安培德卡尔从达利特的实际斗争需要出发，适应时代要求，从新的角度解释佛教也是可以理解的。

三、新佛教运动的发展及问题

安培德卡尔设想，首先在达利特中普及佛教，继而在所有被压迫者中推广，最后逐步向印度教徒发展，在这个过程中，种姓壁垒被消除，达利特和一切被压迫阶层的团结得以加强，最后建成一个平等、自由的社会。但由于他在皈依佛教后的第53天就去世了，他的计划未能实现，新佛教运动不久便陷入分裂。新佛教运动主要限于马哈拉施特拉邦，1981年，在约500万新佛教徒中，马哈拉施特拉邦的超过了80%，而该邦的新佛教徒大部分为马哈尔（该种姓人数约占该邦达利特人数的75%）。因此，所谓的"新佛教徒"几乎成了马哈拉施特拉邦马哈尔达利特的代称。

新佛教运动未能超出种姓界限的根本原因在于，印度的达利特也像种姓印度教徒一样，在内部划分成许多相互排斥的集团。仅在马哈拉施特拉邦，达利特中就有70多个这样的集团。他们也像印度教徒一样，按照洁净的程度排列出尊卑贵贱座次。他们之间的社会隔离及相互歧视，并不比他们同种姓印度教徒之间的隔离和歧视少。新佛教运动并未获得更大发展。

安培德卡尔死后，领导新佛教的主要组织是"印度佛教协会"（Buddhist Society of India）。该组织由安培德卡尔建于1955年，但在当时似乎没发挥什么作用。安培德卡尔死后，其子约什宛特·安培德卡尔任该协会主席，于1977年去世。据称，该组织的主要活动有布教、建寺、举行改宗仪式、出版佛教读物等，但该组织缺乏有才能的领袖人物，中央机构力量软弱，各地分支组织有很大的独立性。据有关材料，该协会与共和党（建于20世纪50年代，前身是安培德卡尔组织的表列种姓联合会）关系密切，其核心组织中的许多成员是共和党领袖。因此该协会把大部分精力放到了政治活动上。无论是共和党还是佛教协会，都经历了一次次的内部分裂。1972年，一部分年轻的新佛教徒成立"困豹党"（Dalit Panther），声称与印度佛教协会及共和党决裂。但这个组织的主要目的也不是传播佛教，而是从事文学和宣传方面的活动。该组织打着安培德卡尔的旗帜，在孟买等一些大城市活动，但仍面临不断分裂的命运，并且由于言行过激，主要限于影响城市里的青年知识分子。

在一般民众层次，佛教的内容在安培德卡尔死后也起了变化。皈依新佛教的大部分达利特都是没有文化的贫困农民，他们对于由安培德卡尔阐述的新佛教内容并无太多的了解，以至于许多做法违背了安培德卡尔的初衷。例如，安培德卡尔强烈否定个人崇拜，生前曾对印度教的偶像崇拜进行过猛烈抨击。但马哈尔达利特却把安培德卡尔当作神来崇拜。将安培德卡尔神化的倾向在他活着的时候就已出现征兆，在他死后更为严重。根据有关报告，新佛教徒称安培德卡尔（名字为"比姆"）为"巴巴·萨希布"（父主），把他当作菩萨来祭拜。他的大幅照片和肖像，同释迦牟尼的肖像一起，被供奉在马哈尔各家，教徒每日向其供献鲜花、果品。他的业绩被编成歌曲、戏剧传唱。在每天的祭拜仪式上，新佛教徒都要呼喊"比姆万岁"。并且，新佛教徒要在"三皈依"（皈依佛陀、皈依佛法、皈依僧侣）之后，加上"皈依安培德卡尔"一条。有的地方，新佛教徒纪念安培德卡尔生日的仪式比纪念佛陀诞生还隆重。新佛教的这种状况使人联想到印度的历次社会改革运动，其结果都是，领导改革者被神化，成为某个神的化身，在本来已经很多的教派中又增加一个新的教派。从这一点上看，新佛教徒仍未摆脱印度教传统的影响。

安培德卡尔死后，达利特中还未出现他那样有才能、有威望的领袖人物，因此，达利特在反迫害的斗争中需要通过神化他来维持宗教上的团结。1987年，在马哈拉施特拉邦发生的所谓"批判事件"，清楚地说明了这一点。这个事件的大体经过是：马哈拉施特拉邦政府出版了《安培德卡尔著作集》，其中一篇题为《印度教批判》的附录中，有对印度教神罗摩和克里希纳谴责性的评论。该书出版后，引起种姓印度教徒的不满。1987年11月，"马拉塔大会"（高种姓马拉塔人的组织）焚烧了这部书，并威胁政府说，若不将这部分反印度教的内容删去，将有严重后果。在那格浦尔城，2万多马拉塔举行了游行示威。达利特一方也不示弱。1988年2月，50多万达利特从该邦各地以及邻邦古吉拉特等地聚集到孟买市中心举行抗议活动。共和党、"困豹党"等达利特组织尽管分裂成许多集团，但在忠诚于安培德卡尔这一点上却是一致的。据说中央邦和比哈尔等地的达利特也表示支持马哈尔的斗争。最后，马哈拉施特拉邦的首席部长召开由种姓印度教徒和达利特多方参加的会议，达成协议，同意保留这部分内容，但邦政府声明不同意其中对印度教诸神的评论，事件方告平息。①

新佛教运动还存在另外一些问题，如对比丘的培养十分无力。现在有能力的青年人都不得不为家庭生活而奔波，愿意出家的人很少。新佛教同外界的交往不多。这除了资金、语言和生活习惯等方面的原因外，还与新佛教自身的独特性有关。例如，新佛教激烈的言辞、对传统佛教的主观主义的态度，以及把南传佛教的比丘批判为懒惰、利己主义等，也妨碍了它同外界佛教徒的交流。

第四节　印度的保留政策与阶序人社会的公平问题②

现代印度社会的种姓问题主要体现在如何对待达利特这一问题上。印度独立后，印度宪法将这些人列为"表列种姓""表列部落"，政府为他们在就业、入学等方面保留一些特殊权利。"特别保留权"（特留权）问题是印度的核心政治议题和宪法议题之一，它是印度独立后在传统宗教文化基础上嫁接现代民主自由制度所产生的进步、张力和纠结的一个缩影。

印度是发展中国家，也是一个拥有悠久文明传统的社会。它现在遇到的很多问题，包括社会不平等问题，很大程度上是历史遗留问题。

---

① Sujata Patel, "Construction and Reconstruction of Woman in Gandhi," *Economic and Political Weekly*, Vol. 23, No. 8, 2018.
② 这部分文字是作者在2020年10月"不平等与世界政治变迁"研讨会上的发言，发表在《世界政治研究》2021年第1期（总第9期）；有修改。

印度是一个"阶序人社会"。"阶序人"这个概念来自法国比较社会学家路易·杜蒙的著作《阶序人——卡斯特体系及其衍生现象》(*Homo Hierarchicus: The Caste and its Implications*)。大家知道,"homo"是个生物学名词,"homo sapiens"就是"智人"。"hierarchicus"是阶序人,前面冠一个"homo",有"文化意义上的亚种"含义,与此相对应的是西方的"平等人"(homo aequalis)。"阶序人"与西方的"平等人"意味着两种不同的生存方式。阶序人社会的最大特点是,人是按种姓排列的。依照宗教原则,人与神的距离远近决定了一个人的社会地位,这就是种姓制度。这一制度与印度文明一样古老。种姓制度认为人生来就不平等,地位、权利、义务都根据出身界定。这个制度的逻辑结果就是,那些处在最底端的人,被认为是最污秽、地位最低者,被称为"达利特"(圣雄·甘地给他们起了一个名字,叫"Harijan",意为"神之子")。根据印度教的看法,这些人距离神明最远,若与这些人接触,会影响人的解脱,这就是著名的"不可接触制度"。在笔者看来,不可接触制度是人类最严格、最极端的一部分人歧视另一部分人的制度。这个制度到近代就成了印度社会的一大"遗产"。印度从英国"继承"了议会民主制度,而民主制度存在的预设是,人是平等的。这一预设跟种姓制度的基本原理背道而驰。

印度的民主制度是如何处理种姓制度的不平等,尤其是作为种姓制度的极端形式——不可接触制度的呢?独立以来,印度在法律和行政方面尽了非常大的努力来解决这个问题,最主要的一个做法就是实行"特别保留权政策"。顾名思义,这个政策就是为那些社会经济上受压迫、受剥夺的少数族群在升学、就业、政府职位方面保留一定名额,以及在经济上给予一些特殊照顾。这个政策的雏形是1935年印度政府一项法案中提出的两个概念,即"表列种姓"和"表列部落"。印度有成千上万个种姓集团,其中一部分集团是达利特,受剥夺最严重,政府把这一部分人表列出来,称为"表列种姓"。还有一部分部族,其地位与达利特类似,印度政府也把这部分人表列出来,称为"表列部落"。当时这两部分人约占印度人口的24%。法律规定对这两部分人实行照顾政策，称为"保留政策"。但对于如何照顾，并没有明确规定。《印度共和国宪法》中有一些条款是为了保护表列种姓和表列部落的权益。如规定，"法律面前人人平等"，明确废除不可接触制。但宪法并没有明确废除种姓制度。而且，法律规定是一回事，社会实际是另一回事。以20世纪80年代的"曼德尔方案"为标志，保留政策的实施可分为两大阶段。这之前，虽然法律上规定保留名额，但并没有很好地实施，表列种姓和表列部落的地位变化不大，也没有引起很大的矛盾。1979年，印度政府任命了一个叫"曼德尔委员会"的组织，专门负责调查和具体实施保留政策。经过两年的考察，该委员会拟出了判定"社会和教育落后阶级"的11条标准，认定全国2700个种姓、3740多个亚种姓为"落后阶级"，并建议在政府机构和教育机构中为"落后阶级"保留27%的名额。该报告于1980年12月被提交英·甘地政府，但未真正实施。1990年，维·普·辛格政府决定真正实施"曼德尔计划"，但引发了那些未被保护的一般高种姓者的抗议，以及全国大规模抗议活动。

几十年过去了，保留政策的执行取得了一些成绩，但也带来了很多问题。最早的宪法制定者原来打算最多实行几十年保留政策，届时这些少数人的政治地位、经济地位提高了，跟大家一样了，这个政策就可以废除了。但事实是，目前这一政策不仅没有被废除，而且还有发展、扩大的趋势。

2019年1月9日，印度政府通过了一项宪法修正案。这个修正案简单来说就是，将那些不属于表列种姓、表列部落，但经济上又很贫困的人，称为"经济落后群体"，他们也应该受到保护。这部分人跟种族、种姓出身没有关系，只是经济上贫困。这个修正案的通过，使原来的保留政策的适用范围扩大了。很多穷人是高种姓，原来并不在保护之列，现在也受到保护。这项修正案也被称作"高种姓的保留政策"。所以，保留政策执行了几十年，保护对象不仅没有消失，而且范围还扩大了。

印度围绕保留政策是否合适以及怎么保护少数群体利益问题一直

存在争议。"曼德尔方案"实施以后,争议更大。一部分人反对保留政策,主要是那些未被列入受保护名单的高种姓;一部分人赞成,主要是从保留政策中获益的人。

笔者认为,印度的保留政策在保护印度社会弱势人群、促进社会公平方面是起了作用的。现代印度社会在处理少数族群利益问题、保护少数族群利益不受剥夺方面,似乎还没有比保留政策更好的方法。通过保留政策,那些原来被剥夺、受压迫的最底层者的地位有了相当大的改变。一些原来很贫困的表列种姓,利用保留政策带来的益处,抓住新的机会,现在富了(有钱了)。原来他们没有政治地位,现在利用民主制度的多数原则,利用政党拉票的机会,与政党讨价还价,提高身价,在政治上也有影响了,甚至有的还组织了自己的政党。现在,一些农村的基层领导权就掌握在达利特手里,尤其是在印度南部,底层民众地位更高一些。

但保留政策也的确给印度社会带来了一些新的问题。笔者认为,有这样几个问题。

第一,如何划分表列种姓、表列部落以及其他"经济落后群体",在操作上有相当大的难度。比如新增加的"经济落后群体",收入多少才算"经济落后群体"呢?月收入超过多少卢比?是工资收入,还是非工资收入?房产算不算?操作非常困难。这样就给很多人,特别是那些有权有势者留下了很大的钻空子余地。例如,印度的高考问题。笔者遇到一些印度朋友,他们的子女考大学的分数离上最好的学校还差一点,但如果将自己的身份改成表列种姓或表列部落,那分数就够了。如此,那些有权、有势、有门路的人可以想出各种门道,占这部分利益;那些本来该受保护的人,反而没有得到保护。

第二,把已有种姓、族群固化、合法化,带来了族群撕裂问题。种姓制度以及不可接触制度本来是印度社会的弊端,是不平等制度,是应当逐渐被消灭的,但是在保留政策的引导下,这种不平等制度反而合法化了。保留政策实施后,一些高种姓的人认为自己受了歧视,政策对自己不公平,这就是所谓"逆向歧视"问题。人们要争取保留政策带来的利益，就要强调自己是"落后阶层"。印度这些年出现了"争当落后"的现象，很多高种姓声称自己是达利特，想当表列种姓，以争夺受保护的权利。例如前几年，印度北部有一个农业种姓——贾特，本来地位并不低，但他们举行大规模游行，"争当落后"，要求把自己降低为表列种姓。

第三，公平与能力问题。在考试问题上，身份照顾、特长照顾，都可以玩猫腻。一些人因为出身、经济条件等受到照顾，这对那些真正有能力的人也是不公平的。譬如考公务员，若完全按考试成绩录取，对一些弱势人群来说，可能机会少，可能不公平，但若按能力来说，则是公平的。倘若对一些弱势人群实行特殊照顾，为他们保留名额，他们的机会多了，但从能力的角度看，是不公平的，因为那些真正有才能的人得不到录用机会。这不仅是印度保留政策的一个难题，也是全世界保留政策面临的难题。

总体来看，少数族群保护问题并不是印度才有，而是世界性的。印度处理这个问题的做法虽然有很多问题，但还是值得肯定的。这个保留政策不是"最好"的制度，而是一种"更不坏"的制度。

第五章　种姓与村落社会的权力结构

在这一章里,我们的分析将转到"种姓与政治"问题上来。我们关心的是,种姓这个古老的制度同印度教社会的权力结构有怎样的关系。这里,笔者打算把讨论的范围限在"乡村政治"层面,重点探讨种姓与印度村落的权力结构问题。

第一节　乡村统治的基本形式：潘查雅特制度

"潘查雅特"(Panchayat)是印度乡村古老的统治机构,意即"五老会"。"潘查雅特制度"(Panchayat Raj)是印度独立后在旧的长老会议基础上发展起来的乡村自治制度,又译作"乡村评议会制度",它是印度乡村最基本的统治形式。

一、传统的乡村统治

根据巴登-鲍威尔的记叙,在受英国人统治之前印度村落有两种,一种是莱特瓦尔(raiyatwari)型,另一种是共有(joint)型。这两种村落的经济和政治结构是不同的。在第一种村落里,土地为各农户占有,村落只是拥有土地所有权的农户的集居点。这些农户一般有共同的祖先。每个村落有一个头人,他居于优越的地位,负责村落警卫、税收等。这个职位的报酬是保有一份优质土地,在某些情况下可免缴赋税,还有各种特权。头人的职务和权益是严格世袭的,但可出售、典当或瓜分。另有一名负责记账、登记和丈量土地、开具纳税收据的官员，其重要性仅次于头人，职位也是世袭的。此外，村里还有看守人、边境守卫员和送信人等官员。在实行灌溉的村子里，还有一名管水员。在第二种村子里，土地共同占有，村落成员拥有一定的共同利益。这里没有真正的头人，村落事务由各家家长组成的潘查雅特负责处理。村落只设一名同政府进行联络工作的官员，叫"仑巴达尔"（Lambardar）。这个职务一般是选举产生，但只要下一代称职，也可世袭。他负有维护村落利益、向村民催缴赋税的责任，但没有什么特权。①

在印度农村，凡是由年长者组成的管理组织都称潘查雅特。这样的潘查雅特至少有四种：

（1）种姓潘查雅特（caste Panchayat）；

（2）一般会议潘查雅特（general meeting Panchayat）；

（3）农业仆工潘查雅特（farm retainer Panchayat）；

（4）单一目的的潘查雅特（single purpose Panchayat）。②

从乡村统治的角度来看，这里最重要的是前两种潘查雅特。这两种组织的构成和职能不同，但互有联系，构成印度村落统治最基本的组织形式。

种姓潘查雅特是以种姓为基础的地方组织。大多数种姓都有正规或非正规的种姓会议，这种组织发挥着类似现代社会的职工会、协会以及古代行会的作用，只是职能范围更广，权力几乎触及社会的各个领域。就印度南部的婆罗门而论，根据铭文记载，当某种情况发生时，他们可以召集本种姓成员的特别会议，大会制定的法令甚至可以由国王的官吏执行。它处理的犯罪行为如下：

（1）与另一种姓或亚种姓共食或类似行为；

（2）纳另一种姓妇女为妾；

（3）奸情和拒绝履行婚约；

---

① Baden Henry Baden-Powell, *The Indian Village Community: Examined with Reference to the Physical, Ethnographic and Historical Conditions of the Provinces, Chiefly on the Basis of the Revenue-Settlement Records and District Manuals*, Longmans, Green & Co., 1896, pp. 19-20.

② Ibid.

（4）欠债不还；

（5）小规模斗殴；

（6）破坏种姓特有的职业习惯；

（7）宰杀母牛；

（8）侮辱婆罗门等。

由此可以看出，种姓会议所审理的一些案件，在通常情况下是由国家或地方政府依其司法权力处理的，由于印度历史上长期处于四分五裂的状态，国家、地方政府的力量弱小，这一部分权力便由种姓组织行使了，因此种姓虽然只是构成整个社会的集团之一，却可凌驾于社会之上，自行处理其成员的司法纠纷。裁决时依据的是传统法规，亦即习惯法，这些法规的总原则记录在《摩奴法论》(《摩奴法典》)等印度教典籍中，而对于各亚种姓集团的具体法规，无文字记载，由长老按习惯、凭记忆引用，世代口授相传。对成员的处罚，有社会性制裁，如暂时或永久驱逐出种姓；有经济制裁，如罚款、罚请同种姓的人吃酒席；有肉体折磨，如打、烫和灌粪便等；有精神折磨，如作宗教上的忏悔、赎罪等。一般来说，亚种姓集团都有各自的这类组织。在旁遮普，除了手艺人和仆役外，其他所有种姓皆是如此。种姓潘查雅特不仅可以处理本种姓成员的纠纷，还有权处理地位比自己低下的其他种姓集团的案件。有的村落中只有一个种姓集团，或者虽有几个种姓但其中一个居于明显的统辖地位，其余则依附于该种姓，在这种情况下，"统辖种姓"的潘查雅特通常拥有对整个村落的控制权。

在另一些村落里，有势力的种姓集团不止一个，或者统辖种姓与被统辖种姓的界限不甚明显，在这种情况下，则由一般会议潘查雅特管理村落事务。这类潘查雅特通常由各个有势力的种姓推举成员组成，低种姓的代表只担任一些不重要的职务，其职能也与种姓潘查雅特有别，主要包括：

（1）处理与政府相联系的事务。如征收田赋、丈量土地以及战争时期向国家输送兵员和马匹等。它是政府与村民的中介，发挥着政治末端机构的作用。

（2）维护村落秩序和道德。比如，协调种姓间的关系，处理诸如偷盗、奸淫、地界争执等纷争。在村落利益受到威胁时，村落潘查雅特还起着治安保卫作用。村民间案件的处理办法通常有罚款、请吃酒席等，罚得款项大部分用于村落的祭祀活动。

（3）在宗教祭祀中起协调作用。大部分印度村落每年至少举行一次由各种姓成员参加的祭祀"村神"的宗教仪式，对于这类仪式各地有不同的名称。村落潘查雅特头人常是仪式的主持者。他们按照传统决定由哪些人参加和参加者担任什么角色。在神的面前，他们是村落和谐、统一的象征。不仅如此，在有的村子里，村民若需祭祀死去的祖先，或为孩子举行出生仪式，除了要征得种姓潘查雅特的同意外，还须得到村落潘查雅特头人的允许。

梅耶教授在他的《中部印度的种姓与亲属》一书中详细描述了传统村落潘查雅特的情况。他所调查的村子原是旧土邦主（Maharaja）的领地。根据他的报告，古老的村落自治组织一直存续到独立后实行新的潘查雅特制度之时。这个村落的统辖种姓是拉其普特，分为两大氏族，即乔罕（Chauhan）和索兰基（Solanki）。该村有四个头人，两个拉其普特氏族各推出两人，世袭担任。在调查之时，四人中有一人已死。活着的三个人中，一人受尊重，但官吏一来就逃进深山，另一人很年轻，还有一人（由乔罕氏族推出）既富裕又有力量。头人们最重的工作是征收田赋和处理村民纠纷，田赋征收的根据是村委会对土地的丈量。村会计的权力很大，常常受贿。临近收税的时候，头人通常提前一个星期就下通知，一个星期后，头人坐在村学校的阳台上，收纳村民缴来的赋税。对没来纳税的人，常常派一名差役去催款。催款这个差事常由低种姓的人担当。头人耕种的土地是免税的。[①]

这类统治机构中存在某种朴素的民主因素。首先，村落头人的地位和权力，从某种意义上说不是头人自己的垄断物，他只是他所属的

---

① Adrian C. Mayer, *Caste and Kinship in Central India*, Routledge & Kegan Paul, 1960, pp. 92-113.

那个种姓集团的一个代表,因此在做出决定时,不能不听取本集团内其他有影响人物的意见。其次,头人一般不直接同村民打交道,在头人和村民之间,还有各种姓的管理机构,只是在种姓潘查雅特处理不了时,他们才出面处理,而这时头人也要听取其他种姓组织的意见。在梅耶教授调查的村子里,头人并不是凌驾于拉其普特种姓集团之上的,他在向达利特发布命令时,通常也不是直接的,而是通过其集团头人。同种姓潘查雅特一样,村落潘查雅特依据的也是不成文的习惯法。对于那些用常规方法无法判决的案件,村头人常常采用"神判"的方式。"神判"方法是多种多样的,其中大部分是巫术式的、残忍的。

种姓潘查雅特与村落潘查雅特的关系是:一般地说,同一种姓内部的纷争,由该种姓的潘查雅特处理,超越一个种姓的纷争,则由村落潘查雅特的头人出面调停。也有这样的情况发生:虽是一个种姓内部的纷争,但该种姓没有潘查雅特或虽有却缺乏力量。这时,纠纷便交由村落潘查雅特头人处理。当村落潘查雅特的处理结果对高种姓或统辖种姓不利时,种姓头人可宣布其无效。拥有经济力量的统辖种姓常常控制着村落生活的各个方面。他们的种姓组织通过与征税和治安职能相结合,构成村落的统治机构。当然,这种情况因地区而异,不能一概而论。

总的来看,印度传统的乡村统治大体有以下几个特点:

第一,政治统治与种姓力量紧密结合在一起。这不仅体现在各个种姓都有强有力的种姓组织这一点上,还体现为村落的统治权基本上掌握在居统辖地位的种姓集团手里。村落的权力分配大体上同种姓等级秩序相一致。对居统辖地位的种姓做出的决定,其他种姓一般是不能违抗的。

第二,村落在很大程度上是孤立、闭塞的,村落同国家政权的联系脆弱。这使得村落能够长期维持其公共秩序和价值观,从而在政治上也保持了相当的自治。

第三,村落的统治是依据传统习惯进行的,缺乏明确的法律以及关于权利、义务的契约。起决定作用的是人们对宗教、种姓和血缘的忠诚。婆罗门在宗教上很权威。

第四，头人的资格基本上以人的先天条件（如出身、年龄等）为优先，财富、受教育程度以及个人能力等后天条件居次要地位。头人一般不是选举产生，而是世袭。

第五，村落存在某种平等和民主意识。这种意识是基于血缘资格相同（如出身于相同的种姓），而不是来自近代意义上的权利、义务平等的认识，因此是一种朴素、原始的意识。

从 20 世纪初开始，英国人企图改变印度古老的统治制度。1920 年，殖民政府通过法令，开始试行新的潘查雅特制度，主要内容有在村里设置"治安员"（Police Patel），由政府任命村落头人等。但印度各地情况并不一样。例如，在孟加拉，柴明达尔制度是莫卧儿时期在印度北部实行的土地包税制度，包税地主叫"柴明达尔"。印度独立后废止了此制度，实行所谓"联合委员会制度"（Union Board system），每个联合委员会管辖十九个村庄。总的来说，英国人统治后期，印度乡村的自治开始发生变化：政府加强了对村落的控制，村落在事务管理方面也逐渐失去了朴素民主的特点。但这种变化极其缓慢，且各地很不一样。总的来看，除少数地区外，英国人仍承认印度的世袭制度，村落头人仍基本上由那些势力强大的种姓担任，只不过采取了政府任命的形式，英国人只是代替了原来的统治者向村落征收赋税，而对村落的自治结构和内部事务并未做太多的干涉。从这个意义上说，英国人只是赋予印度传统的乡村自治以合法的形式。

二、独立后潘查雅特制度的实施

在印度独立前和独立后，印度统治者曾就如何评价传统的乡村自治机构以及乡村政治建设应采取什么道路问题，有一个长期的认识和争论过程。以圣雄甘地及其追随者 J. P. 纳拉扬为代表的一派，极力赞许古代村落共同体制度，认为它是避免现代政治弊端（如集权、党争、阴谋、操纵等）的有效形式。而持反对观点的人则认为，不应把传统村落制度理想化，传统的潘查雅特不是选举产生，亦无一定任期，村落间缺乏联系，村落组织凭借宗教及种姓力量进行统治等，这些都是旧制度的弊端。他们认为印度应实施一种新的潘查雅特制度，这种制度无论是在形式上还是在内容上都应同古代有本质区别。

1956年，国大党政府农村发展部组织了一个以该部前古吉拉特首席部长B.梅塔为首的委员会（习惯称"梅塔委员会"），负责调查研究印度农村实施潘查雅特制度问题。翌年，该委员会提出一份报告，该报告为后来印度全国范围内实施潘查雅特制度提供了指导思想、基本原则、具体方法和步骤。该报告要求各邦采取步骤，逐步实施潘查雅特制度，实施时间、进程和组织形式可因邦而异，但必须遵循下述五项原则：（1）应是一个从村到县的三级结构的地方自治体；（2）应是名副其实的拥有实际权力和责任的组织；（3）这些组织应有足够的财力以保证履行其责任；（4）这些组织应有权制定和实施各种计划项目；（5）新建的潘查雅特制度应更有利于权力和责任的分散。

自1959年起，各邦陆续通过法令，实施潘查雅特制度。除了那加兰和梅加拉亚两个邦，拉克沙德韦普群岛和米佐拉姆两个中央直辖区以外，整个印度农村都实施了这一制度。到1980年3月31日为止，印度有基层潘查雅特212 246个，潘查雅特委员会4451个，区委员会252个，实施这一制度的村庄594 831个，人口4.45亿人。潘查雅特制度已成为现代印度农村最普遍的统治形式。

现代印度农村实行的潘查雅特制度是一种由村潘查雅特（Village Panchayat）、潘查雅特委员会（Panchayat Samiti）和区委员会（Zila Panchayat）三级组织构成的地方自治制度。三级组织的具体构成方法是：一个或数个自然村落，经村民大会（Grāa Sabhā）直接选举，产生村潘查雅特，为该制度最基层组织；若干个村潘查雅特，经间接选举产生潘查雅特委员会，为该制度的中层组织；全县的潘查雅特委员会，同样经间接选举，组成一个区委员会，为该制度的最高一级组织。与区委员会同级的是县政府，区委员会与县政府的区别是：前者为地方自治组织，后者为政府一级组织；前者成员由下级组织选举产生，后者成员则由政府委任。政府与潘查雅特之间是指导与被指导关系，不是领导与被领导关系，各级潘查雅特原则上只对其下级组织负责，而不对政府负责。但实际上，政府对各级潘查雅特的控制和干涉是很严重的。

由于各邦具体情况不同，因此各地潘查雅特组织的名称、成员构成、权力职能和选举程序都不尽相同。大体说来，各地的村潘查雅特都具有大致相同的性质，即它们都具有多种职能，管理着村民生活的一切方面。其他两级组织则在各地很不一样。根据其拥有权限的大小，可列表如下，见表5-1：

表5-1 各邦潘查雅特权力类型

邦名	潘查雅特委员会		区委员会	
	行政权	监督权	行政权	监督权
安得拉邦	+	-	+	+
古吉拉特邦	+	-	-	+
比哈尔邦	+	-	+	+
阿萨姆邦	+	+	+	+
中央邦	+	-	-	+
马哈拉施特拉邦	-	+	+	+
迈索尔邦	+	+	-	+
奥里萨邦	+	-	-	+
旁遮普邦	-	-	+	+
拉贾斯坦邦	+	-	-	+
泰米尔纳德邦	+	-	-	+
北方邦	+	-	+	+
西孟加拉邦	+	-	+	+

注："+"表示有行政或监督权，"-"表示无行政或监督权。

资料来源：B. S. Bhargave, *Panchayati Raj System and Political Parties*, Ashish Publishing House, 1979, p. 130。

印度学者把全国潘查雅特组织分为五种（可与表5-1互为参考）：

（1）**拉贾斯坦型**。中层组织（潘查雅特委员会）最有权力，区委员会只有监督权而无行政权，只起咨询和协调作用。这一类型最符合梅塔委员会设想的模式。属于这一类型的还有迈索尔邦、奥里萨邦和中央邦。

（2）**安得拉型**。中层组织拥有较大的权力，但区委员会也有某些行政职能（如管理中等教育、发展公共设施等）。属于这一类型的还有比哈尔邦、旁遮普邦和西孟加拉邦。

（3）**泰米尔纳德型**。潘查雅特组织的自治性质不甚明显，它们也是政府的代理机构，各级组织中政府官员的比重较大。

（4）**马哈拉施特拉型**。区委员会权力大，潘查雅特委员会只是区委员会的代理机构，只有监督权而无行政权。这一类型同梅塔委员会设想的模式差别最大。

（5）**古吉拉特型**。这一类型介于拉贾斯坦型和马哈拉施特拉型之间，区委员会拥有较大的权力，但潘查雅特委员会也作为一级有力的自治组织行使部分职能。

以上只是大体的分类。为进一步了解这一制度，我们试以最符合梅塔委员会设想模式的拉贾斯坦型（拉贾斯坦邦）为例，对各级潘查雅特组织做一番剖析。

拉贾斯坦邦1959年颁布法令正式实施潘查雅特制度，成为印度最早实施这一制度的邦。虽然早在1953年该邦曾通过一项建立乡村潘查雅特的法令，但那还不是现在意义上的潘查雅特制度。1959年的法令规定，新的潘查雅特制为三级结构，基层一级以旧的村落潘查雅特为基础。该邦的潘查雅特委员会是关键性组织，村潘查雅特只是它的代理执行者。该三级组织的职权范围、成员人数、选举方式及资金来源大体如下：

第一，村潘查雅特。

由5—15名成员组成，成员叫"潘奇"（Panch），设1名主席，叫"沙潘奇"（Sarpanch），成员和主席均由村大会（Gram Sabha）选举产生，任期3年。法令规定，村潘查雅特成员中必须有1名妇女、1名表列种姓和1名表列部落代表。该邦共有7395个村潘查雅特，包括34 441个自然村，1310万人口，平均每个村潘查雅特包括4个自然村。

第二，潘查雅特委员会。

潘查雅特委员会是三级结构的中层组织，也是拉贾斯坦邦最关键的组织。全邦共232个潘查雅特委员会，平均每个委员会包括32个村潘查雅特组织和128个自然村。潘查雅特委员会采取间接选举方法产生，即每个村潘查雅特的主席（直接选举产生）是其当然成员。此外还增选下列成员：2名妇女（如果当然成员中已有，则不再增选）；2名表列部落成员（限于表列部落人口不超过总人口5%的地区）；1个在行政、公众生活和乡村发展方面经验丰富的人。该邦立法议会成员是该委员会的联络员，联络员有权出席潘查雅特委员会各种会议，但不担任任何职务，也无表决权。

潘查雅特委员会设1名主席（Pradhan），从成员中选举产生。当然成员和增选成员同样具有选举权和被选举权，任期为3年。

潘查雅特委员会具有下述主要职能：

（1）发展农业和畜牧业生产；

（2）发展乡村合作社；

（3）发展乡村卫生保健事业；

（4）发展初等教育和社会教育；

（5）开展社会福利工作；

（6）发展乡村住房；

（7）发展乡村工业；

（8）负责各种数字的统计和宣传工作。

此外，法令规定，潘查雅特委员会在执行政府各项计划的同时，还有权根据本地情况制订和实施自己的计划。

潘查雅特委员会的财政来源有：（1）国家执行"乡村发展计划"的拨款；（2）政府委托潘查雅特委员会执行各项计划时发给的补贴；（3）潘查雅特委员会自己的税收。它的税收项目主要有提取当地土地税的5%、贸易税、对转让不动产征收的印花税等。潘查雅特委员会的财政预算必须送交区委员会审议，但后者的意见对前者没有约束力。每个潘查雅特委员会下设4个常设委员会，分别处理生产规划、社会服务、财政税收、行政管理及教育等事项。由于潘查雅特委员会在乡村生活中发挥着重要作用，故成为各政党争夺的重点。

第三，区委员会。

区委员会虽然是最高一级组织，但并无实权，基本上是一个咨询机构，其主要职能是对下面两级潘查雅特组织进行一般性监督，负责协调潘查雅特组织之间以及潘查雅特组织与政府之间的关系。区委员会也是间接选举产生，由下列当然成员组成：

（1）该县全体潘查雅特委员会主席；

（2）人民院成员；

（3）联邦院成员；

（4）邦议会成员；

（5）在该县工作的中央合作银行主席。

当然成员和增选成员具有同样的权利。在区委员会成员中，来自上层的统治人物和政府官员比重较大，这是该组织一个重要特点。

由此看来，现行潘查雅特制度不同于古代，古老的村落统治机构经过改造以后，失去了自发、自然和朴素的性质，成了一个由三级具有不同职能的机构组成的统治体系。从内容上看，它同选举、政党、立法等现代政治制度结合在一起，因而具有更完备的职能和更有效的管理手段。村潘查雅特是这种统治体系的基层组织，它以变化了的古代村落共同体为基础，在村民生活的各个方面发挥着重要作用；潘查雅特委员会是一级十分重要的组织（在某些邦是关键性组织），设立这一级组织显然旨在克服古代村落共同体的狭隘性和闭塞性，以使村民形成更大的活动圈。区委员会是该体系的最高组织。从拉贾斯坦邦的情况来看，虽然区委员没有什么实际权力，但由于它的成员中上层统治人员和政府官吏比重较大，它实际上成为上层统治机构与地方统治机构的"交汇处"，发挥着"上情下达"和"下情上通"的重要作用。

三、潘查雅特制度与种姓：新潘查雅特制度实施的意义和问题

印度独立后新潘查雅特制度的实施，曾被许多学者和政论家誉为

印度民族发展史上一次"非凡的尝试""一个革命性步骤"。① 当1959年拉贾斯坦邦首先实施这一制度时，时任印度总理尼赫鲁宣称："我们将在我国奠定民主制或潘查雅特制的基础……这是一项历史性任务，如果圣雄甘地知道……这一历史步骤已付诸实践的话，他将非常高兴。"② 美国社会人类学者 D. G. 蒙德尔鲍姆这样评价潘查亚特制度："旧的潘查亚特是专断、保守的机构，以镇压村落纠纷和斗争为主要目的。而新的潘查雅特，与其说是保持村落一体性的机构，不如说是为变化或变革而组织化了的机构。"③

随着资本主义生产方式在印度的确立和发展，传统的印度乡村社会开始发生缓慢的变化。古老的社会制度（如种姓制度、大家庭制度等）衰落了，社会阶级和阶层构成也按新的原理发生了分化。在这种背景下，维持了几千年的村落权力结构，也无法保持原来的面目而逐渐起了变化。独立后实施的新潘查雅特制度加剧了这一变化过程，而且其广度和深度都是前所未有的。总的看来，这一变化的大体趋势是：由朴素、自发的统治逐渐向有组织的统治转变，由习惯统治向合法统治转变，由以种姓和宗教组织为基础的统治向以阶级和政党为基础的统治转变。简言之，传统统治逐渐向现代统治转变。这种转变尽管受种种条件限制而极其缓慢，并且极不彻底，但它毕竟是一种变革，是整个印度社会现代化的一个侧面。

新潘查雅特与旧的村落统治机构究竟有哪些不同，因各地情况复杂，难以下统一的结论。S. O. 杜伯教授指出，在下述三点上，新潘查雅特有别于传统潘查雅特。

第一点，旧潘查雅特是按世袭原则构成的，其中起决定作用的是人的种姓出身和血缘关系，新制度则允许具有获得性身份（achieved status）的人参加。这就是由世袭制向选举制的转化。选举制度的引入

---

① B. S. Bhargava, *Panchayati Raj System and Political Parties*, Ashish Publishing. House, 1979, p. 31.

② Ibid.

③ M. N. Srinivas, ed., *India's Villages*, p. 19.

可在一定程度上改变村落领导的构成，打破了统辖种姓对村落统治权力的垄断。

第二点，旧潘查雅特同外界联系少，与国家政权的联系脆弱，而新潘查雅特与外界接触的机会增多了。邦、县、地区的官员为了执行计划，政党组织为了竞选，都常到村里来，村落不再是一个封闭系统。在很多情况下，村落内部的问题无法仅由村落自身来处理，国家政权对村落的控制和干涉增强了。

第三点，旧的组织在做出决定时，一般采用"全体一致"的方式，不允许不同意见存在。统辖种姓内部虽有派别、宗系之争，但一般最后能做出一致的决定，而且决定一旦做出，便具有很大的约束力，任何人不得违抗。新潘查雅特则采取投票方式，这就为不同意见的发表以及不同派别的抗争开辟了道路。

新旧潘查雅特的区别不仅仅体现为这三个方面，而且这三点也未必是最重要的变化；但可以肯定地说，杜伯教授指出的这三点变化是存在的，它在一定程度上概括了新旧制度的差异。

然而，如果我们不是把眼光放在有关新潘查雅特的法令、文件上，而是去观察印度乡村的实际情况，就会发现，新潘查雅特制度实施的进步意义似乎并不像许多学者和政治家所说的那么大。在当代印度的广大农村，很大程度上仍保留着旧的统治方式，很多地方只是"换汤不换药"。新潘查雅特制度虽然为打破统辖种姓对村落权力的垄断开辟了道路，但统辖种姓仍占有绝对优势，离彻底改变这种状况为期尚远。在许多村子里，新制度是镶嵌在旧的组织中的，只不过是在传统的统治机构中增加了达利特代表的法定名额而已。

增加村落统治机构同外界的联系以克服其闭塞性，是当初实施新潘查雅特制度的目的之一。但实际上这一目标远未达到。新的村潘查雅特一般由相邻的几个自然村组成（也有一个自然村为一村潘查雅特的例外情况）。由于各村习惯、种姓构成不同，潘查雅特组织很难将它们组成一个整体。由于居住在同一村落的人长期接触并且在宗教礼仪上一致，他们之间有某种共同感情，对外来的控制和干涉有一种本能的反抗，因此，新潘查雅特组织的威信并不高。此外，政府官员往往独断专行，实行官僚主义的领导，工作态度生硬，这与本来就有些勉强凑成的潘查雅特组织结合在一起，更引起人们的反感。村民们仍乐意把问题交由旧组织的头人处理。蒙德尔鲍姆指出，在德里附近的一个村里，选举产生的潘查雅特没有旧的潘查雅特权威，"新的组织只是为了满足访问村子的官吏而设的空壳"①。

通过选举实现基层民主，是建立新潘查雅特制度的又一重要目的，但结果也令人失望。按照规定，潘查雅特组织任期一般为3年，但实际上相当一部分潘查雅特不能如期选举，大部分邦的潘查雅特任期会超过规定期限。有的邦的选举已中断了10多年甚至20年，这使潘查雅特组织名存实亡。选举的一再延误，不仅影响了基层民众民主权利的正常行使，而且由于领导权长期掌握在固定人手里，因而形成了一个既得利益集团。他们只注意维护自己的利益，而在执行乡村计划方面缺乏干劲和新思想。即使举行潘查雅特选举，由于受到政党、种姓和经济诸因素的限制，广大贫苦阶层也根本无民主权利可言。印报评论说，现代的潘查雅特选举有利于经济上富裕、政治上有特权的阶层，而不利于贫苦阶层。② 1987年比哈尔邦举行的潘查雅特选举中，10%的村潘查雅特主席没有经过任何竞争而当选，因为这些人的经济实力和社会地位足以使那些想与之竞争的对手望而却步。③ 即使有竞争，最后的胜利者也往往是那些经济上富裕、种姓社会地位高的人，低种姓、达利特以及其他受压迫阶层被排斥在村落统治机构之外的状况并未得到多大的改变。根据对拉贾斯坦邦朱尼孚奴县的潘查雅特成员的调查，在51名村潘查雅特成员中，高种姓出身的34人，占66.7%；低种姓7人，占13.7%；其他成员10人，占19.6%。由于其他两级组织是间接选举，因此它们自然也由高种姓的人所控制。例如，对该县37名潘查雅特委员的调查表明，高种姓成员31人，占83.78%；低种

---

① M. N. Srinivas, ed., *India's Villages*, p. 19.
② 参见 *The Economic Times*, October 2, 1982。
③ 同上。

姓和其他成员 6 人，占 16.22%。①

这些高种姓成员同时又是富有者。表 5-2 说明，富有者在各级潘查雅特组织中所占比重很大，而且机构级别越高，成员越富有。如年收入在 1001—2000 卢比的成员，在村潘查雅特一级占 31.38%，在潘查雅特委员会一级占 24.32%，在区委员会一级为零；年收入在 3001—4000 卢比的成员，在村潘查雅特一级占 11.76%，在潘查雅特委员会一级占 8.11%，而在区委员会中则占 28.57%。区委员会成员的收入均在 3000 卢比以上。年收入低于 1000 卢比的穷人，无论在哪一级，一个都没有。

不错，各级潘查雅特组织都为表列种姓和表列部落（所谓"被剥夺阶级"）保留了名额。有时，出身于低种姓、经济上贫穷的人也能在潘查雅特组织中得到少量席位，但他们无法代表低种姓和贫苦阶层的利益与高种姓和富有阶层相抗衡。除了他们人少势单、在成员中不占多数以外，还有两个原因：一是高种姓不断在低种姓中间煽动分裂，使低种姓集团内部钩心斗角，互相倾轧，不能团结一致对付高种姓集团；二是这些取得席位的领导成员在经济上依附高种姓和富有者，因此在政治上不得不跟着他们跑。②

根据印度储备银行 1971 年对实施潘查雅特制度地区的 10 万户居民的调查，1961—1971 年，赤贫人数达 28 万，乡村最富有者的财产是最贫穷者的 164 倍。③ 这从一个侧面表明，所谓的基层民主，只是富人的民主，潘查雅特组织只是为富有阶层服务的工具。各政党越来越认识到潘查雅特组织的重要性，它们千方百计地争夺对各级潘查雅特组织的控制权。一般来说，在村潘查雅特一级，政党的作用和影响还不甚明显，而在其他两级组织中，党争十分激烈。潘查雅特委员会地位重要，自然成为争夺的中心。几乎所有的潘查雅特委员会都分成

---

① B. S. Bhargava, *Panchayati Raj System and Political Parties*, p. 167.

② Gail Omvedt, ed., *Land, Caste and Politics in Indian States: A Comparative Study of India and the United States*, Guild Publications, 1982, p. 143.

③ 参见 *The Economic Times*, October 2, 1982。

少数派和多数派。在各党派的角逐中，老资格的国大党自然比其他政党处于更有利的地位，大部分潘查雅特组织都被国大党控制。各政党之所以争夺对潘查雅特的领导权，并不是因为它们对乡村发展问题感兴趣，它们只是把潘查雅特组织视为实现其政治目的的工具，借以扩大自己的影响而已。结果，潘查雅特的领导者只注重权力斗争，而不太注意乡村经济的发展和建设。

表 5-2　拉贾斯坦邦朱尼孚奴县潘查雅特成员的阶级构成

收入（卢比）	村潘查雅特成员	%	潘查雅特委员会成员	%	区委员会成员	%
少于 1000	—	—	—	—	—	—
1001—2000	16	31.38	9	24.32	—	—
2001—3000	15	29.42	12	32.44	—	—
3001—4000	6	11.76	3	8.11	2	28.57
4001—5000	1	1.96	4	10.81	—	—
5001—6000	5	9.80	1	2.70	1	14.29
6001—7000	—	—	—	—	—	—
7001—8000	1	1.96	1	2.70	1	14.29
8001—9000	—	—	—	—	—	—
9001—10 000	2	3.92	1	2.70	1	14.20
不回答者	5	9.80	6	16.22	3	42.85
总计	51	100.00	37	100.00	7	100.00

资料来源：B. S. Bhargava, *Panchayati Raj System and Political Parties*, p.185。

民主选举制度引入印度乡村统治体制以后，还加剧了种姓冲突，这在很大程度上抵消了实施新潘查雅特制度带来的好处。新统治制度带来的民主选举，正好为各种姓集团的争夺提供了公开、合法的角斗场，每一个集团都利用这一场地竭力为本集团的利益而斗争。不仅政党组织向各级潘查雅特渗透，种姓组织也企图影响和控制各级潘查雅特，这使得潘查雅特选举中的竞争十分激烈。传统的组织形式、斗争方法同现代的组织形式、斗争方法结合在一起，常常发展为野蛮的械斗、绑架和杀戮。根据 1987 年 10 月比哈尔一家报纸的报道，在 1978 年该邦举行的潘查雅特选举中，许多有希望成为候选人的人被绑架。在罗塔斯县，一名候选人被杀害。据政府估计，这次选举中大约有 70 人死亡，几百人受伤。而反对派公布的数字更惊人：4000 人死亡，几千人受伤。① 惧怕选举中发生流血冲突，也是许多地区潘查雅特选举一再拖延的原因之一。难怪有印度学者叹道：印度"乡村的生活一点也没有因为潘查雅特制的实施而变得好一点。潘查雅特组织的重点都放到争斗、分裂和派系活动上去了"②。

第二节 种姓、阶级与权力结构

一、种姓与阶级

"阶级"和"等级"是两个既有联系又有区别的概念。阶级主要是依据对生产资料占有的状况的地位划分，说明的是一个人的经济地位；等级中除了经济因素外，还包括政治权力、宗教礼仪和社会地位等标准。在前资本主义社会，阶级通常以等级的形式表现出来，或者说阶级隐藏在等级的外壳之内，只是到了资本主义社会，阶级关系才脱离等级的外壳而明朗化。

种姓是一种等级制度，又是印度特殊的阶级结构。从理论上说，种姓是一种礼仪地位，它说明的是一个集团的人在通往"解脱"（印度教徒追求的最高境界）道路上存在的差距，这种差距与经济财富和权力无关。一般说来，种姓地位的高低大体取决于这样一些因素：瓦尔纳、从事职业的性质（在礼仪上洁净与否）以及所遵循的生活习惯等。一个婆罗门在经济上可能很穷，甚至需要他人的施舍方能度日，但其种姓地位仍高于富商巨贾和政治权力很大的国王。不过，在现实中，种姓、阶级和权力三者之间有很大的关联性。在传统印度教社会，

---

① 参见 *The Economic Times*, October 2, 1982。

② 同上。

社会地位、财富和权力基本上是按种姓分配的,也就是说种姓划分同阶级划分大体一致。历史上的国王、高级官吏、大小封建主、村落头人等大都属高种姓,而无地者、佃农、仆役等被压迫者大都属低种姓和达利特。婆罗门处于种姓等级金字塔的顶端,其中有贫穷者,但许多情况下他们又是集财富、权力和社会威望于一身。

到了近代,阶级、种姓和权力之间的关系发生了变化。这主要是下述几个原因造成的:(1)随着近代资产阶级法律的确立,种姓特权不再合法。新的法律强调"法律面前人人平等"原则,这样,等级划分至少失去了法律根据。(2)近代以来出现的工业化、城市化及现代教育和政治制度的发展,使就业多样化,从而改变了经济、政治和受教育机会按种姓分配的旧模式。(3)独立后,印度政府实施的各种形式的土地改革,改变了乡村社会的阶级结构,相当一部分土地从婆罗门和其他高种姓手里转到了礼仪地位较低的种姓手里。这加剧了种姓分化,无论是高种姓还是低种姓,都分化出了更多的穷人或富人。同样,建立在现代选举制度基础上的农村新潘查雅特制度的实施,正在改变乡村的权力结构。旧的权力基础,即出身或礼仪地位,正日益失去其重要意义而让位于新的基础,如受教育程度、财富以及所属政党的力量等。那些礼仪地位不是太高、利用新机会富裕起来的种姓集团开始拥有越来越大的力量。印度有关法令规定在村落和其他统治机构中为表列种姓和表列部落保留一定名额,这至少在法律上为低种姓和达利特参与乡村统治开辟了道路。正如安德烈·贝特尔指出的那样:"这里,婆罗门又是最大的失败者。现在,权力正在从婆罗门手中转移出去。"[1]

种姓在经济和政治方面的影响力衰落了,种姓、阶级和权力出现了各自独立的趋势。换句话说,印度乡村社会中的阶级划分,有逐渐脱离种姓的外壳变得明朗的趋势。

印度社会学家 T. M. 达克教授提出了一个描述种姓、阶级和权力

---

[1] A. E. Punit, *Social Systems in Rural India*, p. 104.

三者变化趋势的图式（参见图 5-1）。图式中的 XY、AB 和 CD 三条线分别代表今日印度乡村社会中的种姓、阶级和权力，ab 和 cd 两条线分别代表变化后最终的阶级和最终的权力。

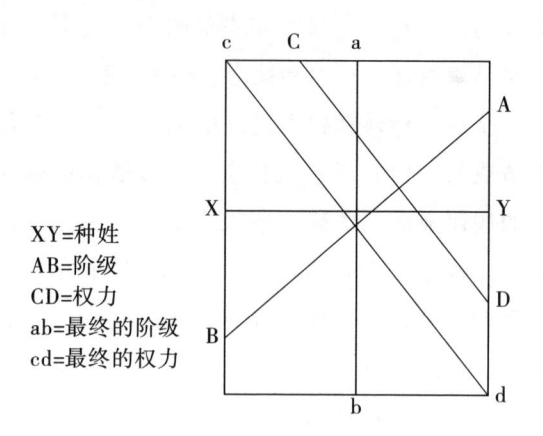

XY＝种姓
AB＝阶级
CD＝权力
ab＝最终的阶级
cd＝最终的权力

图 5-1　印度种姓、阶级与权力图式

在传统的印度教社会中，AB、CD 和 XY 三条线大体上是重合的，这在实际中意味着：所有高种姓成员对所有低种姓成员在所有方面都占优势。而现在，这三条线不那么重合了，这也意味着：低种姓的社会和经济地位有了一定的改善。AB 和 CD 体现了阶级和权力同种姓（XY）相分离的趋势。随着社会、经济进一步发展，阶级和权力两条线将分别向 ab 和 cd 位置移动。图 5-1 表明，阶级、种姓和权力将越来越相互分离，它们最终将脱离种姓而完全独立。①

达克教授的这个图式主要是依据他对哈里亚纳邦尼罗克尔地区的调查提出的，它是否也适合印度其他地区，尚不得知。在笔者看来，这个图式的缺点是它对印度教社会中阶级、种姓和权力的最后格局所做的预测太武断。实际上印度教社会中的阶级和权力最终是否会从种姓中完全独立出来是大可怀疑的。印度农村的阶级和权力结构在近几十年中的确发生了一些变化，但对这种变化不能估计过高。尽管印度

---

① M. L. Sharma and T. M. Dak, ed., *Caste and Class in Agrarian Society: Dynamics of Rural Development*, Ajanta Publications, 1985, pp. 17-45.

各地情况很难一概而论，但可以认为，种姓、阶级和权力大体一致的传统模式仍未从根上发生变化。在印度农村，地主、富农、资本主义农场主一般是高种姓，村落的统治权仍基本上在这些人手里。自耕农、佃户、手工业者大多属中间种姓，而无地的农业雇工、仆役几乎都是达利特。而且，旧模式并非只表现为种姓力量衰落一个方面，还表现为传统的种姓同某些新因素相结合而变得更顽强（见本书第七章）。因此，至少从目前来看，达克教授做出阶级和权力最终将与种姓脱离而独立的预言似乎为时尚早。

二、统辖种姓

当代印度乡村的权力结构，既非完全同种姓序列相一致，也不完全与阶级重合。村落中处于统治地位的集团通常是一个种姓或氏族（一般说来，前者存在于有一个以上种姓集团居住的村落，后者存在于只有一个种姓集团居住的村落）。一个集团能否在村落生活中占统治地位，固然与其礼仪和经济地位有关，但并不完全取决于其中任何一方，而是由多种因素决定的，统辖种姓就是为描述这一事实提出的一个概念。

最早提出这一概念的是印度社会学家 M. N. 斯利尼瓦斯。20 世纪 50 年代末到 60 年代初，他在研究卡纳塔克邦迈索尔市附近的拉姆普拉村时发现，一个集团的礼仪地位同其在村落生活中的实际地位并不一致。在拉姆普拉村，婆罗门的礼仪地位最高，但在实际生活中地位最高的不是婆罗门而是握卡利伽（Vokkaliga）种姓，因为后者占有土地最多，是该村最大的地主，并且在人数上几乎占村人口的一半。他们在经济、政治和人数上的绝对优势使其在村落生活中具有举足轻重的作用，实际上统辖着其他所有种姓集团，而他们的礼仪地位（或者说洁净程度）却排在婆罗门和林伽雅特（Lingayat）两种姓之后。"1984 年我在拉姆普拉村做田野调查时，当地握卡利伽种姓的统辖力量（dominance）给我留下了强烈的印象。当地的几户婆罗门，完全（甚至是可怜地）依靠强有力的握卡利伽地主（在这个地区的有些村子里,婆罗门以前也享有过这样的统辖权,但自20世纪20年代以来,他们逐渐迁居城市接受教育和就业,把土地卖给了握卡利伽和其他种姓)。我从与拉姆普拉村以及邻村老年人的交谈中得到这样一个印象:甚至早在第一次世界大战时,由于交通不便以及缺乏邦对村落事务的有效干预,地方统辖种姓的头人在村落中就享有相当大的权力和自治。"①

按照斯氏所说,一个种姓集团能否在村落生活中处统辖地位,取决于几方面因素:(1)一定的经济实力,这在农村主要是指拥有较多的耕地。(2)数量上占优势。这并不完全是指一个种姓集团的人数占村落总人数的比例,也是指一个种姓在村落社会生活中要有足够的代表人物,即受过教育、有威望或掌握专门技术的人要多。(3)在当地种姓等级序列中占有较高位置。(4)受过西方式教育。(5)有一定的政治力量,这主要是指要有担任"行政职位"的人。一般说来,那些在邦或地区政治上占优势的种姓集团,更容易成为统辖种姓。一个种姓集团中若有许多成员在本地区或本村当官,从而使该种姓的影响超出了村落范围,那么这个种姓在为争夺村落统辖权的竞争中就处于更有利地位。(6)拥有"城市收入来源",即一个种姓在城市里工作的人越多,在村落中就越有力量。②

并非所有的统辖种姓都同时具备这些条件,一般来说,具备其中的三个条件就可能成为统辖种姓。由于各地情况不同,这些条件的任何一种组合从理论上说都是可能的,因此各地村落中的统辖种姓有多种变形。

这些条件并非等量齐观。其中,第一个条件即土地的占有量具有决定性影响。当代印度农村大量土地为少数土地所有者占有,而大部分人有很少或根本没有土地。这些人数不多的土地所有者,尽管多数礼仪地位不是最高,但在村落生活中却享有相当大的统辖权,少地者、

---

① M. N. Srinivas, *Social Change in Modern India*, pp. 151-152.

② Ibid., pp. 10-11.

无地者以及其他低种姓集团则以各种形式依附于他们。这几个条件还通常同其他条件联系在一起。例如，拥有较多土地的集团通常也有较多的人"在行政上有职务"（至少可以获得较好的工作）。这种集团由于在外当官、工作的人多，也常拥有较多的"城市收入来源"等。拥有较多的土地，不仅对于能否处于统辖地位至关重要，而且也意味着有更多享受"西方式教育"的机会。因此，在斯氏列举的六个条件中，除第二个条件之外的其他五个条件是叠加关系，即具有其中的一个条件通常亦具有其他条件。第二个条件则具有叠减性质，即具有这一条件通常就较难具有其他条件了。不过，也难一概而论，拉姆普拉村的握卡利伽种姓就是特殊的例子。

一般说来，受西方式教育的农民，掌握着较多的科学文化知识，比没受过这种教育的人经营土地更有方，故更容易获得较大的影响力。有城市收入来源，意味着他们同外界有更广的联系，也意味着他们容易得到更多的外部信息和受到现代城市生活的更大影响。这对于他们在村落社会中获得更高的权力地位有利。

由于过去几十年里交通、通信设施的改善，村落的传统封闭的生活和统治方式出现了明显的衰落。乡村统治机构的头人（或至少是他们的儿子）正在不断吸收城市现代化生活方式，某一村落的统辖种姓的统辖权有时超出该村范围而扩及相邻诸村。根据斯氏的报告，在印度部分地区，还出现这样的现象：一方面，住在某一村落的某一种姓中的一两个家族，借助现代化的联络手段，能在较大地区行使其统辖权；另一方面，那些只在一个村落里拥有统辖权的种姓，必须认真对付来自那些拥有较广地区统辖权的种姓的挑战。

印度实施的西方议会民主制度改变着印度乡村的传统统治形式，特别是新潘查雅特制度的实施，为那些礼仪和经济地位不太高，但人数众多的种姓集团参与村落统治开辟了道路。[1]新制度唤醒了他们的自尊意识和参与欲望，也使他们看到了自己的优势。他们以选举为武器，

---

[1] Adrian C. Mayer, *Caste and Kinship in Central India*, pp. 92-128.

加入了从中央议会到村落的所有选举产生的机构，撼动着传统的地方权力平衡。尽管贫穷的低种姓和达利特集团很难成为村落中的统辖种姓，但他们在数量上占优势，其他种姓集团越来越不能忽视他们的作用了。在不论贫富和身份高低人人都有选举权（尽管人们行使这种权利的实际情况同法律条文之间存在很大差距）的今天，"数量优势"这一因素具有越来越重要的意义。

印度政府自印度独立以来实施的各种形式的土地改革措施，削弱了旧的大土地所有者的力量，在大多数村落里，旧的统辖种姓失去了一部分或大部分土地，这些土地大都转到了中间种姓手里。许多原隶属于封建主或地主（各地有不同名称）的佃农，在新制度下成了土地所有者，并随着自身经济力量的增长，要求分享村落的统治权力。经过一番争夺，许多这样的集团终于成了村落里的统辖种姓。

三、种姓与村落的权力结构

各地村落中统辖种姓与村落权力结构的关系比较复杂。有的村子同时存在几个势均力敌的种姓集团，很难确定究竟哪一个种姓起统辖作用。有的村子虽然能找出统辖种姓，但力量较弱。例如，有的种姓集团在人数上占优势，但经济力量薄弱，缺乏统辖力量；有的种姓集团虽有比较强的经济力量，但人数少，统辖力量也不强；有的种姓虽然在经济力量和人数上都占优势，但内部分裂成几派，内耗严重，削弱了其统辖力量。

统辖种姓内部的派别之争是当代印度乡村权力结构的一个重要特点。一个典型的统辖种姓集团内部通常分成两个或更多的派别，它们之间为争夺村落领导权、经济利益和社会影响进行着激烈的斗争。村潘查雅特主席的位置常常是争夺的焦点，统辖种姓中望族的青年人或中年人都想担任这个职务，因为村主席通常是一个集司法、政治、社会权力于一身的职务，获得这个职务就意味着他所代表的族系拥有更大的控制村落社会的权力，也意味着更多的经济和其他方面的利益。谁能在竞争中获胜，很大程度上取决于他所处望族的人数、土地占有量以及在当地政治和社会中的影响。有时，统辖种姓内部各派系在各方面实力相当，在这种情况下，获胜的关键在于从非统辖种姓集团那里拉到更多的支持者。这样，围绕村潘查雅特主席的权力斗争不仅影响统辖种姓内部各派力量，也常影响其他种姓集团，使统辖种姓与非统辖种姓之间的关系发生变化。非统辖种姓也因统辖种姓的派别之争而分属于不同派系，他们就"支持哪一派"问题同统辖种姓各望族讨价还价，并从中取得一定的好处。也有这样的情况：统辖种姓人数不多，经济上也不占优势，它对村落社会的统辖权力是靠其他种姓集团维持的。例如，在梅耶教授研究的中印度一个村落里，统辖种姓拉其普特人在人数和经济上均不占优势，他们之所以能成为统辖种姓，是由于他们同旧的土邦统治者有密切联系。他们（当时）在村落中保有三个世袭的头人地位，受到四个"同盟种姓"的支持。为了得到同盟种姓的支持，拉其普特人愿意同他们共食，平等地对待他们（而按照礼仪规定，他们不能共食）。[1]

尽管统辖种姓内部有严重的派别之争，但为了维持对其他种姓的统辖权力，有时他们不得不保持起码的团结和尊严。因此，尽管他们之间的斗争有时激烈到了一部分人分裂出去另组新集团的程度，但一般说来这种斗争是有一个限度的，即不损害其在村落生活中的统辖地位。当非统辖种姓起来反对他们、其统辖地位受到威胁时，他们就会停止派别斗争，一致对外。最近几十年，随着法律上承认人的公民权以及实行选举制，那些人数众多但礼仪地位低且贫穷的种姓集团，常常起来反抗统辖种姓的统治，使旧的统辖种姓十分恐惧。凯思林·高夫指出，孔巴佩泰村的统辖种姓（婆罗门）内部虽然也常闹纠纷，但为了照常管理村落事务，他们不得不保持一定的团结和尊严，一旦出现低种姓挑战婆罗统辖权和尊严的事件，他们总是采取一致行动进行镇压。高夫写道："对低种姓反对婆罗门的传统权力和尊严的罪犯，惩罚是严厉的。而后现代经济变化所引起的对种姓制度的对抗，这一类

---

[1] Adrian C. Mayer, *Caste and Kinship in Central India*, pp. 92-128.

的罪行日益频繁。婆罗门则尽其所能使用空前残暴的刑罚来保持他们的教规地位和行政管理权。"①

不过，旧的统辖种姓的力量正在衰落，低种姓集团时常依靠政府官员、警察、法院等手段同统辖种姓做斗争。

从大的方面讲，传统村落中统辖种姓的职能主要有两个。一个是对外代表村落，是联系村落与政府的媒介。在明显存在统辖种姓的地方，所谓村落的自治权力很大程度上是由统辖种姓行使的，他们控制了村落自治机构——潘查雅特。统辖种姓的成员，尤其是那些有钱有势的家族成员，实际上是村落同政府以及有威望的外来者打交道的代表，其他种姓一般是通过统辖种姓同政府或外部发生联系的。政府承认或默许他们的种姓法规和对村落的统治权，当这种权力受到威胁时，政府通常站在他们一边。

统辖种姓的另一个职能，也是最重要的职能，是对村落社会起统辖作用。如果把印度的村落社会比作一件复杂的编织物的话，那么统辖种姓则是这件编织物中的基干或"筋"。统辖种姓一般有强大的势力，它通过经济、政治和宗教手段等，把其他种姓集团编织在村落体制中，并使他们紧紧地依附自己。统辖种姓的长老们站在"媒介种姓"的立场上，控制和调节着村落中各利益集团之间的关系。他们是整个村落的社会和伦理规范的维护者，村落社会正是通过统辖种姓的这种统一作用，才使村落中各个具有离心倾向的种姓集团结合在一起。他们对村落社会的统辖作用具体体现为：调解民事纠纷、维持村落秩序和组织生产等方面。坦焦尔地区孔巴佩泰村的统辖种姓（婆罗门），在 20 世纪中期"惯于定期举行非正式的会议，来确定初耕、插秧和收割之类的农业活动日期，组织低级种姓的劳动、任命农奴（帕兰）更夫，判决低种姓之间的重大纠纷和有关村庄政策的一般问题"②。由于

---

① 陈洪进编：《南印度农村社会三百年——坦焦尔典型调查》，黄思骏、刘欣如译，第 97—98 页。

② 同上书，第 81 页。

国家力量薄弱，当村民发生纠纷时，通常不是寻求地方政府官员、法院或警察的帮助，而是习惯让统辖种姓解决，后者也常常以"维护村落利益"等为借口，竭力阻止村民们让政府或村外力量参与解决村内纠纷。

如前所述，印度独立后实施的新潘查雅特制度，使传统的乡村统治结构发生了一定的变化。总的来看，这种变化对统辖种姓是有利的。他们人多，经济力量较强，故在社区政治选举中处于有利地位。但同时，新体制在领导机构组成上对表列种姓等被剥夺阶层采取保留名额的做法，这就以强制的方式改变了传统乡村领导集团的成分，打破了由高种姓垄断权力的局面。此外，新体系不是采用"全体一致通过"的方式而是投票表决的方式，这至少从理论上为非统辖种姓发表不同意见开辟了道路。统辖种姓利用自己在人数、财力和社会关系方面的优势，努力维护其统治，达利特等非统辖种姓则利用新体制赋予的机会，与统辖种姓讨价还价，明争暗斗。结果，种姓集团之间的关系变得异常紧张起来。

第三节　个案分析：古吉拉特的种姓与乡村社会

为了获得当代印度种姓与乡村统治的具体印象，这里以古吉拉特地区为例做一分析，材料主要来自甘希亚姆·沙阿（Ghanshyam Shah）在 20 世纪后半叶等人的调查报告。[①]

一、种姓与土地占有

土地占有情况与乡村的统治结构密切相关。我们先来考察古吉拉特邦主要种姓集团的土地占有情况。

---

① Ghanshyam Shah, "Rural Politics in Gujarat", in Gail Omvedt (ed.), *Land, Caste and Politics in Indian States: A Comparative Study*, pp. 134-155.

表 5-3 提供了该邦 6 个村落的土地占有情况，它也大体符合该邦其他地区的情况。

表 5-3　村落中的种姓和土地占有情况（%）

村子 种姓	1. 卡拉利				2. 阿塔拉达拉				3. 纳闪达				4. 玛尼			
	富者	穷者	无地者	总计	富者	穷者	无地者	总计	富者	穷者	无地者	总计	富者	穷者	无地者	总计
帕提达尔	58	42	—	100	56	44	—	100	31	61	8	100	22	52	26	100
巴利亚	—	29	71	100	12	52	36	100	2	53	46	101	1	24	74	99
科利																
达利特	—	18	82	100	18	53	29	100	—	28	72	100	—	17	83	100

村子 种姓	5. 马拉雅				6. 达姆卡				总计			
	富者	穷者	无地者	总计	富者	穷者	无地者	总计	富者	穷者	无地者	总计
帕提达尔	81	19	—	100					34	51	15	100
巴利亚	25	52	23	100					8	41	51	100
科利	—	—	—	—	29	56	15	100	29	56	15	100
达利特	—	6	94	100	—	83	17	100	1	25	74	100

注：（1）由于计算时的四舍五入，总计会有不到 100% 或超出 100% 的情况；（2）富者指占有土地超过 5 英亩的人，穷者指占有土地仅为或少于 5 英亩的人。

婆罗门和巴尼亚属较高种姓，占该邦人口的 3%—4%。巴尼亚是放债人，独立之前是"不在地主"（占有土地，人住在城里），独立之后只有很少一部分人拥有土地。与此相同的还有除苏拉特、瓦尔萨德县的阿那维尔婆罗门之外的所有婆罗门。阿那维尔婆罗门是贫穷的，他们人均占有的土地少于 5 英亩。其中一半阿那维尔婆罗门是中农或富农，只有一个是农业雇工，他们选择了村子以外的非农业工作。

帕提达尔（以前又称昆比）是该邦最主要的土地占有种姓。帕提达尔之间无论在社会或经济方面都很不一样，古吉拉特北部的帕提达尔（阿加纳·帕提达尔）同古吉拉特中部的列奥瓦·帕提达尔没有社会联系。苏拉特的科达·帕提达尔甚至不愿承认同一地区的马提亚·帕提达尔为帕提达尔。过去，帕提达尔也像今天一样大都占有较多的土地，拥有比其他种姓更多的技术和更大的财力。

然而，并非所有的帕提达尔都富裕。表 5-1 表明，只有 34% 的帕提达尔人均占有 5 英亩以上土地，15% 的帕提达尔则没有土地，51% 的帕提达尔是拥有 5 英亩及以下土地的穷苦农民。虽然很多农村无地的帕提达尔不是农业雇工，但当他们发现再无别的生计时，一些人不得不干此行。

富有的帕提达尔作为税吏和警官拥有政治和行政的权力，许多上层帕提达尔很活跃，他们是自由运动的头人。他们曾组织过两次重要的"坚持真理运动"（一次是 1918 年在克达，另一次是 1928 年在巴巴多里），以保护中农和富农土地所有者的利益。萨达尔·瓦拉巴伊·帕特尔是他们的利益代言人。他们在政治上的统治地位一直维持到印度独立之后。他们由于与柴明达尔制度没有多大的利害关系，故在废除这一制度中发挥了重要作用。事实上，索拉什特拉的帕提达尔正是受益于此。早在 20 世纪 50 年代土地法实施时，他们就成为土地所有者。

拉其普特、巴利亚和科利，一般统称刹帝利，占该邦人口的 29% 左右。其中，拉其普特约占 5%，分散在几乎所有县。巴利亚集中在古吉拉特的中部、北部，科利则居住在古吉拉特和索拉什特拉的沿海地区。按照传统，拉其普特是高种姓，巴利亚和科利是低种姓，但从政治上看，他们在出于某种理由反对帕提达尔时，是作为一个种姓活动的。

在上述各个刹帝利社团之间和内部，经济分化很严重。过去，土邦王公统治者多数为拉其普特，少数为巴利亚和科利。土邦的规模是不一样的，约有 39 个古吉拉特土邦接受了赎金，其数额因各土邦岁收不同而异。瓦多达拉土邦的统治者每年得265万卢比，而哈帕土邦的统治者仅得2560卢比。现在，这些人大都成了企业家或富农。许多拉其普特和一些巴利亚、科利种姓的成员，过去曾是有权势者，自他们的权力被废除以后，他们失去了佃户耕种的土地，对村民的统治权力也衰落了，其中一部分人不得不种起地来。但他们缺乏训练，没有经营农业的才能。阿默达巴德县的一个拉其普特在20世纪50年代说过："自然，那是非常痛苦的，因为我们将不能像从前那样生活了，我们感到自尊心受到了伤害。这种感受如此强烈以至于每个人都不会忘记。噢，比如，如果卡桑达管理权落到别人手里，我们将没有力量控制农民和其他从前曾控制过的人。而且，由于收入的减少，整个集团将维持不下去。所以，我感到我们失去了两样东西：权力和收入。"①

拉其普特因丧失权力而责怪帕提达尔，因为后者取代了前者。这两个种姓的斗争开始于莫卧儿王朝时期。先是莫卧儿人、后是马拉塔人任命帕提达尔为地方税务官。帕提达尔掌握了权力，并从村民们手里获得了土地。例如，克达县的一些帕提达尔，在古吉拉特北部以低价从拉其普特统治者手里购进土地。这些土地几乎全是森林区，不宜耕种。勤劳的帕提达尔通过艰苦的努力，开垦出的土地不仅可以耕种，而且很肥沃。而那些依靠这些森林和荒地的巴利亚则相应地丧失了收入来源，因此他们视帕提达尔为敌人。拉其普特地主妒忌帕提达尔引人注目的财富，他们说，帕提达尔得到并靠此发财的土地原是他们的。这样，拉其普特和巴利亚出于不同的理由共同反对帕提达尔。

如表5-3所示，大部分巴利亚和科利是贫苦农民。实际上，约一半巴利亚农户是无地者，他们中只有少数人受益于《土地最高限额法》。他们在乡村生活中低下而脆弱的社会经济地位迫使他们"自愿地"将土地交给地主。所以《土地最高限额法》没能使刹帝利佃农的经济生活得以改善。事实上，土地改革只是把他们从佃农的地位变成了"雇佣工人"的地位。

---

① Gail Omvedt, ed., *Land, Caste and Politics in Indian States: A Comparative Study*, p. 20.

该邦另一个农业雇工阶层是表列种姓,他们占全邦人口的7%左右。约有75%的表列种姓是无地农业雇工,他们散居于全邦各地,因此很难组成一个在数量上可以同富农相抗衡的团体。

与表列种姓不同,占总人口14%的表列部落集中住在该邦少数几个地区,主要有比尔斯、多迪亚、乔德利、迦米、瓦利、库恩比、克特瓦利亚、哈尔帕提。在所有表列部落中,约有33%的人没有土地或仅有人均不足1英亩的土地,45%的表列部落是人均拥有1—5英亩土地的小农或边际农,27%的阿蒂瓦西耕者人均拥有6—15英亩土地。同样的经济差别也存在于乔德利和多迪亚部落中。克特瓦利亚、乃卡和哈尔帕提部落中大部分是无地的农业雇工。哈尔帕提不住在部落村里,在苏拉特和瓦尔萨德两个县,他们世世代代住在印度教徒村里。过去,他们是阿那维尔婆罗门或帕提达尔的依附雇工。从20世纪20年代起,依附工制度逐渐衰落,现已不存在,依附雇工成了领取工资的雇工。他们极富战斗性,在古吉拉特南部,哈尔帕提雇工与地主(主要是阿那维尔婆罗门和帕提达尔)之间的斗争时有发生。

阿迪瓦西同非阿迪瓦西之间也常常爆发冲突。在土改相关法案实施以前,帕提达尔、巴尼亚、阿那维尔婆罗门、帕西以及穆斯林高利贷者兼农民曾在部落地区拥有大片土地。他们中大部分人是"不在地主",阿迪瓦西则是他们的佃户。随着租佃法的实施以及社会政治家的努力,大批部落佃户成为享有土地所有权的农民,而且同富裕的帕提达尔和阿迪瓦西相抗衡。

随着商品农业的发展,农村中传统的关系发生了变化。尽管还存在分成制和隐蔽性佃农,但依附劳动制度在实际中已几乎不存在了。贾吉曼尼制度几乎已经从所有的村落中消失了,大部分种姓成员在经济上已不再是平等均一的了,经济分化渗进了种姓,而种姓也同样影响了经济分化,并且导致了冲突。以阶级和经济差别为基础的冲突有两类:阶级和种姓内部的冲突;阶级之间的冲突。前者是不同种姓中同一阶级(有共同的经济利益)成员之间的冲突,由不同种姓成员的妒忌和偏见引起。高种姓的人妒忌中、低种姓里的新富,富有的中产阶级帕提达尔和拉其普特耕者之间的冲突说明了这一点。阶级冲突是对抗性的经济利益之间的冲突，巴利亚雇工与帕提达尔地主阶级之间的斗争就是这种冲突的例子。

二、种姓与政治

政治在两个阶层中发挥着作用，一个是群众，一个是上层人物。上层人物构成某一阇提中有势力的部分。群众和上层人物的政治观点和是非标准会在选举斗争和决策中反映出来。一个政党或组织的政策决定，受到上层人物的影响。

政党的候选人总是或公开或隐蔽地号召他的种姓成员为他投票。他们强调种姓联系和团结，但很难看出这种努力对选民产生了什么影响。仅仅根据候选人和选民属于同一种姓这个因素来判断种姓投票是靠不住的。一个选民投某人的票，究竟是因为后者和他属同一种姓还是出于其他考虑？如果候选人的种姓是投票者所考虑的诸因素中的一个，那么这种因素究竟占多大比重？关于选举的研究在这方面不能对我们有所帮助。

有一点可以肯定，即邦议会和国会选举中的完全的按种姓投票，与其说是事实，不如说更近乎神话。对1962年邦议员选举的研究表明，决定投票的因素是政党的思想体系、组织纲领以及候选人的工作经历等而不是种姓。而且还有这种情况：几个同一种姓的候选人在同一选区竞选，打乱了选民的种姓界限，使他们分裂了。在1971年的人民院选举中，刹帝利选民几乎是势均力敌地分裂成两派，一派支持执政派国大党，另一派支持组织派国大党，但是绝大多数的帕提达尔投了组织派国大党的票。在这种情况下，选区或投票单位同候选人的种姓无关。还需指出，帕提达尔没有像刹帝利那样的种姓组织，因此他们投组织派国大党的票。农业雇工这一类职业集团中绝大多数投了执政派国大党的票，而其他职业的人则分别投了两个国大党的票。基于职业进行投票，在种姓中有重要影响。有某种共同经济利益的农民企图利用某一特定的政党来维护他们的利益，例如，农业雇工和穷苦农民一般都觉得执政派国大党比其他党更亲近，他们渐渐不理睬种姓头人们关于按种姓投票的号召了。一度受刹帝利群众尊敬的刹帝利种姓的领袖们，在1972年和1975年邦议会选举中，正是在刹帝利占优势的选区遭到失败。总之，选民正在变得世俗起来。在邦和国家选举中，被放在首位的是他们的经济利益而不是原始的种姓关系。

然而，在村落里，他们的选择是有限的。村一级的政党组织几乎不存在。村里也没有诸如"雇工协会"之类的以阶级为基础的组织。对村民来说，把他们联系在一起的有效组织形式仍是传统的种姓。而且，居民的居住方式也是按种姓划分开的，这又强化了种姓意识。

从传统上说，占有土地的阶级和种姓（帕提达尔或阿那维尔婆罗门）掌握着村落的政治权力。随着新潘查雅特制度的实施，在人数上占优势的中、低种姓（巴利亚、科利等）向高种姓的权威提出了挑战。在一些村委员会（潘查雅特）里，这部分人获得了比过去多得多的选票，甚至有的还当上了村主席。例如，在阿南德（"刹帝利协会"的大本营）这个地区，刹帝利占人口的55%，帕提达尔占34%，但后者控制着几乎所有的村委员会。1968年，村委员会成员中有49%来自帕提达尔，37%来自刹帝利。还有一点值得重视：少数低种姓的人虽然在村委员会中得到了席位，但后来又丧失了。这是由两个原因造成的：第一，高种姓、上层阶级在低种姓领导者中成功地进行了分裂活动；第二，虽然低种姓得到了席位，但他们在经济上仍依附于高种姓。其结果是，村委员会的权力由那些属于中农或富农的高种姓领导者所掌握。也有少数这样的情况：领导者虽然来自低种姓，但他们在经济上较富裕，因此可以成功地进行反对高种姓领导者的坚强斗争。他们身处的种姓在数量上占优势，在经济上也不依赖高种姓。这样，经济上较富裕的低种姓上层分子在权力角逐中成功地对抗了高种姓上层分子，但是，前者没有利用手中的武器改善自己的经济地位。随着时间的推移，他们同高种姓统治者携起手来，成为他们自己的种姓兄弟的剥削者。

在古吉拉特农村，有两种组织在政治生活中发挥作用。

（一）种姓组织

古吉拉特农村有一些种姓组织，不过其中几个是直接从属于政治的。一个叫"古吉拉特刹帝利协会"，成立于 1948 年。该组织开始时仅限于拉其普特人，后来为了扩充力量，纳入了巴利亚、帕当瓦迪亚、淘科以及其他声称是刹帝利阶层的种姓集团。至今，它仍由一般意义上的刹帝利和特殊意义上的拉其普特上层（一些原统治者、原塔鲁克达尔、富农）控制着。

早在 20 世纪 50 年代，刹帝利协会成员使用黄色的制服和佩剑之类的标志来动员刹帝利群众。他们靠着他们曾有的共同文化传统和光荣过去，培养"刹帝利的觉悟和团结"及渴望进入刹帝利阶层的贫苦巴利亚的自我意识。为了加强出身低下的刹帝利同种姓组织的联系，协会成员要求把刹帝利也列入"落后等级"表里去，以便在就业和受教育方面得到优待。协会通过了一些有关贫苦农民、佃户和雇工问题的决议案，并大声疾呼反对帕提达尔地主对巴利亚雇工的虐待，但却忽略了拉其普特地主也同样虐待巴利亚的事实。

协会除了在上述一些问题上作为一个强有力的组织发挥作用外，自 20 世纪 50 年代以来，还直接参与政治。50 年代它支持国大党，60 年代又支持自由党。其间，在同政党的相互作用过程中，协会领导者分裂成不同派别，协会失去了作为一个刹帝利组织的号召力。在一次选举中，强有力的协会领导者利用刹帝利组织同政党讨价还价，其结果是，刹帝利在邦议会中的力量占比由 1960 年的 7% 增加到 1980 年的 17%。政党在一次次大选中越来越屈服于种姓的压力。20 世纪 50 年代起，国大党在分配候选人名单时，更重视候选人对党的义务、工作情况而不是种姓出身，在其他条件都相同的情况下，才参考候选人的种姓。到了 60 年代，国大党更重视候选人的种姓。70 年代，国大党不受任何限制地根据种姓分配候选人名单，这进一步加强了种姓领袖在政治中的作用。

这样看来，一方面，刹帝利——应该说是拉其普特、巴利亚、淘科等——的上层人物在利用种姓组织来获取国大党候选人资格和党的职位。另一方面，人民群众为其经济利益做的事超出了种姓的界限。如果种姓的号召同他们的经济利益不一致，他们就不理睬这种号召。从这一意义上说，他们在政治活动中变得比上层分子更世俗。

（二）以阶级为基础的组织

古吉拉特农村中以阶级为基础的组织是由农民和农业雇工组成的。农民组织只限于一些特殊的农产品组织，如"棉花生产协会""烟草生产协会""蔬菜生产协会"等，它们向政府施压以保障其利益，如以优惠的价格获得肥料、保护农产品价格等。此外，富农和中农也常在各种旗帜下组织起来。克达县的拜·帕特尔于1952年组织了一个名为"克都特同盟"（Khedut Sangh）的政党，以反对《土地最高限额法》。1968年，自由党和国大党的克都特领袖们，在党外组织了一个叫"克都特曼德尔"的组织，后来成立了"克都特协会"，以反对《土地最高限额法》和其他一些有关土地的法令。在政党和邦议会内外，这个协会正在作为一个强有力的集团发挥着作用。有时它会公开对抗政府，开展旨在维护富农和中农利益的斗争。有两个例子可以说明它的活动和实力情况。

1973年，克都特协会为了反对《土地最高限额法》，组织了示威和坚持真理运动。在它的号召下，一支由农民子弟组成的队伍在新德里组织起来了。他们向首席部长提交了一份备忘录，要求保护他们的土地权利。这些农民向政府施加压力，以阻止《土地最高限额法》的贯彻实行。

这些农民公开发誓，不会依法令把多余的土地交给政府以分配给无地农民。克都特协会的一个领导者在一次公开的会议上说，该法令不能施行，因为"国大党政府的所作所为恰恰与它口头喊叫的背道而驰"。

在同一年，克都特协会还抵制了一项政府征收稻谷税的法令。根据这项法令，占地一英亩及不足一英亩的小农被豁免，对其他人则按累进制征税。这样,大农必然缴纳比小农更多的税款。大农因此组织了示威游行,威胁声称为农业雇工谋利益的国大党领袖们,并拒绝纳税。税收工作因此受到干扰。后来,人民党政府废止了这一法令。

从种姓上看,克都特协会由帕提达尔支配,不过它并不支持帕提达尔的观点,它反对《土地最高限额法》,反对向科利、拉其普特、巴利亚、阿迪瓦西的中农和富农征税。

另一个以阶级为基础的组织是"农业雇工委员会"。该委员会是1975年国大党领袖出面组织的,由农业雇工、小农和边际农组成。1975年,该组织提出了"最低工资法",但没有采取任何动员农业雇工的措施。它企图在1976—1977年间实行国大党的20项计划。不过,它在很大程度上一直是个空头组织。

三、个案结论

尽管古吉拉特的商品生产始于19世纪,但直到20世纪末才成为居支配地位的生产方式。商品生产侵蚀着乡村中传统的种姓结构。现在,贾吉曼尼制度在这里与其说占统治地位,不如说是一种例外。如果用种姓范畴理解农业关系和政治,可以说某一种姓占有比另一种姓更多的土地,并控制了政治权力。然而,这完全把现实简单化了,无助于我们对现实的了解。种姓在社会和经济方面都不是均一的,许多种姓的经济分化在过去几十年里日趋尖锐,上层分子中的经济分化和政治角逐腐蚀了种姓的团结,那些没有任何政治基础的上层人物与他们所属的种姓成员不同,他们组织起来并依靠种姓组织获取政治权力。议会制(政党、立法和选举)在日趋衰落,不再有力量控制基层势力。群众(尤其是穷人)对自己受剥削的经济地位日益觉醒,但他们的觉悟不高,也没有发动除选举以外的政治斗争,也没以这种组织为基础的政党和阶级。另外,非左派政党和低种姓中的上层人物,则利用种姓意识达到他们的政治目的。

第六章　印度的社会冲突及其根源

在这一章里，我们将讨论与种姓制度相关的一个问题，即印度的社会冲突问题。

无论是哪一种社会，都是存在各社会集团之间的对立和冲突的。不过，由于历史和文化条件不同，社会冲突的形成原因、机理和程度亦不同。

在种姓制社会，各社会集团之间的对立和冲突似乎更明显。考察当代印度社会，各种冲突频频发生，使得政局不稳，社会动荡，人民生命财产遭受损失。冲突造成的社会动荡，构成印度社会发展的巨大障碍。

表面看来，印度社会各种冲突错综复杂，斑驳陆离，但仔细考察，这些冲突大都与下述三种基本形式的冲突有关：

（1）**种姓冲突**。这是印度社会最基本的冲突，体现为种姓印度教徒与达利特之间的冲突、达利特集团之间的冲突及印度教徒各种姓集团之间的冲突。

（2）**教派冲突**。这是指不同宗教信仰集团之间的冲突，包括印度教徒与穆斯林之间的冲突、印度教徒与锡克教徒之间的冲突、印度教徒与新佛教徒之间的冲突等。其中，尤以印穆冲突最典型、最严重。

（3）**种族冲突**。种族冲突主要体现在两个方面。其一，由一些少数民族要求更大的独立或地区自治带来的冲突，即由地方民族主义与中央政府的矛盾带来的冲突。① 其二，族群与族群之间为争夺经济政治利益而发生的冲突，即部族冲突。②

必须指出，这三种形式的划分并非绝对，很多情况下，这三种形式的冲突相互交织在一起，很难截然区分。教派是以宗教信仰为主要特征的集团，但由于印度的宗教与种姓制度是密切联系在一起的，所以教派问题又与种姓问题有关，有的教派本身就是一个特殊的种姓集团。例如，马哈拉施特拉邦的新佛教徒就是达利特（马哈尔），他们争取改善地位的斗争，既是教派问题也是种姓问题，同时，也可以说是一种特殊的种族问题。许多穆斯林原本是达利特，所以穆斯林与印度教徒的矛盾也与种姓制度有关。锡克人同印度教徒的冲突，既是教派问题，也是种族问题，而且就锡克人原本也是因对种姓制度不满而从印度教中分化出来这一点来看，这也与种姓制度有关。所以说，在某种意义上，教派也可以看作种姓制社会中特殊形式的种姓集团。一些少数民族争取民族自决权的斗争，既是种族问题，也是一种特殊形式的种姓问题，许多少数民族被列为"表列部落"，同"表列种姓"一样，"表列部落"是作为一个特殊种姓集团存在的。另外，印度教

---

① 20世纪50年代和60年代泰米尔纳德的一些人公然打出"独立"的旗帜，20世纪80年代旁遮普锡克人的极端分子要求建立卡利斯坦，锡克人与中央政府的对抗还导致了英迪拉·甘地1984年被刺杀，并引发了全印度的骚乱。东北地区那伽人和米佐人为争取民族自决权而斗争，这些地区存在分裂的隐患。2000年印度新成立三个邦，2009年新成立一个邦，它们都是从原有的邦中分出来的，也都是当地人民长期要求和斗争的结果。

② 印度东北部的阿萨姆邦种族众多，各部落之间关系复杂，因而是部族冲突的多发地区。2003年5月6日，印度东北部的特利普拉邦发生两起部族分离分子袭击平民的事件，共有20人被打死。特利普拉邦在过去的20年间，就有1万余人死于部落和种族冲突。2003年11月29日，库基族武装分子对位于印度阿萨姆邦卡比昂隆地区的两个卡比人村庄发动了袭击，6名卡比人被打死。印度东北部阿萨姆邦土著与穆斯林移民之间爆发大规模种族冲突并酿成大规模流血事件，截至2012年8月15日，已造成将近80人死亡、40多万人流离失所。在不到两周的时间里，400多个村庄化为灰烬。这一局部地区的冲突事件经过不断发酵，又在印度多地引发新的暴力事件，包括首都新德里、孟买和加尔各答在内的多个大城市均出现抗议示威活动。参见《印度：东北部种族冲突致78人死亡40万人逃离（图）》，2012年8月16日，山东大学移民研究所中国国际移民研究网，https：//ims.sdu.edu.cn/info/1007/4884.htm，2025年7月8日访问。

社会对达利特的歧视，也可以说是具有印度特点的种族歧视。在印度社会，种姓、教派、种族问题有一定的重合，但这三种形式的社会冲突有不同的表现形式，它们都是印度社会缺乏凝聚力的体现，有相似的社会根源和共同的心理文化基础。

第一节　地位之争、种姓冲突及其根源

在第二章中，我们分析了种姓的隔离与对立特点，知道了每个种姓集团都是一个自我维持的封闭世界，各自在空间和社会两个方面保持隔离。所以，相对于其他类型的社会，种姓制社会各集团之间的对立有更多的文化基础。关于这种对立，可以从地位之争和种姓冲突两个层次来认识。

一、地位之争

"地位之争"是由种姓制度的本质所决定的。如前所述，种姓制度从本质上说是一种基于宗教的等级制度（或称阶序制度），种姓是印度教社会依据人与神明的距离而设置的阶位。这阶梯上的每个位置都表明了同神明接近的程度，地位越高，同神明越近。追求同神的合一是印度教文化的最高理想，也是印度教徒生活的目的之所在。因此，在种姓制度中追求更高的地位可以说是印度教徒内心的天然冲动。一个正统的印度教徒从小所受的教育就是如何使自己的行为符合种姓规范。倘若他的行为有利于提高种姓地位，就表明他同神更接近了一步，因而会受到同伴们更多的羡慕和尊敬。倘若不能如此，至少也要不使自己地位降低，因为地位稍有降低便意味着从通向神明之梯上跌落一级。而那些处在社会最底层的达利特，作为从该阶梯上滑落下来的例证，对其他人永远起着引以为戒的作用：这些人由于罪孽深重而丧失了在阶序（hierarchy）体系中的位置，永远失去了同神明接近的资格。他们在社会生活中的悲惨遭遇加剧了印度教徒对丧失种姓地位的担心。

印度教徒对阶序地位十分敏感，他们是那样热衷于对阶序地位的

追求，以至于常将对经济利益和政治权力的追求降至次要地位。他们总是声称自己属于更高的地位，为在种姓体制中得到更高的位置而不懈地努力。这就形成了种姓制度的一个特点，即种姓集团之间存在明显的"地位之争"。

如果说印度教徒对阶序地位敏感、总是设法在种姓体制内追求更高的地位是地位之争的原动力，那么，实际生活中大部分种姓地位的模糊性则是地位之争的一个客观原因。如本书第三章所述，种姓是一种森严的等级制，每个集团都占据一个大体固定的位置，但在实际生活中，如何确定这个位置却不那么容易。首先，要确定一个种姓的地位，必须先确定该种姓属于哪个瓦尔纳。但由于种姓不断分裂及人口迁移等因素，要确定一个种姓集团属于哪个瓦尔纳并非易事。一些集团常常声称自己属于地位更高的瓦尔纳，而周围的种姓却不承认。其次，确定其所从事的职业对于确定种姓地位也很重要。从事"洁净"职业（如祭司、军事、商业、国家管理等）者的地位要高于从事"污秽"职业（如渔业、屠宰、洗衣、理发等）者，但种姓对职业的规定并非绝对，在实际中有很大的变通。而且，各地区对职业的看法不一样，从事同一种职业的种姓并非在各地都有相同的地位。例如，在西孟加拉邦地位较高的编织匠种姓，在其他地方却是达利特。① 因此，以职业确定种姓的地位也不那么容易。最后，种姓地位的高低还同种姓遵守的习俗有关，如素食种姓高于肉食者，允许童婚和禁止寡妇改嫁者高于不遵守这些习俗者等。但因各地习俗不同，这些因素带有很大的不确定性和随机性，故难形成明确的标准。除此以外，政治影响的扩大，经济实力的增长，也会导致一个种姓集团宣布自己地位更高，并真的改变周围的种姓集团的看法。

这样看来，种姓体制实际上为种姓集团间的地位之争留下了充分的余地。一些学者通过调查发现，中间种姓的地位划分是模糊不清的，很难找到人们都能接受的划分标准。因此，中间种姓之间常常为了在

---

① M. N. Srinivas, ed., *India's Village*, pp. 180-201.

等级阶梯上的位置而争执不休，有时甚至演变成激烈的冲突。

其实，不独中间种姓如此，婆罗门和刹帝利两个高种姓之间，以及达利特之间，也有此类事情。从理论上说，婆罗门地位高于刹帝利。如前所述，按照印度教教义，婆罗门是神在大地上的代表，或在某种意义上就是神本身，但这些规定带有浓厚的理想主义色彩。在实际中，拥有很大政治和社会权力的刹帝利种姓，常常不甘于服从这种规定。这两个种姓集团的实际地位也有时代性变化。例如，在佛教兴起以前的时代，婆罗门的地位最高。在佛教兴起后，婆罗门地位下降，刹帝利实际上处于最高地位。在佛教衰落后，婆罗门的地位又得以恢复和加强（关于这个问题，我们将在第七章中较为详细地讨论）。在穆斯林统治时期，统治者利用婆罗门统治印度，而把原来的统治者刹帝利视为政治上最危险的敌人加以排斥打击。婆罗门也借机行事，大煞刹帝利的威风。许多昔日显赫的刹帝利统治者被逐出政治中心。刹帝利的地位衰落了，婆罗门的地位得到空前的巩固。

至尊至上的婆罗门种姓，按说不应对地位有什么不满，其实不然，其集团内部也有地位之争。一个婆罗门亚种姓常常声称自己比其他婆罗门亚种姓地位更高，如提出各种证据，说明自己是血统纯正的婆罗门，而其他婆罗门如何受过污染，因而地位在自己之下等。低种姓更是对自己的地位不满，他们常常声称自己本应属于更高地位的种姓，目前的低下地位是个错误。许多低种姓集团为了达到改变种姓地位之目的，或是设法将本种姓的起源同古代某个伟大人物联系起来，或是放弃自己的生活习俗而采用高种姓的生活方式（后文会详细论述）。譬如，有的首陀罗认为自己是古代贤哲蚁垤（Valmiki，据说是史诗《罗摩衍那》的作者）的后代，本是婆罗门之后。有的达利特声称自己的祖先是拉其普特人，本属刹帝利。他们看到高种姓食素、戒酒、寡妇守寡，便刻意模仿，以求改变在社区中的形象和地位。这就导致了后文将分析到的低种姓的"梵化"运动。"梵化"既是种姓的流动形式，也是种姓地位之争的一种表现。

第三章的个案分析曾提到达利特中的等级制问题。在种姓印度教徒看来，达利特都是不净的，但达利特又分三六九等，一部分人认为另一部分人比自己更"污秽"，并不与他们来往，尤其避免身体接触。从我们掌握的材料看，这种情况在印度各地达利特中都程度不同地存在。有人把这种现象称作"不可接触者中的不可接触制"（untouchablity in untouchables）。

地位之争带来的直接后果是不满、争论、猜疑和排斥的普遍化。想在种姓阶梯上占据更高地位的愿望，首先会引起对自己所属集团现有地位的不满。人们总是抱怨现存种姓秩序的排列如何错误，而自己本应属于更高位置。他们总是设法寻找和接受能证明自己地位更高、更接近神明的各种证据。但"同神的距离"是一个十分玄虚、无法确定标准的问题，这使得界定种姓地位的各种因素有很大的模糊性和随意性。于是，对于能表示"洁净"与"污秽"的各种象征和标志的追求不断花样翻新。围绕高贵与卑贱、"洁净"与"污秽"、吉祥与不吉祥、权利与义务的争论永无完结。又由于所有提高种姓地位的努力都伴随着更加固守的种姓礼仪和种姓偏见，故这种努力加大了对其他种姓的排斥。对高种姓来说，为了获得更高的礼仪地位，或者至少不使自己的地位降低，他们要恪守种姓实践，防止低种姓的侵犯，因而总是排斥和打击低种姓企图提高其地位的努力。而低种姓通过歧视比自己地位更低的种姓来巩固和提高自己的地位。在他们这样做的时候，总是伴随着无休止的争吵、相互指责和排斥。所以，相对于其他类型的社会来说，种姓制社会中的人对"地位"（主要是礼仪地位）问题更敏感，围绕"地位"问题进行的争论和排斥更普遍。

二、种姓冲突

种姓冲突是种姓对立的进一步体现形式。在这个层次上，人们不再仅仅固守种姓隔离的规定、相互瞧不起和争论，而开始采取对抗行动。

我们还可进一步把种姓冲突划分为两个层次，即种姓紧张与种姓暴力。

种姓紧张是种姓冲突的第一个层次，在这个层次上，对立的程度已比地位之争严重，但尚未采取暴力行动。其形式有高种姓对低种姓的"惩罚"（如公开羞辱、罚款、罚请吃酒席等）和低种姓的抗议（如不为高种姓家干活、故意破坏种姓法规等），相互攻击辱骂，种姓宣传，针对某一种姓集团的利益采取不正当手段等。种姓紧张同前述种姓隔离和种姓的地位之争有关，从一定意义上说，种姓隔离和地位之争必然造成种姓关系的紧张。因此，种姓紧张并不是近代的产物，它也存在于近代以前的印度教社会，只不过在印度一些新的条件下，种姓紧张有了新的内容，采取了新的形式，形成了更大的规模和影响。

种姓冲突的第二个层次是种姓暴力。这是种姓冲突的极端形式。在这个层次上，具有种姓歧视的人会采取暴力手段迫害甚至从肉体上消灭其所歧视的人。与地位之争不同，种姓暴力一般来说不是相互的，多是高种姓对低种姓施暴。相反的情况，即达利特对婆罗门等高种姓施暴的例子也有，但相对较少见。

达利特常常成为种姓暴力的最大受害者，这是同他们极端低下的社会地位相一致的。如前所述，从理论上说，每个种姓印度教徒都在种姓体制阶梯上占有一个位置，不管这个位置是高是低，都是社会秩序（同时也是自然秩序）的一部分，故而都是不可缺少的。首陀罗虽地位低下，但出身高种姓的富豪显贵不能不用奴仆，因此首陀罗的权利和人身安全也能得到社会习俗和法律上的保障。而达利特不同，他们在种姓位阶中没有位置，被认为是从"解脱"道路上滑落下来的人，其存在本身就被认为是一种罪恶。他们不仅是达利特，甚至还是"不可看见者"。社会习俗对于他们到了如此严酷的地步，对他们使用暴力也就没有什么奇怪的了。实际上，对那些违犯种姓法规的达利特施以暴力，本来就包含在印度教经典之中。例如，有的法典中就有对他们进行惩罚的规定，如割舌、断肢、烙烫、切割阴茎、投火，向耳朵里灌熔化的铅水，用烧红的刺刀穿口等。在种姓社会里，人们可能会谴责打死苍蝇和臭虫的行为，却不会同情受暴力迫害的达利特。

如果说近代以前的种姓暴力的主要形式是对不遵守种姓法规的达

利特个人施以刑罚的话，那么，近代以来的种姓暴力则有了更大的规模。在上一章讲到，随着达利特的觉醒，他们反歧视、反迫害的斗争有了较明确的目标和较大的规模。正因为如此，也出现了大规模和组织化的种姓暴力的趋势。人们所说的"种姓战争"（caste war）就反映了这一特点。1977 年遍及马哈拉施特拉邦的"种姓战争"[1]、1980 年底至 1981 年初席卷古吉拉特邦的"种姓战争"和 1990 年由实施"曼达尔方案"引起的"种姓战争"（见本书第四章第一节），及本书第三章列举的迫害达利特事件，都说明种姓暴力在朝着有组织、大规模的方向发展。

三、近代种姓冲突之根源

种姓冲突并非始于现代，它是种姓制社会固有的矛盾形式，但是自现代以来，种姓冲突确实是加剧了。种姓冲突的加剧同印度社会矛盾的变化是分不开的。

自近代以来，尤其是 20 世纪以来，由于资本主义生产方式的引进和发展，印度传统的社会结构缓慢起了变化。旧的财富和权力格局被打破，社会按照新的原则发生了改组和分化，然而，这种改组和分化是在种姓的外壳下进行的。婆罗门和其他旧的高种姓集团的地位无可挽回地衰落了，但它们并未放弃为挽回这种局面而做出努力。他们在种姓的旗帜下联合起来，加紧了对低种姓和达利特的迫害。那些原来种姓地位不太高但利用新的机会增强了经济实力的新富，不满自己的社会和礼仪地位，故而同旧的高种姓集团的矛盾加剧了。处在种姓金字塔底层的达利特和其他低种姓集团，在现代诸因素的影响下日益觉

---

[1] 这次暴力事件的起因是对一所大学的更名。1977 年 7 月 27 日，马哈拉施特拉邦议会通过一项决议，同意将"马拉陀达大学"（Marathwada University，在阿拉哈巴德市）改名为"安培德卡尔马拉陀达大学"（Dr. B. Ambedkar Marathwada University）。此事引起印度教徒学生的强烈不满，因为安培德卡尔强烈反对印度教，他们举行了抗议示威活动。抗议活动蔓延至整个马哈拉施特拉邦，并很快演变成暴力冲突。各地的印度教徒疯狂地袭击达利特，大量房屋被烧。

醒，对自己世世代代受奴役、受迫害的地位日益不满，他们中出现了一股明显的反歧视、反迫害，要求改善自己的不平等待遇的潮流。他们有时采取较缓和的形式，如模仿高种姓的生活方式以提高自己的种姓地位等，有时则采取直接对抗的方式来表达他们的诉求。他们的矛头不仅对着旧的高种姓集团，也对着种姓地位不高的新富。高种姓对低种姓和达利特的反抗进行了镇压，尽管高种姓集团之间往往因地位问题和利益关系而互相倾轧，但当低种姓和达利特起来反抗它们、触及它们的共同利益时，它们则会在种姓的名义下联合起来采取行动。低种姓和达利特阶层内部也充满了矛盾，互相排斥，不断分裂且互相迫害，很难联合起来共同对付高种姓。而无论是高种姓还是低种姓，都重新发现了种姓这个古老组织在新条件下的用处，从而以种姓的名义团结起来。以"政党""竞选""公民投票"为特点的西方式政治制度的实行，又为各种姓集团提供了公开、合法的角斗场，而现代化的交通、通信手段和组织方式，使种姓号召和种姓活动更为有效。近代印度"种姓协会"和"种姓政党"的建立及影响的不断扩大就说明了这一点。观察现代印度社会，种姓之间的关系从未达到如此紧张的程度。如果说传统印度教社会中所谓种姓团结、种姓觉悟还处在朦胧状态，种姓间的对抗还不是自觉的和有组织的行为的话，那么，现在人们的思想更清醒了，行动也更自觉了。

第二节　教派冲突及其根源

印度教社会除有根深蒂固的种姓矛盾和冲突外，还有教派冲突。1990—1993年围绕恒河河畔阿约迪亚寺庙发生的席卷印度各地的印度教徒与穆斯林的暴力事件[①]，导致上万人死亡。印度几乎每天都有教派冲突发生。据一份材料统计，1968年到1982年的15年间，共发生

---

① 阿约迪亚为一印度教圣地，相传印度教大神罗摩诞生于此。该地有一称为"巴布里"的清真寺，据说是由信奉伊斯兰教的莫卧儿王朝开国君主巴布尔摧毁罗摩庙所建。印度教徒一直要求拆除清真寺、重建罗摩庙，为此两派发生冲突。

4742 起教派冲突，死亡 2721 人，平均为每年 316 起，死亡 181 人，财产损失无数。① 圣雄甘地、英·甘地和拉·甘地——印度三位著名政治领袖都死于教派分子之手。进入 21 世纪以来，印度的教派冲突出现了新的特点，即教派冲突与恐怖活动结合在一起，事件更具突发性，结果更为惨烈。震惊世界的 2008 年孟买和古吉拉特恐怖爆炸案等恐怖活动，都有教派矛盾的背景。教派矛盾及由此引起的暴力冲突是印度一个严重的社会问题。

教派冲突与种姓冲突虽有联系，但它有独立的含义。下面将讨论印度社会的教派矛盾与教派冲突问题。

一、教派冲突的文化和历史背景

前文曾指出，种姓制度深深根植于印度教，种姓法规与印度教教义密切相关，或者说二者本就是一回事。印度教本就是一种生活方式、一种社会组织。印度教对印度教徒的思想和生活的影响，无论怎样估计也不会过高。

其实并非仅印度教如此。在这个国度，还盛行伊斯兰教、锡克教、耆那教、琐罗亚斯德教、基督教、佛教等。宗教派别不仅多，而且对人影响深。对这个国家的绝大多数人来说，宗教不仅是一种信仰，也是一种生活方式、一种社会组织和一种民族标志。宗教影响每一个人及其生活的各个方面。

在印度，诸多宗教中，尤以印度教和伊斯兰教信仰者最多。印度教徒约占总人口的 82%，穆斯林约占 12%。所谓"教派冲突"当然是指印度所有宗教团体、派别之间的冲突，但印度教和伊斯兰教两大教派之间的冲突，在发生的频率、规模、伤亡人数及造成的影响等方面，都较其他教派为甚。因此，提到印度教派冲突，一般是指这两大教派之间的冲突。

---

① S. K. Ghosh, *Communal Riots in India: Meet the Challenge Unitedly*, Ashish Publishing House, 1987, p. 26.

不过从宗教本身来看，印度教是次大陆土生土长的宗教，是在古印度婆罗门教基础上发展起来的，已有几千年历史。伊斯兰教则为外来宗教，约在 8 世纪由阿拉伯商人经印度西海岸传入印度。自 13 世纪初始，信奉伊斯兰教的阿拉伯人、土耳其人、阿富汗人以及莫卧儿王朝定伊斯兰教为国教，用剑和"异教税"（凡不信伊斯兰教者须缴一定数额的税款，信者免），强制推行伊斯兰教，该教在印度（尤其是印度北部）得以迅速发展。

印度教与伊斯兰教具有根本性的差异。印度教为多神教，崇拜成千上万个神，伊斯兰教则为一神教，信奉唯一的真主安拉。印度教的拯救观是"梵我一如"（Brahmā-ātma-aikyam），即个人通过冥想和修炼达到与"梵"（或称"终极实在"）的合一，而穆斯林则认为拯救来自通过先知穆罕默德的启示服从神的意志。印度教徒崇拜众多的偶像，穆斯林则反对任何偶像崇拜。印度教徒崇拜母牛，认为其是女神和丰产的象征，穆斯林则有吃食牛肉之习，每年的宰牲节要宰牛献祭，印度教视此举为极大的亵渎神明行为，而穆斯林则认为这是他们的权利。印度教徒相信轮回转世，穆斯林则相信世界末日审判。印度教徒的精神生活以印度为中心，尊恒河、喜马拉雅山为圣土，以能到这些地方巡礼为骄傲，穆斯林的精神生活向往是阿拉伯地区和圣城麦加，在规定的日子里每日须象征性地朝圣地方向祈祷五次。伊斯兰教主张神权政治和政教合一，印度教则缺乏这类概念，所以国大党人在印度独立运动中指责"穆斯林联盟"及其领导者搞"教派政治"，他们不知道"宗教的政治化"或"政治的宗教化"正是伊斯兰教的一个特点。此外，两教派在法律、习俗、典籍、历法等方面差异甚大，由这些差异引起的摩擦，通常成为大规模教派冲突的导火线。

在世界许多地方，一种外来宗教传入后，总是要发生一些变形以适应当地的文化风土，如佛教的中国化，基督教在东欧等地区的变形，等等。伊斯兰教传入次大陆后，也与当地文化产生了一定程度的融合，不过，这种融合极有限，只限于建筑、语言、服饰等一些特殊方面。在信仰方面，融合只限于少数受过教育的上层阶级，而且融合的程度也不深。整体来看，传到印度的伊斯兰教并未"印度化"，而是作为一个独特、对立的部分同印度教并存。在一般教众层面，更多的是相互憎恶、蔑视而不是理解和吸收。对许多穆斯林来说，印度教徒崇拜那么多偶像，有那么多繁杂琐碎的仪式，在文化上实属下等；而印度教徒则认为，穆斯林是反偶像者，在礼仪上是不洁净的。这种对立还由于下述情况而加剧。穆斯林在统治印度之初和后来的一段时间里，确曾摧毁过大量印度教庙宇和印度教神像，打死众多印度教徒，这增强了印度教徒的仇恨。改信伊斯兰教者大都是出身低种姓的人和达利特，他们原来在印度教种姓体制中就处于受剥夺地位，对高种姓教徒怀有不满，也就是说，他们是带着对种姓印度教徒的仇恨改信伊斯兰教的。这样，从一开始，两个宗教之间的矛盾就同印度教徒与外来统治者之间的矛盾，以及广大下层穆斯林同社会压迫者之间的矛盾错综复杂地纠结在一起。

因此，客观地说，早在英国人统治印度之前，教派区别和教派矛盾就已是印度社会生活的一个重要方面，这构成了后来英国统治者推行"分而治之"政策以及当代印度教派主义、教派冲突的基础。只不过，在近代以前，两教派之间的紧张关系多具自发和零散的性质，很少演变到致使社会秩序陷入混乱的程度。

一般认为，近代印度第一次大规模印、伊教派冲突发生在1893年的孟买。当时，正在庆祝宗教节日的印度教徒同穆斯林发生了冲突，一些印度教寺庙被毁。随后，复仇的浪潮迅速蔓延。在孟买市，许多地方都发生了暴力事件，社会秩序陷入混乱，军队不得不出面干涉。此事件开印、伊教派冲突之先河，随后不断出现这类事件。自20世纪20年代以来，两大教派之间的矛盾更加尖锐，冲突越来越多，规模也越来越大。较著名的冲突有：1921—1923年西海岸马拉巴尔地区莫普拉人（穆斯林）同南布迪里（高种姓印度教徒）的冲突；1924年科哈特（今巴基斯坦境内）的教派仇杀（死亡约155人）；1929年孟买帕坦人（穆斯林）同印度教徒的大骚乱；1931年坎普尔冲突（死亡400—500人）；等等。

英国人在印度的统治激起了印度各阶层人民的反抗。随着殖民主义者同殖民地人民之间矛盾的加深，印度人民的民族意识开始觉醒，民族主义开始形成，并终于发展成强大的反帝洪流，谱写了印度近代史上民族解放运动的壮丽篇章。然而，可悲的是，印度的民族主义和教派主义几乎是同时发育、成长起来的。如前所述，在一个宗教既是一种信仰，也是一种生活方式和民族标记的社会里，民族意识的觉醒必然同强调宗教团结相一致。印度教徒民族意识的觉醒是借助宣传复兴印度教文化传统等手段达到的，而这却疏远了其他教派，加大了同其他教派的距离和对立。结果，对穆斯林和达利特等（他们在印度属于少数派）来说，摆脱殖民统治而独立同摆脱印度教徒的统治几乎具有同等重要的意义（甚至有的教派认为后者比前者更重要）。当反帝运动到达高潮时，各教派有时会将矛盾暂时搁置起来，共同对付英国人，印度近代史上曾有过各教派团结起来共同反英的事例。但高潮一过，教派矛盾重新升级。因此，在反帝阵营中，民族主义和教派主义这两条线交互并存，此起彼伏。甘地等民族运动的领袖曾试图通过反英斗争这一熔炉将各教派融为一体，但他们失败了。教派矛盾朝着越来越恶化的方向发展。当然，这种情况同英国统治者人为地推行"分而治之"政策有很大关系，但反帝力量内部若无根深蒂固的教派矛盾，此政策恐怕也难以成功。到了后来，印度教徒和穆斯林之关系已恶化到毫无合作可言，穆斯林下决心同印度教徒分裂，建立自己的国家巴基斯坦。这样，随着民族解放运动接近胜利，印、伊两教派之间的矛盾也空前激烈起来。最后，民族主义和教派主义这两根相互缠绕的藤，分别结出了果实：前者结出了摆脱殖民统治、获得民族独立之果，后者结出了印巴分治、民族分裂之实。随着分治的实施，教派仇杀也达到了无以复加的地步：仅1946年8月加尔各答的大屠杀，就造成死者近5000人，伤者1.5万人，无家可归者15万人；旁遮普的仇杀使50多万人丧生，遭受各种物质损失、丧失亲人和无家可归者达1200万人。在那些日子里，人们像发了疯似地卷入仇杀，一些目击者描述的可怕景象使人震骇。

如果说民族主义同殖民统治的矛盾因英国人撤离次大陆而得以基本解决的话,那么,印、伊教派矛盾这根藤绝没有因结出印巴分治之果而完全枯死。印巴分治时,许多人相信,分治可一劳永逸地解决两教派的矛盾,但后来的事实证明他们错了:印度教徒不仅同独立后的伊斯兰国家不断发生矛盾冲突,而且印度国内老的印、伊教派问题仍存在,并呈越来越严重的趋势。不断发生的教派冲突造成了一幕幕生活的悲剧,削弱了民族的团结,阻碍了印度社会前进的步伐。一位印度作家在评论教派冲突时说:"无疑,印穆冲突在数量上一直在增长。暴力正成为我们这个民主社会的特点。这种冲突汹涌澎湃,时落时涨。冲突中充满着破坏、死亡、恐怖和创伤。冲突的骚扰已出现这样的趋势:开始在那些被认为较少受教派影响的地区、县和小区内爆发;过去主要限于城镇,而现在已蔓延到乡村;更具有预谋性和持久性,使用更多的火器和造成更大的伤亡;更大的游民因素和反社会性,政治上的支持以及法律和秩序频繁遭破坏。"[①]

二、教派冲突的社会经济根源

大规模教派冲突频繁发生,始自20世纪20年代。这同当时印度深刻的社会经济矛盾是分不开的。

英国在印度的殖民统治给印度社会带来了双重后果。一方面,英国人用商品和资本摧毁了传统的社会经济结构,传统手工业的衰落使大批手工业者种姓丧失了谋生手段,农村商品经济的发展和土地的自由买卖,加剧了土地的集中和阶级分化,农民同地主、高利贷者之间的矛盾和对抗日益明显和剧烈。另一方面,城市工业和其他产业的发展,也提供了一些新的机会,新社会阶层开始出现。例如,一些破产的手工业者和农民进工厂当了工人,一些旧的有产者丧失了财富和社会地位,另一些则成了资本家、资本主义农场主等新阶层的成员。因此,新的社会关系随着资本主义生产方式的发展也缓慢发展起来。然

---

① S. K. Ghosh, *Communal Riots in India: Meet the Challenge Unitedly*, pp. 17–18.

而，殖民地印度一开始就存在一个重要的矛盾，即新生产方式的发展大大慢于旧生产方式的衰落，新的机会远不能满足由旧生活方式崩溃造成的剩余劳动力之需要，许多人丧失了传统的谋生手段却没有得到新的经济机会。即便是在那些新的领域，传统的剥削方式仍然存在，大部分人受着新旧形式的双重剥削和压迫。这就造成了殖民地印度特有的悲剧色彩。进入20世纪20年代后，这种情况更加严重。20年代初发生的大饥馑和流行病，使1000多万人丧生，而英国的贸易公司、商人和高利贷者趁机囤积居奇，加重了对农民的剥削。大批农民经不住地主、商人和高利贷者的盘剥以及自然灾害的打击，丧失土地沦为佃农和赤贫。农民的不满增加了，阶级矛盾空前尖锐。

然而，在印度这个特殊社会里，阶级之间的矛盾和对抗还体现为特殊的形式。

由于历史和文化的因素，印度社会一个显著的特点是，在这个国家的大多数地区，人的社会经济地位和阶级集团的划分通常与宗教信仰和种姓的划分结合在一起。以柴明达尔（包税地主）、地主、高利贷者、商人、资本家、律师为一方，以佃农、分成制农民、无地雇工、债务人、手工业者、工人为另一方，双方通常属于不同的宗教和种姓集团。在大部分地区，有产者、剥削者属于高种姓印度教徒，穆斯林是穷人和受剥削者。例如，在西孟加拉地区，佃户、负债者大都是穆斯林，柴明达尔、高利贷者和商人多是印度教徒。也有少数穆斯林柴明达尔，即便是这种情况，他们也是通过印度教徒代理经营的。所以，穆斯林佃户会受到印度教徒地主和代理人的压迫。在西旁遮普和信德地区，佃农、小农及地主多为穆斯林，而他们的债权人、生产品的购买者多为印度教徒，穆斯林农民通常负着后者的债。穆斯林大地主为保护自己的利益，设法转移穆斯林佃农的视线，把他们的愤怒引向印度教徒、商人和高利贷者。在印度北部大多数地区，编织匠以及其他手工业者多是穆斯林，而产品收购者多为印度教徒。在马哈拉施特拉和印度南部，婆罗门等高种姓一般较富有，而无地劳工、佃农等穷人大都是达利特和穆斯林。①

印度社会阶级划分的这种特点,在很大程度上掩盖了阶级剥削和阶级压迫的真相。在阶级划分同宗教划分趋于一致的情况下,社会压迫通常不是被看作一个阶级对另一个阶级的压迫,而是被视为印度教徒对穆斯林的压迫,或者相反。被压迫者对压迫者的不满和反抗以扭曲的形式表现出来。一个穆斯林农民和负债者会认为,自己之所以受剥削,不是因为他的阶级地位,而是因为他碰巧是个穆斯林。被压迫、被剥削者利用教派这种形式动员,以团结起来反抗印度教徒,捍卫自己的利益。而印度教徒却认为,印度教徒的利益正在受来自穆斯林的威胁。他们也以教派的名义团结起来,保护其受威胁的既得利益。两个阶级的人都视阶级矛盾为教派矛盾,视阶级压迫为教派压迫,并都在教派这面大旗下被动员起来,为本阶级利益而战。因此,大部分教派冲突,都是印度社会深刻的社会经济矛盾的体现,形式上是教派冲突,实质为阶级冲突。试举例说明这个问题。

20世纪20年代初,印度发生了著名的"莫普拉之乱"。"莫普拉"(Mappila)是对居住在马拉巴尔海岸的穆斯林的称呼。他们大部分原属于低种姓,后来接受了伊斯兰教,其中农业雇工、佃农和分成制农民居多,主要在印度教徒大地主和英国人的种植场工作。20世纪20年代初的饥荒对这个地区影响很大,食品价格飞涨,莫普拉人生活非常贫困。当地的大农场主和土地所有者主要是名为南布迪里的婆罗门种姓,这些人很多还兼为高利贷者。穆斯林欠了他们大量的债务,受他们剥削,因而十分仇恨他们。这一事件从一开始就具有极复杂的性质:穆斯林反帝组织"哈里发"委员会到这个地区宣传摆脱外国压迫的民族解放思想,受到莫普拉人欢迎。不过,他们把这种思想理解成建立伊斯兰教王国,并真的成立了哈里发国家。他们将斗争的矛头对准了他们的直接压迫者——大地主和高利贷者,但由于后者主要是高种姓印度教徒,故而该斗争形式上为穆斯林反抗印度教徒的斗争。莫

---

① Bipan Chandra, *Communalism in Modern India*, Vikas Publishing House, 1984, pp. 55-69.

普拉事件形式上是教派主义的，实质上却是印度深刻的阶级矛盾和民族矛盾的体现。

对于印度独立后发生的许多教派冲突事件，透过纷繁的教派外观，仍能看到背后深刻的阶级矛盾。试以古吉拉特邦为例说明此问题。该邦是教派冲突多发地区，1969 年蔓延该邦大部分地区的印、伊教派冲突，造成大约 600 人丧生，1084 人受伤，6742 所房屋和商店被毁，总损失 4232 万卢比。1982 年，该邦巴曼达市印穆冲突造成 12 人死亡，70 人受伤，抢劫、袭击商店之风肆虐，城市不得不实行宵禁。同年，该邦阿默达巴德市的教派冲突造成 60 人死亡，近 200 人受伤，1000 户人家流离失所。考虑这些冲突的根源，正如一位印度评论家所言：该邦"教派骚乱（communal riot）的根源在于印度教徒与穆斯林之间经济上的差异"。① 因为该邦的阶级划分同宗教团体区分更趋一致：大部分有产者大地主、商人和高利贷者属于印度教徒，而无地者、临时雇工和小手工业者多为穆斯林和达利特。后者常常联合起来反抗前者的压迫和剥削，前者也利用教派旗帜保护自己的既得利益。

关于教派冲突的社会经济根源，还可以从另一方面来分析。

如前所述，新生产方式的发展大大落后于旧生产方式的衰落这一深刻的殖民地经济矛盾，带来的一个严重后果是，新创造的机会远不能满足人们的需要。自 20 世纪 20 年代起，印度的工业、文化娱乐业、教育、卫生、新闻等发展缓慢，政府费用缩减，公共职务减少，失业者增加。这种情况对受过教育的中产阶级影响尤大，因为他们中大部分人已不完全依赖土地，需要在政府、教育、文化、技术等机构中求职。经济发展的停滞在 30 年代初的大危机时期和第二次世界大战前后更为明显。结果，大部分中产阶级及受过新式教育的其他阶层的人，都不得不为有限的就业机会展开激烈的争夺。这是围绕资源分配的争吃"蛋糕"斗争。中产阶级和小资产阶级缺乏较开阔的眼光，他们的注意力只放在自身小集团和个人利益上。在围绕新机会分配的竞争中，

---

① S. K. Ghosh, *Communal Riots in India: Meet the Challenge Unitedly*, p. 171.

为了获得广泛的基础，他们需要在一定的纽带下团结起来。由于新生产方式发展缓慢，新的纽带不足以起到这样的作用，而且一些新产生的（如阶级的、职业的）纽带本身就同旧的纽带纠合在一起，因此在这种情况下，各种旧的纽带，如家族的、种姓的、地区的、宗教的联系，被充分利用起来。在这些旧的联系中，家族、种姓和地区的联系相较来说适用范围较小，宗教团结这一因素则不以某小地区和某小集团为限，而是面向全印度和全部教徒的，故而有最广泛的基础和最大的号召力。不仅如此，以教派为旗帜争夺新机会，还能得到政府的支持。这种情况下，穆斯林出身的中产阶级和小资产阶级以保护少数派利益的名义，尽可能地争取穆斯林在政府和各职业部门的职务。同样，对于印度教徒出身的中产阶级和小资产阶级来说，穆斯林职位份额的增加，等于自己机会的减少。因此，他们总是以这样或那样的借口，否认存在少数派问题，尽量减少穆斯林的份额。两教派都在努力减少对方的机会，而且打的都是教派旗帜。在一个地区内，倘若印度教徒得到的份额多，就会被穆斯林教派主义者说成"印度教徒在经济上的统治"[①]。并且，两方的口号都同样能获得群众支持和增强教徒间的团结。

应当指出，大部分持有教派观点的中产阶级和小资产阶级并非教派冲突的直接参与者。他们中的许多人甚至还谴责教派仇杀。但当他们打着教派旗号在各阶层中寻求支持者时，便埋下了教派冲突的种子。穆斯林（通常还有达利特和其他少数派集团）总是要求在政府、教育及文化部门为自己保留尽可能多的位置，而种姓印度教徒则极力反对。争取保留名额与反对保留名额的斗争常常酿成激烈的教派仇杀（如1985年古吉拉特邦的海德拉巴市发生的冲突即起因于印度教徒反对为穆斯林和达利特保留公职名额）。

三、教派冲突的政治根源

早期的英国殖民统治者以文明的传播者自居，怀着按照自身模样

---

① Bipan Chandra, *Communalism in Modern India*, p. 39.

重塑一个新印度的勃勃野心,在输出机器产品和资本的同时,也将他们的统治方式搬到印度来。随着殖民统治的深入,西方式的政治制度确立起来。然而,众所周知,所谓西方式的政治制度,是以政党、选举、公民权、宣传鼓动、公众参与等为特点的。它在被引入一个文化背景完全不同,人们按种姓、宗教和种族划分成许多小团体的社会时,带来了严重的后果:在阶级的划分大体同种姓和宗教划分相一致的情况下,政党以及其他政治组织的建立不能不受种姓和教派的强烈影响;为拉选票进行的宣传鼓动,使得教派主义作为一种政治意识形态出现了。总之,西方政治制度同印度特殊国情相结合,结出了"教派政治"这一奇特果实,选举则为各宗教团体和种姓提供了合法的角斗场。人们总是以他们熟悉的方式理解和参与新制度,西方的"民主""选举"等制度到了印度,获得了新的形式,有了新的特点。

19世纪末印度国大党的成立标志着西方政治制度开始在印度土地上生长。但当时一个不容忽视的事实是,印度人并未形成一个统一的民族。尽管国大党从成立之日起就自称代表所有印度人,但它的大部分成员是身为印度教徒的民族资本家、高利贷者和知识分子。像穆斯林等少数派团体,由于总体上受教育程度以及民族资本不及印度教徒,其"民族意识"的觉醒也较迟,故同国大党保有距离。这样,印度的政党制度一开始就生长在教派的土壤之中。国大党势力的增长,首先引起了上层穆斯林的不安,使他们产生了一种被忽视的感觉。1906年,穆斯林政党"穆斯林联盟"成立,以阿迦汗(Agha khan,1877—1957)为代表的穆斯林上层向殖民当局递交了要求为穆斯林保留中央和邦参事会代表名额的请愿书,此后又有锡克人等提出类似的要求。如果说国大党的成立是印度民族意识觉醒的标志的话,那么穆斯林等其他团体分别提出的参政要求,也没有理由不被看成民族意识觉醒的表现。宗教团体在参政方面存在的矛盾使它们无法形成团结的力量,这自然符合殖民者的利益。英国人巧妙利用这种矛盾,推行"分而治之"政策,或联甲制乙,或援乙攻甲,从而坐收渔人之利。教派政治就是在这种情况下形成的。

关于现代印度的教派政治，可以从下述三个相互联系的方面来考察。

（1）**教派选举制**。教派选举制直接同英国人推行的分裂政策有关。民族运动的高涨、国大党日益增长的反英情绪，使殖民统治者惶恐不安，从而开始考虑利用宗教矛盾削弱反帝力量，这用殖民统治者的话说，就是寻找制约反帝势力的"平衡物"。英当局从一直奉行的宗教中立（实际上支持印度教徒）政策转而支持穆斯林。在一系列分裂政策中，推行教派选举制（以教派为单位进行选举）对于教派政治形成起了关键作用。1909 年的"莫利—明托"政治改革，首开教派选举之先例。这次公布的选举法令，首次承认穆斯林为一单独选举单位，在下述几个方面暴露了殖民当局显然是偏袒穆斯林的：第一，以宗教名义单独赋予选举权的团体唯有穆斯林。第二，规定中央邦立法议会中非官员议员由间接选举产生，而穆斯林则是例外，由直接选举产生。第三，规定年收入在 3 万卢比以上者方有选举资格，对穆斯林则规定为 3000 卢比。这一做法引起了巨大反响。其他少数派宗教团体也效仿穆斯林，要求单独作为选举单位。到了十年后进行的"蒙塔古-切姆斯福德改革"时，"教派选举法"进一步扩大，被赋予选举权的宗教团体增加了，如锡克教徒、印度的基督教徒、非婆罗门、盎格鲁—印度人以及马哈拉达（孟买一低种姓集团）等。这样，教派作为一种政治力量完全合法化了。这次改革确立的原则也为 1953 年制定的宪法所遵守，只不过去掉了马哈拉达和非婆罗门、增加了达利特而已。教派选举刺激了各宗教、种姓团体为争权夺位而斗争，恶化了教派、种姓之间的矛盾。在 1919 年《印度政府组织法》实施后的约十年间，教派冲突空前频繁和激烈。① 这同教派选举制有直接的关系。连殖民政

---

① 例如，1923 年在阿姆利则、木尔坦、密拉特等城市，1924 年在德里、那格浦尔和拉哈等地都发生了大规模印、伊教派冲突。1924 年科哈特的教派仇杀造成 155 人死亡。1926—1927 年间，印度共发生 40 起大规模印、伊教派冲突，死亡 197 人，受伤 1598 人。仅在加尔各答的冲突就造成 44 人丧生，184 人受伤，许多庙宇、清真寺、商店被毁。

府也承认，"1919年的改革加剧了传统的斗争"①。教派选举制虽然随着殖民统治的结束而被废除，但其影响无法估量。许多教派政党是那个时候建立的，宣传鼓动的方法也是那个时候训练出来的。教派选举制基本上奠定了今日印度政治制度的主要特点。

（2）**教派政党**。在教派选举制的鼓励下，以教派为基础的政党纷纷成立。这样的组织有"穆斯林联盟""全印盎格鲁-印度人会议""锡克联盟""全印基督教徒会议""印度教大会党""国民志愿团体"等。这些政党站在教派主义立场上，以教派口号争取群众，参加选举，许多重大的教派冲突都同这些组织的策划和鼓动分不开。在穆斯林方面，穆斯林联盟是个重要的教派政党。该党自称代表穆斯林的利益，它的一些领导者公开声称，印度教多数民族妨碍穆斯林的利益，穆斯林的主要敌人是印度教徒，并号召穆斯林采取一切自卫措施。20世纪30年代，该党领袖阿里·真纳提出了著名的"两个民族"理论，即穆斯林和印度教徒是两个完全不同的民族，并号召穆斯林为建立自己的国家（巴基斯坦）而斗争。印巴分治后，该组织在印度受到极大削弱，但仍作为一个重要的穆斯林政党存在。在印度教徒方面，最极端的教派政党是印度教大会党。这个政党的领导者曾宣称，印度是印度教徒的印度，该党的任务是保护印度教徒的利益不受穆斯林的威胁。它强迫已经改信伊斯兰教的印度教徒再入信印度教，提倡团结和巩固印度教并在宗教冲突中组织保护印度教徒等。该党几经分裂、改组，发展成"人民同盟"，曾成为除国大党以外的印度第二大党。

（3）**非教派政党的教派化倾向**。印度也有非教派政党组织，但这些组织也都多少受教派主义的影响。国大党否定教派主义，自称以全体国民为基础。的确，无论是历史上还是现在，该党一些有远见的领

---

① 〔苏〕巴拉布舍维奇、季雅科夫主编：《印度现代史（上册）》，北京编译社译，生活·读书·新知三联书店1972年版，第222页。

袖为缓和印、伊教派关系，寻求解决教派冲突做了大量工作，但由于前述原因，它的成员大部分是印度教徒，因此在历史上，它的一些领导人如圣雄甘地、巴尔·甘加达尔·蒂拉克（Bal Gangdhar Tilak，1856—1920）等利用印度教口号和语言宣传组织群众，这引起了穆斯林的反感。尽管该党曾谴责诸如印度教大会党的教派主义过激言行，但印度教大会党中一些好斗的活动家同时又是国大党成员，这不能说不会影响国大党的立场和形象。印度政治中有教派主义的发展趋势。一些原来声称是世俗政党的组织，也公开亮出教派的旗帜。它们为了取悦所在选区中的多数教派，在考虑候选人时，越来越重视候选人的教派背景。为了获胜，非教派政党常常同教徒政党结成联盟，如一些邦的共产党同穆斯林政党联合，1978年喀拉拉邦议会选举中国大党（英·甘地派）同穆斯林教派党和基督教派结盟等。非教派政党的教派化倾向引起许多印度有识之士的忧虑。

在教派政治下，宗教成了一种有力的工具，政治家利用它拉选票、捞权力，达到其政治目的，这无疑对教派冲突起了火上浇油的作用。许多教派冲突都有政治背景因素，有的甚至就是教派主义政治家直接煽动起来的。围绕阿约迪亚寺庙发生的流血事件就是一例。

印度教徒和穆斯林围绕阿约迪亚的"寺庙之争"由来已久，但自从教派组织"罗摩出生地解放牺牲委员会""世界印度教大会"成立以来，冲突开始加剧。1989年6月8日，印度人民党为争取印度教徒选票以便在大选中获更多席位，公开要求政府把清真寺交给印度教徒，更使这一事件带上了政治色彩。在印度诸政党中，印度人民党尚不能算一个完全的教派政党，它发表的纲领中有"积极的非教派主义"内容，但这次它却完全站到教派立场去了。据载，该党主席拉尔·克里希纳·阿德瓦尼（Lal Krishna Advani）在1992年10—11月到北方邦各处演讲、旅行，号召印度教徒去阿约迪亚做宗教牺牲。在该党的煽动下，冲突升温，1992年10月30日，成千上万的印度教徒冲击由军警严加守卫的阿约迪亚的巴布里清真寺，造成4人死亡、20人受伤的悲惨结果。此次冲突蔓延至印度许多城市，又强烈影响到印度的政局，执政的全国阵线政府因指责印度人民党煽动宗教狂热，失去了后者的支持而垮台。由此可看出，印度社会的教派冲突同政治之间关系密切。

第三节 印度社会冲突的心理文化基础

一、种姓冲突和教派冲突的共同基础

我们已经分析了种姓冲突和教派冲突（种族冲突性质稍有不同，故不在这里论述）及其政治、经济和社会根源。相信这些分析对于理解当今印度社会各种矛盾具有重要意义。但倘若问：政治、经济和社会矛盾何以在印度体现为种姓、教派冲突的形式而不是别的形式？宗教口号何以能那样深深打动人们的心？印度教徒何以那样热衷于维护、提高自己的种姓地位，何以那样热衷于宗教献身？同其他类型社会相比，种姓制社会何以有那么多的分裂和冲突因素？显然，目前为止的分析是无法回答这些问题的。

这里，我们必须摆脱就事论事的局限，从一个更高的角度来审视问题。我们应当把种姓、教派及种族方面的矛盾和冲突视作具有某种共同性的东西。也就是说，尽管上述三种形式的社会冲突各具特点，但它们之间有着某种心理文化上的联系。在印度教文化的深层结构中，必定存在某种潜在因素，这些冲突正是以这种潜在因素为基础的。我们的基本看法是：种姓、教派的对立和冲突，在心理文化这个层次上是统一的。

以下我们将印度社会各种形式的冲突同社会一般特征、心理文化特征和印度教的特征联系起来考察，以在更深层次上揭示种姓制社会冲突的根源。

我们假设，印度社会的种姓冲突和教派冲突（某种意义也包括种族冲突）及各种形式的分裂因素的形成，大体遵循了一条这样的路

线：印度教的特征，如"梵我一如"拯救观、极大的包容性、"洁净"与"污秽"观念的发达等，影响了印度教徒的心理文化特征，形成了超自然中心的心理文化取向、差别主义的生活态度、扩散分离的世界观等。这些特征在社会文化生活方面体现为森严的等级制度、理论宗教流派和社会集团的无比多样性、未被完全同化的异质文化因素等，在社会集团关系方面体现出来的特征就是种姓、教派、种族冲突及各种分裂因素。它们之间的关系可概括为图 6-1：

```
┌─────────────────────────────────────┐
│        印度社会的一般特征            │
│  森严的等级制度、理论宗教流派和      │
│  社会集团的无比多样性、未被完全      │
│  同化的异质文化因素等                │
└─────────────────────────────────────┘
                  ↑
┌─────────────────────────────────────┐
│         社会集团关系特征             │
│  种姓、教派、种族冲突以及各种分裂因素 │
└─────────────────────────────────────┘
                  ↑
┌─────────────────────────────────────┐
│           印度教特征                 │
│  "梵我一如"拯救观、极大的包容性、    │
│  "洁净"与"污秽"观念的发达           │
└─────────────────────────────────────┘
                  ↑
┌─────────────────────────────────────┐
│       印度教徒的心理文化特征         │
│  超自然中心的心理文化取向、差别主义   │
│  的生活态度、扩散分离的世界观等      │
└─────────────────────────────────────┘
```

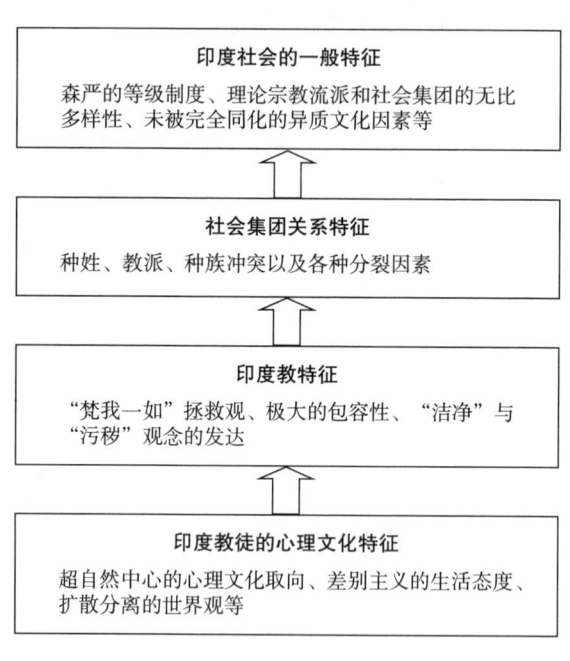

图 6-1 印度社会冲突分析示意

这里有必要说明两点。第一，我们假设的这条形成路线，并非要否定印度社会各种矛盾和冲突的深刻的阶级和政治根源。相反，我们在分析种姓、教派冲突时强调了经济、政治和社会诸因素。我们的目的是揭示隐藏在印度教文化深层结构中的某些潜在因素，我们把印度教社会诸种冲突和分裂现象看成这些潜在因素在阶级和政治诸矛盾激发下形成的。在我们假设的这个模式中，前文的分析帮我们弄清了第三个环节，即印度社会的一般特征在怎样的条件下形成了社会集团关系方面的特征。根据笔者的思路，剩下的任务是论证这个模式的另外两个环节，即印度社会的一般特征同印度教徒的心理文化特征有何联系，以及印度教徒的心理文化特征同印度教特征的关系。

第二，我们提出的这个图式完全是为了分析上的方便。实际上，这些因素之间的影响不是直线式而是螺旋式的，不是单向而是相互的。分析的顺序并不是按谁决定谁排列。硬要探寻这些因素谁先谁后，谁决定谁，正如探讨"先有鸡还是先有蛋"的问题一样没有意义。

二、印度教特征与印度教徒的心理文化特征

或许，世界上没有哪一种宗教像印度教那样浩然庞杂，难以界定。其一，它不像基督教或伊斯兰教那样，有《圣经》《古兰经》之类的经典，印度教的经典从《吠陀》《奥义书》《往事书》到各类法典，多达几十种，很难确定哪一种是其主要经典。其二，它也不像基督教和伊斯兰教那样，有单一而明确的神，印度教崇拜成千上万个神明（印度教徒称其庙宇有3.3亿个神）。印度教庞大的神明体系大致可分为三个层次。

第一个层次，也是最高的层次，是"梵"。"梵"是隐藏在宇宙森罗万象乃至诸神背后的"绝对实在"，是"超神"。它自我展现为物质世界，是规定圣俗两个世界的原动力。同样，在个人感觉世界的背后，也有一个"绝对实在"，即"阿特曼"（Atman，或译作"我"）。按照印度教的理论，人生最终目的是发现这个"阿特曼"，从而达到与梵合一的境地。达到这个境地便是解脱。"梵"和"阿特曼"，是一种神秘的存在，已超出人们所理解的一般意义上的神。

第二个层次是"梵"具体形态的显现，即印度教的三大主神梵天、湿婆（Siva）和毗湿奴（Visnu）及其各个化身、配偶、子神和守护神。这个层次上的神有形状和属性，可用生活经验来理解，接近一般意义上的神。具体说来，梵天之神为世界的创造者，有四头四手。湿婆是世界的破坏者和重建者，毗湿奴是世界的维护者。这些神（尤其是后两个主神）都有许多称号、形象及为数众多的化身和子神。

第三个层次是人格化了的自然物，如太阳神、月神、地母神，牝牛、神猿、龙蛇、菩提树、莲花等。这个层次的神数量最多，可谓神明世界的"芸芸众生"。

这三个层次的神明，可以说为各个社会阶层、各个文化层次的信徒提供了驰骋想象力和施展才能的广阔天地。那些饱学的梵学者和哲学家在探究"梵"与"阿特曼"的关系中，发展了一套极其深奥、思辨性很强的哲学和神学思想。一般婆罗门祭司在主持祭祀诸神的活动中创造出了极繁杂的仪式，并愿为此花费一生的精力。即便是没受过教育的文盲，也十分通晓有关各神明的传说（这些传说永远是各种文艺作品的创作之源）。印度教巨大的包容性，给每个神明以存在的理由，甚至像耶稣基督、佛教创始人释迦牟尼及圣雄甘地、尼赫鲁等人，也被一些人视作印度教神的化身。

印度教的神明观最主要的特点还不在于它那庞大的体系。我们知道，世界许多地方都存在多神崇拜的宗教，如中国的道教、日本的神道教以及太平洋诸岛原住民的泛神崇拜等。印度教神明观的独特之处在于，存在一个超越诸神的"梵"。世界上各种宗教中的超自然力量尽管千差万别，但从性质上说不外乎两大类，即人格化的神和神格化的人。而在印度教的神明体系中，除了这两类性质的神之外，还有一个"梵"，"梵"既非人格化的神，亦非神格化的人，不具任何属性，无任何形式，超越时空，不为因果所限，既无法用语言表达，亦不能用生活经验理解，只能通过冥想悟证。"梵"规定着世界万事万物，又不对世界负任何道德责任。如果说基督教中的上帝和伊斯兰教中的安拉是无处不在、无所不能的话，印度教中的"梵"既无处在又无处不在，既无所能又无所不能；上帝和安拉对人类大慈大悲，抑恶扬善，既可给人以欢乐、幸福，又可给人以惩罚、痛苦，而"梵"既不仁慈，又不残忍，属中性；上帝和安拉明确地属于"彼岸世界"，却又与现实世界紧密相连，而"梵"则超越了这些，既超此岸又超彼岸。可见，印度教在探究人与超自然的关系方面，似乎比其他宗教走得更远，与其他宗教中的超自然力量相比，"梵"似乎超自然超得更"彻底"。

印度教的这一特点给印度教徒的世界观带来了怎样的影响呢?

第一,"宇宙皆为梵之展现并最终复归于梵"的世界观,给印度教徒的世界观带来了扩散性影响。印度教徒倾向于认为,他周围的一切事物均可无限地延展,并能相互转换。"你信的神同我信的神,虽有名称、形状上的差别,但本质上一样,都是那个绝对实在的显现形式。"至少,在有神学修养的印度教徒看来,崇拜什么样的神以及采用怎样的崇拜方式并不重要,重要的是达到与神合一的目的。不仅如此,极度的扩散性和转换性世界观甚至否定生与死、一与多、人与物、己与他的区别。它是这样一种看法:自己对一切开放,或者说与一切相关联。世界上万事万物虽千差万别、斑驳陆离,但从更高的层次看,它们都是"梵"的幻化,因而并无本质的区别。"太阳和你之间没有差别,科学家要做相反的说明乃是一种妄想。桌子和我之间没有真正的差别,桌子是物质大块中的一点,而我是另一点。"[①] 具有这样世界观的人,对世界倾向于抱有这样的看法:"一即一切,一切即一",或"一切即无"。一切都有存在之理由,又都不能长久。人可变神、变狗或木石,神亦可化人或虫草。这一扩散性特点,不仅使印度教徒笃信"业报轮回""宇宙即幻",也是印度存在无数神明(从最高级、最神圣到最庸俗、最猥亵)、无数宗教哲学流派、无数教团的心理文化基础。有人认为印度教是一个宽容的宗教,印度教徒的世界观也是宽容的,但所谓"宽容",乃是指主流的东西对非主流的承认。但在印度教或者印度教徒的生活方式中,看不到这种主流与非主流的区分。所有相异的、矛盾的甚至完全相反的东西都并存不悖,都具有同等重要的地位。因此,与其说印度教是一个"宽容的"宗教,莫如说它是一个"包容的"的宗教。印度教"无所不包"的性质以及给人们心理上带来的扩散性影响,是印度社会无比多样性的深层次原因。

第二,印度教的特点培养了印度教徒"超自然中心"的心理文化

[①] 印度近代哲学家维韦卡南达语,参见黄心川:《印度近代哲学家辨喜研究》,中国社会科学出版社 1979 年版,第 75 页。

取向。本来,强调彼岸世界轻视世俗生活、向超自然力量祈求今世或来世的幸福,可以说是世界许多宗教的共同特点。但印度教徒在这方面走得更远。他们在追求宗教解脱方面花费的时间、钱财和精力之多,匪夷所思。同神的最终合一被宣布为人生的最高目标,世俗生活受到贬斥。对一个正统的印度教徒来说,最关心和最敏感的问题应是同神的关系问题,最热衷的事情应是如何发现隐藏在灵魂背后的"阿特曼"而达到解脱。可以这么说,千百年来,印度教徒的精神生活,都是围绕探讨人与神的关系、寻求与神合一的途径这一问题展开的。相对于这一崇高目标,对经济地位和功名的追求,对世俗人际关系的执着以及对家庭、家族的忠诚等,都降至次要地位。为了达到与神合一的目的,印度教徒创造了无数个阶位,发展了"洁净"与"污秽"观念,用以测量人与神明的距离;发明了种种祭神、净化灵魂和人生礼仪仪式,认真履行这些仪式被认为是通向解脱的重要途径。在超自然中心的心理文化取向下,一个人的地位高低,不在于他在政治、经济等世俗领域获得的成就,而在于其礼仪地位。在这种情况下,赋予圣职者以至高无上的地位便顺理成章。在这样的社会里,最能打动人心的口号是宗教口号,故那些宗教活动家常常能获得大量的信徒。最受鼓励的行为是遁世、苦行等宗教献身行为,那些这样做的人通常受到人们更多的尊敬和赞扬。所以,印度教徒超自然中心的心理文化取向不仅是种姓制度赖以存在的心理文化基础,也是教派主义和教派冲突的心理文化基础。

  前文指出,印度教徒视宇宙森罗万象皆为"梵"的幻化并最终复归于"梵"。这并非说,世界是没有差别的。恰恰相反,印度教徒对世界的看法是极端差别主义的。他们依据特有的"洁净"与"污秽"的标准,把世界看成一个有差别的长长序列。这个序列是通向"梵"的阶梯,包括上至诸神、下至最小的微生物乃至无生命之物,而人类社会只是这个长序列中的一段。因此,每一个社会集团都处在这个阶梯上一个特定的位置。人类社会集团乃至宇宙间的万事万物,虽然最终都将复归于"梵",但它们同"梵"的距离有远近之分,复归所需的时间有长短之别。人与人绝非平等的，人与人之间的差别正如人同一棵树、一块石的差别一样。按照印度教的看法，人的社会地位的差别，是由那个隐藏在个人感觉世界背后的"阿特曼"规定的，是经由宇宙最高设计者安排的有序排列。不同的人，因其同神明接近程度不同而有不同的价值。种姓制度的心理文化基础就在于此。① 没有一套适用于每个人的共同行为规则，每个人都因其不同的地位和价值而遵守不同的道德规范和生活方式，这就是种姓的"法"（达摩）。违背这些"法"是不被接受的。因此我们可以理解，传统的印度教社会没有像西方社会那样因信仰不同发生的宗教迫害，却有对违反种姓之"法"者的迫害。

通过冥想达到与神合一的宗教拯救观、超自然中心的生活态度，给印度教徒的心理带来的是分离性的影响。既然世俗世界的一切皆如大海之泡沫，都不能长久，那么，就无须过于执着什么。诚如《薄伽梵歌》中的教诲——"汝等只管耕种，莫问收获"，反映的是"终极目的是与神的合一，而不在于具体的形式"这样一种"无执"思想。此种思想作为人生的最高理想，像一块无形的强大磁石，把印度教徒从家庭等社会集团中拉出，吸引到追求宗教超脱的道路上去。在印度教徒所推崇的人生四个生活期②中，有两个生活期是要脱离家庭和斩断世俗联系，过超脱生活。当然，在实际生活中，并非每个印度教徒都是按四个生活期的要求生活的，但确有相当多的人实践了这一规定，而且那些按照这一规定生活的人通常受到人们很大的尊敬。印度教徒

---

① 正是基于这样的认识，笔者在之后的研究中，将印度教徒的"基本人际状态"称为"阶序人"，以对应于西方社会的"个人"、中国社会的"伦人"和日本社会的"缘人"。详见尚会鹏：《心理文化学要义——大规模文明社会比较研究的理论与方法》，北京大学出版社2013年版。

② 四个生活期的划分是：梵行期（brahmacarya），从出生到结婚，这个时期印度教徒的主要任务是学习《吠陀》，控制自己的本能和冲动；家住期（grhastha），成年人过婚姻生活的时期，这个时期要生儿育女，履行各种义务；林住期（vanaprastha），一个应具备超然态度和思索、冥想的时期；遁世期（samnyasa），看破红尘，抛弃世俗一切财产和人间关系进行方外游。

只要有可能，总是努力地在一段时间内脱离亲属体系，到寺庙或山林修行，或到宗教圣地巡礼，大部分人一生中至少有一次到或远或近的宗教圣地（最理想的地方是恒河或喜马拉雅山）巡礼的经历。无论如何，印度教至少在理论上鼓励人们从家庭和一切集团中分离出去。在这种情况下，个人的责任、义务、对他人的信赖、忠诚以及种种人际关系，都有被淡化或弱化的倾向。人们对其所处的集团以及所交往的伙伴采取的倾向性态度，与其说是凝聚的，毋宁说是分离的，与其说是向心的，毋宁说是离心的。受"解脱"这一崇高理想的召唤，印度教徒有从现有人际关系中分离出去的更大的内心冲动，当一个人抛开家庭和亲人、出家过苦行生活的时候，当一个人斩断了一切世俗联系、遁入森林过清静生活或四处巡游的时候，他显然遵循着一种比人间的义务、道德、责任感、忠诚心和团结心等更高的原则，而当他这样做的时候，他所处的那个人际关系圈子（家庭、种姓等）实际上便发生了分裂。

表面看来，这种差别主义特点同前述的扩散性特点是矛盾的，实际上二者相辅相成。极度扩散的世界观使人无法界定和执着于周围任何事情或人，这同人的世俗生活是矛盾的。因为一个人在日常生活中，每天甚至每时每刻都必须界定和执着于周围某些事物。譬如，他必须把自己所属的社会集团（家庭、种姓）同其他社会集团区别开来，把自己能食用的东西与不能食用的东西区别开来，否则他将无法生活。为了在极度扩散的世界中寻求可界定、可执着的对象，他又必须强调现存世界的差别。一个人对世界的看法越是扩散和分离性的，越倾向于把差别强调到极端程度。差别主义的世界观乃是印度教徒在极度扩散的世界中保护自己的手段。

三、印度教徒的心理文化特征与印度社会的一般特征

印度教徒的心理文化特征对印度社会的构成产生了怎样的影响，从而使社会具有了怎样的特点呢？这里试论证前述图式的第二个环节。

超自然中心的心理文化取向和差别主义的世界观在社会组织上的

投射是阶序制度的发达。对于无休止地追求同超自然合一的印度教徒来说，家庭或宗族之类的亲属组织并不能为他们提供满足其社会要求的永久寄托，他们需要不断地到这些组织以外的地方寻求归依。生活的最高目标是同神的合一，人们总是设法同神接近，在这一目标下缔结起来的非亲属集团便不能不是一种阶序集团，也就是说，具有不同的生活习惯和职业、信仰方式的人，被认为在接近神的程度上有不同的意义，由这些人组成的集团也都在通向神明的阶梯上拥有一个固定的位置。种姓，就其本质来说，是为具有超自然中心的心理文化取向的人设置的，依据"洁净"与"污秽"标准来测量同神的距离的阶序制度。

极度扩散的世界观使人们在寻求归依的途中遇到困难，难以在"一切皆可转换"的世界里建立可执着的恒久联系，于是人们便筑起一个个彼此孤立、封闭的种姓集团，以使其生活得到安顿。这些集团间有关于社会隔离的种种限制，如不通婚、不共餐、不混居、各执其业等，这样才能使自己的存在得以界定。所以，人们越是追求同神的合一，越重视礼仪地位，阶序制度便越趋于森严。严格的种姓制度存在的心理文化基础是：人们通过强调差别来表明自己在与超自然力量合一的阶梯上占有或试图占有一个不容忽视的位置。

种姓制度以圣职者至高无上的地位和对达利特实施极端隔离为特征，这完全与超自然中心的心理文化取向相一致。圣职者婆罗门不仅是所有宗教仪式和大部分人生仪式的垄断性组织者，也通常是村落社会中民事纠纷的裁判者，还常常充当印度教徒个人的精神导师，指点宗教、精神乃至日常生活中的迷津。从这个意义上说，婆罗门的作用甚至超过了家庭中的父亲。尽管有的婆罗门很穷，但仍受到极大尊敬。只能这样解释这种现象：他们受人尊敬只是因为他们出生于那个被认为最接近神明的社会集团而不是因为别的什么。另外，对于达利特遭受到的难以想象的隔离、歧视和迫害，也只能解释为：印度教徒对于被"污染"的担心以及对于丧失与神合一的资格的恐惧，已经到了十分严重的程度。

扩散、分离性的世界观在社会组织上的投射是，社会集团凝聚力的缺乏使所有社会集团都具有不断分裂的倾向。

前文指出，追求宗教超越这一理想不断把印度教徒从家庭中拉出，他们到亲属集团以外的地方寻求归依，种姓集团便是在这种基础上缔结的集团。尽管如此，种姓也未能为人们提供恒久的寄托，因为同神合一的理想不断鼓励人们对现有的地位不满，并企图打破种姓壁垒之一部分，到一个能证明自己与神更接近的位置去。采用新的生活习俗、新的崇拜仪式或其他新的标记等，通常是实现其愿望的重要手段。当一个人向其同伴展示了新习俗、新标志时，他实际上释放出了种姓分裂的信号，如果有人追随或模仿他，那么，一个新的种姓集团便诞生了。所以说，每一个更具雄心的印度教徒都是一个潜在的新社会集团的缔造者。在这个体制中，低种姓自不待言，就连处于最高地位的婆罗门种姓，也总是力图获得比同一种姓中其他成员更高的地位而不断从其所处的集团中分裂出去。因此，种姓从最初的四个瓦尔纳集团分化至今，最新统计表明，印度有 4000 多个历史悠久的种姓；有学者估计，除了无数的亚种姓外，其他种姓的数量超过 5000 个。① 而且这个分裂过程今天仍在继续。

也许是受种姓的这种特点的影响，印度社会中所有集团或派别都具有不断分裂的特点。在精神生活方面，印度社会中宗教和哲学流派、教团等数目众多且相互对立的派别与组织，都有相当久远的历史渊源。在长期的历史过程中，没有一个宗教或哲学流派能成功地战胜其他派别，事实上它们也很少这样做。"你的那种方法固然也能达到与神的合一，但我的方法更简便、更灵验。"这便造成了这种情况：新派别不断从母体中分裂出来，并且，新派别不是取代旧派别，而是与旧派别共存。

当代印度社会的政党组织也具有这样的特点。印度的政党不仅数

---

① 辛雨：《100 年来，印度首次开展种姓普查》，2024 年 3 月 28 日，中国科学报网站，https://news.sciencenet.cn/htmlnews/2024/3/519940.shtm，2025 年 7 月 8 日访问。

目多（2024年印度大选时，印度有合法登记的政党2660个），而且每个政党都不断分裂，派别林立。例如，印度国大党和共产党都经历了三次大的分裂。社会党至少经历了六七次分裂。人民党从1977年成立到1980年短短三年中便经历了三次分裂。1979年成立的民众党也经历了三次分裂。分裂成了印度几乎所有政党组织的特点。在我们看来，印度政党和各种理论流派的分裂，同种姓集团的分裂有着共同的心理文化基础：它们都是印度教徒扩散、分离的内心世界的外在化表现。

扩散、分离的世界观不仅使印度教徒倾向于把不同甚至完全对立的流派和集团都视为一种自然秩序来接受，而且在对待异质和外来的文化因素方面，也倾向于不是采取"同化"而是采取"并存"的态度。在世界大多数地方，当两种异质文明遭遇时，一般遵循的整合路线是：代表后起文明的征服者或者取代原来的文明，或者被原来的文明同化。但是在印度，外来者及其文化和生活方式，既没有取代原有文化形态，也没有被原有文化同化，而是作为印度社会的一个相对独立的部分存在。例如，波斯人、阿拉伯人以及近代英国人征服的结果是，外来的宗教信仰、语言和生活方式只在一定阶层中流行，不同文化间的相互融合并不明显。差别主义的世界观使人们倾向于把外来者视为"不净"的，这大大影响了文化和种族的融合。因此，每一次异民族的侵入，都使印度社会增加了新的对立因素。如果换一个角度来审视这个问题，那就是，印度教文化在其自身的发展和扩张过程中，对于那些具有不同语言、不同信仰和习俗，在文化上较落后的部落集团，基本上不是采取同化的办法，而是承认其生活方式，将其解释为那个无所不包的"绝对实在"的一部分，把这些人作为一个特殊的集团来接受。文化整合的结果不是落后部落被中心文化（印度教文化）同化，而是中心文化对部落信仰和生活方式的认可。这种特点，从积极意义上说，是一种文化上的包容，它为社会的多元化发展提供了可能性；从消极意义说，乃是社会缺乏凝聚力的体现，它是当代印度复杂激烈的宗教、民族、种姓矛盾及各种分裂主义的心理文化基础。

这样，同印度教徒心理文化的特点相一致，印度社会一个最明显的特点是它无与伦比的多元性或复合性。在宗教方面，印度教本身就是一个纳入众多不同的、相反的、不协调的和无法相容的理论和思想流派的复合体。在这个宗教中，极具普遍意义的理论和极具特殊意义的理论，极端具体而明确的规定和极端含糊不清的规定，极端约束性理论和极端散漫的理论，极端禁欲的理论和极端纵欲的理论，极原始的信仰和高度洗练发达的思想，一切的一切，都作为对神秘的"绝对实在"的特殊体验而存在。除了印度教，还有伊斯兰教、锡克教、耆那教、琐罗亚斯德教、基督教、佛教等，这些宗教派别不仅教义迥异，而且教徒们在语言、种族乃至习俗方面也差别甚大。在社会组织方面，种姓把印度教社会切割成一个个隔离、对立的部分，每个种姓或亚种姓集团都是一个内部通婚、从事相应职业、相互排斥的世界。在民族方面，印度有大小100多个民族，无论哪一个民族都不占多数。它们使用着100多种（如果包括方言则有800多种）语言，而无论哪一种语言的使用人数都不超过人口半数。日常生活方面的混杂与反差更明显：这里既有现代文明生活，又有中世纪的愚昧和落后。一方面是发达的资产阶级民主政治体制，国家总理违法亦会遭逮捕问罪；另一方面，大批达利特的权利乃至生命却得不到保障，经常有达利特被活活烧死。在许多地方，飞机在头顶呼啸，精良的坦克隆隆驶过；而在不远的神庙里，人们竟拜倒在被祭礼牺牲的鲜血涂得猩红的大神脚下。一些富有的印度人穿着制作考究的西装，生活方式完全西方化了；而农村下层人除了在腰间缠一块旧布外几乎一丝不挂。在距摩天大楼群不远的地方，就住着几乎仍处于原始状态的部落……当然，无论哪一种社会，都存在不协调现象，特别是像印度这样的正在向现代社会发展的社会，新与旧、先进与落后杂然并存并不奇怪。但印度社会中的这种反差由于同印度社会在宗教信仰、社会组织及种族方面的高度复合性特点结合在一起，显然比其他任何社会都更显著、更普遍。

我们的分析到了社会一般特征这一层面，距离社会冲突已经不远了。事实上，当代印度各种社会矛盾和冲突，都是以印度社会的这些特征为基础的。我们的结论可以归纳如下：与神合一的宗教拯救观和发达的"洁净"与"污秽"观念，培养了印度人超自然中心的心理文化取向和扩散、分离、差别主义的世界观。这种世界观在社会上的投射造成印度社会高度复合和分割的特征：森严的种姓制度、众多对立的教派、未融合的种族集团等。近代以来，由于殖民统治和资本主义生产关系的发展，旧的社会结构被打破，阶级分化加剧，因此印度各社会集团间潜在的矛盾表面化和激化了。而某些人为政策（如英国人的"分而治之"政策）及西方民主政治制度的引入，加剧了问题的严重性，这些矛盾便以频繁的社会冲突和分裂的形式体现出来——这就是印度社会冲突形成的全部文化机理。

第七章 历史上的种姓与乡村社会

前几章，我们对种姓制度的几个方面做了考察。这些考察基本上是从该制度的横断面进行的，在涉及历史时，也是一带而过。这一章开始，我们将从纵的方面考察这一制度，即考察它的历史演变，尽可能提供历史上种姓与印度教社会的一些细节，以使我们对种姓制度的认识更深刻、更丰富。

第一节 孔雀王朝以前印度北部的乡村社会与种姓制度

一、吠陀时代

众所周知，反映古代印度历史的材料很少，涉及一般民众生活的材料尤其少。学者们只能根据有限且有争议的材料来推测古代印度人的社会组织和生活状况。

《吠陀》是古印度婆罗门教的经典，被认为是了解远古印度情况的唯一文献资料。有关《吠陀》的成书年代争论很大，只有一点可以肯定，即它成书于佛教兴起以前，而且经历了很长的时间。所以把《吠陀》记录的内容看作佛教兴起前印度（主要是印度北部）社会状况的反映是适当的。

《吠陀》文献中已有"村落"（grāma）一词，可见印度先民当时已从游牧过渡到了定居农业，或者至少正在向定居生活过渡。学者们推测，雅利安人原是活动于中亚地区的一游牧民族，后进入印度河流域，随后又向恒河流域扩张。早期雅利安人居住的地方虽然称为

"村"，但只不过是临时宿营地而已，只有到了定居农业时期，真正的"村落"才产生。靠着一些零星的记述，我们知道了定居后的雅利安人的居住方式：屋子里除了有起居室和妇女专用房间外，还有若干间房紧挨着。这种方式可能是出于防御的需要。这种村落的形式还相当原始，与其称为"村落"，不如称"聚落"更妥。

农业已受到相当的重视，因为《吠陀》中有许多关于丰收的祈祷。当时的农业活动有犁地、播种、收割麦子、捆麦子、脱粒和簸场等。犁是由 6 头（或 8 头，或 12 头）公牛拉着，还开挖了灌溉用的沟渠。

《吠陀》中有许多关于生意兴隆的祈祷，但这时的商业活动并不十分兴旺，原因似乎与缺乏良好的道路有关。小公牛、驮马，也许还有骆驼，是当时的主要运输工具。当时贸易的主要形式是"物物交换"，但货币和市场已被人们认识，以货币为媒介的交易开始发展起来，充当交易媒介的主要是牛和金饰品。

手工业已有明显的分工，《梨俱吠陀》中有"瓦尔纳"一词，后来就表示"种姓"。雅利安人将社会划分成三部分或四部分，这就是《梨俱吠陀》的《原人篇》中所说的婆罗门、罗惹尼亚（刹帝利）、吠舍和首陀罗。但另一种观点认为，《原人篇》是后人加入的，反映的并非当时的情况。虽然其他早期的诗集提及过婆罗门、罗惹尼亚和吠舍，但没有任何东西可以证明这些等级是世袭的。它们仅仅是一种职业划分，说它们是种姓制度证据不足。

由于当时生产力极其低下，民众慑于巫术、咒语和种种超自然神灵，希求借助宗教仪式满足如丰收、幸福、健康、胜利等各种愿望，因此婆罗门祭司这一职业受到尊敬是很自然的。祭司也利用这一点蒙蔽和控制人们。但此时的祭司和武士似乎都还没发展成排他性的世袭集团。祭司要上战场，罗惹尼亚则也要为他人执掌献祭工作。

据材料记载，还有婆罗门与罗惹尼亚之女联姻、雅利安人与达萨（被认为是达利特的前身）结盟的例子。此外，当时还没有关于饮食禁忌的记录，也没有不可接触现象。由此可知，当时即便存在种姓制度，也远没有后世那样严格。

家族是社会与政治组织的基础。当时的家庭似乎是大家庭形式，通常由父亲、母亲、祖父母、妻子、兄弟姐妹、儿女、堂兄妹、侄辈，有时还有岳父母组成。共同的住宅、饮食生活和宗教仪式，构成了家族成员间紧密的联系。若干家族组成一个大氏族，在一个共同的首领的领导下生活。一定数量的氏族又组成一个种族。当时的国家就是由许多部落、种族组成的。

当时的国家组织与村落的关系还不十分清楚，只知道有些部落实行寡头统治，由王族中若干成员共同治理，王位实行长子世袭制。有一种与村落有关的官职叫"gramany"，但究竟是村落首领，还是主管村落事务的国家官吏，尚不清楚。我们还知道，有两种民众大会，一种叫"萨博"（Sabha），另一种叫"萨米提"（Samiti），但它们如何行使职能和关系如何，不得而知。有人认为，它们很可能是"村落潘查雅特"最古老的形式。

当时的私有财产有牛、马、黄金、武器、奴隶等，土地归家族所有。儿子似乎可以从父亲那里继承财产。女性的财产继承权在下述情况下得到承认：女儿是家族中唯一的后嗣。收养子的现象是存在的，但并不普遍。

二、佛教兴起的时代

几乎在与我国的孔子活跃的同一时代，佛教和耆那教在印度北部兴起。这时的印度社会出现了一些明显的变化。佛教和耆那教有许多经典留世，故我们对这个时代印度社会状况的了解相对较多。

（一）村落结构

佛经中有许多地方谈及当时的村落状况，用来表示"村落"或"城镇"的词有"gama""nigama""nagaraka"。耆那教经典中有"ghosa""keta""kharvata""gram""palli""pattana""samvaha""vagara""matamba"等。这时的村落规模已相当大，《佛本生经》中记述的村子，平均由 1000 户村民组成,村民的住宅紧密相连,以至于一处住宅失火可殃及整个村子。几乎每个村子都设一大门(gamadvara)。村子外围通常是果园,果园之外是耕地。耕地一般用栅栏围起来,有的设陷阱,以防止野兽侵害庄稼;有的设专门的守田人,以防止偷盗和驱赶吃食庄稼的鸟类。村落之间有森林和牧场。当耕地不够时,就靠砍伐森林来扩大。牧场是共同所有,谁都可以放牧其上。任何人不得通过购买或继承方式独占牧场。

村里的可耕土地分成若干小块,每户分配一块土地,可享用土地上的产品,但没有所有权。任何人不得把自己的土地出售、典押或转让给他人,至少不经村评议会同意不得那样做。任何家庭的头人不能把土地按自己的意愿馈赠他人,这种情况据说从吠陀时代起延续下来。村落共同体决定土地的归属。在通常情况下,家长死后,由长子管理家庭,但长子对土地的继承权似乎并没得到承认。个人对土地的权利受到限制,甚至当国王把某村授予某一祭司或其他一些高级官吏时,授予的也不是所有权,而是税收权。根据惯例,农民把收成的 1/10 作为税款缴纳给政府。

这时的国王,实际上是许多村落的大领主。国王可以把对村落的统治权让渡给他人。国王在举行盛大仪式时,常常把村落布施给婆罗门。有时,村落成为国王出嫁女儿的陪嫁。

(二)种姓情况

佛教是反婆罗门教的,也对种姓制度进行抨击。在佛教兴起和流行时期,种姓制度开始衰落,但并没有消失。佛经中有许多对种姓集团状况的描述。

1. 婆罗门

在佛教兴起之前和兴起之初,婆罗门教统治着印度社会。婆罗门教盛行大量繁杂的仪式,主持这些仪式的专家婆罗门受到广大民众的极大尊敬。有的婆罗门是国王在童年、青年时期的老师,后来则替国王主持仪式。高级婆罗门还主持国家的司法工作,作为国王的密友,常常同国王一道掷骰子,并在节日与国王乘象巡游。他们在经济上有许多特权:主持祭祀仪式可换取牛、珠宝饰物、床褥等布施;可从国王处得到土地,这种土地被称为"梵封",有时他们可以得到一个或数个村子。他们世代从事与神接触的工作,被看作神在人间的代表。

佛教兴起后,婆罗门的地位受到挑战。佛经中特别描写了婆罗门江河日下、道德颓废之状况,说他们常常放弃自己古老的信条而沉溺于世俗享受,从事各种非婆罗门之"业",如爱打扮、佩戴饰物、涂香膏、进美味可口的饭食、嗜酒、驾高级车辇、与女仆人行不雅之事、囤积大宗财物等。

当时社会形势的变化,使许多婆罗门背离了"业道",放弃了传授《吠陀》知识的祭司工作,选择了其他职业。由佛教典籍中可以看到,当时许多婆罗门从事商业、农业、作战和行政管理活动。《佛本生经》中列举的禁止婆罗门从事的职业有医生、仆从、樵夫、商人、杀牛者、牧人和狩猎者等。出于反婆罗门教的需要,《佛本生经》中的这些说法可能有些失实。因为像杀牛、狩猎这类与屠杀生灵有关的职业,婆罗门无论如何是不会干的。但有一点则是可能的:随着婆罗门教的衰落,婆罗门祭司迫于生计闯进了几乎所有的生活领域。当生活难以为继时,他们也就顾不得那么多清规戒律了。

2. 刹帝利

这个时期,刹帝利的地位有了显著的提高。婆罗门教经典在提到四大种姓时,总是把婆罗门置于首位,佛教典籍则使其居于刹帝利之后。佛教认为,刹帝利是优秀的,婆罗门微贱。佛教关于释迦牟尼出身的故事,很好地说明了对这个问题的态度:释迦牟尼降生为人之前,曾想过出生于何种家族更好;在考虑了各个瓦尔纳的利弊优劣之后,选择了刹帝利。类似的故事也见于耆那教典籍:胜者大雄(Nigantha Nātaputta,尼提陀·菩提子,耆那教的创始人)原投胎于一个名叫"难婆"的婆罗门妇女之腹,后来他感到这是一个错误,便中途改变主意,转投胎于一个刹帝利女之腹。

根据婆罗门教的传统规定,每个瓦尔纳只能从事固定的职业。这规定当然有利于维护婆罗门的特权地位，但同时也维护和发展了刹帝利的地位。因为根据同样的规定，只有刹帝利才能享受承袭王位的权利。由于这种特权，刹帝利种姓获取了更多的权势、威望和荣誉，成为握有实际权力的统治阶层；相比之下，婆罗门的地位则是偏重宗教、礼仪的。婆罗门固然以其严格的生活戒律和知识获得社会的尊敬，但刹帝利也同样具有这样的美德。当时，印度北部列国争雄，战事频繁不断，刹帝利出身的武士建功立业，在国家政治生活中十分活跃。特别是像释迦牟尼和大雄这样出身于刹帝利之家的人物，更增加了这一等级的自豪。佛教典籍把刹帝利列为四姓之首，当是社会实际的反映。

这个时期，国家谋臣、军事统帅、高级行政官吏、封建领主等，多由刹帝利充任，只在大臣、顾问中婆罗门居多。按照传统，刹帝利以处理战争事务为职业，但同婆罗门一样，受当时形势变化的影响，有的也被迫从事商业、手工业、歌手业、演奏业及厨师等职业。

3. 吠舍

按照种姓制度的规定，这是一个从事商业和手工业的等级。佛教兴起的时代，商业很发达。从《佛本生经》的记述中可知，那时的商队驾着满载货物的牛车，走南闯北，到遥远的地方经商，十分活跃。当时有许多大城市可谓商贾云集，他们组成浩大的商队来往于各城市之间，有的商队拥有牛车数竟逾500辆。

商业的发达，提高了吠舍种姓的社会地位和重要性。佛经中记述的吠舍，是一个门第高贵、非常富有的阶层，他们同刹帝利、婆罗门一样，受到特别的尊重。他们都有享受教育和祭祀的权利。住在城里的吠舍主要是商人，他们倒卖粮食，放高利贷。居住在村落中的吠舍多是富裕农民，他们凭借财力在社会上扩大影响，社会各阶层自然对他们刮目相待。这个阶层的力量甚至影响到宫廷。《佛本生经》的故事中提到，一个吠舍种姓出身的人当上了宫廷会议中的高级官员，并且一些吠舍在宫廷会议中与政务官员和司法官员及婆罗门都坐在上座。

这个种姓实行严格的内婚制，其职业世袭，但迫于变化了的社会情况，他们中也有人放弃祖上业道，从事卖蔬菜、打短工之类的工作。

4. 首陀罗

这个时期的首陀罗主要是仆役、雇工。大部分首陀罗似乎被指定只能从事与农业有关的工作，他们没有土地和财产，因而也不向国家缴税。属于这个种姓的人很多，构成当时劳动阶级的主体。他们为富有的高种姓打工，与高种姓是人身依附关系。

这个种姓中有一类人是手工艺人，在当时乡村经济生活中发挥着重要作用。铁匠锻造木匠使用的铁锤、锯子等，制作农业必需的犁、斧等工具。随着生产不断发展，新职业不断出现，这些职业后来逐渐变成了世袭，从而首陀罗这个种姓不断扩大。他们从事的职业有织布、木业、雕刻、制陶等。还有一些首陀罗是流浪艺人，他们的工作角色包括歌手、乐器演奏者、"楞卡-那陀迦"（卖弄风情者）、魔术师、驯蛇者、养猫鼠者、打大鼓者、吹海螺者、治疗蛇伤者等等。这些流浪艺人按照职业形成不同的社交圈子（阇提）。还有一些首陀罗从事特殊职业，如当牧人、割草者、伐木工、森林看守等，他们不同于流浪艺人，而是像工匠一样住在村子里。

5. 达利特

当时属于达利特的种姓大约有五种：旃陀罗、尼沙达、俱鸠萨、威那和罗陀迦尔。这些集团的人从事被认为低下的职业，如编织竹木器、理发、酿酒、屠宰、狩猎、捕鱼、捕鸟、裁缝、清扫、焚尸等，因而受到歧视。

按照婆罗门教的"出生"和"业报"理论，这些人是卑贱的，是诅咒的对象。其中，旃陀罗处境最悲惨，他们被歧视为人中的豺狗，不仅是达利特，而且是"不可目睹者"，甚至连风从他们身上刮过也会受到污染。

不过，也有材料表明，这个时期有学问的人，尽管出身卑贱，也能受到尊敬。当时知识界似乎有一种向传统挑战的风气：富于才华者，无论出生于哪个阇提，都值得尊敬，即使是旃陀罗，或者是俱鸠萨，均有权凭自己的"德行"获得社会尊严。《佛本生经》的故事中提到，有一个叫摩坝帕的旃陀罗，经过苦修，成了一位大人物，因此受到婆罗门和刹帝利的服侍。一个婆罗门青年因回答不出一个有学问的旃陀罗的提问，而甘愿匍匐于后者的脚下。还有一个婆罗门做了一位旃陀罗尊者的学生，甘愿为老师效劳。倘若这些记载属实，则确实说明当时的种姓制度有所松动。

有的低种姓被派到国王身边做工，被称作国王的陶工、国王的编织工、国王的理发人等。这类人的社会地位又非同一种姓的其他成员可比。他们竭力为王族服务，并从国王那里获得赏赐，有的甚至可以受封得到整个村庄。

第二节　孔雀王朝时期的乡村社会

孔雀王朝（约公元前321—前187）是印度历史上出现的第一个强大统一的政权，鼎盛时期，其疆域包括北起喜马拉雅山，南到哥达瓦利河以南，东起孟加拉湾，西到阿拉伯海的大片地区。这个时期，印度不仅实现了空前的政治统一，社会经济和文化艺术方面也出现了繁荣景象：随着庞大帝国的建立，官僚体制及各种律令、典章制度发达起来；出现了大规模垦荒、筑路、修建驿站等活动；佛教传播到次大陆大部分及印度以外地区；各部落之间出现了融合局面等。就该王朝在印度历史上的重要性来说，可与我国历史上的秦王朝相媲美。在这一节里，我们将讨论该帝国的社会经济基础，努力复原其最基本的统治单位——村落的经济、社会及权力构造。这里所依据的材料主要有两个，一个是孔雀帝国重臣考底利耶所著《政事论》，另一个是古希腊人麦加斯梯尼的《印度志》①。这两个材料写作年代大体相同，可相互印证。

---

① 原文已散失，后人根据旁人转述片段整理出版。这里主要依据的是 N. S. Kalota, *India as Described by Megasthenes*, Concept Publishing Co., 1978。

一、村落的经济构造

公元前 6 世纪至公元前 3 世纪，恒河平原的农业、手工业及商业获得了空前的发展。孔雀王朝时期，粮食生产增加了，人口有了明显的增长。人口的增长又需要开垦更多的土地以增加粮食生产。《政事论》中许多地方劝告国君要重视垦殖新地和移民，强调振兴农业、畜牧业及工商业对国家的重要性。其中，第二章第一节讲："国王所建村庄，或建于原居住地，或建于新区，或从其他国家移民，或鼓励从自己国家移民。"可见，垦殖和移民已成为国家的一项重要事业。

孔雀王朝时期农业生产的繁荣发达，还可以从下述事实推测出来。当时的国家十分重视灌溉设施的修筑和利用。《政事论》第七章第十四节劝告国王要重视水利工程的修建，称灌溉为谷物之母。政府设有专门管理运河的官吏，来协调全国的灌溉事业。除了用河水灌溉外，蓄水池也发挥着重要作用。从发掘的蓄水池的遗址以及记载修筑水利工程的石刻来看，当时政府对蓄水池的建设十分重视。麦加斯梯尼将当时的农业描述为，由于大部分土地都可以得到灌溉，所以一年可以收获两季。

随着农业的繁荣，村落社会获得了空前的发展。正是生活在村落中的广大农民提供的剩余产品，构成了"孔雀帝国"的经济基础。

从《政事论》的记载来判断，当时的村落似乎分为两类，一类是普通村落，另一类是在新垦地上建立的新村落。这两种村落的构造似乎不太一样。

（一）普通村落

普通村落大部分为集居型。村里有打谷场、村神庙、灌溉设施等。村子常围以栅栏，以防敌人和野兽侵入。栅栏之外是农田，农田外是牧场和森林。根据《政事论》中的描述，这类村落的自然布局大体可复原如图 7-1 所示。

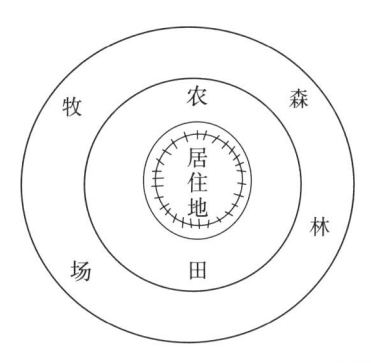

图 7-1　孔雀王朝时代印度北部村落模型

村落疆界以自然物（如树林、河流等）或人工物（如土堆、埋藏物等）为标记。当村落之间发生边界纠纷时，通常的做法是：召集附近 5—10 个村子的人到一起，由一位长老或一个熟悉标记的人，身穿奇服（可能表示神的意志），指示标记给大家看。如果仍不能确定边界，便交由国王处理。伪证者及故意毁坏边界者，要受重罚。

村落的主要统治者是村头人（Grāmik）和村长老（Grāmvirid）。村头人的主要任务是维持村子的治安和处理日常事务。当村头人发现擅自越界者时，按路程远近收取罚金，每耶伽那（1 耶伽那约合 8 千米）收 1.5 帕那。根据《政事论》第三章第十节所讲，村长老的职责是维持村落社会的传统习俗和秩序、保管未成年者的财产及裁决田界争端等。

村落中的农民对土地似乎有较大的权利。他们被称为土地的所有主（Ksetrida）。田地同房屋、园子、堤坝、蓄水池等一起构成不动产（Vastu），可以出售、抵押和转让。买卖土地时，邻居和村长老必须到场。卖主当众喊道："这么一块土地，×××价格，有人买吗？"亲邻中如无人答应，就卖给其他人。如果此时有人愿意出更多的钱，多出的钱归国库所有。发生土地权利纠纷时，由村长老和邻居来裁决。《政事论》第二章第一节规定，经裁决双方土地权利都被否决时，土地便归国王所有。土地由别人使用 10 年以上，而自己又未对土地所有权提出异议者，自动丧失所有权（儿童、老人、病人例外）。第三章第十六节规定，不动产被弃置不用时间达 20 年者，亦丧失其所有权。《政事论》中的这些内容显示,当时的国家和村落共同体对土地拥有较大的权利。

(二)新建村落

人口的增长和垦殖业的发展,使原有的村落规模发生了变化,而且,在新垦地区出现了许多新村落。同旧村落相比,新村落显示出较大的计划性:每个村落大约有 100—500 户人家,村与村相距 1—2 克罗沙(1 克罗沙约合 2 千米)。村落受到外部威胁或发生其他意外情况时,村落与村落可互相保护。村落的边界以自然物标记,如河流、山岗、森林、沟渠、池塘、堤堰、树木、洞穴等。

这些村落被严格地组织起来,10 村为一乡(Sangrahana),200 村为一县(Kharvatika),400 村为一省(Dronemukha),800 村为一大区(Mahagrama)。大区又称"斯塔尼亚"(Sthanya)。每一个斯塔尼亚就是一个政治、文化和贸易中心。

村落中从事农业者大部分是首陀罗。他们从其他地方迁居到这里,开荒垦殖,并定居下来。他们刚来时,国家给他们提供粮食、家畜以及修建灌溉设施、火化场、园庭、房屋所需要的土地、木材和工具。此外,他们似乎还享有一定期限内免缴赋税的权利。对于新垦殖区的土地,耕者如果辛勤耕作,经一代人之后,土地便归自己所有;如果懒惰或拒缴赋税,土地便被收回,并根据土地的损失大小,令耕者赔偿。收回的土地或给其他农民耕种,或给村落受雇者(gra-mabhrtak)和商人耕种。灌溉设施归全体村民所有,村里修筑蓄水池、水渠等灌溉设施时,全体村民都必须参加,因某种情况不能参加者,必须提供牛或支付一部分费用。按照《政事论》第二章第一节的规定,蓄水池、湖等灌溉设施中的鱼、水鸟和水生植物归国王所有。

村落里一般有下列统治成员:村头人(Adhysha)、村会计(Samkhayaka)、村治安员(Sthanik)。另设一名兽医、一名信使。有的村子还配一名环境卫生人员(Chikitsaka)、一名看马人(Ashw Damak)。

村子里的长者地位十分重要,他们主要负责保管属于未成年者或神的财产,在维护村落的道德秩序中发挥着重要作用。对于不扶养老人者,罚以重金。当时虽佛教盛行,但村民不得自由出家为僧。即使是丧失劳动能力者,也必须得到许可方可出家。这可能是出于这样的原因:国家重视农业生产,要确保农业对劳动力的需求得到满足。《政事论》第二章第一节规定,为了不影响村落中的农业生产和社会秩序,异端教派的修行者、非本地团体及非本地商业行会的人,不得住进村子。戏子、舞者、歌手、吹鼓手和吟诗人等,不得做出任何有损于村民正常生活秩序的事。

村落受雇者是一种身份不明的人,他们很可能是村里的手工业者、差役和从事各种服务业的人,如理发匠、洗衣人、陶工、铁匠、木匠等。这些人究竟是为整个村子还是为某些特定的家族服务?他们同村落或雇主的关系如何?由于材料有限,无从推测。

由此看来,新垦殖区的村落和居民似乎处在国家政府较严格的控制之下。村里的土地具有国有地的性质,村民对其土地只有使用权,没有出售、转让和抵押权。由此判断,村民实际上具有国家佃农的身份。然而,随着孔雀帝国中央权力的衰弱,受到国家严格控制的村落土地逐渐私有化,村民也越来越脱离政府的控制。这样,新建村落也越来越接近早已存在的村落。

二、种姓制度

这个时期乡村社会中的种姓制度是怎样的呢?这是我们十分关心的问题。遗憾的是,有关这方面的记述很少。我们只能根据有限的记录做些推测。

关于当时的种姓制度,《政事论》同麦加斯梯尼的记载不完全一致。《政事论》中提到了瓦尔纳制,而麦加斯梯尼却没有提到。因此一些学者推测,当时种姓制度已经衰落,或者至少不被官方承认。不过,麦加斯梯尼用了一个类似种姓的词,叫"种族",很可能是指种姓。他把印度人划分为七大类:哲学家、农民、牧人、工匠和商贩、士兵、监察官、国王的顾问。① 属于一个集团的人不得与属于另一个集团的人结婚，而且不得掌握其所从事职业以外的职业技能，如士兵不可当农民，工匠不可当哲学家。② 这些很像种姓的特点。他说的哲学家，大体是指婆罗门祭司。由此可推测，村落中的分工体制仍基本上同种姓制度结合在一起。

根据麦加斯梯尼的记述，我们可推知当时村民的生活：他们住在小屋里，由于几乎是裸体，故不需要什么衣服。他们以米粥为主食，这种食品在印度不用怎么辛苦劳动便可获得；因此，村民们很少有什么合作。麦加斯梯尼说，印度人喜欢孤独。他举例说，印度人总是一个人吃饭，没有在规定时间内大家聚在一起吃饭的习惯。这种现象很可能是种姓法规限制人们社会活动所致。但村民们也不是没有共同的活动，村里每有修建公共水利工程、祭祀村神等活动时，大家便共同参加。村里有归村落支配的共同资金，此外，村民还要为村落提供劳动。从这个意义上说，村落具有某种共同体性质。

村落中氏族的力量很强大。《政事论》第一章第十七节说：统治权在有的情况下属于氏族，因为氏族集团很难战胜；而且，氏族集团没有因失去统治面临灾难，能够永远存在于大地上。氏族中的长者受到极大的尊敬，在村落社会中地位很高。

后代印度村落（如下一节将叙述的18世纪印度西部地区的村落）的一个显著特点是，存在一个以种姓分工为基础的为村落服务的手工业者和服务业者群体。这些人为全村人服务，从村落总开支中领取报酬（现金或实物），或享受一份免税地。孔雀王朝时代，似乎已经出现这种手工业者群体。《政事论》第四章第一节提到了织工、洗衣工和清洁工等，但尚不清楚他们同村落的关系。麦加斯梯尼在谈到当时的工匠时说，第四类人是工匠和商贩，包括船工、木工及水夫。他们为公共利益劳动，并为各种劳动收入纳税，但制造武器者除外，因为

---

① N. S. Kalota, *India as Described by Megasthenes*, pp. 100-101.

② Ibid., p. 101.

他们享有免税的特权,从公共团体中领取薪水。

村落里除了农民、工匠、商贩等以外,似乎还存在奴隶。麦加斯梯尼说印度不存在奴隶,所有人都是自由的。但许多学者研究后指出,他的看法是不准确的。显然,这个希腊人是以西方人的观点看待奴隶制的。《政事论》所提供的材料,使我们有足够的证据认为当时存在奴隶制,只不过这种奴隶制不同于西方的奴隶制罢了。当时的奴隶被称为达萨,除此之外,《政事论》还提到受雇劳动者的存在。达萨及其子女可以被买卖或者抵押。由此可推测,村落里存在使用这些奴隶的富有者,存在剥削现象。不过,这些奴隶同村落是一种怎样的关系?他们的社会生活怎样?是不是达利特?我们不得而知。

三、村落同外界的联系

孔雀王朝虽然是个强盛的中央集权制帝国,但它对地方的统治力量是很薄弱的。帝国的力量并未渗透到村落社会,每个村落仍大体上是个经济上自给自足、政治上自治的小共同体,孔雀帝国就建立在这种小共同体之上。根据阿育王的诏敕所载,阿育王在位时曾拜访各地长老,并赏赐给他们金钱。[①] 这体现了国家政府对地方权力的容忍和重视。

但是,村落社会并不是完全闭塞的,它同外界有各种联系。

其一,村民们并不能完全靠自己生产的产品满足自己的需要,他们需要交换一部分产品。例如,大多数印度村落不生产食盐,需要从外部得到。一些较大的村落常常有一个集市,附近村落的居民可以来这里进行产品交换。这个时代城市发达,孔雀帝国的首都华氏城(Pataliputra)就是一个人口众多、工商贸易业繁荣的大都市,而这种城市通常是农产品的集散地,起着联系村落社会的作用。[②] 此外,村

[①] 中村元(1963)『インド古代史』(上)(春秋社)、516 頁。

[②] N. S. Kalota, *India as Described by Megasthenes*, pp. 61-70.

里也常来走街串巷的客商,他们在同村民进行贸易活动的同时,还起着交流信息的作用。麦加斯梯尼说:农民不到城里去,同妻子儿女一起住在乡间,勤勉于农耕。但这不等于说村落同外界没有联系。商人常常充当着城市与村落联系的媒介角色。

其二,村落还同政府有各种联系。在帝国的政府中,管理村落的最基层官吏叫哥帕(Gopa)。这是一个十分重要的职务,其主要任务是监督村子和征收赋税。每个哥帕管理5—10个村落,小村落则是20—40个。其工作大致包括以下诸项:(1)划定村界;(2)登记土地利用情况,如耕地与非耕地、牧场、休耕地、森林、果园、菜田等的面积,记录庙宇、池塘、火化场、河渠、道路和驿站;(3)登记土地出售和转让情况;(4)登记免税地和免税村情况;(5)进行各村人口普查,内容包括性别、年龄、职业、收入等;(6)记录各村牛的头数和饲养情况;(7)记录从每个村落接受的捐款、贵重金属、矿藏品及劳动者自愿捐献的生产品等。哥帕是国家政府同村落联系的媒介,其作用同现代印度农村潘查雅特制度中的县税收官有些相似。①

孔雀王朝维持着庞大的官僚机构和军队,因而需要巨额的行政和军事开支。这个沉重的负担自然是由生活在村落中的广大农民承担的。村落向国家缴纳的赋税名目繁多。麦加斯梯尼记载:"他们把收获物的1/4上缴给国库。因此,农民只有缴纳赋税时同国家发生关系。"② 除了交纳田赋外,还缴纳果园税(Kara)、牧场税(Vivita)、道路税(Varani)、居住税(Rajtu)、治安税(Chorarajju)等等。③ 按照《政事论》第二章第三十五节规定,中央政府专设一名税收总管,负责管理由哥帕交上来的各种赋税。税率一般为收成的1/6,但在国库空虚或某些特殊情况下,高至收成的1/4,甚至高达1/3。

---

① 参见本书第五章。
② 中村元(1963)『インド古代史』(上)、557頁。
③ H. D. Malaviya, *Village Panchayats in India*, All India Congress Committee, 1956, p. 7.

旃陀罗笈多（孔雀王朝的创立者，约公元前 321—前 297 年在位）时代，村落按其缴纳赋税的不同情况，可分为四种类型。第一类为一般村落，缴纳一般赋税；第二类是免税村落（pariharaka），国家常常将这类村子授予婆罗门祭司，故又称"梵封"村；第三类叫"阿尤迪雅"村，这类村子不以粮食或现金的形式纳税，而是向政府提供战士和马匹；第四类村子，专门向政府贡献某些特殊的物品，如独特的农林产品、动物、金银、钻石、珊瑚、贝壳、矿物，或提供某种形式的劳役。

为了征收田赋，哥帕经常到村里来。他掌握着各村的人口、土地面积及土地类别等情况，负责向村民催缴赋税，拖缴赋税者常常受到严厉处罚。当然，哥帕不是自己一个人做这些事情，他还需要各村落头人和村会计的协助。事实上，村落正是通过政府的税收官和村吏同政府发生联系的。帝国鼎盛时期，政府对村落事务的干涉有所加强，村落同政府的联系也较密切。但随着中央权力的衰落，这类干涉减少了。应当指出，政府同村落的联系主要限于税收方面。即使是在政府干涉最多的时期，村落中的社会和宗教生活、传统的统治体制和权威也未受到什么影响，村落仍保持着较大的自治性。

国家除了设置监督和管理村落的专职官吏外，似乎还在乡村社会布置了广泛的"间谍"网。孔雀王朝大量使用间谍，间谍体系发达，这从《政事论》的许多记述中可以看出来。第一章第十一节讲道，这些间谍不仅用于军事目的，令人惊奇的是，他们还常常扮成农民、牧人、商人、学生、出家人、苦行者的模样，以刺探各村落的田地面积、产品收成及家族情况，暗地监视村落和其他各级官吏的行动。自然，这只有在政府力量足够强大时才能办得到。间谍活动如此兴盛发达，除了战争频繁这一原因外，恐怕与下层人民对王朝实行的严酷统治不满、地方官吏不信任中央政府这一事实有关。实际上，当时民众反对政府的斗争时有发生。塔克西拉（古译作怛叉始罗）地区的人民反抗孔雀王朝官员事件①就是一例。据说，旃陀罗笈多晚上睡觉时要每天更换地方。②他很可能是惧怕民众和下级官吏反抗，害怕被谋杀。

第三节 18世纪印度西部的村落社会与种姓制度

从莫卧儿帝国衰落到英国人在印度确立殖民统治，马拉塔人（Marathas）曾在印度西部建立过一个庞大的帝国。这个帝国以今马哈拉施特拉邦为中心，几乎囊括了大半个南亚次大陆。马拉塔统治持续了约170年，后在英国人的打击下灭亡。马拉塔政权下印度西部的乡村社会，基本上沿袭了以前时代的模样，但也有一些新的特点。正是这一个个小的村落社会，构成了马拉塔帝国存在的基础。本节讨论18世纪马拉塔政权下的乡村社会与种姓制度，地点限在以浦那（曾是马拉塔帝国的首都）为中心的马哈拉施特拉地区。

一、村落概貌

典型的马哈拉施特拉地区的村子是集聚式的。村落一般都有一圈封闭的围墙，墙外是农田和牧场。在主村落之外，通常还有一个小居住区，为达利特住地。有时，农田距村较远，为了耕种方便，住宅便建在野外。这样，在离村落较远的地方也常看到简陋的房屋。

每个村子都有固定的疆界，村民们常对守卫村落及农田的边界显示出很大的热情。村落依规模、类别不同而有不同的名称，如"德哈"（Deha）、"摩诘"（Mauje）、"卡萨巴"（Kasaba）等。其中，卡萨巴是一种带有集市的大村落。还有一种叫"帕特"（Path）的集镇，规模更大。这类集镇由两部分组成，分别称为"蒙洁利"（Munjeri）和"摩诃塔发"（Mohatarfa）。前者是乡村部分，由耕者的头人"帕特尔"（Patil）和"库尔卡尼"（Kulkarni）统治；后者为城市部分，是市场

---

① 参见〔印度〕罗米尔·塔帕尔：《历史与偏见（第三讲）》，施尧伯译，《南亚研究》1982年第4期。

② 参见中村元（1963）『インド古代史』（上）、558頁。

区，由商人的代表"塞特·摩诃真"(Sheth Mahajan)统治。

村落的农田划分成许多块。一般来说，每块农田都有一个特殊的名称，这个名称甚至在田地所有主改换了许久以后仍不改变。村民对每块田地的地界都很清楚。除了可耕地，各个村落都有荒地和休耕地，用作村民的共同牧场。

村落在经济上有很大的自给自足性质。农民生产的产品除了自用外，也有少部分用来交换，因此，村落里还存在满足这种交换需要的手工业和商业。村民大体可划分为三个阶级，即耕者、手工业者及商人、村职员。这三个阶级的地位和身份，在很大程度上依赖与土地的关系：对耕者来说，依赖是否拥有土地所有权和占有土地数量；对于非耕者来说，依赖从耕者的立场看他们对人们有用的程度。

许多村落是由若干的宗族(jatha)组成的，土地也由这些宗族所占有。在远古的时候，这些宗族的祖先迁居到这里，组成一个个村子。有资料表明，起初，各宗族之间是平分土地的，每个宗族为分得的土地起一个本族的名字，以区别于其他田地。各族又将土地分配到各户耕种。他们的后裔就是后来村里的土地所有者——米拉斯达尔(Mirasdar)。一份关于南孔坎地区穆鲁达村的建村历史材料说明了这个问题。穆鲁达村原是阿苏达村的火化场。16世纪，有一个普通的婆罗门带着两个弟子来到阿苏达村，住了一些日子以后，决心在附近建立一个新村落。他向当地一封建领主提出申请，经同意后，他便说服他的13个族户，一起来到穆鲁达定居。他们在土地监护神(Ksherapala)前竖起村界石碑，表明建立新村得到了神的许可；并将土地视作神赐权利，分配给各族户耕种。[①]

在许多村落的外面住着一些部落，有的尚处于采集经济阶段，生产水平较落后。后来，英国人称他们为"犯罪阶级"(criminal class)，如比尔人(Bhils)、拉摩什人(Ramoshis)。村子里发生的多数偷窃和抢劫

---

① Darhmar Kumar, *Land and Caste in South India: Agricultural Labour in the Madras Presidency during the Nineteenth Century*, Cambridge University Press, 1965, pp. 26-27.

事件与他们有关。当村里有盗窃的事情发生时，除非失主在其他村找到了线索或找回了丢失的财物，"犯罪阶级"作为一个整体要赔偿被窃的东西。这种办法使村落得以安全。但有时仍有来自遥远村落的比尔人和拉摩什人偷盗东西。在动乱时期，一些地方武装头目也常来掠夺。

村落还保持着某些共同体特点。这主要体现为：（1）村落控制着一部分土地。牧场、草地归全村所有，不经村评议会的同意，任何人不得提出私人要求。村落评议会还有权处理无人继承的土地。（2）实行赋税连环保制。村民向政府缴纳赋税是以村落为单位进行的。大家被编制在一个连环保内，如有人缴不起田赋，其他成员便须替他缴。马拉塔政府第七代首相执政时期（1781—1785），由于财政困难，曾试图改革税制，于1784—1785年在浦那县印达普尔区推行一种"卡马尔"（Kamal）赋法。按照这种赋法，土地经过丈量，由农户直接向政府纳赋。这一制度取消了村落头人中饱私囊的机会，受到村落头人的激烈反对而未能推广。① 这说明村落有相当大的力量。（3）干涉和制约土地买卖。村落成员可以出售自己的土地，但受到村落法规和习惯的严重制约。关于出售土地，有的村落规定，本村人和本族人有优先购买的权利；有的规定，外族人要购买土地，必须首先成为本族的一个法定兄弟（Biradar Bhau）。村落里的工匠等低种姓出售土地时，一般也只限在同种姓之间。

二、土地占有关系

从材料来看，当时该地区村落的土地大体可分为这样几类：米拉斯（Mirasi）地、伊南（Inam）地和政府直营地。这几类土地的占有状况和耕种条件分别如下。

（一）米拉斯地与米拉斯达尔

"米拉斯"一词原意为"财产"，后来专指土地占有权利，占有这

---

① Darhmar Kumar, *Land and Caste in South India: Agricultural Labour in the Madras Presidency during the Nineteenth Century*, pp. 26-27.

种土地的人叫"米拉斯达尔"。广义的米拉斯还包括由米拉斯达尔组成的村子。这种土地占有形式盛行于印度西部。占有规模有大有小，大者可与印度北部地区的"柴明达尔"（包税地主）相匹敌，但大部分米拉斯达尔的土地规模都不大。米拉斯达尔的身份也各不相同：有神职人员，有乡村小吏，多数为拥有充分权利的农民。无论他们的身份贵贱和土地规模大小，向政府缴纳田赋是这种占有形式的共同点。

米拉斯地可以世袭。有时，米拉斯达尔因缴不起田赋而离开土地，但几十年后仍不会丧失土地所有权。米拉斯地还可以出售。有一篇材料记载了马拉塔政府向买进米拉斯地的农民发放证书的事。那材料说，浦那县某村一个叫马鲁吉的米拉斯达尔，由于无力偿还负债，将约合2.1公顷的土地卖给另一个村子的农民多威尔。多威尔担心自己的权利得不到承认，便将本村和邻村的村头人、村司书叫到一起为其作证。后又特地来到浦那县政府，向官吏们说，他愿意遵守向来之规定，向政府缴纳赋税，希望政府承认他的土地所有权。政府承认他对这块土地享有世袭权利，并发给他一张认可证书。[①] 由此可知：（1）米拉斯地可以出售，不仅能出售给本族、本村人，还能出售给外村人；（2）外村人要购买土地，似乎须得到村落头人及其他村吏的许可；（3）土地买卖事前可不经政府允许，但事后要经政府认可，土地买卖受法律保护；（4）购买米拉斯地后，享有土地上的一切权益，同时负有向政府缴纳赋税的义务。

米拉斯达尔都出身于当地一个从事农业和投身军事的"昆比"种姓，他们是印度西部地区最大的农民阶层，马拉塔政府的岁入绝大部分来自这个阶层。莫卧儿王朝统治时期，米拉斯达尔缴纳的田赋常常高达其收成的50%。到了马拉塔人建立政权之时，帝国的领袖人物西瓦吉（Shivaji，1630—1680）重视米拉斯达尔阶层，曾改革旧的赋制，使米拉斯达尔的田赋减少到其收成的30%—40%。这是西瓦吉政权得

[①]《萨塔拉王与派施华日记选》(Selections from the Satara Rajas and Peishwas' Diaries) 第1卷，转引自深沢宏（1972）『インド社会経済史研究』（東洋経済新報社）、90頁。

到广大农民拥护的重要原因。马拉塔政权后期，米拉斯达尔的负担加重。特别是 18 世纪中叶以后，由于战争频繁，国库空虚，因此他们的田赋增到收成的 50% 以上。此外，他们还要拿出一部分交给村落以养活村吏和劳役人员，应付村头人及中、小封建主的各种摊派。这种摊派名目繁多，有徭役、饲料、粮食、黄油、蔬菜的征派；有为税吏午饭、宗教节日、迎宾牌坊、国王寿辰、军队在村内驻扎缴纳的贡赋；有为养骆驼和其他牲畜与种芒果树、菜等缴纳的捐税等。结果，米拉斯达尔即便是在承平年月，也只能勉强度日，遇到天灾兵祸时，生活便难以为继。例如，位于马拉塔地区边陲的贾尔地区，常年苦于战祸，村民必须向马拉塔和莫卧儿两方面政府缴纳田赋。1772 年大旱，庄稼歉收，有几个村子的米拉斯达尔，自度全部收成还不足以缴纳田赋，便在村头人的带领下逃走了。当马拉塔政府税吏到这几个村子征收田赋时，发现村里的米拉斯达尔逃之一空，只剩下一些没有承担田赋义务的外来户了。

在沉重的赋税压力下，有的米拉斯达尔开始出售自己祖传的土地。但由于购买土地者必须承担同样重的赋税，故土地很不值钱。有的米拉斯地的价格仅相当于两年的田赋。在这种情况下，他们的土地所有权失去了实际意义，米拉斯达尔的身份相当于具有永佃权的佃农。有的米拉斯达尔占有土地较多。1707 年的一份材料表明，一个村头人占有的米拉斯地十倍于普通米拉斯达尔的土地。[①] 这部分人是米拉斯达尔的上层。有的米拉斯达尔是小封建主，有的是正在向封建主转化的富农。米拉斯达尔是后来英国人在这个地区推行著名的"莱特瓦尔税制"时主要的土地占有对象，也是现代马哈拉施特拉邦新富农阶层的前身。

（二）伊南地与伊南达尔

伊南地是国家或村落赏给个人的免赋土地，占有这种土地的人叫

---

① 〔印度〕罗梅什·杜特：《英属印度经济史（下册）》，陈洪进译，生活·读书·新知三联书店 1965 年版，第 517 页。

"伊南达尔"（Inamdar）。一部分伊南达尔就是封建领主，占有一个或数个村落的土地。有的伊南达尔没有土地，只享有一定数量的田赋。

印度赏田的历史很久。据玄奘《大唐西域记》所载，当时印度就有一种专门赏给"聪睿硕学高才"的土地。不过，当时能得到赏田的多是垄断了文化和教育大权的婆罗门。18世纪，马拉塔地区接受伊南地者有各种身份：上至达官贵人，下至村落的差役百工。赏田成了政府支付官吏俸禄、发给抚恤金的一种手段，也是村落支付劳动报酬的重要方式。

从占有规模及占有者的身份来看，伊南地大体可分为两类。一类是由政府官吏和社会贤达占有的，占有者包括世袭州长、高级军官、大婆罗门、政府功臣等。这类土地由政府施与，规模大，占有者的社会地位高。另一类是由村落内差役百工占有的，占有者包括村长助理、村司书、星相家、金银匠、理发匠、皮匠、陶工、洗衣人、樵夫、唱诗者等。这类土地一般由村落赐予，规模小，占有者身份低微。在后一类土地中，根据占有者身份不同，占有规模又有很大差别：村长、村司书等占有土地较一般工匠多，个别村子中前者约是后者的三倍。

伊南地可以世袭，也可以出售。伊南地是免赋地（Vatan），大伊南达尔的赏田是其地位和荣誉的象征，故较少出售。村吏和工匠常有出售伊南地的情况。18世纪，马拉塔地区出售官职的现象盛行，同官职相联系的伊南地也常常被一起出售。村吏出售官职时，很少全部出售，因为村吏地位比一般村民高，收入也丰，无论如何，也要保留一部分官职。这便产生了几个人合伙担任一个职务的奇特现象。一份材料报告说，1740年，贾耳纳地区某村一个任村司书兼星相家的婆罗门死了，其妻子将司书职位的一半赠予自己的女婿，将这两职位的另外一半以2000卢比的价格卖给了同村的另一个婆罗门；与职位一起，还有25比伽的伊南地。[①]

[①]《萨塔拉王与派施华日记选》第1卷。

村落工匠的免赋地虽也可以出售,但一般只能售给同一种姓的人。马拉塔政府长年对外作战,村落工匠的劳役十分沉重。很多人无暇耕种自己的土地,便将赏田出售或典押给村吏或村里的富户了。① 还有一种免赋地归神庙占有。马拉塔政权支持和扶植印度教,把一定数量的土地赏赐给神庙的僧侣们。这些神庙主要是印度教的,但也有其他宗教的。例如,在浦那西北五千米处一村落中,有一建于 17 世纪的耆那教神庙。该庙拥有附近几个伊南村,以及约合 3.6 公顷的伊南地。1701 年 10 月 2 日,住在该村的两个农民,以 50% 的租率,要求租种这块土地。神庙的免赋地主要用来维持宗教活动和支付神职人员的工资。马拉塔政权后期(首相当政时期),婆罗门祭司的地位很高,很多神庙的免赋地被转化为婆罗门的私有地。②

(三)政府直营地与乌普里

马拉塔政权下的浦那地区,还有一定数量的政府直接经营的土地,叫"Sakachi Sheri"。这种土地归政府所有,给佃农租种,由政府税吏或村落头人管理。这部分佃农称作"乌普里"(Upree)。

早期的马拉塔政权推行保护私有制的土地政策,促进了大封建主土地所有制的发展。到 18 世纪初,大封建主土地所有制已经形成。但同时,政府仍控制着大量土地。这种现象是与当时特殊的历史条件分不开的。随着莫卧儿帝国日趋衰落,在它的边陲一些新国家不断强盛。马拉塔人的力量得天独厚,一个个征服它们。在这样的历史条件下,马拉塔大封建土地所有制的形成,主要不是靠兼并本地区内的土地完成,而是靠对外侵略完成的,这就使得在大封建土地所有制形成的同时,国家土地仍能保存得比较完整。政府通过对国有土地的控制来维持它在各封建主中的影响。封建主们也认为这样对自己有利,因为一

---

① 〔印度〕罗梅什·杜特:《英属印度经济史(下册)》,陈洪进译,第 515—518 页。
② 参见 D. A. Low, ed., *Soundings in Modern South Asian History*, Weidenfeld & Nicolson, 1968。

个强力的政府能够保障他们对外进行大规模掠夺。但到了马拉塔政权后期，政府土地权受到侵蚀，特别是第一代派施华（首相）执政后，为了培植势力，把大量政府土地作为免赋地赏给婆罗门和政府官吏，大量政府土地私有化。例如，1717 年 7 月 1 日，第一代派施华 B. 维施瓦纳特曾给浦那县县长写信，指示把约合 7.2 公顷的政府土地赏给一个叫 L. B. W. 格达的人。

佃农乌普里也和米拉斯达尔一样，多属昆比种姓。他们以前也拥有自己的小块田产，在沉重的赋税打击下，家道中衰，失去祖产，流徙他乡，靠租种政府土地、封建主土地、大米拉斯达尔的土地以及神庙土地为生。乌普里与土地所有者订立短期合同，土地的租率通常为 50%。他们的生活极不稳定，有的是短工，只在农忙时给富户帮忙。他们是村落的外来者，与村落共同体关系淡薄，不在赋税连环保之内。由于不是村落的正式成员，故没有政治权利，常受到米拉斯达尔和其他村民的歧视。他们的人数不少，浦那地区的乌普里数量约为米拉斯达尔的 1/3。[①]

米拉斯达尔终身受缚在土地上，只要能勉强糊口，就决不肯离开土地，政府利用这一特点，拼命从他们身上搜刮赋税。乌普里则不同，他们与土地所有者签订契约，契约一到期，便不再受土地的束缚，可以离土改佃。于是便出现了这样的现象：一些拥有土地所有权的米拉斯达尔缴纳的田赋，竟比没有土地所有权的乌普里缴纳的地租还要高。特别是 18 世纪中叶以后，由于连年战争和自然灾害的破坏，米拉斯达尔人数减少，许多村落出现了大量无人耕种的土地。这就使乌普里有可能在政府、封建主以及大米拉斯达尔之间选择，择优承租土地。因此，虽然乌普里在村落里的政治和社会地位没有米拉斯达尔高，在经济上反倒比后者富裕些。[②]

---

① S. N. Sen, *Administrative System of the Marathas: From Original Sources*, University of Calcutta, 1976, pp. 205-206.

② Ibid.

三、手工业者及村落仆役

由于种姓制度的存在，职业严格世袭，印度村落中自古就存在较发达的手工业和服务业体系。18世纪，马拉塔地区村落中从事手工业和服务业的人称"巴鲁特达尔"（Balutdar）。这种职业一般有12种，故又称"12巴鲁特"。12巴鲁特的组成是：木匠（Sutar）、皮匠（Chambhar）、陶工（Kumbhar）、铁匠（Lohar）、理发匠（Nhavi）、村看守（Mahar）、金银匠（Sonar）、水夫（Koli）、洗衣人（Parit）、穆斯林祭司（Maulana）、婆罗门祭司（Joshi）、村神祭司（Gurav）。并非每个村落全有这12种职业。譬如，在没有穆斯林居住的村子里，就没有穆斯林祭司。另外，根据某些村子的特殊需要，会有人从事其他职业，如巫师（Bhagat）、小贩（Shimpi）、乐师（Ghadsi）、林伽雅特种姓祭司（Jangam）等。"12"这个数字只是一种传统说法，并非确数，在各村实际上多于或少于此数。

手工业者和仆役为村民（主要是耕者米拉斯达尔）服务。依据他们的职业对村落社会的有用程度，这些人可划分为三类：

第一类，木匠、皮匠、村看守；

第二类，陶工、理发匠、洗衣人、铁匠；

第三类，占星家、村神祭司、金银匠及穆斯林祭司。

这些人从村落中领取报酬，报酬通常是一定数量的农产品、宗教节日时发给的赏钱及用现金支付的工资等。三类工匠仆役所得报酬是不同的。第一类获报酬最多，每人每月可得10卢比；第二类居中，可得5卢比；第三类最少，可得2.5卢比。但这种标准并不适用于所有地方，因为每个村子的需要是不同的。有时，村落工匠和仆役得到的报酬是一小块免赋田，但这种情况较少。当然，支付给他们报酬来自村落中的耕者。村落有自己的财政，收入来自村民的捐税和各种摊派，以及对一些违法者的罚款。许多有关村落福利的开支要从村落财政中出，如维持村落神庙及宗教节日、施舍乞丐、招待客人、偶尔举行音乐会、支付兵费和各种抚恤金等费用。其中，很大一部分用来支付村落工匠及仆役的报酬。

木匠 制造和修理所有木制农具，由用户提供原材料。在结婚仪式上，他还负责提供新郎使用的板凳（Chowrang）。作为小费，他可以得到盖在板凳上的上衣（Shela）。在祭祀母神的仪式上，他还要提供小手推车之类的工具。

铁匠 制造和修理所有金属制农具，如镰刀、锄头、门锁、铁链子等，由用户提供铁和木炭。他还为村民提供收割甘蔗用的小刀、打马掌，有时也给游客打鞋掌。马拉塔人长年对外作战，许多铁匠要为骑兵部队打制马掌、马嚼子。这种情况下，通常由政府提供原材料。

洗衣人 为村里所有男性居民洗衣服。在结婚仪式上，为新郎新娘熨衣服。作为回报，他有资格接受"纱丽"（印度女子裹身的长布）和外套之类的礼物，并在四天的婚宴上受到款待。他还负责为参加婚礼以及其他仪式的人熨衣服。在收获季节，他还为村民提供一种挤榨甘蔗用的白布。他除享用通常的"巴鲁特"报酬外，还有多种权利和收入，如收割季节，他有权收取甘蔗秆和蓖麻秆以备作燃料，还可得到槟榔和椰子，在有人结婚时，还可得到赏钱和各种小礼品。

理发匠 每隔两周为村民刮脸、剃头。在"迪瓦利"（Divali，马拉塔人重要的宗教节日之一）到来时，他还要用油和香面团为村落头人和村司书做按摩；新郎到村里来迎接新娘时，理发匠负责把新郎的马引到新娘家，在那里他可以得到一条作为礼物的头巾。在"蛇神节"（Nagapanchami Festival），理发匠的任务是把村头人、村司书及村民家中的妇女，引到"Varulavhilte"（蚁冢）那里，据传那里隐藏着眼镜蛇。当村头人、村司书及政府官员履行税收任务时，理发匠常常要带上铜锣陪伴他们。在节庆宴会上，他还要常帮厨和洗涮器皿，作为报酬，也可得到赏钱和一些礼品。

陶工 向村民和外地游客提供陶制品，制造盖房用的砖、瓦，提供结婚和其他仪式上使用的食器。村民平时用的陶罐、壶、碟之类，均由陶工制造。

鞋匠 负责为村民修鞋，每年免费为村头人帕特尔、村司书以及其他村吏各提供一双新鞋，而普通村民必须向鞋匠提供皮革或给些钱，才能得到一双鞋。村吏家中办喜事时，他必须为新郎、新娘做鞋子。作为报酬，他常被邀请吃酒席。

制绳匠 负责用植物纤维为村民制绳，也制造拴牛用的皮缰绳；还负责供应扫帚，由用户提供原材料。结婚仪式上，负责敲鼓，报酬是一些衣物和被邀请吃酒席。他常常要为村吏提供扫帚和藤制品。逢年过节，他们要在所有村民的门上做一个个吉祥的装饰物，象征一年有好运气。

村神祭司 在举行祭祀的仪式上，负责亲手把鲜花和酒献给神明，清扫庙宇并向上涂牛粪。村里有人结婚时，他一定要去参加，为婚礼祈祷、诵经，并提供一种树叶做的大浅盘。他的报酬是一件上衣，或其他一些津贴，或在四天的婚宴期被邀吃酒席。

水夫 负责用容器为游客和婚礼运水，报酬是一件上衣，或被邀吃酒席。他还负责点燃神庙里的灯，并经常打扫。举行全村规模的宗教仪式或大型节日时，由水夫供水。平时，他必须为村头人帕特尔或其他村吏担水。

村看守 村看守出身于当地一个达利特种姓——马哈尔，属于不净的人，因此一般都住在村外。每个村落视规模大小，设 5—50 个村看守不等。他们虽出身卑贱，但在村落社会中有十分重要的地位。他们世世代代为村落服劳役，什么杂活都干。村看守最重要的责任是保卫村落边界，防止任何侵犯村界的事件发生。他须拥有村落所在地区的全部知识。当发生边界纠纷时，他的劝告一般具有权威性。他负责看守村落的大门，早开晚闭。他必须记住出入村落人员的情况，向村落头人帕特尔报告来村的客人。在具有一个以上的村看守的村落，村看守之间还须分工："伽格利亚"（Jagalya），专门负责夜间巡逻；"塔拉拉"（Tarala），帮行人运送行李，将客人护送到下一个村落并兼做导游。还有一种信差，也由马哈尔担任，负责快速向村头人送信。村看守还要为婚礼提供薪柴、打扫婚礼用的厅堂，得到的报酬是衣物、纱丽、被邀吃酒席等。此外,他还有各种杂役,如为村头人家干活、割草、照料来客的马匹、到军队当马夫等。一些村看守可得到少量的免赋田。

四、村落的统治机构

随着马拉塔人反抗莫卧儿王朝的统治以及在马哈拉施特拉地区建立印度教政权,该地区村落的统治机构也经历了一个变化过程。在莫卧儿人统治下,村落统治是通过"麦吉利斯"(majlis)会议进行的。这种统治机构与土地占有联系较密切。麦吉利斯会议由三部分人组成:(1)村头人、村司书等村吏;(2)米拉斯达尔以及其他拥有土地所有权的人;(3)佃农乌普里。17世纪中叶马拉塔政权建立后,特别是在派施华统治时代(1714—1817),"潘查雅特"(五老会)制度越来越流行,麦吉利斯会议制度逐渐被遗忘。潘查雅特的构成以村吏为主,同种姓的联系较密切,而同土地占有的联系较淡薄。不过,麦吉利斯会议作为一个非正式的仲裁组织,仍发挥了一定作用。

潘查雅特虽被称作"五老会",但人员的构成并非一定是五人。一般来说,潘查雅特中下述几个职位是不可缺少的:村头人、村司书、村长助理(chaugvla)和村看守。

派施华统治时代,政府力量相对强大,政府对村落事务的干涉有所增强,但村落仍基本上是自治的,政府的干涉主要限于财政方面。在派施华下面诸多官员中,有一类专门管理村落事务的官员,叫"卡尔巴利"(karbhari),政府通过他们及其下属一系列官吏同村落发生联系。马拉塔政府连年对外征战,村落不断为其提供税收和兵源,卡尔巴利发挥着十分重要的作用。但即使在这种情况下,政府对村落社会内部仍未做太多的干涉。村落自己的统治机构仍基本上靠自身来解决村落中的司法、治安、经济和行政等问题。

帮助政府征税是村落统治机构的重要职能之一。征收田赋的过程大体是这样的:每年雨季开始时,地区官员请来各村村头人,通知他们今年仍像往常一样征收田赋。帕特尔便提交自己村落里可耕地和休耕地的数量，并答应努力协助政府完成征税。此后，村吏们采用各种办法，鼓励农民耕作，有时还向他们发放贷款，促使人们垦殖新田。到了收获季节，政府税吏在村头人和村司书的陪同下来到田里，视情况敲定赋额。这时，村长总是恳求赋额定得低些。经过一番讨价还价之后，最后确定下来。税吏走后，再由村吏同农户敲定每户分担的份额。到了收税的日子，村看守召集农户，到指定地点缴赋。一个有经验的人负责检验所缴钱币的真伪，由村司书记账、开收据。待赋收齐后，由村头人在村看守和村长助理的护卫下，送到政府税吏那里，并得到一张收据。为了征收到更多的赋税，最大限度地增加村落的可耕地、鼓励人们在村落中定居，成为村落统治机构的责任之一。每当灾荒、兵祸到来，大批农民死亡或逃离村子，这时村长常常采用各种办法鼓励人们回村，或以优惠条件吸引外来者进村耕种。即使如此，有时仍完不成征税任务。一旦拖欠税款，村头人可能会受到严厉惩罚。在战争期间，村头人还必须就全村人的忠诚向政府作保。

村落统治机构的第二个重要职能是执法。潘查雅特对所有民事案件有审判权。处理的案子有闯入别人的院子或住宅区、地界纠纷、债务、牲畜啃庄稼等。重大案子则交由政府处理。在调解村民纠纷时，以村长为首的潘查雅特常利用自己的影响和智慧，努力达成一个双方都满意的和解。当然，在处理民事案件时，依据的并非成文法，更多的是种姓印度教习俗。常用的惩罚手段有斥责、剥夺某种权利、罚请客、罚款等。村吏的调解失败后，案件便交给政府处理。不过，这种情况并不多。

维持村落治安是潘查雅特的又一重要职能。村头人帕特尔和村看守马哈尔，是维持村落安全的重要人物。村落自己安排防卫，以防止被土匪和军队洗劫。除了村看守，有时还设武装力量。这种武装力量一般是由附近的部落组成的。威胁村落安全的是从外村或山里来的盗匪，还有战乱时莫卧儿军队的骚扰和掠夺。如果有必要，村落统治机构还可要求政府派出"西班德"（Shiband，一种非正式步兵），但费用要由村民出。

村潘查雅特成员的基本情况是:

帕特尔(村头人) 这是潘查雅特最重要的成员,也是村落社会的核心人物。帕特尔权力很大,集行政、司法和财政权力于一身。他兼有初级司法员和警官的作用。对于政府,他是村落的代言人,代表村落同政府官员打交道,维护着村落的自治和村落利益的相对独立;对于村民,他又常常充当政府的代理人。他是村落社会同国家政府联系的媒介。

这个职务不是选举产生,亦非政府任命,而是由村中望族的头人担任,再由政府加以承认。他通常从政府那里获得一张载明他的责任、权力范围及报酬的委任书。他的职务叫"Mahajan",可以世袭,也可以出售给他人。帕特尔收入颇丰,马拉塔政权在马哈拉施特拉地区实行包收田赋制,把村落的田赋包给帕特尔征收,帕特尔从中渔利,中饱私囊。他除了拥有一块免赋田外,还可得到各种好处。例如,有的买卖帕特尔职位的契约载明,帕特尔每年向每个农户征收一定数额的庄稼秆,每块田收5色尔(约合4.7千克)的棉花,每个鞋匠收两双鞋,每个油匠收约合600克油,每块甘蔗地收一包糖、一罐糖汁,在祭神日子里,每个牧民收一头羊,每天向各杂货铺收一颗坚果,向菜农收蔬菜若干,向运货上集市的商贩收取一定费用,等等。除此以外,他还享有种种特权。例如,他可以占有村中绝嗣户的土地、享受村中的差役工匠无偿提供的产品和服务等。这些权利都受政府的承认和保护,但同时他也向政府承担着责任。他必须负责不荒掉每一块土地,在遇到饥荒、战乱,农民外逃时,他要迅速召回逃亡在外的农户。他必须最大限度地增加村落中的可耕地,想尽办法提高税收。如果承担赋役的农户无嗣,帕特尔负责将土地或出售给他人,或租给佃农,或归为己有。

库尔卡尼(村司书) 他承担村落里的记录、统计和会计工作,协助帕特尔处理村落事务,尤其是协助与税收相关的工作。他负责为每块土地命名,并记录每块土地的面积、质量、作物、产量、土地主人名称、赋率。此外,他还须备有村民名单及各农户的基本情况,供收税时用。村民买卖土地时，他要到场当证人、代写契约及收据等。充任这一职务的人多出身于婆罗门种姓。这个职务在村落统治机构中很重要，仅次于帕特尔。对于村落里的许多重大事情，帕特尔都要同库尔卡尼协商解决。另外，他也同帕特尔分担风险。有时，由于拖欠税款，库尔卡尼要同帕特尔一起坐牢。库尔卡尼这一职位可世袭，亦可出售。由于他一般出身于婆罗门种姓，所以往往兼任村落的祭司和占星家。他享有的权利有拥有免赋地、向村民征收实物和一定数额的现金，不过同帕特尔相比，数量要少些。据一份买卖库尔卡尼职位的契约记载，他有如下的报酬和权利：

（1）政府赠送的头巾，有权在帕特尔接受之后接受；

（2）在宗教节日，乐队到帕特尔家演奏后到库尔卡尼家演奏；

（3）向每个油匠每天收取约600克的油；

（4）接受每个鞋匠一双鞋；

（5）水夫在向帕特尔送水之后向库尔卡尼送水；

（6）每个节日向每个农户收柴草一捆等。

乔古拉（村长助理） 他的地位排在库尔卡尼之后，是帕特尔和库尔卡尼的助手。他的职责主要是帮助收税、帮助库尔卡尼记录、保管收来的税款，再和马哈尔一道把税款送到政府等。有时，田赋是以实物缴纳的，他便负责看护存放物品的仓库。他的职务特点与帕特尔相似，故称为村长助理。他要帮助帕特尔尽量扩大村落土地、增加税收等。他有权享用缴纳田赋后政府赠送的礼物，也像帕特尔和库尔卡尼一样，享有各种权利和报酬，但享用的种类和数额比他们要少些。

马哈尔（村看守） 其情况前面已叙及。

五、种姓组织

村落里的人们属于不同的种姓和亚种姓集团。这些种姓多数有自己的独立组织，以承担司法、共食限制等职能。种姓组织的名称有哥塔（Gota）、金亚提（Jinyati）、戴瓦（Daiva）等。种姓组织有自己的头人，头人有各种名称，如帕特尔、摩克丹（moqadam）、麦赫特拉

（mehetra）。还有一种叫乔古拉斯（chougulas）的头人，可能是种姓头人的助手。麦赫特拉是村落工匠的头人，一般来说，种姓头人都由种姓中有威望的长者担任。头人的职位似乎可以世袭。关于这些职务的产生和变化情况，我们知道的不多。

种姓头人享有一些权利和报酬。例如，当种姓中有人结婚或有其他喜庆之事时，他可得到一件外套（shela）。这种报酬有时以现金的方式支付。他还享有免缴房屋税、牲畜税等权利。最重要的是，他拥有司法权力，有权对种姓成员间的纠纷做出裁决，并对违反种姓法规者施以处罚。不过，种姓头人的这种权力似乎不是完全排他性的，在处理较重大案件时，他必须召开种姓会议，进行调查并同其他人商议，否则，他会遭到种姓成员的反对。例如，孟买的阿格利·库纳比（Agari Kunabis）种姓曾对他们的头人麦赫特拉提出控告，抗议他不经商量便允许接纳一个达利特。由此看来，种姓纠纷通常是由种姓头人领导下的种姓会议裁决的。种姓会议又称"阇提萨巴"（Jatisabha）。

阇提萨巴是如何组成的？它在处理案件时遵循怎样的进程？对于这些，我们知道的不多。马拉塔、瓦达瓦拉、阿格利、卡尔哈德等种姓组织在举行会议时，一些受人尊敬和有影响的人物聚集在种姓头人的房子里，对案件做出审理。但具体怎样审理，不得而知。乔尔和雷丹地区的帕坦·普拉卡种姓会在他们自己人当中解决种姓纠纷，从不把他们的争端交给地方行政长官迪万（Diwan）来处理。人们在会议上解决纠纷，最后裁决一般由长老做出。但人们处理种姓纠纷的方式在发生变化：新一代的成员并不太尊重长老，他们常常把纠纷交由地方行政长官迪万处理。结果，种姓会议逐渐丧失了权力。

有的村落中某一种姓成员较多，种姓组织的范围以村落为限。但也有许多种姓组织是跨地区的。一般来说，某一小地区的种姓会议只能调查处理发生在它们地区内的不太重要的案件，较重大的纠纷必须交由大地区的种姓会议来处理。尤其是那些与"净化"和接纳外种姓成员有关的事件，必须提交整个种姓组织批准通过。有这样一个例子。浦那的裁缝种姓允许恢复一个因同低种姓成员结婚而被开除种姓的人的种姓资格，遭到萨斯瓦德地区的裁缝种姓的反对。理由是，这个决定是浦那的裁缝种姓私下做出的，未经萨斯瓦德地区的种姓组织通过。不过由于交通不便，较大地区的种姓组织集会讨论种姓事务遇到不少困难，所以，多数种姓纠纷是在小地区（如一村或相邻的数村）的种姓组织中解决的。婆罗门种姓有些例外，这个种姓似乎没有小范围的种姓组织，他们的纠纷通常须提交婆罗门大会裁决。婆罗门大会都设在一些重要的圣地，如 Karhad 和 Pandharpur 等。对于这些圣地的婆罗门，传统赋予他们很大的权威，可通过会议裁决各地婆罗门的纠纷，并处理与宗教权利、种姓法规及苦行等相关的一系列问题。这种婆罗门会议是在印度教大法官、有威望的婆罗门"达摩迪卡利"（Dharmadhikari）的领导之下。

种姓会议可以对违反种姓法规者采取各种处罚措施。轻者罚款、罚请吃酒席，重者则开除种姓。对一些严重违反种姓规定的行为者，如与低种姓通婚或共食、宗教节日不举行仪式、杀人或杀母牛等，都应开除种姓。被开除种姓的人不得再与原种姓的人通婚或共食，其他种姓的人，如理发匠、洗衣人等也停止对其服务，祭司则不再进他的房子为他举行宗教仪式等。开除种姓是一种极严厉的惩罚，因为根据印度教教义，一个人丧失了种姓身份，便丧失了来世"解脱"的资格，来世就不会转生为人，他必须经过极端的苦行或极严格的宗教赎罪方式，才能恢复种姓身份。不过，这种惩罚手段主要是宗教方面的，而不是社会方面的。种姓同印度教紧密联系在一起，大多数对冒犯种姓法规者的惩处，是基于宗教理念。按照印度教规定，冒犯种姓法规的行为会带来宗教上的"污秽"，而这种污秽只能依靠宗教上的赎罪来洗净。一个种姓不能容忍一个犯有冒犯罪的成员，除非他已通过宗教赎罪而使自己洁净了。

从理论上讲，种姓组织"哥塔"与村落统治机构"潘查雅特"具有不同的职能：前者主要处理一些与宗教有关的案件，作用是保持种姓的纯洁；后者主要处理行政、税收及治安方面的事务，作用是维持村落社会的秩序。但在实际中这两种组织是怎样具体地运作以及二者之间是怎样的关系，由于材料太少，我们不是太清楚。有材料表明，尽管种姓纠纷一般交由种姓会议处理，但最后决定却由潘查雅特做出，这说明这两种组织有一致性。有一个案例说明了这个问题。一个叫西坦克·马哈尔（Sidanak Mahar）的人，当他离家到那格浦尔服兵役时，一个叫索南克（Sonanak）的人勾引了他的妻子，他将案件提交卡斯巴·奈特（Kasba Nate）地区的种姓会议裁决。会议判定索南克应当归还西坦克·马哈尔的妻子，但索南克拒绝归还。双方打官司到政府，政府下令召开贾瓦利县的两个马哈尔种姓（Vatandar Mahar 和 Mirasi Mahar）会议处理此事。事情的结果并不重要，重要的是：主持召开种姓会议的人员事后向政府报告说，此案的最后决定是由潘查雅特做出的。

有些材料表明，种姓会议和村落潘查雅特的作用，在马拉塔政权的早期和晚期发生了一些变化。马拉塔政权早期，种姓纠纷似乎是通过种姓会议这种非正式组织解决的，而在其晚期（派施华政权时期），种姓会议逐渐由潘查雅特所取代，越来越多的种姓纠纷是由村落潘查雅特解决的。在很多情况下，哥塔同潘查雅特的职能很难区分开。

许多种姓组织或种姓会议，不仅处理与宗教有关的案件，还力图通过各种办法维护其成员的社会和经济利益。例如，有一个县的玛利（Malis）种姓的头人，向政府当局提出抗议，反对德什穆克（政府税吏）向他们强行摊派劳役。种姓组织也处理一些明显属于村落或地方政府权限范围的事务。例如，一个妇女再婚了很长时间，她的被认为已死去的前夫突然出现，要求她回到自己身边来。种姓会议为解决此事做出了决定。再如，一个石匠的女儿与其父母一起被开除种姓多年，在她恢复种姓以后，也一直未同离了婚的前夫重新结合，于是哥塔便张罗着她与前夫复婚。在这种情况下，种姓组织同村落潘查雅特组织的职能已没有什么区别。

种姓组织的权威也受到国家政府的承认和保护。印度教的政治思想传统历来认为，国家和国王是种姓秩序的保护者，国王有责任促使每个种姓恪守其"法",并对那些违抗种姓者施以处罚。马拉塔政权历代派施华(首相)都是大婆罗门出身,这本身便说明了政治与种姓、政治与宗教的一致性。婆罗门出身的派施华政权,依靠古代传统,在需要的时候干涉种姓事务。派施华巴吉拉奥二世时期(1740—1761)曾发布命令,禁止婆罗门接受新娘礼品,因为它违反婆罗门之法,并监督、惩罚了几个违抗命令者。由此看来,种姓组织在行使其职能时,常得到政府的合作。而且,政府权威通常是种姓纠纷的最后仲裁者。一般说来,种姓纠纷在提交政府之前,先由"法会"(Dharmasabhā)等宗教组织以及"婆罗门大会"来裁决,最后由政府加以承认。以被开除种姓者恢复种姓地位这种事情为例,可以看出政府、宗教、种姓这三种力量的结合。恢复种姓地位的仪式叫"哥泰"(Gotai 或 Gotapata),一个被开除种姓的人要恢复身份,所要经历的大体程序是:接近他所属的种姓组织,请求宽恕他的罪过并提出恢复种姓地位的要求。如果种姓组织同意他的要求,种姓头人便向政府和宗教权威请求为他洗罪。政府、宗教权威及种姓组织进行商议,倘若同意这个要求,政府便向住在宗教圣地的婆罗门发布命令,要他们准备赎罪和净化仪式,然后通知该地区官员,让当地的种姓组织准备恢复被开除者的种姓身份。宗教权威在为被开除者举行赎罪和净化仪式之后,也以同样的方式通知种姓组织,以证实此人的罪过已被"洗净"。此后,要求恢复种姓的人还必须请哥塔所有成员吃一顿"种姓饭"(caste dinner)。种姓饭是一个宣言,宣告他已得到净化,重新回到种姓之中。最后,哥塔还要开一个本种姓成员大会,以宣布此事。这个过程表明了政府、种姓和宗教三者的一致性。

六、种姓实践与社会紧张

马拉塔政权是印度教政权,婆罗门种姓的至高无上地位,以及对低种姓和达利特的种种歧视,都受到法律保护。特别是在 18 世纪后期,派施华政权对婆罗门及其理论的推崇更是到了无以复加的地步。此时的婆罗门不仅占据了政府多数重要职位,而且还获得了其他人所没有的种种特权：他们的货物可以被豁免某些捐税，他们运输的粮食无须缴纳任何船舶税，他们缴纳的田赋也明显少于其他种姓。学习、研究吠陀经典并据其举行宗教仪式，是婆罗门的特权之一，首陀罗是不得学习《吠陀》的，他们的宗教仪式不是依照吠陀经典而是依照《往事书》之类。倘若首陀罗侵犯婆罗门的这一特权，要受到严厉惩罚。例如，有一个村落的金匠，由于根据《吠陀》举行宗教仪式，受到了割舌头的惩罚。婆罗门并不满足于自己在宗教礼仪上的最高地位，还通过种种手段，建立他们在社会和经济方面的最高地位。为此，他们不仅要求各种民事和宗教特权，同时还顽固地维护对低种姓和达利特的歧视，对他们进行剥夺。

不可接触种姓分两种情况。一种是相对的达利特，即一个种姓被一些种姓认为是不可接触的，但被另一些种姓认为是可接触的。这种情况适用于那些界限一直模糊不清、常常为种姓地位争执不休的中间或低种姓；另一种是绝对的达利特，他们无论在什么地方、对于任何种姓，都被认为是达利特。拉摩什（Ramosi）、马哈尔、芒戈（Manga）以及多尔（Dhor）等种姓均属于此类。他们是几乎被剥夺了所有权利的集团，甚至不得与其他种姓住在一起，只能住在村落围墙之外。马拉塔政府晚期的首都浦那城曾规定，从下午3点到第二天上午9点，马哈尔达利特不得进城，因为这段时间人投在地上的影子较长，他们的影子会玷污其他高种姓。他们外出时必须在胸前挂一陶壶，将唾沫吐在里边，因为他们的唾沫被认为会污染别人。他们必须手拿树枝或扫帚，把他们走过的地方（被认为脏了）打扫干净。被达利特摸过的物品，都被认为是脏的，木制品要烧掉，陶制品要打碎，金属制品要放到火里烧一烧，无法毁掉的木制品（如门、窗等）应经过刮、刨、洗等办法净化。有一个婆罗门家庭雇了一个女奴（batik）干活，一日，主人忽然发现该女奴出身不可接触种姓，婆罗门一家立刻感到受了莫大的污染和侮辱。他家的所有成员，甚至连到他家吃过饭的客人，都要洁身洗罪，所有家什都要进行"净化"处理，以使其恢复原来的洁净状态。不仅如此，还要在屋里屋外挖地三尺，用挖出的土垫牛圈，让圣洁的牛在上面踩踏，以求去污。

达利特被剥夺了许多社会权利。马哈尔达利特无权享受村祭司（一般是婆罗门）主持的结婚仪式，这种工作只能由他们自己的祭司承担。马哈尔、卜达尔卡尔（Budhalkar）以及格达西（Ghadasi）等种姓不能接受村理发匠的服务，因为理发匠会被他们玷污。他们也不能同印度教徒在一个水井里取水。许多达利特住在村外的小屋里，靠搬运和清扫为生，过着非人的生活。

第二代派施华巴拉吉·巴吉拉奥在位时期（1721—1740），曾制定条例，不允许首陀罗和达利特进入婆罗门的圣陵，他们也不能进入神庙。印度教圣地那西克（Nashik）的特里姆巴克什瓦尔（Trimbakeswar）神庙明确规定，一个首陀罗如进此庙当罚1000卢比（但后来豁免了）。有一个出身马哈尔种姓的圣徒的陵墓，由于靠近一座婆罗门的圣陵，派施华政府便下令禁止马哈尔去祈祷，以防止到婆罗门圣陵来祈祷的婆罗门受到污染。当婆罗门与首陀罗发生争执时，政府总是站在维护婆罗门的立场上，剥夺首陀罗的许多宗教和社会权利以示惩罚。首陀罗不仅被禁止举行祭祀仪式时使用吠陀经典，而且不得用米饭团来供奉他们的祖先。如果碰巧他懂得一些吠陀经典，那么绝对不能讲出来，因为首陀罗和达利特吟诵吠陀经典被认为是对神明的最大亵渎，是一种十恶不赦的罪恶。他们永远不得向神祈祷，必须用吻脚的方式问候别人。对达利特的种种剥夺和限制，自然都是根据婆罗门的理论。这种理论有很大的随意性，婆罗门常常以实用主义的态度对古代经典做出符合自己利益的解释。一端是具有至高无上的礼仪和社会地位的婆罗门，另一端是受剥夺的达利特，二者之间的紧张一直是存在的。这种紧张有时发展成婆罗门同达利特乃至许多首陀罗种姓成员之间的纠纷甚至冲突。不过，这种紧张由于下述两个原因常常得到缓解：第一，根深蒂固的印度教教义。按照这种教义，人现世的一切，不论地位高低，是穷是富，都是由前生的行为所决定，并且你现在的地位，只有来世才可能"解脱"，或者变得好一些，也就是说你要甘于你现在的地位。这种思想受到婆罗门的热烈鼓吹，达利特也深信不疑。第二，达利特并不是一个统一、团结的阶层，他们分成许多相互排斥的集团，甚至一部分人会认为另一部分人"污秽"而不愿同他们接触。这使得婆罗门与达利特之间的紧张关系不至于发展到社会规模的冲突。

紧张关系还不仅限于婆罗门与达利特之间，中间种姓的地位之争也很明显。例如，村落里的卡萨尔（Kasar）和瓦尼种姓经常争论谁有资格享受婚礼队列通过市场区的特权；以陶工种姓（Kumbhar）为一方，以木匠种姓（Sutar）、卡萨尔和铁匠种姓为另一方，会争论谁的新娘新郎结婚时能够骑马；等等。事实上，这类为了资格、特权和地位高低的争吵，通常是种姓间的紧张和纠纷的最大根源。随着马拉塔国的建立和扩张，种姓成员获得很多新的机会。个人可通过战斗勇敢、战场立功以及对被征服地区的抢掠，改变自己的社会和经济地位，种姓的影响相应减小了，这使得种姓间的地位之争及种姓地位变动更为激烈。那些来自低种姓而获得了较高社会地位和较多财产的人，自然要求提高他们的礼仪地位。马拉塔帝国的创始者西瓦吉的种姓地位的变化就是一个很好例证：他原属地位低微的种姓，但因屡立战功而扩大了影响，在称王加冕时婆罗门祭司便宣布他为刹帝利。

第八章 种姓制度的变化

印度的种姓制度是一个历史悠久的社会现象，对于印度社会和文化的形成发展产生了深远的影响。在现代社会，随着印度经济和政治的变革，种姓制度也在发生巨大的变化。在这样的背景下，研究印度种姓制度的演变成为一个备受关注的话题。本章将探讨印度种姓制度的变化，并尝试分析其背后的原因和影响，以期读者更加全面深入地了解。

第一节 近代以来种姓制度的变化

自近代西方资本主义侵入印度以来，印度社会出现了下述一些新的因素：政治疆域的统一，铁路、公路及现代交通工具的使用，现代意义上的土地私有制的确立和发展，工业的发展及由此带来的城市化，农业中经济作物的种植及商品经济的发展，近代西方行政制度的建立，西方政治及司法制度的输入，通信、邮政事业的发展，现代教育的发展和某些西方价值观的渗透，等等。在这些因素的综合作用下，传统的种姓制度受到了严峻的挑战，发生了缓慢而复杂的变化。大体说来，这种变化包括两个方面：一方面，种姓已经丧失并且仍在丧失某些传统的职能，传统的种姓制度呈衰落趋势；另一方面，种姓仍是今日印度教社会的重要因素，它还在各方面支配着人们的生活，而且，种姓同一些新的因素结合在一起，产生了一些新的特点。把握这种变化的总特点和趋势，对于理解当代印度教社会无疑十分重要。

一、职业的变化

现代工业的发展破坏了旧的以种姓为基础的分工体制。在机器产品的冲击下，村落中一些传统职业无法维持下去了。例如，制造和修理牛车的木匠，竞争不过城镇的车辆工厂，不得不放弃木匠职业。机器生产的陶制品和金属餐具进入村落，村里不再需要那么多的陶工了。机织棉布挤垮了传统的手工纺织业，许多纺织种姓失业……丧失了传统谋生手段的这些人，一部分进了新建工厂，多数则从地主那里租来土地，转为佃农，还有一部分成为无地雇工。资本主义生产关系的发展摧毁了一些旧的行业，也创造了一些新职业。在这种情况下，种姓对职业的种种限制难以维持。在城市近郊地区，进城和外出工作的人越来越多，种姓对职业的限制松弛得更厉害。即便是远离城区的地方，突破旧的限制、从事新职业的人也越来越多。

为了获得一个具体的印象，这里举出 E. A. H. 布仑特和 N. K. 鲍斯的研究例子。

布仑特对 1911 年国情普查报告做了统计研究之后发现，北方邦北部许多种姓并没有从事自己的传统职业。从事传统职业的人数占该种姓总人数的比例是：清洁工和金匠为 76%；糖果制造者、粮商为 60%—74%；木匠、油匠、理发匠和陶工为 50%—59%；鞋匠、酒商只有 10%；婆罗门从事祭司职业的只有 20%。他指出，不从事自己种姓的传统职业，是由于人们对传统制品和服务需求的降低。[①]

社会学家 N. K. 鲍斯在 20 世纪 50 年代对西孟加拉邦伯布姆县贾吉格拉村的调查，为我们提供了更为详细的材料。他把该村种姓的户数、人数及其传统职业和当时从事的职业列为一张表，见表 8-1。

---

① P. Kolenda, *Caste in Contemporary India: Beyond Organic Solidarity*, Rawat Publications, 1984, pp. 51-54.

表 8-1 种姓的职业变化

种姓名称	户数	人数	传统职业	现在职业
"污秽"种姓				
穆芘	65	352	鞣革、制鞋	无地雇工
布依玛里	40	150	擦洗、清扫	沿袭传统职业、无地雇工,两人是土地所有者
弗玛里	7	25	园艺、献花者	无地雇工
拉吉巴姆西	10	35	船工、农业	无地雇工
巴尔	12	35	手工脱谷、劳工	沿袭传统职业
马尔	80	400	农业	沿袭传统职业
孔奈	15	350	农业	沿袭传统职业
鲍利	1	5	农业	沿袭传统职业
多姆	5	20	竹匠（编筐）	沿袭传统职业
科拉·桑特尔	25	65	掘地劳工	沿袭传统职业
杰尔	11	55	渔业	沿袭传统职业,两人是土地所有者
多巴	2	10	洗衣	沿袭传统职业
"洁净"种姓				
戈拉	8	25	牛奶贸易、养牛	沿袭传统职业、务农
沙哥普	5	10	农业	无地雇工
库摩	4	10	陶工	沿袭传统职业
卡玛尔	6	20	铁匠	沿袭传统职业
库塔尔	1	5	木匠	沿袭传统职业
奈皮特	7	50	理发、修面	沿袭传统职业
伯尼	2	5	香料贸易	贸易、务农
巴来	40	200	种植槟榔和葡萄	大部分沿袭传统职业,两人开杂货铺,三人是不熟练的内科医生
巴特	2	10	—	办事员

（续表）

种姓名称	户数	人数	传统职业	现在职业
卡雅斯塔	28	120	办事员	办事员，两人是内科医生，一些人失业
高种姓				
拉其普特	4	15	士兵	无地雇工
恰特里	6	15	士兵	务农、办事员
婆罗门	30	150	祭师、教师	务农、办事员，一人是内科医生，一部分人无业
格拉哈卡亚（婆罗门）	1	5	占星家	沿袭传统职业
维迪亚	12	50	行医	务农、行医、办事员，一部分人无业
百拉基（乞丐）	5	15	游方僧	沿袭传统职业，一人务农

资料来源：A. R. Desai, *Rural Sociology in India*, 4th ed., p. 328。

对表 8-1 做一番简单的归纳、计算，我们可以得出下列一些数字：完全改变职业者有 8 个种姓，580 人，约占该村各类目的 29%、人口的 27%；部分改变职业者有 7 个种姓，615 人，约占种姓各类目的 25%、人口的 28%；仍从事传统职业者有 12 个种姓，975 人，占种姓各类目的 43%，人口的 45%。

由于印度各地情况千差万别，我们无法得出整个印度种姓职业变化的具体数字。布仑特和鲍斯提供的虽是局部地区的情况，但其中反映的趋势却具有普遍意义。

职业的变化引起了传统的贾吉曼尼制度的衰落。前文（本书第二章第二节）业已指出，贾吉曼尼制度是一种超经济的强制形式，在这种形式下，低种姓依附于高种姓，前者世代为后者提供各种服务，并接受一定的实物作为报酬，服务不计量，内容也不固定，报酬一般也是不计量的，并主要以实物支付，依附种姓同高种姓结成一种固定的"主仆"关系。商品经济渗入村落以后，这种关系开始改变。北方邦卡拉普尔和拉吉普尔村的例子为我们提供了传统的贾吉曼尼制度衰落的生动图景。

过去卡拉普尔村的高种姓雇主("贾吉曼")拉其普特人,经营甘蔗种植,生产的甘蔗由处于依附地位的榨糖种姓榨糖,作为报酬,拉其普特地主则付以一定数量的粗糖,并将糖渣给仆工们喂猪。这种关系是固定的,不知延续了多少代。但自从村里建了一座糖厂以来,情况发生了变化:拉其普特地主不再自己榨糖,而是将甘蔗卖给糖厂,榨糖种姓无事可做,他们同拉其普特地主的老关系宣告瓦解。更重要的是,自建立糖厂以来,地主减少了粮食种植面积,把大部分土地用来种植甘蔗,因而支付给仆工们的报酬也由粮食改为现金。此外,20世纪50年代中期,高种姓院里开始安装水泵,因此不再需要担水人了,担水种姓不得不离村到城里谋生。村里出售的机制鞋子、剃刀和各种纺织品,削弱了鞋匠、理发匠和纺织匠人在村落中的作用,那种固定的"老板—顾客"关系被认为是过时的东西而不再受重视。一些雇主经常自己干过去由仆工们干的活儿,例如,有的雇主自己理发和做木工活儿。

根据 J. 埃尔德在 1955 年对拉吉普尔村的研究,在原先贾吉曼尼制度下为高种姓服务的 186 人中,只有 7 人(6 个木匠,1 个理发匠)全天为贾吉曼干活儿。其余人的情况是:12 个理发匠、2 个梳棉工和 2 个油匠部分时间为贾吉曼干活儿,部分时间务农;74 个贾吉曼尼仆工成了纯粹的农民,47 人在新建糖厂工作,6 人在铁路上工作,1 人在火车站当水工,4 人是零售商,2 人在糖厂附近开设了一个木工铺子来修理来往送甘蔗的牛车,1 人当了汽车清洗工,21 人当了小贩(大部分经营食品),1 人当了面粉工人,5 人失业,1 人情况不明。①

伴随着职业的变动,出现了较频繁的地域间人口流动。如前所述,传统种姓制度带有明显的地区性特点,除婆罗门种姓和达利特两个集

---

① 转引自 P. Kolenda, *Caste in Contemporary India: Beyond Organic Solidarity*, Rawat, pp. 51-54。

团遍布全印度外，某一种姓集团一般集中居住于某一特定地区。20世纪末，印度的这种情况有了变化。如果说政治上的统一为人口的地域间流动排除了政治上的障碍，那么，道路和公路则把原来处于孤立状态的村落联系起来了，那些在村落中失去了传统谋生手段的人，现在则比较容易到城市或外地谋求新职。有的社会学家把人口流动的程度作为衡量社会现代化的一个重要标准，用这个标准衡量，印度的人口流动远没有达到"自由流动"的程度，但自19世纪开始印度村落中外出谋生和迁居外地的人日益多了起来。根据凯思林·高夫的报告，自19世纪以来，孔巴村新迁入15个新种姓。① 盖瓦德的调查报告也证明，塞下吉利哈里村有15个达利特迁入，同时，该村每年约有25个农业雇工在收获季节到外地做工，约有25人已经永久性地在外地定居。②

不言而喻，种姓职业的改变和地域间人口流动，在近代以前的印度社会里也不是没有。种姓法规还没有严格到绝对不允许改变职业的程度，当某小区域内某种手工产品或服务供大于求时，或者因战争、饥荒等情况无法从事传统职业时，一部分种姓也常常改从他业，也会出现从战乱地区到安定地区、从贫瘠地区到富庶地区、从已开垦地区到新开垦地区的人口流动。但同近代相比，传统的种姓职业变动和地域间的流动至少有下述几点不同：（1）一般说来，近代以前的职业变动和人口流动是在分工体制未发生根本性改变的情况下出现的，近代的人口流动则伴随着某些行业的衰落或灭亡。也就是说，前者是一种自然调节，后者是一种结构性的变化。（2）近代以前的职业变动是零散和小规模的，而且劳动者的报酬形式、劳动者的地位没有根本变化，近代的职业变动则伴随着报酬支付形式的改变（由实物变为现金）和劳动者独立性的增强。（3）近代的职业变动和人口流动通常伴随着种姓实践和种姓意识的弱化，而近代以前的则一般无此变化。

随着工业化和商品经济的发展而出现的由农村向城镇、由农业向

---

① 陈洪进编：《南印度农村社会三百年——坦焦尔典型调查》，黄思骏、刘欣如译，第72页。

② 参见 R. Dore and Z. Mars, eds., *Community Development*, Unesco/Croom Helm, 1981。

非农业及村落之间的人口流动，应当说是所有发展中国家现代化过程中的共同现象。但在印度，这种现象尤因以种姓制度衰落为背景而特别引人注意。种姓的各种规定，是以人们有限的活动范围和相互熟悉为前提的，这些条件改变后，种姓的各种法规及种种人身限制就会松弛。随着人口流动的增加，人们活动范围增大，视野更开阔，种姓的闭塞性和排他性会进一步减弱。

二、贾吉曼尼制度的衰落及其影响

职业的变化和人口的流动，使传统的贾吉曼尼制度衰落了。特别是在靠近城市的地区，那里的商品经济发达，人口流动量大，故而旧的依附关系松弛得厉害。在这些地区，贾吉曼尼制度或者绝迹，或者仅存一些残余。商品经济就像腐蚀剂，不断腐蚀着村落社会，把罩在传统贾吉曼尼制度上的那层温情脉脉的面纱无情地扯去，使其变成赤裸裸的金钱关系。不过，这是一个极缓慢的过程，并且各地区情况也不同。大体说来，传统的贾吉曼尼制度发生了以下几个方面的变化：（1）依附种姓对主人的服务，由过去不计时日正逐渐变为计算时日。（2）服务内容，由原来的无所不包正在变为有明确的项目。（3）过去那种以不计量的实物支付报酬的方式，正越来越多地为货币工资所代替。（4）依附种姓对高种姓的人身依附有所减弱，他们有了更多的选择余地，"主仆"之间的"默契"减少了，围绕服务内容、时间及付酬方式的讨价还价和各种纠纷增多了。总之，可以说，贾吉曼尼制正在朝着一种较自由的现代雇佣关系的方向变化。

当然，印度各地情况很不一样。在印度独立后，有的地方仍完整地保留着贾吉曼尼制度。事实上，如前文指出的那样，即便是在那些贾吉曼尼制度衰落得厉害、较自由的雇佣关系和租佃关系已占优势的地方，仍能看到传统制度的影响。但贾吉曼尼制度确实是在衰落，这是我们考察印度社会结构时必须充分考虑的一个重要因素。

贾吉曼尼制度的衰落导致了种姓结合的松弛，从而使种姓集团间的对立和矛盾加剧。如前所述，在传统的乡村社会中，贾吉曼尼制度像一根纽带，把本来具有隔离和对立特点的各种姓集团捆绑在一起。当这根带子松弛以后，种姓集团之间的离心力增大了。那些原来处于依附地位的低种姓和达利特，有的在新的经济机会中增强了经济实力，有的在新的政治体制下加强了影响力（低种姓人数较多，在选举中占有优势），或者有的既增强了经济实力又提高了政治影响力，从而他们在社区生活中的地位得以提高，摆脱对高种姓的依附而独立的力量得以加强。像往时那样忠诚地为主人服务、为主人干活的人少了。即便仍有仆工为老雇主服务，雇主们也感觉到，仆工已大不如从前，变得越来越难驾驭，不能再用老办法对待他们了。在过去，服务种姓很难摆脱对贾吉曼（雇主）的依附，因为离开贾吉曼他们很难独立。另外，贾吉曼也不轻易解雇服务种姓，因为每一服务种姓都有自己的组织和对职业的严格规定，代替被解雇的服务种姓通常会受到种姓组织的惩罚；也因为解雇他们后很难找到代替者，而贾吉曼自己又不愿（或不被允许）干这类事情。贾吉曼尼制度衰落以后，种姓组织丧失了大部分惩罚其成员的权力，改变职业或服务对象比较容易了。城里新的机会吸引着人们，职业的多样化为原来的依附种姓提供了更多选择的机会，因此他们不再像过去那样对雇主毕恭毕敬了，讨价还价乃至冲突的事件比过去大大增多。安得拉邦沙米尔培特村一个属于地主农户的人，道出了种姓关系松弛的情况："在以前这些低种姓的人知道他们所处的地位，行为规矩。我们的关系是亲密的。我记得一个理发匠的儿子，要称我们伯伯、妈妈，犹如一家人。虽然彼此保持种姓间的距离，但是互相信任的。现在情形变了。那些年轻的人不愿来工作，他们要到城市去，他们不满足于传统的报酬方式，因此有困难。"[①] 如果说20世纪50年代贾吉曼尼制的衰落已使处于依附地位的低种姓行为不那么规矩了，那么随后种姓结合的纽带进一步松弛，后果更是可想而知。

种姓关系的松弛给不同的种姓集团带来了不同的影响。对于过去

---

① 赵卫邦：《印度村社制度下的扎吉曼尼关系》，《南亚研究》1982年第2期。

的雇主（贾吉曼，大部分是富有的高种姓）来说，丧失了昔日受人尊敬的地位，在社区生活中的影响大大削弱。他们的命令不灵了，这使他们常常哀叹"人心不古"。那些原来处于依附地位的种姓"妄自尊大"、动辄讨价还价的做法，使他们十分恼怒，于是，他们决定组织起来，甚至武装起来，以保护或恢复他们正迅速消失的对农村社会的控制权。许多高种姓建立起自己的组织，并制订了减少对其他种姓的依赖、增强独立性、改善种姓内务的计划，想借此加强种姓团结，反击低种姓的侵犯。对低种姓和达利特来说，种姓结合的松弛给他们带来的影响是双重的。一方面，他们的独立性增强了，比以前有了更多的人身自由和选择余地。许多人敢于挺起腰杆讲话，甚至公开谴责过去他们主人对他们的不公正行为。另一方面，他们的生活也失去了保障和稳定。在传统贾吉曼尼制度下，一切都是固定了的，人们的生活可以预测，因而心理上也是稳定的；而现在生活中充满了不可知因素。在较自由的雇佣关系下，受雇者若不满意雇主的条件可以另寻高就，但他们既可能找到对自己更有利的雇佣条件而如愿以偿，也可能找不到雇佣机会而完全失去生活来源。印度大批无地雇工失业或半失业的严重问题就说明了这一点。据估计，今日印度约有一半以上的农村人口没有土地。① 诚然，一部分原来的依附种姓在贾吉曼尼制度衰落后利用新的机会增强了经济实力和独立性，但多数人并没有那么好的运气，这些人的社会地位和生活并未得到改善，有的甚至更糟了。对这些人来说，他们在失去锁链的同时也失去了保障和安全。因此，他们不仅痛恨旧的高种姓集团，也痛恨那些新富。旧的种姓结合的纽带松弛以后，新的纽带并未发展到足以维持人们密切结合的程度，这就使印度社会结构出现了不平衡。其主要表现为各种姓或集团间关系紧张、种姓对立乃至种姓暴力增长（这一点前一章已做叙述）。贾吉曼尼制度的衰落及由此导致的种姓结合的松弛，是理解印度社会各种矛盾和

---

① 转引自张讴：《眼中有粮，心里有神——真实记录我眼中印度农民罗姆的日子》，2022年4月23日，印度通微信公众号，https://m.huxiu.com/article/536662.html，2025年7月8日访问。

动荡的一把钥匙。

三、种姓传统的政治和司法职能日益丧失

种姓正在日益丧失其传统的政治和司法职能。

本书第五章指出，在传统种姓制度下，大多数种姓都设有正规的种姓会议，负责处理与本种姓成员有关的民事和刑事纠纷。这种权力中通常很大一部分应属于地方政府，但由于印度政治上长期处于分裂状态，国家力量薄弱，这部分权力便由种姓会议行使了。强有力的中央和地方政权的建立，逐渐削弱了种姓会议的司法和执法权力。不过，在英国人统治的初期，种姓会议仍是强有力的司法组织，以至于在审理案件时，政府不仅要征询当地法律专家的意见，而且要邀请有关的种姓头人出庭作证。但后来这种情况发生了变化，即殖民政府越来越多地独立审理案件而不顾种姓会议的反对。这主要是有两方面原因。一方面，在各种新因素的作用下，种姓自身的影响减少了，种姓法规不再像从前那样神圣了；另一方面，随着殖民统治的深化，种姓法规同殖民统治者利益的矛盾日益突出。种姓关于职务、财产世袭的原理，显然不利于新的资产阶级统治的建立，婆罗门和其他高种姓的种种特权也成了殖民主义者进一步掠夺财富、统治民众的障碍。资产阶级统治者越来越不能忍受这种职能的法律和法令。1876年，孟买管区高等法院规定，种姓会议若擅自插手地方法院事务，干扰法院案件审理，将受法律制裁。尽管这些法令同现实生活还不是一回事，但种姓的司法力量难免受到打击。它至少告诉人们：在种姓法庭以外，还有一种政府法庭力量的存在。这对于长期处于分裂状态、"国家""政府"概念极为淡薄的印度人来说，意义十分重大。

若进一步考察种姓司法的原则，我们便能理解上述冲突。种姓法规的基础是人的血统，即人的自然属性。在这种制度下，一件罪恶之事的性质和量刑，因犯罪人和被害人的种姓身份不同而不同。以侮辱罪为例，《摩奴法典》规定，辱骂婆罗门，刹帝利处100钵那罚金，吠舍处150或200钵那，首陀罗则处体刑；同是伤害罪，婆罗门杀死

一个首陀罗，只要作一次忏悔就行了，但若是低种姓杀死一个婆罗门，罪犯就要被投入火中三次。① 从种姓的立场来看，这种差别对待十分自然，因为人与人的差别正像人与动物的差别一样。但这与殖民者在印度确立政治统治时输入的司法原则——"法律面前人人平等"——相矛盾。在新的司法原则下，一件罪恶之事的性质不受当事人所属种姓的影响。一方面，英国人选用殖民政府官员时，重视的是财富、受教育（英语教育）程度和对英政府效忠的程度而不是种姓。同样，违犯政府法令，不管什么种姓出身，要一律惩处。另一方面，印度新兴资产阶级的发展，客观上也要求平等。例如，在传统种姓制度下，占有土地是某些高种姓的特权，低种姓即便有钱，也不能购置土地，这显然无法满足那些种姓地位不高但抓住新的机会富裕起来的人的要求。新建立的政府企图通过立法手段剥夺高种姓的特权和取消那些同资本主义发展直接抵触的种姓法规。1850年，英属孟买政府颁布《革除种姓歧视法》，不承认婆罗门和其他高种姓的特权，允许人们改信其他宗教和加入别的种姓，并规定，一个人在丧失了种姓或改变宗教信仰后，不丧失其基本的财产权利。1856年英属孟买政府审理的马哈尔少年诉讼案，可以说是一次资产阶级法律原则同种姓法规的直接冲突：一个达利特男孩被拒绝进入达瓦尔学校读书，男孩家长向法院起诉。经过两年时间的审理，政府终于在1858年宣布，所有政府资助的学校应向各种姓的人开放。不过，这时期的达利特的孩子还只能坐在教室外听课。1923年，孟买政府通过一项决议，不再向那些拒绝达利特子弟入学的学校拨款。从这时起，一些学校才允许达利特学生坐进教室。1925年，英属马德拉斯管区通过法令，宣布达利特和其他种姓一样，都有使用道路、水井、池塘和其他公共设施的权利。印度独立以后，统治阶级虽然未对种姓制度做直接批评，但在它制定的一系列法律中，不承认种姓特权。例如，《印度共和国宪法》规定，任何人不应因宗教、种族、种姓、性别和地域而受歧视（第15条），各种姓在国家机

---

① 《摩奴法典》，〔法〕迭朗善译，马香雪转译，第196、268页。

构和国营企业中都有均等的就业机会（第 16 条），废除不可接触制（第 17 条）等。自然，众所周知，所谓的"法律面前人人平等"司法原则的实质也是不平等的，归根结底只对有产阶级有利，但它相对于种姓法规不能说不是一种历史的进步。

如前所述，在考察新的法律原则对种姓制度的影响时，我们不能忘记这种法律原则所产生的实际效果。事实上，在英国人统治的一段相当长的时期内，新的法律对于现实是无可奈何的。载明人人平等的各种律令，在古老、顽强的种姓制度面前近乎一纸空文。尽管如此，对新法律实施的意义不可低估。随着工业的发展、城市的建立、人口流动的增加和低种姓独立性的增强，新法律原则对人们生活的影响越来越大，种姓作为一个司法组织的重要性受到削弱。凯思林·高夫报告说，过去孔巴村的婆罗门种姓会议，不仅处理本种姓成员纠纷，也经常审理低种姓中发生的案件。但是，后来低种姓中的纠纷不再交由婆罗门会议处理，有关土地权利、灌溉、污蔑、继承、债务或盗窃等的民事纠纷，婆罗门至多只能在征得当事人同意后充当仲裁人的身份，严重的纠纷都交由城市法院处理。该村的非婆罗门种姓大约在 20 年前成立了四个街道组织，新的组织不再以种姓为基础，而是按地区设立，各种姓代表都有，负责解决该地区较重大的债务、盗窃、通奸、边界、污蔑等纠纷，职务也不再世袭。[①] 我们掌握的许多其他材料也证明了这一点。在印度的现实生活中，种姓歧视、种姓迫害（尤其是对达利特）的现象虽然仍较严重，但利用新法律保护自己利益、谴责这种做法的人也越来越多。既然种姓差别、种姓歧视已不再受法律保护，高种姓对低种姓及达利特的迫害就不得不有所收敛。例如，在塞下吉利哈里村和甘纳尔村，当村里来了政府官员和参观者时，便不显示不可接触做法及对低种姓的歧视。[②] 在北方一些村落里，种姓差别只在宗

[①] 参见陈洪进编：《南印度农村社会三百年——坦焦尔典型调查》，黄思骏、刘欣如译，第 87 页。

[②] R. Dore and Z. Mars, eds., *Community Development*, pp. 290-292.

教节日时才体现出来。① 在一些经济发达的地区，传统的种姓会议已完全不存在，歧视达利特的做法也销声匿迹了。

大体说来，传统印度村落的政治统治有以下几个特点：（1）与种姓制度密切结合；（2）村落头人不是选举产生，而是通常由望族长老担任，并且世袭；（3）在解决问题时，通常采取一致通过的形式，做出的决定不得违抗。本书在第五章讨论印度乡村社会的权力构造时，已指出种姓制度在新实施潘查雅特制度后发生的变化，特别是选举制度的实行，使种姓的政治功能有较大削弱。新制度规定，村评议会应为表列种姓和表列部落保留一定席位，这为一直被排斥在政治机构以外的底层人开辟了参与政治的道路。新的村评议会在解决问题时，也由原来的一致通过的方式改为投票，这为不同意见的发表以及不同利益集团、不同派别的抗争提供了机会。在旧的村落统治体制中，一个种姓的礼仪地位的高低，对于能否获得统治村落的权力至关重要，但实行选举制度后，礼仪地位不再那么重要，而种姓人数、经济力量、种姓中受教育者的数目等因素越来越重要。因此，那些人口众多的低种姓和达利特集团，在政治生活中具有越来越大的作用。一些政党为得到他们的支持，答应执政后为他们在政府和其他公共机构中保留更多的席位，或给以政治、经济等方面的各种许诺。低种姓和达利特开始感到自身存在的价值，在同政党或政府进行讨价还价方面具有越来越大的能力。诚然，由于经济实力不足、内部缺乏团结等，在同高种姓的政治角逐中，低种姓和达利特往往处于不利地位，选举并没有从根本上改变他们政治上受排斥的地位，但他们能够理直气壮地同高种姓抗争，这本身就是种姓制度衰落的体现。对于个人来说，赋予每个成年人以选举权和被选举权，意味着不分种姓出身，每个人都有参与政治的权利。在村落竞选中，低种姓推出的候选人常利用其人口众多这一有利条件，同高种姓展开激烈竞争，这使得高种姓的候选人也不敢忽视低种姓和达利特的诉求。在有的村子里，种姓仍是选举的重要

---

① M. K. Pandhe, ed., *Social Life in Rural India*, India Book Exchange, 1977, pp. 74-75.

因素。R. 贾雅拉曼在对泰米尔纳德邦的科莱坡村进行政治调查后报告说:"传统的忠诚,如种姓的、血缘的和宗教的忠诚,在村落选举中仍发挥着决定性作用,尽管非传统的忠诚(如对政党的忠诚)也越来越重要。"[1] 在另一些村子里,传统的种姓力量已很微弱,而财富、社会交际能力、受教育程度以及在村民中的威望等后天条件似乎更重要。甘纳尔村时任村评议会主席 GB,曾同前任主席 PG 竞选村主席职位,GB 的获胜似乎同他的出身没有什么关系,而是因为在政府实行"土地限额法"以后,他帮助村里的达利特(占村人口的多数)获得了土地,还因为他"平易近人,能够听取别人的意见并乐于助人";而前任主席 PG 的下台,主要因为他对村民致富漠不关心,只关心自己的利益,特别是他脱离了村落中举足轻重的达利特集团。[2]

四、种姓实践和种姓意识的弱化

种姓制度衰落的另一体表现,是种姓实践和种姓意识的弱化。

按照印度教的观点,世界万事万物背后,存在着一个超现实、超常识、非人格的力量——"梵"。这个"梵"不生不灭、不可认识。它外在化的结果,生成日月星辰、山川河流、花草虫鱼、人类社会,也决定了人的生老病死、贫富尊卑。人类社会只是千差万别的自然界链条中的一节,社会中人与人的差别正像人与动物的差别一样自然,这就是种姓制度的神学基础。人的地位是可以变化的,但不是在今世,而是在来世。这种变化依据"业报"原理,十分"公平"。按照"业报"的理论,无论你现在是婆罗门还是首陀罗,是享福还是受罪,都是你前世行为的结果,而且你现在的行动正影响着来世。根据你现在行动的"善"与"恶",来世为尊为卑,或为人为兽,人就是处在这无穷无尽的轮回之中。因此,现实人生是痛苦的、无意义的,需要摆脱轮回,达到不生不灭的境地。要实现这一点,就要严守种姓之

---

[1] R. Jayaraman, *Caste and Class*, p. 81.
[2] R. Dore and Z. Mars, eds., *Community Development*, p. 284.

"法"（达摩），即各种姓固定的信仰、行为模式和生活实践。每一种姓都有自己的"法"，而且从理论上讲，"法"恒久不变，人若不严格遵守，将会从通往解脱的梯子上跌落下来，来世命运更为悲惨。"法"为每个种姓成员规定了固定的、极不平等的生活格式，而"业报""轮回"的理论又为这种格式提供了理论根据，极力说明对这种状况不应有什么不满。千百年来，这种思想通过史诗吟诵、神话故事、歌谣及各类通俗宗教作品，深深地渗透到亿万印度教徒的思想中。

然而，随着现代教育制度的建立和城市生活的兴起，印度教徒的生活态度起了一些变化，种姓实践松弛了，种姓意识也受到了一定程度的削弱。

首先，西方人的生活方式引起了印度人的模仿。随着殖民主义者一起进入印度的各种奢侈品，如各种昂贵味美的食品、饮料，漂亮的服装，豪华的宫室，新式车辆等，激起了印度人未曾有过的欲望。婆罗门经受不住各种物质财富的诱惑，开始放弃严肃的宗教誓愿、绝食、退隐森林、半裸体的修行和苦行生活，追求世俗享受。身上的传统印度服装由西装代替，他们也吃起西餐、住进豪华舒适的宫室。过去一些被禁止的食品，如洋葱、土豆、胡萝卜、甜菜等，也慢慢进入婆罗门的食谱。一些婆罗门改变了轻视体力劳动的思想，放弃了祭司职业，进工厂当了工人，有的则从事了从前不允许的农业。但是，时至今日，仍有一些婆罗门不管如何穷困潦倒，宁愿到饭馆当跑堂，也认为种田是卑贱之业而不肯务农。世俗的、理性的西方教育，使一些婆罗门对印度教徒追求的最高境界——"解脱"不再那么热心了，对"来世"的兴趣淡薄了，他们放弃冥想的苦行生活，转而用积极、世俗态度看待世界。英国人统治早期的许多政治家、思想家、社会活动家、大学教授、工程师等，都出身于婆罗门种姓，代表人物如达达拜·瑙罗吉、巴尔·甘加达尔·蒂拉克、贾瓦哈拉尔·尼赫鲁等。

婆罗门向世俗主义的转变意味深长。有的社会学家将这种转变称作"世俗化"（secularization）或"非礼仪化"（de-ritualization）。[①] 它

[①] D. N. Majumdar, *Caste and Communication in an Indian Village*, pp. 336–337。

不仅使人们对种姓之法的神圣性产生了疑问，还意味着婆罗门的礼仪地位发生了动摇。笼罩在婆罗门身上的圣光不见了，他们从半人半神的地位降到了普通人。许多关于种姓的报告都表明，印度婆罗门的地位大大衰落了。在一些极端的事例中，婆罗门出身不仅不再是一种骄傲，反而成为一种耻辱，他们在公开场合不敢说出自己的出身以免遭到斥责。① 一般说来，婆罗门在村落生活中的作用及在村民中的形象，都有不同程度的削弱。孔巴村的例子似乎具有普遍性。这个村的婆罗门过去既是村庙节日（印度农村最重要的宗教活动）的主持者，又有权处理低种姓发生的纠纷。可是现在，低种姓不允许婆罗门干涉他们的纠纷。一次，两户低种姓发生了冲突，少数婆罗门主张干涉，但多数人深知自己无力执行判决，竭力制止干涉。后来，纠纷由别的种姓头人解决了，婆罗门深知大势已去。事件结束后，转眼快到村庙节日了，婆罗门经过反复讨论，破天荒地决定不举办这次节日盛会。高夫写道，村庙节日是村落生活中一件非同小可的大事，"这个节日盛会不能举行是孔巴村历史上一个具有重大意义的转折点，这是种姓制度在现代社会力量变化面前崩溃瓦解的自供状"②。

种姓实践的衰落还不仅限于婆罗门等高种姓。低种姓和达利特从不断到村落里来的政府官吏和外国游客身上，从受过西方教育的婆罗门身上，从电影、广播、电视上以及偶尔一趟的城市之行中，了解了许多西方的东西，并受其影响。只不过同西化的婆罗门相比，他们受的影响较小，也较间接罢了。新因素对种姓实践的瓦解作用，对高低种姓都是相同的。人口的流动使得种姓的限制松弛了，无论是为了糊口外出做工的无地雇工，还是进工厂当工人的婆罗门，都无法严格进行传统的种姓实践了。尤其是现代的城市生活，对种姓实践和种姓意识起了更大的瓦解作用。城市是不同种姓聚集的地方，在这里，人们互不认识，没有了区别种姓地位高低的参照坐标，人的尊卑贵贱难以

---

① 参见 *The Illustrated Weekly of India*, Aug. 29th—Sep. 4th, 1982。
② 陈洪进编：《南印度农村社会三百年——坦焦尔典型调查》，黄思骏、刘欣如译，第100页。

辨认。此外，城市生活的某些特点也决定了严格进行种姓实践十分困难，在工厂、影剧院、公共汽车或火车等场所，种姓隔离的规定不可能像在村落中那样被严格遵守。

从材料来看，除了极偏僻的地区，各地村落中的种姓实践和种姓意识都有不同程度的衰落。许多种姓规定，或者已不再实行，或者即便实行也不再具有太大的约束力。譬如，传统种姓规定，一个种姓集团的人只可与同一集团的人一起进餐，而现在大多数种姓集团可共同进餐的范围都有所扩大。由于外出者增多，种姓不得不允许其成员在外面餐馆就餐。一些受过教育的年轻人则背着父母和年长者，同包括达利特在内的所有人一起就餐，接受所有人给予的食品。同其他种姓集团的交往，也比以前宽松了。按照过去的规定，许多种姓都应避见达利特，但现在人们已不怎么介意了。过去，许多村里的达利特不允许和高种姓印度教徒共用一口水井，否则，他们可能会招来一顿毒打甚至杀身之祸。可现在情况不同，许多地方的印度教徒对达利特使用公共水井已不再表示愤怒了。

种姓对婚姻的规定，也许是最严格、变化最小的方面，在当代印度，仍经常从印度媒体上看到由于种姓之间通婚（多属于"逆婚"）而受到双方家庭反对，甚至女方家族对"下嫁"女子实行"荣誉处决"的极端事例。但这方面也不是一点变化没有。其一，通婚范围有了一定程度的扩大，如过去规定只能在同一亚种姓集团内择偶，现在这个范围可能会扩大到同属于一个大种姓的其他亚种姓集团，或者不把女子嫁出本亚种姓，但可以娶其他亚种姓集团的女子等。其二，不同种姓间的交往、不同亚种姓间的通婚，虽然仍受到正统印度教徒的谴责，但总的来说，不像从前那样受到严厉惩罚了，特别是在城市以及那些受过教育的家庭中更是如此。像早年圣雄甘地因违反种姓规定到欧洲留学而被开除其所属亚种姓的事，现在恐怕只是作为故事来谈了。

不可否认，无论是印度教徒还是达利特，多数人至今仍对"业报""轮回"的理论笃信不移。但他们的宗教生活和宗教感情还是发生了一些变化。梅耶早在20世纪60年代对印度中部村落的宗教生活所做的调查中就得出结论说,虽然印度教徒的宗教活动以及与之相联系的宗教仪式仍在举行,但已经没有过去那么重要了。① 一些受过现代教育的人(尤其是年轻人)不仅敢于冲破种姓的羁绊,还越来越对烦琐的宗教仪式感到反感和厌恶。自20世纪80年代以来,印度达利特中出现的集体皈依伊斯兰教的活动十分引人注目。1981年2月,泰米尔纳德邦蒂鲁维纳利县1000名达利特全部皈依伊斯兰教,这是当时最大的一次改变宗教信仰的活动。此外,个人的、较小规模的改变宗教信仰活动每天都在各地悄悄进行,并有日益扩大、形成运动之势。达利特虽不被承认是印度教徒,但按印度教教义来说他们也是种姓序列中一个不可缺少的部分。他们的改宗引起了正统印度教徒的极大不安。与其他宗教不同,印度教是一个不许改宗的宗教,已发生的大规模的改宗活动,耐人寻味。它表明,种姓制度的衰落似已触及种姓制度的根基——印度教信仰。

种姓实践和种姓意识的弱化,与印度传统的大家庭制度的衰落有密切关系。杜伯教授把种姓制度同家庭制度联系起来研究,向我们说明了这样一个事实:近代以来,印度家庭制度和种姓制度发生着大体同步的变化。二者的变化大体可参见表8-2。

表8-2 家庭与种姓的变化

	以前	现在
家庭	(1)家庭结合及对连带关系的强调 (2)对土地和环境的执着 (3)家庭内部关系由年龄、血缘的远近程度决定	(1)个人主义产生 (2)较多的人口流动 (3)对这些原理的轻视
种姓	(1)由种姓规定的职业的专门化 (2)禁止与相同种姓及低种姓者共餐 (3)不同种姓间的等级秩序和永久的隔离	(1)种姓已不再成为职业的决定因素 (2)这种规定已不那么严格 (3)对社会等级的微弱抗议,实践中出现某种程度的现代化因素

---

① Adrian C. Mayer, *Caste and Kinship in Central India*, p. 113.

这里列举的虽不是种姓变化的全部，却反映了种姓制度衰落的一般趋势。顺便指出，近代印度家庭制度的变化，如大家庭制的衰落、家庭中个人主义的产生以及血缘关系的松弛等，既可以视为种姓实践和种姓意识弱化的结果，也可以视为其原因，二者实际上是互为因果。但要详细阐述这个问题，需要做专门研究。

五、种姓的再生

综上所述，随着近代资本主义生产关系在印度的确立和发展，种姓的一些传统职能已经丧失，旧的清规戒律开始被冲破，种姓制度呈现出一种衰落的趋势。随着印度社会现代化的发展，这种衰落将进一步加强。

然而，到此为止，我们才只讨论了问题的一个方面。

毋庸置疑，本节开头列举的印度社会出现的许多新因素，促进了传统种姓制度的衰落和瓦解。但我们也发现，同样的因素与种姓制度结合起来，使种姓获得了新的生命力。铁路和现代交通工具的使用，对于克服种姓的闭塞性起到了重要作用，用它进行种姓集团间的联络和组织工作也同样有效。过去那些住在不同地区的同一种姓的各亚种姓集团，很少相互联系，现在却能借助铁路、公路、邮政、电话、电报等，经常进行联络并到一起讨论问题。过去几天或者更长的时间才能到达的地方，现在几小时便可到达，或者打个电话就可解决问题。新闻业、出版业的发展，普及了现代思想，同时也给种姓和宗教宣传帮了大忙。一些受过教育的种姓成员，开始办种姓报纸，出版宣传种姓主张的刊物和书籍，召开各种形式的种姓讨论会，以联络种姓成员，加强种姓团结。为了适应新条件下的种姓活动，专供某一种姓使用的旅馆、饭店、医院也应运而生。

19世纪中期以来印度出现的各种"种姓协会"，表明种姓在新的条件下获得了新的适应能力。种姓协会最初产生在城市，是移居到城市的种姓成员为保持联系而自愿成立的组织，后来逐渐发展到农村。种姓协会的主要作用是：宣传种姓团结、扩大种姓影响、为本种姓成员争取就业机会、竞选、发行报刊、联络种姓成员、开设银行和学校、开展慈善事业以救济本种姓中的穷人等。这种组织基本上是以某一种姓为基础，但有时也有例外。如本书第五章第三节中列举的古吉拉特邦 1984 年成立的"刹帝利协会"，最初只是拉其普特人的组织，后来为了扩大影响，还包括了巴利亚、帕坦瓦迪亚、托科等自称是刹帝利的种姓。像这样的著名组织还有西孟加拉邦的乌格拉·刹帝利协会、泰米尔纳德的万尼亚·库拉·刹帝利协会等。一些种姓协会的活动还超出了一个邦的范围，如全印婆罗门大会、全印刹帝利协会、全印卡亚斯塔大会等。种姓协会是按照新的原理建立起来的组织，不再具有旧种姓组织的许多职能，但它的基础仍然是种姓，而且常常利用传统的种姓意识号召和组织群众。由于它的这些特点，种姓协会一般都具有很大的影响力。种姓协会的影响正渗透到一切非种姓组织和运动中去，同时也正渗透到那些自称摆脱了种姓和教派影响的政党中去。

印度社会是一个划分为许多狭隘小集团的社会，每一个有势力的种姓集团都宣称对其他种姓的至高无上性，因此西方的政党、选举制度被引入印度后，就产生了这样的现象：有势力的种姓集团把传统的种姓对抗的经验和方法移植到政治领域，从而使种姓组织在政治活动中具有越来越重要的作用。

在一个人们的思想和行为仍深受种姓意识影响的社会里，政治的种姓化趋势是不可避免的，可以说当代印度的各种政治活动，如组建政党、投票、竞选、任命官员等，无一不受种姓的影响。种姓对于理解印度政治生活的重要性，可从一位印度学者的话中看出："若忽视种姓，没有一种对印度政治的分析是有价值的。"[1]

印度政治的种姓化特点首先体现在一些政党完全以种姓为基础，政党之间的较量反映了种姓集团之间的较量。对于许多印度政治团体，抛开"主张""纲领"等特点，都能看出其种姓特点。如"达拉维达进步联盟"（DMK）和"全印安纳达拉维达进步联盟"（AIADMK）是

---

[1] P. Sharan, *Government and politics of India*, Metropolitan Book Co. Pvt. Ltd., 1984, p. 612.

反婆罗门的政党，民族民主党（Nair 种姓）、印度共产党（Ezhava 种姓）、喀拉拉国大党（天主教徒）、阿卡利党（锡克人中的贾特种姓）以及共和党等都是种姓政党。即便是那些打着世俗主义旗帜的政党（如国大党），也难以逃脱种姓的影响。印度共产党领导的安得拉邦的共产主义运动是建立在卡马种姓反对 Reddy 种姓基础上的；在喀拉拉地区，这一运动则得到纳亚尔种姓的支持。所以，就连印度共产党的著名理论家南布迪里巴德（Namboodiripad）也不得不承认，试图推翻封建制的农民起义，如果要想从没有领导、没有斗争目标的状况中前进一步，就必须依靠种姓组织。许多政党的组成并非基于信仰和共同的意识形态，而是基于对种姓的忠诚，政党斗争的背后是种姓斗争。例如，泰米尔纳德邦的达拉维达进步联盟与社会党的斗争反映了非婆罗门种姓与婆罗门种姓的斗争，安得拉邦共产党与国大党的斗争实际上是卡马种姓与 Reddy 种姓的斗争，喀拉拉邦的印度共产党和社会党与社会党的斗争是 Ezhava 种姓与 Nair 种姓的斗争，以及古吉拉特邦的班尼亚种姓对 Pattidar 种姓、比哈尔邦的 Yadava 种姓对纳亚尔种姓、卡纳塔克邦的林伽雅特种姓对 Vokaliga 种姓的斗争等。

　　印度政治的种姓化特点的另一个体现是，种姓意识仍影响着人们的政治行为。由于政党往往是这一种姓或那一种姓或几个种姓的党，以政党为中心开展的从村落到中央的各级选举势必成为种姓集团的较量。各种姓的人一般是投出身于自己种姓的候选人的票，或根据本种姓协会、种姓评议会的决定投其他候选人的票。人们尽可能支持本种姓的候选人而不顾其缺点。所以，每一个政党，无论其意识形态如何，在提出候选人或政府官员名单时，选区选民的种姓构成是一个首先要考虑的因素。人们可根据候选人是否得到选区内主要种姓的支持来预测他能否当选，只有那些出身于该选区主要种姓的候选人才有可能获胜。也有这样的情况：一些较小的政党仅凭自己的力量无力推出候选人，在一番讨价还价后，便以种姓为基础联合起来共同推荐候选人。所以，在每个政党推举的候选人名单的背后，都有在种姓要求的基础上精心策划的内幕故事。在各种选举战中，参加竞选的人发现呼吁人们对种姓忠诚的口号比其他任何口号都更能引起共鸣，尤其对那些人数较多但尚不清楚在新政治体制下如何为获得更大权益而斗争的种姓集团，更是如此。种姓口号成了最有号召力的口号，竞选成了提高种姓意识、增强种姓团结的宣传。拉贾斯坦邦一个贾特种姓的候选人在 1962 年印度第三次大选和 1967 年印度第四次大选中号召贾特人投他的票，他反复讲的一句话就是"一个贾特人必须投贾特人的票，正像一个贾特人只把女儿嫁给贾特人一样"①。

参加竞选的政党总是试图以最有效的口号动员尽可能多的支持者，这种做法不仅使那些已政治化了的种姓集团增强了一体感和团结性，还不断把那些尚未政治化的种姓集团拉入政治领域。各政党动员群众总是在以下三个方面做工作：（1）动员候选人所在的种姓集团，在该集团内扩大支持的基础；（2）吸引和动员那些有可能参加选举但还没有发展成为自治组织，即政治化程度还不高的种姓集团；（3）动员那些已经政治化但还不是该党体系之一部分的种姓集团。一个政党能否在选举中获胜，关键在于能否得到在该地区占多数的种姓的支持。种姓成了各政党的"选票银行"，因而也成了各政党争夺的对象。选举成了这样一种游戏：尽量在选举人所在的种姓集团中争取更多人投票，尽量使竞选对手所在的种姓集团倒戈或分裂。

种姓在政治生活中的作用之所以越来越重要，首先是在西方式政治民主结构与印度落后的社会关系之间存在巨大脱节的背景下印度社会阶层秩序发生分化的结果。印度有着与欧美发达工业国家相比并不逊色的民主政治体系，尽管照搬西方的"选举""政党"制度，但其生产力水平还很不发达，国民受教育程度也很低，人们多数仍生活在旧的社会关系之中，种姓的、宗教的以及血缘的关系仍支配着人们生活的各个方面。在这种情况下，人们只能以他们所熟悉的方式理解和参与政治生活。本书第六章已指出，近代资本主义生产方式在印度的发展加剧了种姓集团之间的紧张关系，同样，西方式议会民主制的建

---

① P. Sharan, *Government and Politics of India*, p. 612.

立使种姓作为一种政治组织获得再生。无论是高种姓还是低种姓，都重新发现了种姓这个古老的组织形式在新条件下作为一个社会和政治组织的有用性。人们在种姓的名义下重新组织起来，各种姓集团都在竭尽全力为本集团的利益而斗争，而"民主""选举"制度又为各种姓集团提供了公开、合法的角斗场。种姓组织还要努力向政党和其他非种姓组织渗透，而政党及非种姓组织也要利用种姓达到其政治目的。人们不能超出自己的社会经济水平、文化背景和思维方式来接受任何外来的东西。西方的政治制度在印度教社会因同种姓和印度教结合在一起而变了味道：政党成了种姓利益的代表，选举酿成了种姓集团间的厮杀。观察当代印度社会的现实，民众生活中的种姓冲突未曾有过这么频繁和剧烈，政治领域里的种姓影响未曾有这么严重过。由于种姓在政治生活中的作用越来越重要，因此有人认为，种姓制度在社会和文化生活方面的作用衰落了，而在政治中的作用却增强了。[①] 甚至还有人认为，现代印度社会中的种姓制度不是在衰落，而是在增强。[②]

种姓在新形势下的再生，除了种姓制度本身具有顽强生命力这一内因外，还与统治阶级的某些人为的政策有关。在英国人统治印度的早期，英国人出于对印度的无知和对西方文明的优越感、傲慢，曾有彻底打破印度社会阶层构成、按照英国模式塑造一个新印度的想法，并在此想法下大刀阔斧地进行了一些包括废除种姓不平等内容的社会经济改革，但这种做法很快遭到了强烈抵制。那些丧失了社会特权的王公、封建主、大婆罗门以及其他高种姓，联合起来反对英国人，这种反抗终于在 1857 年的民族大起义中达到了顶点。当英国人得知大起义的主力——孟加拉雇佣军 50% 以上是婆罗门时，不得不对自己的做法进行深刻反省，最后，终于悟出了"加拿大的皮袄不适于印度炎热的气候"（一殖民官吏语）这一道理。他们也明白了，保留种姓制度、使印度永远处于诸多集团彼此对立的状态，对英国的统治更有利。英

---

① 参见 *Economic and Political Weekly*, Vol. 14, No. 21, May 26th, 1979。

② R. Jayaraman, *Caste and Class*, p. 30.

国人在其统治印度时期的确实行了一系列旨在削弱种姓力量的政策，但同时也出现了一系列与此相反的做法。1921年的国情普查，应按照种姓登记人口，殖民政府却人为地制造出许多新种姓：在无法确定被登记者的种姓时，就以其世袭职业作为种姓的名称。这样一来，使许多本来模糊不清的种姓定型化、合法化了。[1] 1931年英印第二次圆桌会议后，英政府颁布了《分别选举法》（又称"教派选举法"），该选举法根据种姓和宗教信仰将印度人划分为十二个选举单位（印度教徒、穆斯林、达利特、耆那教徒等），第一次使种姓和教派作为政治集团得到了法律上的认可。在这一法令的怂恿下，人们以种姓、教派的名义参加竞选，种姓在政治领域里的作用得以加强，种姓和教派冲突也日益剧烈。印度资产阶级的一些代表人物，曾清醒地认识到英国这一政策的危险性而极力反对，但他们对如何保护低种姓、达利特及其他少数派的利益却无能为力。所以圣雄甘地在1931年英印第二次圆桌会上劝说他的人民"先赶走英国人再说"时，彻底地被孤立了。以甘地为代表的许多印度社会活动家和思想家，看到了种姓制度的不平等性而加以抨击，但他们并不认为这一制度本身不好，他们想在不铲除这一制度的前提下，将其改造成一种人人"各司其职，各尽所能"，"只有分工不同，没有贵贱之分"的理想制度，然而，不平等之于种姓制度，犹如辣之于辣椒一样密不可分，他们的理想注定要失败。

　　独立后的印度统治者对种姓的态度依然处于这种矛盾之中：既不想触动种姓制度之基础，又要消除种姓歧视和种姓差别，实施资产阶级的"平等"。印度宪法规定取消种姓歧视和不可接触制，但并不取消种姓制度本身。为了体现"平等"，在统治阶级颁布的有关法令和政策中，对"落后阶级"（包括表列种姓和表列部落）的权益给予照顾，如在村落、县和邦选举中为他们保留一定席位，在政府和高等院校中保留名额，在贷款等方面给以优待等。这些做法对于维护"落后阶级"的权益、提高其地位起了一定作用，但也带来了严重后果：出

---

[1] G. S. Ghurye, *Caste and Race in India*, 5th ed., p. 282.

于嫉恨和恐惧，高种姓加剧了对低种姓和达利特的迫害；另外，为了争夺这些利益，"落后阶级"各小集团内部的分裂和斗争加剧了。这些政策在客观上也起到了促使种姓组织在新条件下再生的作用。

第二节 种姓的社会流动及其理论

上一节，我们考察了种姓制度近代以来的一些变化，这种考察是从历史的角度进行的。这一节，我们将从社会学的角度来审视这一问题，即考察种姓社会中人的社会流动问题。

一、种姓的社会流动

社会学把社会成员的职业和社会地位的变动称作"社会流动"。根据不同的标准，社会流动可分为"垂直流动"（一个人从地位较低的阶级或阶层转进到地位较高的阶级或阶层，或者相反）和"水平流动"（同一地位的人由一种职业向另一种职业的横向流动）、"代内流动"（一个人一生中职业地位的变化）和"代际流动"（代与代之间职业、地位的流动），以及"结构性流动"（由生产技术或社会方面的革命、变革引起的阶级结构或人口地区分布的变化）等。一般来说，社会越开放，社会流动的频率就越高。以种姓为基础的传统印度教社会是高度封闭的社会。在这种社会里，个人和家庭的职业、地位、权利、义务等皆由种姓所规定，而且世代不变，除非因犯教规而被开除出种姓。种姓像道道藩篱把人分隔为一个个封闭、自我维持的集团，阻止了人的社会流动。社会学家通常把印度的种姓制度当作封闭式等级结构的典型。

然而，这并非说种姓制度没有任何变化。从历史上看，种姓制度的变化主要体现在两个方面。第一，种姓不断分化，新种姓不断出现。如前所述，种姓已从古代的四个瓦尔纳分化成今日许多亚种姓集团。第二，一个种姓或亚种姓集团在当地种姓等级体制中的地位，常因时代变迁、异族征服、人口的增长和地区间流动、政治经济力量的变化等而发生变化。例如，佛教兴起前后时代与穆斯林统治时代，种姓的地位就有所变化。由于同一种姓的成员在不同地区的地位是不同的，因此人口的地区间流动也会引起种姓地位的变化。此外，职业、生活习惯的改变也可改变一个种姓集团的地位。例如，19世纪初期泰米尔地区的沙南，是一个介于首陀罗和达利特之间的种姓，但由于他们积极组织起来，加强了力量，并逐渐放弃了传统的造酒职业，所以在1921年的国情普查中声称自己是刹帝利，并将种姓名称改为"纳达尔"。这个种姓的大部分成员都取得了刹帝利地位。[1]

种姓制度的这种变化，某种意义上也可以称为"社会流动"，只不过与其他类型的社会不同，种姓社会中社会流动的主体不是个人或家庭，而是种姓集团。也就是说，种姓体制下的社会流动是一种集团流动。

随着近代资本主义的确立和发展，种姓制度在更深的程度上和更广的方面发生了变化。近代以来，种姓制度的变化包括下述几个相互联系的方面。第一，以种姓集团为单位的社会流动仍在进行并有了新的内容。从水平方面来看，工业发展和城市化带来的职业多样化，使种姓的数目不断增加，出现了一些与现代工业发展有关的新种姓，如玻璃工、印染工、装订工、矿工种姓等；从垂直方面看，低种姓和达利特企图通过仿效高种姓习俗、改变自己的生活习惯和宗教信仰、加强种姓团结等办法来改变自己的种姓地位。第二，种姓的某些传统职能开始丧失，种姓的藩篱开始被冲破，出现了真正社会学意义上的社会流动现象。工业的发展和传统手工业的破产引起了人口的结构性流动，如大批纺织匠、铁匠、皮匠、榨油匠等离村进工厂当工人，原来处在贾吉曼尼制度束缚下的仆工成为较自由的无地雇工等；同时，也出现了不受种姓影响的以个人为单位的社会流动，如大学讲师上升为教授，工厂工人上升为车间管理人员，车间管理人员上升为经理，或者从横的方面说，一个印染工人到纺织厂当纺织工等。第三，在西方

---

[1] P. Kolenda, *Caste in Contemporary India*, p. 95.

思想的影响下，婆罗门和其他高种姓对印度教教义和种姓法规淡漠了，在生活方式上开始模仿西方。第四，出现了种姓同某些现代因素的糅合，如"种姓协会"的建立，种姓向政党、选举方面的渗透等。总之，随着传统种姓体制的衰落，无论是集团还是个人的社会流动，都出现了加剧的趋势。

有的学者认为，现代印度社会的变化是围绕两个轴心出现的：一个是传统轴心（axis of tradition），包括印度社会中传统因素的保护与混合；另一个是世俗主义轴心（axis of secularism），包括与传统因素无关的新思想和外来影响的内在化（internalization）。① 现代印度社会的所有变化是不是都围绕这两个轴心？恐怕还不能这么肯定，有的变化，如种姓协会的建立和发展、政治中的教派主义等，是传统因素同现代因素的结合，很难说是围绕哪个轴心。

二、"梵化"与"西化"理论

种姓的社会流动是印度教社会变化的重要方面，社会学家和社会人类学家为研究这一题目做了大量的工作，提出了一些新的概念和观点。其中，影响较大的恐怕要算 M. N. 斯利尼瓦斯的"梵化"和"西化"的观点了。

斯利尼瓦斯原是印度德里大学社会学教授，专攻种姓制度和乡村社会变化研究。1952 年，他在《南印度果戈人的宗教与社会》一书中首次提出"梵化"概念，用来描述种姓的社会流动。

根据斯利尼瓦斯的解释，梵化是这样一个过程：一个低的印度教种姓、部落或其他集团，在一个高种姓（通常是再生种姓）的引导下改变其习俗、礼仪、思想意识和生活方式，经过一两代人的努力，低种姓便可接近高种姓，从而提高自己种姓集团的地位。②

那么，梵化过程是怎样发生的呢？学者们在调查中发现，低种姓

---

① R. Jayaraman, *Caste and Class*, p. 32.
② Ibid., p. 6

和达利特都对自己的地位不满，都声称自己属于或曾经属于一个更高的种姓。例如，印度北部卡拉普尔村的首陀罗和达利特认为，他们目前低下的种姓地位是错误的，他们也曾有过像婆罗门和刹帝利那样的地位，只是出于偶然，他们丧失了高种姓地位。该村的清洁工（达利特）对自己的种姓地位有两种看法：一种认为，他们原是印度史诗《罗摩衍那》的作者蚁垤的后代，属婆罗门种姓；另一种认为，他们是被阿育王征服的武士——比尔·拉其普特人的后代。[①] 在印度历次国情普查中，一些低种姓或达利特常常要求登记为一个高种姓。例如，铁匠种姓卡马，在1921年的普查中要求登记为刹帝利，1931年要求登记为婆罗门。金匠种姓索纳尔，1921年要求登记为拉其普特（属刹帝利），1931年要求登记为婆罗门。理发匠种姓纳皮特1911年要求登记为刹帝利，1921年要求登记为维迪亚（高种姓），1931年要求登记为婆罗门。[②] 因此，对高种姓地位的要求，是引起梵化的原因。

印度各种姓集团都有自己特定的信仰、习俗、宗教仪式和生活习惯。例如，婆罗门一般食素、用火葬而不用土葬、寡妇守节、禁止离婚、不杀生（特殊的公共大典除外）、苦行、修炼及家庭祭祀时用梵典等。一般说来，礼仪上地位高的种姓都掌握较多的梵语文化知识，生活上的各种律戒比较严格。那些企图提高种姓地位的集团，不仅口头上称自己属于某个高种姓，在行动上也往往接受高种姓的宗教信仰和模仿高种姓的生活方式，自己的生活也变得严格起来。他们或者像婆罗门那样，食素、戒酒、戒杀、让本种姓寡妇守节，或征得高种姓同意后取一个高种姓名称，或寻求婆罗门的帮助，在家庭祭祀中用梵典，举行同婆罗门一样的宗教仪式，或索性改信婆罗门信仰的神明，等等。从理论上讲，这种模仿是不被允许的，一些高种姓也常常阻止这种行为，不承认低种姓所声称的地位，但他们的反对往往不怎么有效，有时甚至会产生完全相反的结果。

---

① P. Kolenda, *Caste in Contemporary India*, pp. 95-96.
② M. N. Srinivas, *Social Change in Modern India*, p. 79.

斯利尼瓦斯认为，种姓有三个权力领域，即礼仪（宗教）、经济和政治。拥有一个领域的权力通常会导致获得其他两个领域的权力。其中，经济权力十分重要，一个经济上变得富裕的低种姓，通常会设法提高自身的礼仪和政治地位。他举出奥里萨邦比西帕拉村低种姓梵化的例子：独立前，孟加拉政府（当时的奥里萨地区属孟加拉管辖）鼓励售酒的政策，这使两个低种姓造酒户（鲍达和乾贾姆）发了财。之后，他们购买了大量土地，又在生活上仿效婆罗门种姓，完全接纳婆罗门的信仰、宗教仪式和生活习惯。这些办法最终使他们成了一个高种姓。①

经济实力的增长是引起梵化的重要原因，但这并不意味着经济地位的改善是梵化的必要前提。有时，一个种姓集团会因获得政治权力而改变其经济和礼仪地位。卡纳塔克邦拉姆普拉村达利特的梵化，一方面是由于他们拥有一个强有力的现任领导，另一方面则是由于青年一代比他们的父辈更多地同外界接触。②

梵化过程贯穿印度的整个历史，并且今天仍在继续。梵化一般伴随着种姓的向上流动；不过，与种姓相联系的社会流动只能引起种姓地位的改变，而不能导致结构性变化。一个种姓的地位升高，其他种姓的地位则相对降低，而种姓制度本身并不发生变化。③ 梵化也不只限于印度教种姓，在部落和半部落集团（如印度西部的比尔人、印度中部的贡达人和奥劳恩人以及喜马拉雅山的帕哈迪人）中，梵化也在进行。

与低种姓梵化过程同时进行的另一过程是婆罗门和其他高种姓的"西化"。英国人在印度的殖民统治，对种姓社会产生了广泛影响。印度不仅接受了西方技术、现代科学实验方法及现代编年史方法等，一些受过西方式教育的印度人（主要是婆罗门和其他高种姓）也仿效西方人的生活方式，从而使生活上的各种宗教律戒松弛了。以吃饭为例，

---

① M. N. Srinivas, *Caste in Modern India and Other Essays*, p. 18.
② Ibid., p. 57.
③ M. N. Srinivas, *Social Change in Modern India*, p. 7.

传统的印度人坐在地上吃饭，饭被盛在树叶上或金属（黄铜、青铜或银）容器里。对高种姓（尤其是婆罗门）来说，吃饭是一种宗教行为，食物必须由处在洁净状态的妇女烹制，吃饭时，男人要脱下棉布衣服换上丝衣（丝绸被认为比棉花洁净），或换上新洗好的棉布衣，先将食物奉献给神灵，然后男人和孩子才开始吃（女人被禁止同男人一起吃饭）。吃完后，盛饭的树叶被认为是脏的，必须扔掉，而且要用牛粪水冲洗扔树叶的地方。而在现代大多数城镇里，受过教育和西方化了的人更多地在桌子边吃饭，坐的是椅子，使用的是西式餐具。饭前饭后进行的繁杂仪式也趋于消失。在食品方面，过去一些禁用食品（洋葱、土豆、胡萝卜、甜菜等）也慢慢进了婆罗门的食谱。从前，婆罗门一般不食鸡蛋（因为鸡蛋是有生命之物），但在有了健康和营养的知识以后，也开始食用一些鸡蛋，有时甚至吃一些诸如鱼肝油等明显属于非素食类的东西。在服饰方面，那些受过西方式教育的高种姓脱下印度传统服装穿上了西装，也不再佩戴象征婆罗门高贵地位的"圣线"。寡妇也不再穿白色纱丽，一些女孩子穿上了西式裙子。斯利尼瓦斯把婆罗门和其他高种姓接受西方影响而改变传统生活式的过程称为"西化"。①

  与梵化过程不同，种姓在一个领域里的西化，不会引起其他领域的相应变化。他举了这样一个例子。在迈索尔地区的拉姆普拉村，有一个从班加罗尔（今卡纳塔克邦最大的城市）来的推土机司机，他掌握着现代技术，职业上应该说是西化了，但他在村里的业余爱好是证实传统巫术的正确性。开推土机和验证巫术似乎并不矛盾。这种情况还不是个别的，印度工厂的工人（一般都受过初级教育）通常会用对待宗教、巫术的态度对待现代技术。例如，印刷工人在开始一天的工作之前，常常用朱砂（朱红色被认为可避邪）涂饰车间里的机器，在一年一度的"达萨拉"节（把各种工具清洗干净的节日），人们都将工具饰以朱红色和鲜花，同时还要焚香。不仅村里的木匠、金匠、陶

---

① M. N. Srinivas, *Social Change in Modern India*, pp. 53-54.

工这样做，工厂工人也这样做：他们用水清洗卡车，并在卡车、缝纫机、打字机和书籍上饰以朱砂和花环。这就是说，采用西方技术，并不意味着使用者也接受了理性、科学的世界观。①

总之，按照 M. N. 斯利尼瓦斯的观点，自近代以来，种姓制度经历了一个双重的变化过程。一方面，低种姓、达利特、部落或半部落集团为了提高在种姓体制中的地位，吸收了更多的印度教文化，接受了婆罗门等高种姓的礼俗，从而在种姓和宗教各项实践方面日趋严格起来；另一方面，受西方的影响，婆罗门等高种姓的教规和生活实践却大大松弛了，日常生活方式日趋西方化了。

三、垂直流动与水平流动

M. N. 斯里尼瓦斯的观点得到了许多社会学家的赞同，在学术界影响很大。但也有人不同意他的观点。印度社会学家 D. N. 马宗达根据对印度北部莫哈纳村的种姓调查，提出了与斯利尼瓦斯不同的看法。马宗达认为，种姓的社会流动可以分为垂直流动和水平流动两种。低种姓上升为高种姓或者高种姓下降为低种姓的过程叫垂直流动，而种姓分裂为更小的集团或者几个小种姓融合为一个较大的种姓集团，这种在同一种姓内发生的横向流动叫水平流动。马宗达指出，种姓的社会流动大部分属于水平流动，M. N. 斯利尼瓦斯所说的低种姓通过梵化上升为高种姓，只在理论上有可能，实际上是办不到的。仿效婆罗门和其他高种姓的礼俗，只能引起仿效者种姓内部的分化，使那些采纳了高种姓礼俗的人从原种姓集团中分裂出来，组成一个新的集团，却不会使整个种姓的地位有所提高。他举了莫哈纳村的达利特查马尔的例子，尽管查马尔仿效婆罗门的生活方式，如食素、戒酒、禁止寡妇改嫁等，但并没有改变他们达利特的地位，查马尔并没有因仿效婆罗门的礼俗而上升为高种姓。② 这种仿效行为，只使查马尔分裂为几

---

① M. N. Srinivas, *Social Change in Modern India*, pp. 52–53.
② D. N. Majumdar, *Caste and Communication in an Indian Village*, pp. 333–334.

个小集团。这些集团之间存在差别，但高种姓不承认这种差别。对婆罗门种姓来说，库米（莫哈纳村的低种姓）就是库米，而不管他是比雅胡特还是萨雅胡特（库米种姓的两个亚种姓集团）；查马尔就是查马尔，也不管他是属于哪一个集团。无论是库米还是查马尔，内部都在发生分化，其中一部分人可能因效仿高种姓的礼俗而比另一部分人地位高，但在婆罗门看来，他们都是低下的。低种姓的分化是同一平面的水平流动，并不影响种姓之间的社会距离（social distance）。高种姓只关心低种姓的向上流动，因为这会威胁到他们的地位，他们将以无情的手段阻止这种流动，而对低种姓的水平流动不感兴趣。种姓的水平流动不仅发生在低种姓中，也发生于婆罗门和其他高种姓集团中。

马宗达用图 8-1 来表示种姓的水平流动和垂直流动。

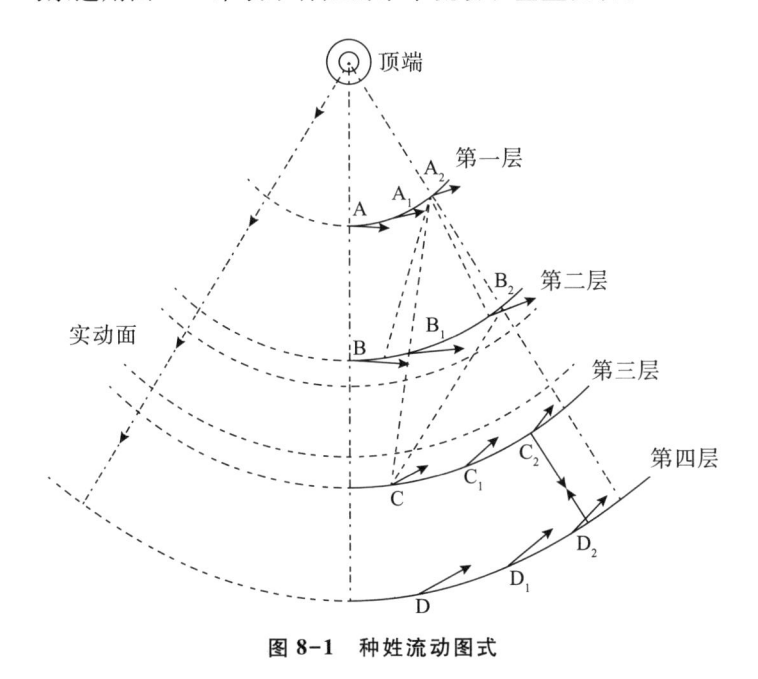

图 8-1　种姓流动图式

资料来源：Majumdar, *Caste and Communication in an Indian Village*, p. 335.

在图 8-1 中，A、B、C、D（以至 N），分别代表某一地区按等级排列的各大种姓集团（这种次序因邦和地区而异）。其中，A 地位高于 B，C 低于 B 和 A，但高于 D，余者类推。它们组成一个垂直的等级体系。从横的方面看，每个大种姓集团（不论地位高低）分成许多更小的集团，分别以 A，A_1，A_2，…A_n，B，B_1，B_2，…，B_n，C，C_1，C_2，…，C_n，D，D_1，D_2，…，D_n 代表。其中，A 同 A_1 有距离，B_1 也不同于 B。斯利尼瓦斯所谓的低种姓梵化引起的向上流动，相当于这里的 D 上升为 C，或者 C 上升为 B。马宗达称，这种向上的流动在现实生活中是极为困难的。低种姓仿效高种姓的礼俗，只会在同一种姓的不同部分之间或者处于同一地位的不同种姓之间造成社会距离，即 C 可以变为 C_1，C_2，…，C_n，D 可以变为 D_1，D_2，…，D_n 等，却不会缩短它们同 A 或 B 的垂直距离，因为后者与前者不是在同一平面。第三层和第四层的任何一点与第一层或第二层的垂直距离都是相等的，这在实际中的含义是：低种姓的水平流动不会提高他们的种姓地位。他称这种变化只是一种"毛细上升"（capillary ascent）现象。[①] 对于婆罗门和其他高种姓来说，水平流动意味着传统教规、习俗的松弛与衰落。马宗达把这一过程称为"非礼仪化"（de-ritualization）或"非梵化"（de-sanskritization）。高种姓的非礼仪化通常伴随着他们种姓特权地位的衰落，但也有一些不愿吸收新思想的正统婆罗门，他们仍沉浸在梵语文化知识和宗教礼仪中，维持着集团的排他性。这样，A_1 就没有 A 那么梵化，而 A_2 比 A_1 更世俗化一些。低种姓那里方向正相反，即 C 没有 C_1 梵化，C_1 又不及 C_2。对 C 来说，垂直上升是不太可能的，只有水平的扩延。高种姓与低种姓之间的社会距离，不是由于低种姓上升而是由于高种姓非礼仪化而缩小的。因此，他得出了与斯利尼瓦斯完全不同的结论：印度的文化移入过程（process of acculturation）与其说是一个梵化过程，不如说是一个非梵化过程，是一个高种姓水平扩延的过程，这个过程包括对传统礼仪和洁净观念的放弃，对部落习惯和实践、原始的巫术和禁忌等因素的认可。[②]

[①] D. N. Majumdar, *Caste and Communication in an Indian Village*, p. 335.

[②] Ibid., p. 336.

西方的思想、观念和实践的影响，帮助了非梵化（或称非礼仪化）进程。一些婆罗门改变了传统的礼俗，生活上迅速西化起来。那些从祭司种姓束缚中解放出来的人开始在水平面上延展，其中，A_n比A_2更西化，A_2甚于A_1。婆罗门就像一个过滤器（filter），经过它，西方文化的光线才能透照到其他种姓和社团。然而，高种姓的西化并未缩短其同低种姓的距离，而是引起了高种姓自身的分化，成立了许多新种姓。例如，当年R. M. 罗伊受西方影响创立"梵社"，抨击种姓制度的不合理，但后来梵社成员本身形成了一个新的种姓集团。这是婆罗门种姓水平流动的一个典型例子。①

马宗达认为，种姓的水平流动是种姓制度变化最突出的特点。正是这种水平流动，才满足了种姓在横的方向不断膨胀的需要，从而有效地防止了整个种姓制度的崩溃和衰落。也正是这种水平流动在帮助种姓不断进行自身的再组织，使种姓在新的条件下仍具有很强的生命力。

马宗达最后写道，西化代表了对高、低种姓都起了作用的思想意识和技术上的变化，因此没有必要进一步划分成非部落化—梵化—西化这样几个阶段。这些阶段不一定是变革性的、有次序的。"梵化"是"许多概念的集合"，"充其量是一个不严谨的概念"，"缺乏任何突出的特点"。② 马宗达的批评是有道理的。斯利尼瓦斯本人也承认，"梵化是一个极为复杂、有多种含义的概念，甚至把它作为一堆概念来考虑比作为单一概念更合适些。重要的是，这只是一个分析社会和文化变化的名称而已，我们的主要任务是弄清这一过程的特点。一旦发现在我们的分析中这一概念非但未给予帮助反而带来妨碍，我们就会很快丢弃它而不感到遗憾"③。在1966年出版的《现代印度社会的变迁》（*Social Change in Modern India*）一书中，斯利尼瓦斯对"梵化"和"西化"两个概念做了进一步的修正和发展。

---

① D. N. Majumdar, *Caste and Communication in an Indian Village*, p. 337.
② Ibid., pp. 331-339.
③ M. N. Srinivas, *Caste in Modern India and Other Essays*, p. 3.

四、结论

现将笔者的认识归纳如下：

第一，资本主义生产方式在印度的确立和发展，加剧了财富的集中和社会的不平等。在各种现代因素的作用下，传统的种姓制度出现了衰落趋势，种姓不再是一个划一的集团，种姓成员按阶级的标准重组起来，社会出现了剧烈的改组和动荡。一些礼仪地位不太高的种姓集团，利用资本主义生产关系带来的各种机会富裕起来了，他们不满意自己在传统的种姓等级体制中的地位，要求对社会、政治权力实行再分配。原来处于依附地位的低种姓和达利特，也开始认识到自己受压迫的地位，并为改变这种地位而努力。婆罗门和其他高种姓则由于受到西方价值观和生活方式的影响以及低种姓的挑战，礼仪、社会和政治上的特权地位衰落了。种姓社会流动的加剧，正是这种社会改组的体现，它是印度这个特殊的社会中阶级关系、阶层结构的量变过程，也是职业结构、文化生活变化的体现。

第二，自20世纪40年代后期以来，印度和欧美的一些学者采用新的方法（主要是社会学和社会人类学的方法）研究种姓制度，取得了丰富的成果。这些方法有下述几个特点：（1）主要通过在当地居住、实地调查和参与社区（通常是一个村落）活动等手段获取材料；（2）着重点是研究现实生活，而将历史材料作为补充；（3）对与种姓相关的宗教、家庭、家族、经济、政治等因素做全面的分析；（4）强调种姓集团间的联系和种姓制度的变化。M. N. 斯利尼瓦斯和 D. N. 马宗达的研究就属于这类研究。他们都从实际调查入手，企图对种姓制度做出具体、深入的论述（与早期的印度学者和梵文学者只满足于粗略的、笼统的描述不同）。他们的研究（尽管观点不同）为我们认识印度社会的变化提供了详细而具体的材料，大大深化了对种姓制度的认识，因此应当给以肯定。

第三，斯利尼瓦斯和马宗达等许多采用社会学或社会人类学方法研究种姓制度的学者的研究范围都很小（一般是一个村落），因此他们得出的结论有局限性。印度各地情况复杂，种姓的变化在各地差别很大，很难一概而论。斯利尼瓦斯描述的低种姓通过"梵化"上升为高种姓的现象，在婆罗门等高种姓地位衰落较厉害的印度南部地区是有的，但其他地区未必就是如此。马宗达认为"梵化"不能改变低种姓的地位，这对他所研究的地区（确切地说是莫哈纳村）来说可能如此，但不能否认其他地区存在与此不同的情况。在笔者看来，重要的不是"梵化"引起了什么后果，而是斯利尼瓦斯提出了"梵化"这一现象。

第四，低种姓、达利特、部落或半部落集团仿效高种姓习俗，反映了被压迫阶层要求改变现状的愿望。资本主义生产关系的发展未能改变他们受压迫的状况，却刺激起了他们的各种欲望。然而，由于受根深蒂固的印度教传统的影响，他们认识不到种姓压迫的实质是一种阶级压迫，也认识不到种姓制度的危害，因而找不到反抗压迫的正确道路。就连那些生活在社会最底层的达利特，也只是希望通过放弃自己的生活习惯而仿效高种姓礼俗的办法来提高自身种姓地位，而没有对种姓制度本身提出怀疑。

第五，从理论上讲，消除种姓不平等的道路有两条：一条是通过不断的社会流动，缩短种姓间的社会距离，即高种姓的特权地位丧失，低种姓地位提高，最后达到各种姓平等；另一条是消灭种姓制度本身。第一条道路是比较困难的。虽然有的低种姓在获得了一定的经济和政治实力后能通过仿效高种姓礼俗而提高地位，但这种现象并不普遍，低种姓地位上升似乎不像斯利尼瓦斯说的那么容易，很多情况下都会由于高种姓的无情镇压而失败，或者像马宗达指出的那样，只是引起了本种姓集团的分化。第二条道路更困难。种姓根植于印度教，影响印度人生活的各个方面。它既是一种信仰，又是一种社会组织，同时也是一种生活方式。废除种姓制度等于废除印度教文化，这实际上很难做到。

第九章　种姓与印度教社会的现代化

像许多古老的社会一样，自近代以来，印度社会发生了并正在发生深刻的变化。尽管这个变化具有十分复杂而矛盾的性质，但从总的趋势上说，乃是一个从传统社会向现代社会转变的所谓"现代化"过程。在这个过程中，古老的社会制度、价值观、习俗及由此造成的文化心态面临挑战。在上一章，我们讨论了传统种姓制度在现代社会诸因素的作用下如何发生了变化，指出种姓正在丧失某些传统职能，同时也获得了某些新职能这一事实。从更广的角度看，这种变化只是社会诸多层面变化中的一个层面。在这一章，我们将探讨另一个层面，即种姓社会的诸种价值观及与之相联系的文化心理在社会现代化过程中面临何种挑战。显然，我们的分析已深入印度教文化的深层结构。

第一节　种姓价值观与社会的现代化

一、劳动分工观与经济现代化

把印度未能依靠自身的力量产生先进生产方式的原因仅仅归于分工不发达和经济的自给自足是缺乏说服力的。须知，同中国比较，印度社会的分工要发达、细致。譬如，在多数印度村落中，有专职的清洁工、洗衣人、搬运尸体者、纺纱匠、织布匠等。但这种细致的分工与其说是出自生产发展的需要，不如说是印度教种姓制度特殊的劳动分工观使然。对于把诸如洗衣工作从家庭经济中分离出来，实在讲不出经济上的理由，因为印度村落经济远未发达到需要专门的人从事这类工作的程度。真正的原因是：印度教把工作分成"洁净"（如祭神、国家管理等）和"不净"（如清扫、搬运尸体、制陶、鞣皮等）的，规定某些种姓只能从事与其地位相符的工作。若"洁净"种姓从事"不净"工作，就会降低或丧失其种姓身份。例如，耆那教极端强调"不杀生"，对耆那教徒来说，任何有生命之物均不得杀死，因此他们不得当兵，也不能从事农业和使用火的工业，因为这些职业都会伤害一些生灵。雨天，由于会踏死水里的蛆虫，故不允许外出，只能从事定居的商业。所以，尽管劳动分工繁细，也曾出现过十分发达的商业和手工业，但印度教特殊的劳动分工观使这种分工一直处于僵化状态。手工业者和商人划分成相互排斥的集团，也阻止了手工业和商业向更高阶段发展。在这种情况下，发展起来的不是以合理分工为基础的商品交换关系，而是以种姓依附为特点的"贾吉曼尼"制度。每一个村子都是一个有繁细分工的高度闭塞的"小宇宙"（microcosmos）。因此，马克斯·韦伯指出："要在种姓制度的基础上产生工业资本主义的现代组织是完全不可能的。在礼仪法规之下，职业的任何变动及劳动技术的任何变化，都会引起礼仪地位的降低。在这种情况下，（印度）要从它自身中产生经济和技术革命或者哪怕是这种革命的萌芽都是不可能的。"[①]

然而，没有依靠自身的力量产生资本主义生产方式，并不等于说不能利用现代资本主义社会的诸成果使自身现代化。几十年来（尤其是印度独立以来），印度在工业化方面获得的成就充分说明，即使像印度这样有着根深蒂固的宗教信仰和种姓制度的社会，实现社会的现代化也是可能的。许多调查材料表明，印度人是能够适应现代社会生活的。在今日印度的许多地区，大量种姓印度教徒被现代化工业吸收到大城市里，他们能够很快适应现代化工业活动和城市生活。那些在城里工作、家在农村的人，可以很容易地调整自己的生活态度和价值

---

① Marx Weber, *The Religion of India: The Sociology of Hinduism and Buddhism*, trans. by H. H. Gerth and D. Martindale, p. 112.

观,表现出惊人的适应能力。这种行为上的适应性不仅存在于印度东部和西部工厂中的种姓印度教徒身上,也存在于印度北部农业种姓贾特人身上,还存在于印度南部泰米尔地区的婆罗门企业家和文化人身上。许多从事现代工作的印度教徒仍未完全放弃种姓制度,甚至在海外的印度教徒仍遵循着一定的种姓制度,可见此制度具有顽强地与现代社会共存的能力。种姓的这种顽强的适应能力,足以使人们对那种认为随着印度社会的现代化种姓将趋于灭亡的观点提出怀疑。

尽管如此,我们还是必须指出,种姓制度有关劳动分工的基本价值观是同现代社会相冲突的。这种价值观在过去曾阻碍了印度经济的发展,是印度教社会未能自发地生长出资本主义的重要原因。今天,它仍以多少淡化了的形式影响着人们的思想和行为,阻碍着印度教社会的现代化进程。随着印度教社会的现代化,印度教徒必然自觉或不自觉地对这种价值观做出某种程度的调整。对于种姓的劳动分工观与现代社会的冲突,可从下述三个方面进行表述。

第一,把劳动划分为"洁净"和"污秽"的价值观及与此相联系的社会集团的隔离意识,影响分工体制的合理化发展。印度教把劳动及从事劳动的人划分为"洁净"和"不净",并将这种划分同印度教徒生活的终极目标——同终极实在的合一结合起来,认为只有那些从事洁净职业的人才能获得解脱。一些手工业和手工业者被视为"不洁",手工业作坊被认为是"污秽""丑恶"的地方。例如,《摩奴法典》规定:"不要接受非王族出身的国王和以屠宰场、油坊、酿酒场、妓馆的收入为生的人的任何东西。""一个油坊和十个屠宰场一样丑恶;一个酿酒场和十个油坊、一个妓馆和十个酿酒场、一个这样的国王和十个开妓馆的人一样丑恶。"工匠的食物被认为不洁,故在禁食之列。这样的工匠有木匠、铁匠、金匠、竹匠、兵器工、酒商、洗衣人、染布商、皮革匠等等。① 从事污秽职业不仅会影响自己解脱,而且污秽像细菌一样,会通过接触、交往甚至空气传染给他人,从而影响别人

---

① 参见《摩奴法典》,第 95、108—109 页。

解脱。人们只能同较洁净的种姓接触和交往，否则会受到污染，丧失种姓地位而不能解脱。对受污染的担心，使每个种姓都自我封闭于相互隔离的壁围之内，排斥不属于自己种姓集团的人。在这种情况下，手工业和商业要发展到现代企业和现代管理组织是很困难的。诚如韦伯所说，种姓制度虽然还未严格到禁止不同种姓的人在同一个作坊中干活的程度，但在各种姓都视本种姓以外的人为异端的情况下，作坊必然处于一种极端的变态之中。①

西方殖民主义者在印度建立现代工业之初，在企业管理和经营方面曾遇到很大的麻烦：不同种姓、不同教派的人在一个工厂里做工，必须按种姓居住在不同的宿舍，分别准备盥洗器具和过不同的节假日。虽然现在许多大工厂和现代企业在雇佣工人和分配工作方面已很少受种姓的影响，但在大多数情况下，不同种姓的人，特别是达利特与种姓印度教徒仍不能住在一起。现代社会的生产活动是以各个职业集团之间广泛的联系与合作为前提的，而"洁净"与"污秽"的观念阻碍了这种联系与合作。印度古代有过发达的科学技术，在天文学、医学、数学等方面有过辉煌的成就，但种姓制度压抑了科学技术的进一步发展。例如，印度村落里的陶工曾发明了接骨用的膏药，理发匠曾是很高明的外科医生，很早的时候，理发匠曾给因战争或疾病毁容的人做整容手术。同类发明在 18 世纪的欧洲得到广泛传播。但由于陶工和理发匠（多数属达利特）在印度教社会中地位极低，上层人看不起他们，因此他们的发明只能在自己种姓集团中自生自灭，没有推广开来。种姓意识对现代印度工厂和企业的劳动分工仍有影响。例如，日本企业录用的印度人，一般要会讲英语，智力等级较高。符合这些条件的人，很多都是高种姓。但是他们都有很强的"权利"意识，他们只做与他们的工资、身份相称的分内工作，而不愿多干一些事情。这样的所谓"权利"意识在一定程度上与种姓分工意识

---

① Marx Weber, *The Religion of India: The Sociology of Hinduism and Buddhism*, trans. by H. H. Gerth and D. Martindale, p. 112.

相联系。

第二，将劳动分工永恒化的价值观，使人们倾向于甘居人后、不思变革、不易接受新技术和新事物。正统的印度教徒视自己从事的职业是基于超自然力量的"法"（达摩），是神意志的体现，这意味着社会分工及各种种姓习俗皆不可改变。具有这样价值观的人，会认为无视旧习惯而采用新习惯、新技术、新工艺和新管理方法甚至仅仅是职业的改变都是对种姓之"法"的不忠，从而会带来种姓地位的丧失。在这里，受到尊重的是传统、习惯和现存的秩序而不是创新和变革。人们对丧失种姓地位的担心超过了对由技术落后带来的物质生活贫困的担心。对于一个传统印度教徒来说，要采用什么新技术和新方法，或从事什么新职业，优先考虑的是这样做是否为社会所不容，是否会丧失种姓地位，而一旦丧失种姓便会成为"堕姓人"，就只有在下次转生前坚持苦行才能在来世恢复种姓地位。在种姓制度下，人们祖祖辈辈从事同一种职业，采取同样的方法生产同一种产品。因此就某一行业而言，由于遵循严格的父传子、子传孙的职业世袭制，人们受到稳定的训练，所以技艺可以达到很高的水平，但要出现类似近代西欧的工业革命那样的生产方式的变革是很难想象的。在现实生活中，这种保守思想以各种形式体现出来。例如，农民不愿意采用新的农业技术，不愿意搬离他世代居住的村落到一个生活习惯完全不同的地方工作和生活，不愿结识不同类型的人，不愿突破种姓门第和观念去从事被传统认为卑贱之业，歧视比自己低的种姓并与其保持隔离，谴责任何关于松弛种姓关系的言论和行为，等等。

第三，严格的职业世袭意味着对经济竞争的否定，故而影响市场经济的发达和现代雇佣关系的建立。种姓虽然是以权利、地位、财富和社会不平等为前提，但它也为印度教徒提供了一个安全的保护壳。在种姓制度下，一个人只要严格遵守种姓之"法"，其职业、社会权利和地位就是稳定的。一般说来，相同职业之间不会出现竞争，因为每个手工业或服务业种姓的产品市场、服务对象由种姓之"法"和习惯所规定而固定不变。在这种情况下，种姓成员因竞争而破产的可能性极小。种姓制度在经济生活上的这种非竞争性特点，为一些正统的印度教徒思想家所称道。现代印度哲学家拉达克里希纳写道："种姓制度所强调的社会生活法则，不是冰冷而残酷的竞争，而是调和与协作。社会不是人们相互争斗的场所，种姓之间的相互竞争是不允许的。出生于某一特定集团的人在习惯了该集团的习惯之后，要适应新的生活是极其困难的。人具有各种不同的性格，这使他们适合于某一特定的作用。所以，改变种姓义务（法）及作用的做法是不被鼓励的。"①种姓虽然具有不断分裂和相互排斥的特性，但这并不妨碍它是一种旨在达到社会有机调和的制度。种姓间僵化的分工需要某种相互依赖，尽管这种相互依赖是在极不平等的原则下实现的。村落中的贾吉曼尼制度就是种姓的非竞争性特点的最好体现。此制度通过把各种姓的劳动、服务的形式和对象、报酬的量和形式及其他种种义务和权利加以固定的办法，把各种姓集团在经济生活中的竞争压到了最低限度，从而有效地保证了村落生活的正常运行和秩序的安定。然而，它的代价却是阻碍了现代市场经济的发达和现代雇佣关系的建立。"公社的机构显示了有计划的分工，但是它不可能有工场手工业分工，因为对铁匠、木匠等等来说市场是不变的，至多根据村庄的大小，铁匠、陶工等等不是一个而是两个或三个。"②

在现代资本主义生产关系的侵蚀下，传统的贾吉曼尼制度已出现衰落，种姓间的服务和报酬形式已发生了变化，但它仍以残余的形式存在。更重要的是，这种制度给人们造成的心理影响是难以消除的。在当代印度农村，一些人宁愿拿较低的工钱为老雇主服务，也不愿拿较高的工钱为新雇主服务。原因是，在旧的贾吉曼尼关系下，雇主和受雇者相互熟悉和了解，同资本主义性质的雇佣关系相比，无论是对雇主还是对受雇者都有明显的好处：对雇主来说，这种关系提供给他熟悉的、一般来说又是廉价的劳动力和随时可得的服务；对受雇者来

---

① S. Radhakrishnan, *The Hindu View of Life: Upton Lectures Delivered at Manchester College, Oxford, 1926*, George Allen & Unwin Ltd., 1927, p. 79.

② 〔德〕卡尔·马克思：《资本论》第 1 卷，第 396 页。

说，他减少了对失业的担心，得到了虽然水平较低却有保障的生活。因此，在今后相当长的时期内，这一制度仍会继续以淡化了的形式存在，对抗着完全的资本主义性质的市场经济和雇佣关系的发展。

二、分裂倾向与社会的一体化

种姓从本质上说是否定竞争的，但这并不是说，种姓社会不存在紧张与分裂。相反，在各个集团彼此孤立并都视自己以外的集团为异端的情况下，"地位之争"及由此引起的集团不断分裂的倾向，比在其他任何非种姓社会中都更普遍、更显著。种姓首先是自我封闭的集团，内婚、共食、宗教仪式等规定构筑了一道道围墙，使自己与其他种姓隔离开来。但处在种姓中的人又不甘于一直居于这道围墙之内，地位优越意识常常使人向更高地位的集团迈进，结果便引起了种姓的分裂。印度有成千上万的亚种姓集团，并且数目仍在不断增加。种姓分裂的倾向同印度教文化的基本理想是分不开的。印度教社会的文化理想是鼓励人们同超自然（绝对实在）的合一，为达到这一目的，印度教为人们设置了许多阶序位置，并宣称处于这个阶序梯子最高位的人（婆罗门）与终极目标最接近。这一文化理想不断鼓励人们在种姓阶梯上寻求一个较高的位置。对"终极实在"的追求难以有具体而明确的目标，又无法为追求者提供一个检验其努力能否成功的客观标准，因此，印度教社会注定存在无数相互对立的社会集团、宗教或哲学流派。与"终极实在"合一的理想不断鼓励人们对现有地位不满，他们总是企图从现在所处集团中分裂出去，组成能证明自己与终极理想更接近的实践新习俗、新宗教仪式及具有新标记的种姓集团。每个种姓或亚种姓集团都在为争取更高的地位或为证明自己处于较高地位而竭尽全力。低种姓自不待言，就连处于最高地位的婆罗门，也总是为获得比同一种姓中其他亚种姓集团更高的地位而不断从现在所处的集团中分离出去。因此，种姓社会的本质是"分离"而不是"凝聚"。

种姓社会的分离特性不仅体现为种姓自身不断分裂这一事实本身，它还普遍化为一种世界观和文化原则，展现在社会各个主要方面。在本书第五章中，我们已经叙述了印度教社会在精神生活、种族、社会集团等方面的无比多样性。在这里，我们将从一个更高的层面，即从文化与民族融合（或者说国家统一与分裂）的层面，来阐述种姓印度教社会的特点。为了更好地理解这一问题，我们不妨将印度与同样具有悠久历史传统，却不存在种姓制度的中国社会做一对比。

中国文化具有相对统一和凝聚的特点，在对待外来的、异质的文化上，更倾向于持"同化"而不是"并存"的态度。中国历史上也曾多次遭受外来文化冲击，但这些异质的文化最后大体上都被同化了。不同的思想流派、集团及地方文化，最终趋于同一化。众所周知，中国的春秋战国时期曾是一个"百花齐放、百家争鸣"的时代，但自从秦始皇开展"书同文""车同轨"的文化统一运动，这种局面就结束了。中国人的凝聚性世界观似乎不太习惯文化上的多元状态，秦始皇"焚书坑儒"就是以极端的手段处理不同思想流派的例子。两千多年来，尽管也有道家、佛家等思想流传，但儒家思想一直是中国精神生活的主流音调，其他思想流派都没有发展到足以同儒家相抗衡的地步。与此相联系，中国虽然比印度国土面积大、地理条件复杂程度高，但中国人在民族、语言、宗教信仰和生活方式方面的差异却比印度人小得多。中国有 56 个民族，但汉族人口占 90% 以上，普通话和规范汉字是国家通用语言文字。在民族与民族之间的文化差异方面，中国也比印度小得多。在一个有超过 14 亿人口的大国里，全国范围内普通话普及率达到 80.72%（截至 2020 年）。

在政治形态上，中国同印度的差别更明显。在人类历史上，没有其他任何一个文明能将大一统的局面维持 2000 多年之久，中国却做到了。在现代化的交通工具和行政组织出现前能做到这一点，堪称世界奇迹，这不能不归功于中国文化特有的凝聚力。印度的情况则完全不同，它在历史上从未出现过真正的统一。许烺光在他的《宗族、种姓与社团》[①] 一书中对中、印历史上王朝统治的特点做了有意思的对比，

---

① 〔美〕许烺光:《宗族、种姓与社团》，黄光国译，南天书局 2002 年版。

指出了中国与印度历史在下述几个最重要之点上的不同。第一，中国政治上不统一时期远远短于统一时期。中国除了三国、南北朝和五代十国等几个短暂时期外，大部分时期都是由一个强大的中央集权政府统治的。印度的情况完全相反。在莫卧儿人统治之前，印度只有两个时期是在一个全国规模的中央集权政府统治之下，一个是阿育王统治的孔雀王朝时期，另一个是笈多王朝时期，其余时间都处于四分五裂的状态。第二，中国即使是在政治上不统一时期，诸小王朝相互抗争的局面也极短暂，呈现为一个王朝统治半个中国的景象（如南北朝、五代十国时期的后唐），而印度即使是在统一时期，也没有一个王朝拥有全国的主权。第三，在中国历史上，只有三国时期的几个竞争者是本地人，而在造成印度分裂与混乱的各种势力中，既有外来者，也有印度本地人。第四，印度某一王朝的兴起通常与某一杰出人物相联系，这一人物死亡，王朝亦告灭亡。中国的王朝虽然也通常是由某一杰出人物所建，但在此后相当长时间内可以不依赖这样的人物而存在。[1]

我们无意将中国社会与印度教社会做全面的对比，但中国文化的凝聚性特点与印度教社会的分离性特点，通过观察两个社会政治上统一与分裂的历史是很容易看出来的。这种差异无疑同两种文化背景下培养起来的不同价值观相联系。在印度教种姓中培养起来的具有分离性的世界观，使印度人倾向于认为无数相互对立的集团和派别、各种异质的东西并存是一种常态，社会集团、组织和流派的不断分裂是一种正常进程；而在中国家庭和宗族中培养起来的具有凝聚性的世界观，使中国人倾向于认为对立、分裂和分离是一种反常，调和、统一与凝聚才是正常的。

关于印度教社会的离心和分裂的特点同印度教社会的现代化之间的关系，很难一概而论。一方面，现代社会确实具有某些统一的特点，这主要体现为：建立现代经济的前提是有统一的政治疆域、统一的市

---

[1] 〔美〕许烺光：《宗族、种姓与社团》，黄光国译，第 91—97 页。

场及人们生活方式和文化心理上的某种统一性；现代社会的运行在一定程度上需要靠实施相对统一的制度和政策、统一调配资金和资源及由相对统一的中央政府实行有效的社会控制；现代社会的发展也确实呈现出促进社会某种统一和单一化的趋势，即大机器生产使所有人都吃着同一公司烤制的面包、用着同一个品牌的产品，大众传播媒介的发达与普及使人们的思想更易受一种舆论所左右，人们用同样的方式关心着同样的事情、思考着同样的问题。从这个意义上说，缺乏统一和相对集中化的行政传统、分裂和离心的文化心理、相互对立的宗教或世俗组织、薄弱的社会动员能力、人们缺乏历史感以及对国家前途漠不关心等印度教社会的特性，不利于其现代社会经济的发展。进入21世纪后，印度在经济和社会多项发展指标上远远落后于同样是新兴经济体的中国，就说明了这一点。但另一方面，现代社会也确实呈现出某些分离的、多元化的特点，例如，政治权力的分散化，社会组织、信仰及生活方式的多元化，等等。从这个意义上讲，印度教社会所固有的分离和兼容的特性，未必不具有适应现代社会的潜质。事实上，印度教社会几乎没有进行任何抵抗就完全接受了西方的政治和法律制度，不能说这同印度教文化缺乏统一的传统和具有兼容的特性无关。这些特点使得印度在政治制度、中央与地方关系以及社会文化多样性等方面，似乎做得比其他一些发展中国家要好。这是一个问题的两个方面。因此可以预测，社会现代化进程中的文化整合，对印度教社会将意味着这样一个双重过程：一方面，其文化上的复合性和不平衡将会进一步扩大；另一方面，它会不断克服分裂和离心倾向，使社会朝着一体化的方向做出调整。

三、种姓与社会平等

种姓是以承认人与人之间权利、地位、财富和机会等方面的不平等为前提的，这种不平等思想深深扎根于印度教之中。

印度教认为，在宇宙万事万物的背后隐藏着一个非人格化的"绝对实在"，现实世界乃是它自我展现的结果。这意味着，现实存在的种种差异都是合理的。人生而有别、生而不平等，这种不平等是由那个隐藏在个人感觉世界背后的"阿特曼"（它记录着人前生的罪恶与功德）规定的。

在西方和中国的传统文化中，都有某种关于平等思想的表述。例如，欧洲基督教中的"上帝面前人人平等"，中国儒家文化中的"人皆可为尧舜"等思想，都是以承认人具有某种共同价值为前提的，但印度教则从根本上否认人具有共同价值，即每个人的价值因其种姓身份不同而不同，每个种姓的"法"（达摩）都有不同的内容和不同的价值，而无论是高种姓还是低种姓之"法"，都是神圣的，皆为自然秩序的一部分。这样，种姓森严的地位差别、人与人之间本质上的不平等就作为那个"绝对实在"在现世的显现物而在理论上得到了肯定。既然承认人生来就有质的不同，而且这种不同又是神秘的"绝对实在"展现的结果，那么对低种姓成员来说，唯一的办法就是严守种姓之"法"，接受自己的悲惨命运，否则来世可能更悲惨。他们对自己悲苦命运的忍受，同其他一般生物并不会对自己未能转生为人而抱不平是一样的道理。同它们相比，自己能在现世成为"人"的一员（无论地位多么低下）实在是一件幸事。同时，在高种姓成员看来，低种姓的不幸是他们前生罪恶的当然报应，对于他们蒙受的贫困、饥饿、疾病、社会歧视和种种不平等待遇，不仅不应予以同情，而且这是他们赎罪、净化所必不可少的。

众所周知，原始基督教"上帝面前人人平等"的思想是近代西方资产阶级社会平等思想之源。尽管中世纪天主教肯定人的封建身份制，并且社会的等级制度也十分森严，但当旨在恢复原始基督教精神的宗教改革运动出现时，等级制度便从理论上动摇，并最终导致了世俗主义的争取平等的社会改革。在印度，认为人天生具有异质性并将这种异质性归结为"绝对实在"展现的结果的看法，完全阻断了争取世俗平等的社会改革的出现。从根本上说，印度教也不否定人人都有获得宗教拯救的可能性，低种姓的人只要严格履行种姓之"法"，经过反复多次转生后也有可能获得解脱。从这个意义上说，人也是"平等"

的，只不过地位低的人需要付出更大的努力。印度历史上一些宗教改革家曾利用这一点掀起宗教改革运动。但这种"平等"既非在现世，亦非在来世，而仅仅体现在神秘的、谁也无法达到的超越轮回的体验上。印度教拯救观的这一特点，使印度历次的改革运动都未能超出宗教的范围而扩大为世俗改革。一些宗教改革者在把批判的矛头指向种姓不平等时，得出的结论不是要改革造成这种状况的社会诸条件，而是心灵深处的自我反省。印度历史上所有的宗教改革运动几乎都是围绕"解脱"问题展开。最激进的宗教改革运动也只不过是宣称可以让更多的人用更简便的手段达到解脱而已。运动的结果，仅仅是在本来就很多的教派中增加了一个新的教派。

为了理解这一点，我们不妨举出历史上印度教改革运动——"巴克蒂"（Bhakti）运动的例子。与婆罗门向来宣传的只有婆罗门和再生种姓才有资格获得解脱不同，发起于12世纪的巴克蒂运动宣称，所有人（包括达利特）无须经过转生即可获得解脱。不仅如此，巴克蒂运动的一些倡导者还认为，那些相对来说拥有较高社会地位、较大权力和较多财富的高种姓，为权力和财富所感，反而无助于同神的合一，而地位卑下的一般民众因不受财产和权力的束缚，在响应神的号召方面处于有利地位。这一运动最著名的领导者之一柴檀尼雅于15世纪在孟加拉领导的"柴檀尼雅运动"，在否定婆罗门特权、反对种姓不平等方面十分引人注目。他公开强调在神的面前人人平等，声称"克里希纳的恩惠同家世、种姓无关"，即使是旃陀罗（达利特）也不会被神抛弃。这一教派还反对通过诵读经典和繁杂的仪式达到解脱，认为只要反复吟唱"终极实在"的化身"克里希纳"神的名字就可达到与神的合一。该教派对广大地位低下的人有很大的吸引力，因而在他们中发展很快。但这并不意味着巴克蒂运动就是一个低种姓争取平等的社会改革运动。柴檀尼雅等巴克蒂运动的领导者，一方面宣称各种姓在神的面前平等，另一方面却强调，在神的面前，人是无价值和无能为力的。他们批评种姓制度的不平等，却把拯救仅仅局限于宗教领域，小心翼翼地避免将这种改革扩大到世俗世界。他们认为，世俗的改革不仅没有意义，反而会妨碍对神的专心。因此，巴克蒂教徒所追求的不是现实社会中的平等，而是宗教上的拯救，即死后达到极乐世界。他们通过委身于神，寻求一种精神上的飞翔和心灵上的净化，或者寻求一种在断绝了尘世一切欲望后产生的恍惚世界。在对神的虔信达到高潮时，人便会进入一种忘我的状态，地上一切忧愁烦恼会烟消云散，这也自然意味着他们蒙受的种姓偏见和种姓歧视的消失。当巴克蒂信徒的宗教活动达到高潮时，人们相互拥抱，相互擦洗身上的脏物。这时，不分种姓，不分信仰，不分老幼，作为神的儿子，达到了"人人平等"。他们平时在社会上遭受的欺凌、被剥夺了的人的尊严，都在宗教活动中得到洗清和恢复。只有在这时，他们才成为具有独立人格的人。对巴克蒂信徒来说，宗教集会和小组活动，就是死后"天国"在现世的具体体现。但他们一走回现实社会，便会发现种姓差别和种姓歧视的冷酷现实一点儿也没有改变。由柴檀尼雅运动发展而来的"克里希纳意识国际协会"，是当今一个影响较大的国际性宗教团体，它在世界许多地方设有分会，用各种文字出版传教刊物。在纽约、东京等世界上最现代化的城市，时常可以见到它的成员身裹黄袍，一遍遍地吟歌"Hare Krsan"①游行的情景。但就连这样一个具有国际性的组织，仍宣称等级差别反映了宇宙最高设计者、统治者制定的自然法则，消除人间不平等和由此带来的冲突不是通过社会改革，而是通过内省达到。

在印度，真正世俗意义上的社会改革运动只是到近代西方资本主义生产方式输入以后才出现。资本主义生产方式及与之相联系的资产阶级的平等、自由等思想在印度的发展与传播，同传统的印度教种姓制度的精神发生了尖锐冲突。如果说印度资产阶级早期代表人物拉姆·罗伊抨击种姓制度、改革印度教陋习的行为仍未超出印度教范围的话，那么，圣雄甘地及其他一些国大党领袖对这一问题的注意、为解决这一问题所做的努力，则已经远远超出宗教范围。甘地把废除达

---

① 一种特定的念词，用以表达对克里希纳神的崇敬和与之建立联结的愿望。

利特制（它是种姓不平等的极端形式）、消除印度教徒根深蒂固的种姓偏见的工作视作民族解放运动的一个重要组成部分。国大党无论是在印度独立之前还是在独立之后，都企图通过立法、开展运动等手段消除种姓的不平等。印度宪法规定，公民不分宗教、种族、种姓、性别、出生地，一律平等，1955年印度还通过了《不可接触制犯罪法》。所有这些努力，应被视为印度社会在文化层面上的现代化过程而得以评价。但这种改革的影响是微弱的，种姓歧视和种姓迫害现象在印度（尤其是在农村）仍较严重。[①] 根本原因在于，种姓制度与印度教结合得太紧密了，它是印度教一个不可分割的部分，是印度教社会的基本原理。拉姆·罗伊也好，甘地也好，其他国大党领袖也好，批评的是种姓制度的不平等而不是种姓本身，要革除的是印度教的陋习而不是印度教。他们都企图在不触动种姓制度的前提下进行一些改革，想在印度教这棵古老的大树上嫁接一些西方文化的果实。从种姓不平等的受害者（大多数是低种姓和达利特）方面来看，他们更是深深地受着印度教教义的束缚，轮回、解脱思想使他们难以世俗地、理性地认识自己的地位。他们中的最激进者也只不过是想提高在种姓序列中的地位，而不是反对种姓制度本身。他们的要求没有超出印度教的范围，他们为改变自己地位所采取的手段仍主要是"梵化"，即模仿高种姓习俗、放弃旧的生活习惯、分裂成新种姓等。

当然，人与人之间真正的平等至今还只是人类的一种理想，无论在哪种社会都没有完全实现。但同传统社会相比，应当说现代社会同这种理想更接近，或者说，社会平等作为一种原则更为现代社会的大多数人所理解和接受。在现代社会，人与人虽然也有财富、地位等方面的差别，但决定这些差别的主要不是人的出生机会而是某些后天条件（如个人能力、受教育程度及财富等），而且这些差别也不是不可改变的。随着职业、成功机会等条件的变化，人的地位是经常变动的。当然，在这里，"出生机会"仍是个人获得成功的重要因素，它或多

[①] 孙培均：《觉醒中的印度贱民》。

或少仍限制着个人或集团社会地位的变动，而且在这种社会里，也还有种族、国籍等与出生机会相关的障碍。但是，出生机会不再起决定性作用。因此，在印度社会现代化的进程中，印度教种姓制度对人的限制和束缚必将进一步松动。在当代印度，社会组织正在缓慢地进行着重组和变化，社会正在朝着权力、财富决定人的地位和威望的方向发展。在资本主义较发达的地区，传统的种姓影响明显减弱，旧的种姓框框正日益被突破。可以预料，随着印度社会现代化的推进，人们将会在越来越大的程度上从种姓制度的束缚中解放出来。但是，认为种姓制度在不久的将来会灭亡的观点是没有根据的。不能设想没有印度教的印度文化，也不能设想没有种姓制度的印度教。未来，印度社会的等级结构不会是一种完全崭新的类型，但也不会仍是对旧的种姓制度原封不动的继承，而是旧的社会等级结构逐步朝着接受和容忍某种程度的种姓原理和平等原则的方向发展。

四、"单方面依赖"与现代人际关系

以上我们分析了印度教对人的本质的基本认识，指出种姓制度正是体现了这种人"生而异之"的价值观。下面，我们将讨论印度教徒人与人之间关系的特点。这一点同种姓的不平等观有联系，但并不是一回事。前面讲的种姓的不平等及与之相关联的价值观，主要是对社会集团之间的关系而言，侧重点是对人的权利、地位的分析，而人与人之间的关系则主要讲个人，侧重分析人们在交往中基本的价值取向和责任与报酬之间的关系。集团与集团之间的关系和人与人之间的关系这两个范畴，均属于文化的深层结构，但二者有不同的表现形式和内容。

神具有无限的威力，人们只要通过冥想或宗教仪式就可以从神那里得到一切，满足一切愿望（当然只是在想象中），而人却不必还报给神什么，人完全依赖神而神却不依赖人，神不因人的存在而存在。人与神的这种关系是一种什么类型的关系？这是一种"单方面依赖"（unilateral dependence）的关系。S. 拉达克里希纳在论及这种关系时

说:"如果说宇宙最高存在的基本形状是'尼尔古那'(Nirguna),即没有属性的,是'阿森迪亚'(Acintya),即不可思议的,那么世界就是一种在逻辑上与绝对者(the Absolute)没有联系的现象。运动和发展的万事万物的基础存在于'梵'这种不可改变的永恒之中。'梵'并不引起什么,也不生成什么和决定什么,但是,有了它万事万物才存在,没有它万事万物就不存在。世界依赖'梵'而'梵'却不依赖世界。这种单方面的依赖及'终极实在'与世界之关系的逻辑上的不可知性,是以'幻'(Maya)这个词来体现的。"[1] 无论什么样的宗教,只要把神视为一种无所不包、无所不能的存在,神与信者的关系都属于单方面依赖关系。只是在印度教社会,由于神的特殊性质,这种关系类型更为突出和彻底,对人与人之间的关系影响也更大。印度教中人对神的单方面依赖关系在世俗的人与人之间关系上的投射,就是印度教徒处理人际关系时,具有一种不去使责任与报酬达到平衡的心理倾向。所谓"责任"和"报酬",是指人与人之间的"给予"和"获取"的关系,它是人与人之间一种基本的相互作用关系。"给予"和"获取"可以是有形的物质或服务,也可以是无形的精神上的尊敬或崇拜。无论是在哪一种社会里,人与人之间的责任与报酬都最终趋向于某种平衡;不过,由于社会文化背景不同,这种平衡的基本方式是不同的。许烺光指出,在"契约原理"占优势的美国等西方社会,这种平衡是通过在规定期限内的偿还和报酬达到的;在"亲属原理"占优势的中国社会,这种平衡是通过了解将来的恩惠和责任(如中国人的"养儿防老"思想)达到的;而在"阶序原理"占优势的印度教社会,这种平衡则是通过履行那个以"终极实在"为顶点、无所不包的超自然之"法"达到的。由于印度教徒的终极理想是达到与神的合一,履行种姓之"法"仅仅是实现这一理想的手段,故而世俗生活中责任与报酬平衡的重要性被大大淡化了。也就是说,对印度教徒来说,

---

[1] S. Radhakrishnan, *The Bhagavadgītā: With an Introductory Essay, Sanskrit Text, English Translation and Notes*, HarperCollins Publishers India, 1948, pp. 37-38.

人与人之间责任与报酬平衡的恢复，与其说是在现世，毋宁说是在由前世、现世和来世组成的大轮回圈子中。给予者不一定期望具体的还报，而是希望获得解脱或改变来世的地位；获取者并不对自己所处的领受地位感到有什么不好，也不认为从别人那里领受的东西一定要还报，而是认为这种还报会由超自然的"法"安排。因此在印度教徒的生活方式中，一个人所尽的义务与他所获取的报酬往往处于一种非平衡状态，印度教文化的基本价值取向也不要求达到平衡，而种姓就是在这种责任与报酬非平衡的条件下结成的社会集团。对于一个种姓印度教徒来说，其因种姓身份不同，在处理"给予"同"获取"的关系时往往具有一种或是"给予"大于"获取"或是相反的倾向。以种姓之"法"的观点看，低种姓为高种姓提供手工业产品或服务，并非为了从对方那里获取物质上的报酬，而是基于"法"的规定。高种姓有时给低种姓的某种恩惠（实物或现金）或庇护，也不是对后者所提供产品或服务的报酬，同样是基于种姓之"法"的规定。富有者向贫穷者施舍是出于"法"，贫穷者向富有者乞食也同样是出于"法"。印度村落中的贾吉曼尼制度是一种不平等的制度，但若从印度教种姓之"法"的观点来看，又是极"合情合理"的：每一种姓都在履行自己的"法"，都在同等地朝着与神合一的终极方向前进。

责任与报酬的非平衡性，意味着印度教徒之间倾向于一种非互惠关系。换句话说，这种社会里普遍存在单方面依赖的心理倾向。从一定意义上说，这种非互惠的人际关系乃是印度教徒对"绝对实在"做单方面依赖的一种投射。印度社会中布施和乞食现象的大量存在，就是这种非互惠关系的最好说明。

施舍被印度教徒誉为人的最重要的美德。在印度历史上，国王乐善好施是实行德政、品德高尚的最重要的体现。在已发现的有关孔雀王朝的各种铭刻中，有相当大一部分是关于各种布施的记录，布施者中有王侯，也有平民。[①] 在其他时代的材料中，这样的内容也不少。

[①] 参见中村元（1963）『インド古代史』（下）、250—300 頁。

当然，在任何社会里，都会有人出自宗教或世俗的目的进行布施活动，但可以说都没有像在印度教社会中那样普遍受到强调。

如果将无偿向别人布施的行为视为一种美德的话，那么，从逻辑上讲，这种行为的对立面，即无偿地向别人索取应被视为一种不道德行为。然而，当决定责任与报酬平衡的原理是基于那个超自然的种姓之"法"时，这两种相反的行为都具有了同样的意义：布施是一种美德，因为这是"法"的规定，遵循这种规定是达到解脱的手段；乞食也不是不好的行为，这同样也是"法"的规定，是达到解脱的一种手段。所以在印度教社会里，乞食同布施一样，是一种普遍的、在文化上受鼓励的行为。一方是不希求任何报偿的给予，另一方是不打算给任何报偿的获取，布施和乞食行为的普遍存在，是印度教徒非互惠关系的最彻底的体现。印度古代典籍中把乞丐当作一种正当的职业，有专由乞丐组成的村落。现代印度乞丐之多也是有名的。一份调查材料表明，平均每125个印度人中就有一人是乞食者。在这些乞丐中，有一半以上是有劳动能力的。"近来，还出现了一个新的乞丐阶层，这些衣着整齐的文明乞丐恭而敬之地向人乞讨。这些乞丐在闹市中心乞讨，一天能赚得15卢比。如果再带上老婆便可赚上25卢比。据调查，其中大多数是受过教育和有钱家庭的人。他们为了求得精神安慰而离开了家，人们把这一类乞丐称为'白领乞丐'。"①

这里值得注意的是，相当多的乞丐乞食并非因为经济上的贫穷，而是"为了求得精神安慰"。显然这与人们把乞食当作解脱的手段这一价值观分不开。在印度，不仅贫穷者和丧失劳动能力的人出于生计乞讨，礼仪上处于最高地位的婆罗门也常常是乞食者，这是合乎种姓之"法"的，因为"法"规定，婆罗门的任务是研究吠陀和主持宗教仪式，不是从事物质生产。即使是富裕的婆罗门，出于履行种姓之"法"的需要也会故意乞讨。历史上，国王在诸如登基大典等日子里，

---

① 〔印度〕阿夏·吉肖尔：《印度五百万乞丐问题》，李继晟译，《南亚译丛》1983年第3期。

一方面向天下乞丐布施，另一方面却进行象征性的乞食。例如在莫卧儿王朝时期，每当国王在京城德里大清真寺做祈祷，清真寺的台阶上总会排着长长的一排乞丐，向国王祝福。在这种仪式上，国王会摊开双手，进行象征性的乞食。因此，在印度要消灭乞讨现象，固然应当采取经济和社会方面的措施，如发展生产、增加就业、发展社会福利等，但也不能忽视人们价值观方面的调整。不能设想，在一个人们并不认为乞讨生活是一种社会病态、心理上并不以乞食为耻辱的社会里，能够彻底消灭乞食现象。难怪上述那篇材料的作者呼吁，任何一个独立的国家都会把乞讨生活看成是一个不能容忍的耻辱，所以印度也应把它当作一种社会病态。

人际关系中非互惠的心理倾向也造成了盗窃行为并不那么坏的伦理观。实际上，从"责任"与"报酬"非平衡的角度看，乞讨与盗窃并无本质的区别。印度古代，小偷也被当作一种职业。一些文献提到有由盗贼头头领导的"盗贼村"。不仅如此，有些法典承认，掠夺别国也是正当的。有的经典规定，经国王同意可从外国掠夺财富，国王可以同盗贼分赃，分赃的比例是国王得 1/6，其余部分按等级和在掠夺中出力大小来分配。这里，国王与盗贼是一种相互援助的关系。许多印度文献常将国王与盗贼相提并论。[①]

在人们普遍具有非互惠心理倾向的情况下，较难建立相互信赖的关系。一方面，从别人处领受的好处不一定要还报，这助长了领受者不负责任和贪得无厌的态度；另一方面，给予别人的东西未必能得到还报，这又助长了给予者消极、逃避的态度。当交往双方都具有单方面依赖的心理时，很难构成平等的物质或服务交换，容易使人产生对他人及世界的不信赖感。这种倾向促进了种姓集团之间的相互排斥和分离。一个低种姓的人即使从高种姓那里得到好处，单方面依赖的心理也使他未必认为这是一种需要用精神上的尊敬或其他方式进行还报的恩惠。

[①] 中村元（1963）『インド古代史』（下）、350 頁。

事实上，在印度教社会中，地位低下者、依赖者对于地位高贵者、被依赖者的尊敬和崇拜的程度，远不如其他社会。就连那些地位最低下、经济上完全依赖高种姓的人，也并未表现出对高种姓的格外尊敬，相反，许多达利特还认为某些高种姓是异端，是"不净"的。据古里教授的报告，在印度南方一些村落，达利特甚至不允许婆罗门通过他们居住区的街道。"因此，要是一个婆罗门偶然通过他们的住宅区，他们将会用牛粪尿（印度教徒认为牛粪尿具有净化作用）来欢迎他。"①

现代社会中人与人之间的关系，从某种意义上说，应是一种互惠的、契约化的关系，这种关系以责任与报酬的大体平衡为前提。一个人从别人那里得到利益和帮助，会以一定的方式还报给对方，或者说，他所得到的正是别人对他的还报。如前所述，这种平衡的实现在西方个人化社会采取了最简洁的形式，发展成为一种明确的契约关系。现代西方社会商业、贸易的发达，就是以这种契约关系为基础的。现代社会既然要发展以分工和商品经济为基础的大工业，人与人的关系就不能不具有某种契约化倾向。商品关系是人与人之间责任与报酬平衡关系的最彻底、最简明的体现。从这个意义上说，随着印度教社会现代化的进展，印度教徒人际关系的非互惠特点将朝着某种互惠的、契约化方向做出调整是可以预料的。责任与报酬关系上某种程度的互惠性和契约化，可以增强一个人对别人和对周围世界的信赖感。不仅如此，这还容易培养起根据个人的技术、努力而不是根据出身、权威及超自然因素等来领取相应报酬的价值观。英格尔斯把具有"可依赖性和信任感"及具有"愿意根据技术水平高低来领取不同报酬的心理基础"作为现代人的两个特征，是有一定道理的。②

---

① G. S. Ghurye, *Caste and Race in India*, 5th ed., p. 11.
② 殷陆君编译：《人的现代化——心理·思想·态度·行为》，四川人民出版社1985年版，第29—30页。

第二节 印度教的拯救观与社会的现代化

一、作为宗教之国的印度

印度近代哲学家维韦卡南达（Vivekananda，1863—1902，又称辨喜）说过，"在印度，宗教生活形成了中心，它是民族生活整个乐章的主要基调"①。美籍华裔心理人类学家许烺光在分析了中国人、美国人和印度人的基本心理文化取向后指出，相对于中国的"情境中心世界"（situation-centered world）和美国（一定意义上也代表西方）的"个人中心世界"（individual-centered world）而言，印度是一个"超自然中心世界"（supernatural-centered world）。在这个世界里，个人的基本价值取向集中反映在与诸神的关系上，社会文化的总理想是"梵我一如"，即个人同"终极实在"及其显现物的合一。家庭及个人之间的世俗联系因同诸神和圣职者的联系或者被淡化，或者受其强烈影响。不仅如此，超自然中心世界的人还有一种把现实世界的一切视作不真实和虚幻的倾向。②

本来，对超自然力量的崇拜和依赖，可以说是所有宗教的特点。中世纪欧洲把上帝这一超自然力量尊为世界唯一的创造者，人居于被创造地位，人和世界的存在似乎只是证明了上帝的伟大。宗教以解脱为目的，追求的是一种与现实世界完全异质的"彼岸世界"。与这个世界相比，现实世界是渺小的。宗教给人指出的最终目标是远离此世，到一个更高层次的境界中去。至于通过何种方法来达到这一目的，以及在彼岸世界中把什么东西置于最神圣的地位，则因宗教不同而千差万别。因此，大凡在宗教盛行的社会里，人们都有依赖和崇拜超自然力量、轻视世俗、向往来世的心理倾向，只不过程度不同罢了。那么，为何称印度为"宗教之国"或"超自然中心世界"？笔者认为，原因

---

① 参见黄心川：《印度近代哲学家辨喜研究》，第91页。
② 〔美〕许烺光：《宗族、种姓与社团》，黄光国译，第2—7页。

大致有二。

第一，印度教徒在对超自然力量的思考、探究、追求和依赖方面，远比其他文化背景中的人花费更多的时间、精力和财物，人们的生活受宗教影响更大。需要指出，说印度是"宗教之国"或"超自然中心世界"，并非说所有印度人都是不食人间烟火、整日醉心于超自然之事的苦行者，印度教徒与我们一样都是有着七情六欲、需要解决自身生存和种群延续问题的人，他们也有家庭、亲人、朋友，也和我们一样会表达他们的爱恨情仇，也需要解决每天生活所需的柴米油盐问题。这是任何文明社会存在的最基本条件。这里所说的"宗教之国"或"超自然中心世界"是指一种心理文化取向，即在诸种价值中印度教徒把精神上的超越看得最重，社会的其他诸种价值观都受到这种核心价值观的整合，并且人的世俗生活深受其影响。印度教对印度政治、经济、文学、艺术、法律、社会等级及个人的心理和行为诸方面影响的广度与深度，是无与伦比的。

第二，印度教中的超自然力量具有独特的性质，印度教徒有其特殊的宗教救赎观。同其他宗教中的超自然力量相比，印度教中的超自然力量不仅体现为多得数不清的人格化的神明，而且在这众神之上，还有一个更高的存在——"梵"。在本书第六章中，我们已阐述了"梵"的独特性质，并指出了这种特性对印度教徒文化心理的影响。正是印度教中超自然力量的独特性质，规定了印度教不同于世界其他宗教、印度教社会不同于其他社会的许多特点。每一种宗教都有一套引导人们超越世俗生活的理论，这就是宗教的拯救观。例如，基督教的"天堂地狱"说，伊斯兰教的"世界审判"说等，都是要引导人们到达"彼岸"世界。印度教最高层次的拯救观是"梵我一如"，即个体与那个"终极实在"（"梵"）的彻底合一。根据印度教经典的描绘，这是一种超越轮回、不生不灭的极乐境界。追求这一境界，是印度教徒人生的最终目的。这一拯救观影响着印度教社会的方方面面，构成印度社会经济发展的重要伦理。

关于宗教拯救观对社会经济发展的影响，属于宗教的经济伦理研究领域，在这个领域，著名学者马克斯·韦伯的分析具有经典性（关于这一点，将在本书第十一章讨论）。印度教的拯救观对印度教社会和经济发展产生了怎样的影响？这种影响同今日印度社会的现代化又是怎样的关系？这是下面要探讨的问题。

二、"梵我一如"拯救观与社会变革

"梵"的非人格和超验特性，使印度教文化具有明显的冥想特点，它完全阻断了真正的宗教和社会改革的出现。

相信宇宙万事万物的背后隐藏着一种神秘的力量，自然使寻求超越的人们把注意力移到了现实世界的背后。由于这种超自然力量是超感觉、越经验、除了冥想别无接近之法的存在，因此人们寻求超越必然遵循一条独特的道路，即通过内省去发现个人感觉世界背后的神秘存在——"阿特曼"。这个"阿特曼"和"梵"一样，既非物质亦非精神，无始无终，不生不灭。它和"梵"的区别只在于：前者存在于个人感觉世界背后并规定着个人的一切活动，后者存在于万事万物背后并规定着宇宙中的一切。发现"阿特曼"才能达到"梵我一如"，才能摆脱世俗一切苦恼抵达不生不灭的极乐世界，因此发现"阿特曼"便成了所有印度教徒（至少是正统的印度教徒）人生的最终目的和最高境界。但问题是："阿特曼"与那个存在于宇宙背后的"梵"是同一的，还是两个独立的实体呢？如果不是同一的，二者的关系如何？是否每个人都能发现"阿特曼"？有无更简捷的办法发现它？等等。可以说，几千年来，印度教徒的精神生活就是围绕着这些抽象原理展开的。对"阿特曼"的追求及对"阿特曼"与"梵"的关系的探讨，把印度最有才华的人吸引到逃避现实世界、追求虚幻的道路上去了。基督教的上帝与现实世界有千丝万缕的联系，是作为道德的最高裁判者存在的，但"梵"并不是这样。"印度教不把它与职业稳定和举止谦虚的道德价值说教联系在一起，就像基督教徒那彬彬有礼的仪态那样，而是同个人的灵魂得救这一切身利益联结在一起。"① "梵"也对现实世界不负任何责任，宇宙间的一切变化都是按照"梵"预先编制好的"程序"自动展现的。这种神秘、可怕的力量注定了世界万物，也注定了社会和个人的命运，因此得出一个逻辑结果：任何真正的宗教和社会变革既不必要也不可能。印度历史上曾多次出现由新教派领导的变革运动，但这种变革几乎都是围绕个人"解脱"问题展开的，几乎与现实生活无缘，所以印度教和印度教社会虽然不断分裂和融合，不断出现新的教派和种姓集团，但始终没有出现真正的宗教和社会变革。新教派的主张同传统宗教并无本质上的区别，只是在解脱方法、对象、程序等细节问题上有分歧而已。就连最激进的教派（如产生于12世纪的"巴克蒂"教派、近代"吠檀多协会"等）也只不过是认为更多的人用更简单的手段可以达到解脱。因此，这些运动没有也不可能像欧洲历史上的宗教改革那样产生一套新的价值观，而仅仅是在本来就很长的教派名单中增加了一个新教派而已。

对"梵我一如"的无休止追求，使个人的社会责任感、政治积极性及经济上的努力降到了次要地位。在这种情况下，世俗社会的改革被阻断了，因为当一些较敏感的印度教徒发现并开始批判不合理的社会制度时，他们得出的结论通常不是变革造成这种现象的社会诸条件，而是心灵深处的自我反省。这一特点体现在如佛陀、大雄那样的古代圣者身上，甚至也体现在圣雄甘地等一些著名的社会改革领导者身上。② 不仅如此，对超验世界无休止的追求，势必使世俗世界进一步丧失神圣性和固有价值，成为虚幻和假象的世界。按照正统的印度教教义，世俗的家庭幸福、财产、功名等非但无助于实现个人超越，反而是与神合一的障碍，是一切"苦"的根源。因为有荣华富贵更觉病、老、死是威胁，团聚的欢乐和为所爱的人献身更会加重离别的痛

---

① 《文明的历史脚步——韦伯文集》，黄宪起、张晓琳译，上海三联书店1988年版，第128页。

② 甘地在反对英国殖民统治以及反对歧视达利特的斗争中，常常采用祈祷、忏悔、斋戒等方法，企图以此唤醒英国统治者和印度国民的良心。

苦……所以，一个印度教徒理想的生活方向应是断绝一切世俗欲望，从世俗生活中真正地解脱出来。这种生活理想，不仅体现在对人生四个生活期的划分上，也体现在各种宗教典籍、文学作品以及其他艺术形式之中。理想的印度教徒，是那些舍离俗世、走上巡游道路的游方僧，或者是那些在丛林或喜马拉雅山麓深处搭起茅庵、闭目冥思、专心于各种自我折磨的苦行者。自然，并非每一个印度教徒都是严格按照四个生活期生活的，大部分印度教徒并未达到这样的觉悟层次或不具备这样的能力。但是，舍离此世和寻求个人解脱作为一种社会生活的理想，在印度比在其他任何一种社会中都更受到推崇，印度教社会中的遁世者和圣职者也比在其他任何地方都更受到人们的尊敬。大部分印度教徒一生中至少有一次到或远或近的宗教圣地（理想的圣地是喜马拉雅山、恒河等）去巡礼的经验；并且只要有可能，他们总是努力更多地这样做。印度教徒，无论属于哪个教派，也无论文化教养如何，都追求解脱。像耆那教和佛教这些在印度被称为"异端"的教派，也把舍离此世作为它们的终极目标。当耆那教的一个教派（天衣派）的信徒们进行裸体游行时，我们只能认为，这是他们企图割断同尘世一切联系的象征性表现。佛教徒身上穿的黄衣，据考证是过去被处以死刑的囚犯所着衣服，这表示他们将要离开这个世界。轻视世俗到了如此彻底的程度，个人还会有什么社会责任感和政治积极性呢？在这样普遍的文化心理的支配下，人们比较容易接受现状，缺乏变革的内心冲动，因而难以出现任何真正的"圣""俗"方面的改革。这也是印度历史上缺乏像中国历史上那样的大规模农民起义之类的社会反抗运动，以及今日印度经济发展和社会变化远不及中国那样快速和深刻的重要原因。①

---

① 印度自 20 世纪 90 年代实行经济改革以来，取得了令世人瞩目的经济发展成就，但无论是在改革的深度和广度上，还是在经济发展所引起的社会变化的程度上，都无法与同样是人口大国和文明古国的中国相比。2015 年，笔者为从网上看到的一组印度南部农村的照片所震惊：那房子，那街道，那村民的衣着、打扮和表情，竟与 1991 年笔者访问时一模一样。

三、"梵我一如"与积极向上的价值观

对"梵"的永恒性的恐惧和对"梵我一如"的献身追求，使人们固守传统，消极被动，从而阻止了合理的生活方式和积极向上的价值观的形成。

宇宙间万事万物皆为"梵"自我展现的结果，这在现实生活中意味着，人们对生活中发生的一切除了消极接受别无他法。这种宿命的世界观在"业报"理论中得到了最好的说明。按照这种理论，人除了有一个看得见、感觉得到的现世之外，还有看不见、感觉不到的前世和来世，人就在这三个世界中流转轮回，无始无终，无穷无尽。三个世界有因果联系，具体说来，一个人的行为有它自己的必然结果，善行产生善的结果，恶行产生恶的结果。人的所作所为、一言一行，都记录在那个隐藏在感觉世界背后的神秘的"阿特曼"之中，并且正像世界万事万物皆为"梵"自身展现之结果一样，人的现世、来世和前世也是由"阿特曼"规定的。人们根据所作善恶业因，一直在人与非人（天堂、地狱、畜生等）中生死相续、沉浮不定。对于一个印度教徒来说，"前生"是一种不可改变的具有决定性作用的力量，此生无论有什么遭遇都必须服从。几千年来，印度教一直宣传业报思想，佛教和耆那教也强调这种学说。而且，这种思想并非仅仅停留在各种高深的宗教经典及哲学家们的争论之中，在一般民众中间，通过宗教家的宣教活动、民间吟诵史诗、神话故事及其他各类宗教通俗作品的普及，经过许多世纪的渗透、过滤，已经影响印度千百万人。

一个人渴望通过现世的努力争取在来世占据有利地位，这毕竟是一种希望，这种希望未尝不可转变为一种鞭策人们进取的世俗力量。也就是说，如果不同其他消极因素结合起来，从业报理论中未必不可以引申出一种积极向上的精神。假如是这样，业报轮回之说未必构成社会现代化的障碍。但是对印度教徒来说，美好的来世也并非他们追求的理想，永无完结、无限循环的轮回过程本身也会给人带来烦恼，与其通过世俗努力争取一个美好的来世，不如通过冥想超越这种轮回寻求

一个终极的安乐之处——达到与"梵"合一的境界。

视现实世界为虚幻、无意义、无常,并把脱离这个世界视为人生追求的最高目标,可说是印度教各教派教义最基本的特征。在这种看法之下,人们并不认为在世俗世界里有自我完善的可能性,因而具有一种不断放弃世俗努力、逃避现实世界的行为取向。为了达到与最高神的合一,就需要断绝与感觉世界的联系。为此,印度人发明了一套以调整呼吸、绝食以及各种肉体上的自我折磨为特点的修炼体系。韦伯指出:"印度的禁欲从技术上看确实获得了最合理的发展。在印度各种各样的禁欲方法论中,几乎没有一种不是以圣人般的完善程度被实践过的,而且,它还常常合理化为一种技术。许多禁欲形态只是在印度才提高到了极度变态的程度。"[1] 即使是今天,这种极端程度的苦行在印度各地也不罕见。在 E. 埃本兹·普利查德主编的《世界民族》第十二卷中,有两幅反映当代印度苦行者生活的照片,形象地告诉人们印度教徒的苦行达到了何种地步。其中一幅是一苦行者被沙土埋至脖子作冥想状。从那发黑的脸部看,苦行者似乎已死亡。在他面前的一块布上,人们投满了硬币,表达的是对他的尊敬。另一苦行者用金属钩子穿透自己的腿、脚、臀、臂等多处,将自己悬于空中盘坐冥想。[2] 一些教派认为,苦行越残忍、越近乎极端,"解脱"的可能性就越大,就越受到人们的尊敬。当然,印度教并非每个教派都崇尚苦行,在崇尚苦行的教派中也并非每个人都能达到如此极端的程度。但强烈的"脱俗"意识,对遁世、苦行生活的普遍尊敬则是印度教所有教派的共同特点。韦伯称这种禁欲为"出世"的禁欲,它无法使人们的生活态度和社会经济行为合理化。[3]

考察目前世界上的现代化社会,不管是东方的还是西方的、是旧

---

[1] 转引自木村雅昭(1982)『インド史の社会構造』(創文社)、113 頁。
[2] 中根千枝・井狩彌介(1980)『インド亜大陸・ヒマラヤ』(世界の民族 第 12 卷)(平凡社)、33、129 頁。
[3] 参见苏国勋:《理性化及其限制——韦伯思想引论》,上海人民出版社 1988 年版,第 117—123 页。

的还是新的，它们在文化意识方面有一个共同的特征，即世俗主义。世俗主义文化并非一定是无宗教文化，而是说这种文化的基本价值取向应有利于人们形成一种入世的而非消极逃避的生活态度。韦伯指出，基督教改革后新教出现的新的经济伦理，对于近代西方资本主义的发展及合理主义的产生起了重要作用，而从上面的分析可知，印度教的基本价值取向是出世禁欲主义，从中无法产生合理主义的价值观和生活方式。虽然限于篇幅我们只分析了印度教的拯救观，但拯救观是一个宗教的核心，是一个宗教区别于其他宗教的根本所在。"梵我一如"的拯救观构成了印度教文化最基本的价值取向和社会理想，也形成了印度教徒独特的精神世界。这种基本的价值取向不是要人们正视现实世界，努力改造和驾驭自然界及人类社会，而是不断地把人们引向逃避现实的道路上去。因此笔者认为，它同现代社会文化的基本要求是冲突的。从理论上说，印度教社会的现代化，在文化层面上面临"世俗化"的任务，即一个由"圣"入"凡"的转变过程。人们的主要价值取向，应在一定程度上从对超自然力量的过度追求和献身转到世俗世界中来。也就是说，要个人在一定程度上从对神的依赖中解放出来，由神的奴婢变为自己命运的主宰，在一定程度上转变消极、逃避、宿命论的生活态度，重新认识现实生活的价值和神圣性。若农民没有积极向上的生活态度，就很难指望他们会真正欢迎社会变革和提供给他们的先进技术。若工厂里的工人和管理者时刻考虑着"脱俗""出家"，就很难想象他们能有效地管理和经营现代企业。如果人们仍然追求完全献身于超验之事而逃避现实，就很难确立适应社会现代化的价值观和行为方式。世俗化的道路有多种，真正的宗教改革（它应是不同于印度史上的任何改革）固然可以导致世俗主义，但那些能促使人们生活方式改变的社会、政治影响和力量，也会导致较强的世俗主义，导致对科学技术及改造力量的更大信心，并减少对超自然力量的崇拜和依赖。对于这种变化，我们在今日印度社会中看到端倪（详见本书第八章）。我们有理由认为，随着经济和社会制度等层面上的现代化，印度人的超自然中心主义的价值取向会更趋减弱。

第三节　文化整合和种姓的未来

像印度这样具有几千年文化传统的社会要实现现代化，将面临巨大的由文化负荷所带来的障碍几乎是不言而喻的。在印度，这种障碍主要来自传统的印度教种姓制度及在此文化背景下培养起来的诸种价值观。在前面的章节，我们已探讨了这种冲突。那么，如何克服这种障碍？或者换句话说，随着印度教社会现代化的推进，种姓将会有怎样的命运？本节拟就这个问题做一番考察。

一、种姓能被根除吗？

人们对种姓命运的认识也像对种姓制度本身的认识一样存在很大的分歧。许多关于种姓未来的论断和预言，都由于意想不到的变化而失败了，故而许多人对于种姓的未来采取了不信奉（noncommittal）态度。然而，这个问题毕竟太重要了。从根本上说，种姓的未来问题不仅是印度教社会的问题，也是所有具有古老文化传统的社会在其自身现代化进程中如何对待历史遗产的问题，或者说，它是在这样的社会里人们在自觉的层面上采取何种措施以加速传统社会向现代社会转变的问题。因此，尽管这个问题极为棘手并有臆断的风险，学者们仍不断地艰苦探索。笔者之所以对这个问题感兴趣，或许正是因为笔者所处的社会——中国也面临同样的问题。

从关于种姓未来的众多观点中，大体可看出两类倾向。第一类观点倾向于认为种姓将被彻底消灭。持有这类观点的人认为种姓是一种过时的"封建社会的残余"，随着印度教社会的现代化，种姓将归于灭亡。从自觉的层面上说，合乎逻辑的结论是，人们应采取彻底铲除种姓制度的政策和措施。其中，较激进者甚至认为，摧毁陈旧的宗教观念和种姓制度是印度社会发展经济和社会现代化的"先决条件"。观点较温和者虽不认为铲除种姓制是印度现代化的"先决条件"，但也不否认种姓将覆灭的命运，尽管这需要一个很长的过程。另一类观点则倾向于认为种姓是不可消灭的。印度社会学者 M. N. 斯利尼瓦斯就认为种姓是印度社会不可摆脱的一部分,没有种姓的印度社会是很难想象的。另一位著名的法国社会人类学者 L. 杜蒙在他的经典著作《阶序人——卡斯特体系及其衍生现象》中,更是批评了那些用西方价值观看待种姓及印度教文化、认为种姓否定人权和阻碍经济发展的观点,他认为印度教和种姓制度为人们提供了一些教益:"他们把自己看成是有系统的,并且认为,发现隐藏在他们视野背后的原理并不是不可能的。事实上我们应当承认,他们为我们做了大量的工作。在早于基督八个世纪以前,他们就建立了权力与阶序地位绝对分离的传统。"①

提到种姓制度,人们常想到印度教社会中的不可接触制及"萨提"(寡妇殉葬)等现象,并常将之与"社会压迫""种族歧视"等概念联系起来。不可否认,传统种姓制度本身确实有这样的弊端。从现代化的理论视角看,第一类观点是合乎逻辑的,从感情上说,此类观点似乎更容易被接受。但必须指出,人们常想到的这些方面并非种姓制度的全部。种姓制度不是一种简单的社会制度,它的根基太深了,它与印度人的宗教信仰、心理文化取向及价值观体现相联系。平心而论,笔者以前对这个问题曾倾向于赞同第一类观点,也认为种姓应当被彻底铲除,甚至认为在社会变革之前应有一个铲除种姓制度及种姓观念的"价值观变革",但随着对种姓制度认识的深入及对世界上其他国家和地区现代化经验的了解,则越来越对这类观点产生怀疑。这里提出三个需要思考的问题。

第一,社会的现代化是否一定要以摧毁旧的社会制度及其相伴随的价值体系为先决条件?所谓现代化视角,明显带有社会进化论的特点,当以此观点看待种姓制度时,摧毁"落后"的种姓制度及与此相联系的价值观体系是社会现代化所必需的。长期以来,我们似乎一直有

---

① Louis Dumont, *Homo Hierarchicus: The Caste System and Its Implications*, trans. by Mark Sainsbury, p. 37.

这样的看法：既然传统的价值观体系阻碍着社会的发展和进步，那么人们要同这种价值观体系一刀两断是理所当然的。在 20 世纪 80 年代展开的"中国传统文化与现代化"的讨论中仍有一些人持这种观点。持如是观点者常常援引欧洲社会现代化的例子来说明，作为社会现代化的前提条件，进行一次彻底的价值观体系的变革是必要的。他们认为，"如果说文艺复兴和宗教革命对价值观的改变对西欧经济发展产生了巨大推动力"，那么当时我国存在的旧有价值观体系则是通向现代化的巨大障碍"，"我们民族的振兴也要以价值观的彻底变革为出发点"。① 对待印度的种姓制度及其价值观，也有持如是观点者。这类看法看似颇含"不破不立""旧的不去、新的不来"的哲学观。用这样的哲学解释别的某些现象也许是可以的，但若用来解释社会变迁就有问题了。以欧洲社会现代化的例子类比发展中国家从而得出结论说后者也要先有价值观的彻底变革，这种观点有点似是而非。不错，西欧社会在近代工业文明出现以前确实有文艺复兴及宗教改革等文化价值观的变革，这一时期的思想解放、世俗主义和人本主义价值观的确立，特别是新教的新价值观的确立，的确是后来科学和工业化社会出现的前提条件。② 但不能由此类推现在发展中国家的社会变革也应以文化价值观的变革为出发点。因为西方（严格说来应是"西欧"）社会的现代化是西方生活方式、价值体系及社会内部各种力量合成及其发展的自然结果，是一种自发的、非预定的发展，但后发展国家的现代化，则是"在外来工业化社会的压力下，参考已有现代化社会模式，有意改变自己的发展进程而出现的有计划的社会变迁运动"③。这种变迁不可能也像西方社会的那样，即文化价值观变革于前而社会经济变革于后。换句话说，价值观体系的变革不可能构成社会经济变革的出发点。

---

① 盛洪：《中华民族的振兴必须以价值观彻底变革为出发点》，《世界经济导报》1987 年 11 月 23 日理论版。

② 关于这一点，马克斯·韦伯在他的《新教伦理与资本主义精神》中所做的经典分析是众所共知的。

③ 严博非：《文化整合：现代化的文化主题》，《上海理论》1988 年试刊号。

像中国和印度这样历史悠久、有着深厚文化传统和价值观体系的社会，更不可能以彻底清除旧价值观体系为基础推进自己的现代化。更可能出现的情况是，价值观的变革与社会变革同步进行，或者是即便社会有了相当大的变革，人们的价值观和行为方式也没有变化或变化甚微。欧洲社会现代化的例子同中国和印度没有可比性，如果硬要类比的话，一些后来现代化的社会（如日本）也许更合适一些。而许多后来现代化或正在现代化的社会（后面要谈到这个问题）对上述观点并不能提供什么证据，相反，说明价值观与社会变革的不同步性，或价值观变革滞后性的例证却不少。

第二，印度教社会的现代化是否一定要彻底根除种姓制度及其价值观？社会的现代化不一定要以价值观的彻底变革为先决条件，而且在现代化进程中也不一定要彻底根除旧的价值观体系。我们固然可以列出种姓及其价值观"严重阻碍印度现代化的历史进程"的许多方面，诸如妨碍民族团结、妨碍农村中坚力量的形成、妨碍资本主义经济发展、影响年轻一代生理和心理的健康成长等。[1] 但这个问题似有复杂的内涵。一方面，种姓同现代化的冲突是一种文化冲突，这种冲突表现在不同的层面。较低的层面有组织、制度、种姓法规及习俗等，较高的层面有种姓的各种价值观、种姓社会中指导人际关系的基本原则及人的文化心理状态等。低层面的冲突相对来说较易解决，如种姓制度在现代诸因素作用下丧失了许多传统职能等。而高层面的冲突较难解决。即使是低层面的冲突，情况也比较复杂。譬如，说种姓观念削弱了农村发展的中坚力量，进而阻碍了印度亟待进行的土地改革，但进行了土地改革并不一定就能促进社会的现代化。再如，说种姓观念影响年轻一代生理和心理的健康成长，但生理和心理的健康问题很难说同社会现代化之间有直接关系。即便有某种联系，如何评价也是个问题，更何况我们缺乏判断印度年轻一代生理和心理是否健康的客

---

[1] 洪笙：《从印度现代化进程中的种姓问题看传统与现代化的关系》，《北京大学学报（哲学社会科学版）》1989年第2期。

观标准和依据。另一方面，种姓及其诸种价值观既有同现代化相冲突、相矛盾的一面，也有相适应、相协调的一面。譬如，种姓观念固然会使印度人产生严重的互相排斥心理，妨碍民族团结，使印度社会长期陷入不安定，因而阻碍现代化进程（这之间的关系尚需论证），但与此相联系的还有另外一面，即文化上的多元性、极大的包容性以及印度人心灵上的开放性。种姓在印度教社会现代化进程中体现出的高度灵活性，使我们有理由认为，印度要进行社会的现代化，不一定要彻底根除种姓及其诸种价值观。在一些已经现代化或正在现代化的社会中，我们可看到许多现代与传统、新与旧并存不悖和相互结合的例子。例如，泰国等东南亚国家组织"比丘"为经济现代化服务并取得了相当的成功，就是很好的例证。日本封建社会武士效忠天皇这种价值观可以说是一种传统的价值观。但是，使日本走上现代化之路的"明治维新"，正是在"忠于皇室"这一观念支配下进行的，今日日本人仍对国家和公司保持着某种程度的忠诚心，乃是这种传统价值观的反映。日本家族式的企业经营方式也曾因被人们认为是阻碍现代化的"封建残余"而受到猛烈批判，但实际上这种方式非但没有成为日本经济现代化的障碍，反而成了现代日本经济的一大特点并显现出独特优势。笔者不能肯定印度教的种姓及种姓主义也会像日本的家族主义那样促进经济的发展，但种姓经过改造以适应现代社会，与种姓制度相关的价值观经过调整成为未来印度文化的一部分，不是没有可能。

第三，彻底根除种姓及其价值观是否可能？种姓不仅是一种社会制度，它同印度教徒所追求的"解脱""业报轮回"等思想紧密结合在一起，构成一种价值观体系、一种文化背景。它是一种无形的力量，决定着印度教徒的思维和行为方式。凡是对印度教徒有所了解（无论是通过直接还是间接的方式）的人，都会知道印度教徒的种姓意识是何等的根深蒂固。现在他们仍用种姓的方式待人接物，理解西方的"民主""自由"，组织政党，建立学校，办报刊，开设旅馆、医院等，尽管种姓不再具有合法地位了，并且许多印度人否认他们有种姓意识。

如前所述,种姓制度的历史同印度教一样长久,它的坚韧性和顽固性使几千年来所有要消灭它的企图皆归于失败。随着印度社会现代化的进展,种姓必将发生进一步变化,这是没有问题的。但是,如果不是把种姓制度仅仅作为一种社会组织而是作为一种价值观体系来认识,对这种变化就不能做太高的估计,目前尚无充分依据能够使我们得出种姓会彻底灭亡的结论。G. S. 古里教授可以说是一个相信种姓应该被消灭,也能够被消灭的学者。他写道:"每一个受过教育的、进步的印度教徒领导者不应受种姓的影响。他必须不仅在纲领中和报纸上谴责种姓制度,而且也必须以他的生活方式来表明他的声明是真诚的。"①他不同意"种姓不可消灭"的说法,他对印度人完成一些看起来不可能的事情抱有信心。他举例说,印度人曾经是热心的肉食者和酒类的饮用者,而他们后来能自觉地放弃渴望得到的肉类食物,接受对种种刺激的限制,这在人类历史上是无比的道德奇迹。同样,这样的人民现在被号召抛弃种姓制度,也将会创造更大的奇迹。他甚至提出一些消灭种姓的具体办法,如提倡种姓间通婚、共同祈祷,以及建立一个中央机构来训练全国的祭司等。② 从理论上说,古里教授的这些看法和建议是很不错的,但在现实中却很难行得通。在看了许多有关印度文化和种姓制度的材料之后,笔者越来越趋于这样一种保守的看法:根除种姓影响是不可能的。原因至少有二:其一,种姓深深扎根于印度教,是印度教徒生活方式的一部分,废除种姓观念等于废除印度教,也等于废除印度教徒的生活方式,而这实际上是不可能的。许烺光指出:"印度的种姓表现了印度教徒生活方式中固有的冲突。种姓是以'万物一体'的理论命题作为基础。它把许多自我封闭的种姓墙壁看作整体结构的一部分,个人的轮回则是跨越壁围的桥梁。所以,种姓主义并非不可以获得弥补的缺陷,不管是在如何遥远的未来,它表现

---

① 转引自 A. E. Punit, *Social Systems in Rural India*, p. 105。

② 同上。

了一种永远无法解决的冲突。"① 其二，种姓的某些原理的确具有超时代意义。种姓的基本原理之一是人们根据人的不同性质从事不同的职业和享有不同的地位和报酬。任何文明社会都会有分工，而分工又总是可以大体划分为知识分子（相当于婆罗门）、军事及管理人员（相当于刹帝利）、商人和企业家（相当于吠舍）以及体力劳动者（相当于首陀罗）。只要存在分工和职业集团，人们在地位、威望、收入等方面就不可能没有差异。人们可以不同意现世的一切差别皆由存在于个人感觉世界背后的"阿特曼"所规定这一印度教观点，却无法否认人生来就存在性别、体力和智力等方面的差别这一事实。人们可以谴责种姓社会中的隔离、歧视、不平等、分裂等弊端，却无法否认任何文明社会的人都会根据分工被划分成社会地位、收入、威望不同的社会集团这一事实。人们可以批评生活在种姓制度下的人过于沉湎于超自然力量以致忽视了对经济利益的追求，但不能不承认人生除了对物质利益的追求外，确实还应有一个更高层次的即精神上的追求。现代西方社会的冲突、仇恨和不安，难道不是同人们对物质、利益的过度追求有关吗？事实上，种姓的一些原则也程度不同地存在于其他文明社会（甚至现代社会）之中。所以，只要存在分工和社会阶层，在印度就会以种姓的方式体现出来。

二、种姓的未来

综上所述，我们有理由认为，在印度教社会实现自身现代化的进程中，种姓制度及其诸种价值观不太可能被根除。当然，笔者不是一个"种姓不变"论者——认为种姓及其价值观具有万世不变的价值。笔者在前文中谈过种姓同现代社会的冲突和近代以来种姓所经历的变化，笔者的看法是：对于种姓制度、种姓观念给印度教社会现代化造成的障碍，主要不是采取"彻底根除"的办法，而是一种"文化整合"。种姓未来的命运将不是被彻底消灭，而是被"整合"。

---

① 〔美〕许烺光：《宗族、种姓与社团》，黄光国译，第218—219页。

"文化整合"的概念并非笔者所发明,它是一个社会人类学概念,主要用来把握不同文化在不同社会发生接触、冲撞时产生的社会、文化变迁现象。在中国当前的文化问题讨论中,许多人持有文化整合的观点。所谓文化整合,概括地说,就是传统的文化价值体系朝着适应现代社会的方向做出调整。它大体包括下述几项内容。

其一,对传统文化价值观进行筛选,选择那些适合现代社会的价值观并将其纳入社会变革所需要的框架,淘汰陈旧、过时、阻碍社会发展的价值观。举例来说,现代社会的平等主义价值观源自西方基督教的"上帝面前人人平等"的思想,但同样的或类似的价值观在其他文化中并不是没有,例如中国儒家"人皆可为尧舜"的思想、佛家"人人皆可成佛"的思想,以及印度教文化中"人人皆可解脱"的思想。这些思想经过改造后有可能成为现代化社会中新价值观的组成部分。此外,中国文化中"民为贵、君为轻"的民本主义思想,重视教育、重视家庭、节俭、勤奋等价值观,印度教文化中体现的多元和宽容原则,人、社会和自然界的系统化思想,人与自然和谐相处及和平主义等价值观,都应视作宝贵的精神遗产加以保护和发扬,使之适应社会现代化的要求。对于那些属于糟粕的东西,如中国传统中的轻视劳动、轻视工商业和科学技术等价值观,印度传统中的消极、逃避、种姓歧视、对超自然力量的过度崇拜等价值观,应予以剔除和淘汰。

其二,对一些传统价值观做出重新解释,赋予新的内容,使之适应现代化社会的需要。例如,中国儒家文化传统注重家庭和人际关系的调和,鼓励人们为光宗耀祖而奋斗,这些价值观被重新解释和改造后,完全有可能使人们运用同样的勤勉、节俭的价值观,家庭组织调和的人际关系和入世态度,致力于创造财富和社会的现代化建设(事实上,亚洲一些受儒家文化影响的国家或地区,已为这方面提供了成功的例子)。种姓制度的理论基础是印度教的"业报轮回"思想,这种思想为现世人间存在的地位、权力及财富方面的差异提供辩护,应当说是一种十分消极的思想。但这种思想同时也主张人通过努力可以改变在来世的位置以及达到更高的境界。传统的印度教徒从中引申出固守种姓之"法"、坚持种姓偏见等意义，认为只有这样才能使自己在来世地位更高。但是，经重新解释，从这种消极的理论中未必不能引申出积极的精神来。这里，我要举一个我亲身体验的例子。众所周知，许多日本人信奉佛教。佛教也是讲"业报轮回"的，但这种价值观并未构成日本社会现代化的障碍。1987年，笔者曾在日本就"日本人的宗教观与日本社会现代化"这一问题做过调查，许多佛教徒的所想所为使我受到很大启发。我曾调查过一个叫 Kumaki 的人，他是虔诚的佛教（净土真宗）信徒，笃信"业报轮回"，但他同时又是世界著名的松下电器公司下属一家计算机分公司的职员。1987年我去访问他时，正值日元急剧升值、日本制造业不景气的时候，他积极为公司提合理化建议、组织职工舞蹈会和恳谈会，十分活跃地从事公司工作。用他自己的话说，是用各种办法，帮助公司渡过难关。他还是当地一个小有名气的青少年教育活动家，热心开展青少年教育工作而不取分文报酬。当我问他为什么有这么大的干劲时，他的回答令我吃惊："现在做点好事，来世就不会变马变驴，就会幸福。"显然，这个日本人就是从"业报轮回"思想中引申出了一种积极向上的精神。同样是惧怕死后变马变驴，既可引申为积极的东西——做好本职工作、努力改革现状，也可引申为消极的东西——固守礼仪传统、苦行、冥想、逃避现实等。当然，日本文化与印度文化不同，不可等同视之。我举此例意在说明这样一个问题：那些看似消极的种姓及其价值观在经过重新解释后，未必不能引申出积极意义来。

其三，是关于新的、外来的价值观、理论及生活方式的内在化问题。人们总是在传统的文化背景下以既有的价值观来理解新事物、新概念和社会变革。一种新的价值观、理论或行为方式，必须采用大众所能理解和接受的形式才能立得住、推得开。新的、外来的东西主要不是通过取代、清除传统的东西获得其地位，而是通过同传统的东西碰撞、协调而得到认可。近代印度接受西方思想、价值观和生活方式就是通过这种方式实现的。纵观印度近代思想史，印度一些著名的思想家和社会活动家，都是用大多数印度教徒所能理解的语言去解释和宣传他们的主张。例如，著名哲学家维韦卡南达在揭露、抨击现代资本主义社会的拜金主义、道德沦丧、贪婪等弊端时，告诉人们这就是目前人类处在"黑暗时代"①的具体表现；在看到现代社会出现的平等化、大众化及社会主义力量在许多国家兴起时，他宣称人类社会是轮流地被四个阶级所统治，即祭司、武士、商人和工人（首陀罗），预言该是最后一个统治时代即首陀罗统治时代了。圣雄甘地更是一位利用印度教语言、习俗宣传社会改革主张的能手。他多次发动反抗英国殖民统治的民族解放运动，都是利用了印度教徒习惯，如沐浴、绝食、祈祷、"坚持真理"（Satyagrāha）等。甘地和维韦卡南达在许多方面都重新解释了印度教教义，以使他们的改革主张符合广大印度教徒（他们占印度民众的大多数）的文化心理。他们都认为种姓制度有许多弊端，这些弊端阻碍着印度社会的进步，但都认识到消灭种姓是困难的，故而都提出要引进现代社会的"平等主义"价值观来净化种姓。维韦卡南达认为，这种平等主义是要使大家都变成婆罗门；而甘地则认为，如果所有人都来从事卑微之事，这种平等的目标就会实现。甘地在抨击不可接触制（它是种姓制度最明显的弊端之一）时，声称达利特亦为神之子。尽管甘地、维韦卡南达以及其他印度知识分子以不同的形式宣传其主张，但他们在努力将一些新思想、新价值观内在化方面则是共通的。

由是观之，未来的印度教社会，种姓不可能被原封不动地继承下来，尽管正统的印度教徒利用各种形式宣称要维护这一制度，但传统

---

① 印度教认为人类历史经历了四个时代：黄金时代（Satya Yuga）、白银时代（Treta Yuga）、二元时代（Dwapara Yuga）、黑暗时代（Kali Yuga）。每个时代比前一个时代历时短，人类的体质与道德随着时代的前进而退化。据称"卡利时代"是罪恶的时代，其终结之时就是世界的末日。

的种姓制度的继续衰落是不可避免的。同时也应看到，这种衰落不太可能会导致种姓的彻底灭亡，经过整合之后它仍将构成未来印度教社会的一部分。在这一方面，100多年前 M. 缪勒对印度的种姓所作的预言也许是有道理的："种姓在印度是废除不了的。废除种姓的尝试是过去政治上采取的最危险的行动之一。作为一种宗教组织，种姓将灭亡，作为一种社会组织，它将存在下去并获得发展。"①

---

① F. Max Müller, *Chips from a German Workshop*, Volume Ⅰ, Charles Scribner and Co., 1869, p. 353. 转引自 P. Kolenda, *Caste in Contemporary India*, p. 1。

第十章　种姓的跨文化比较

在前面诸章中，笔者对印度种姓制度的诸多方面做了较详尽的考察。本章将从一个更广阔的角度继续审视这一问题，以期把对种姓的认识再向前推进一步。

这里所谓"更广阔的角度"，包括下述两方面的含义。第一，分析将超出印度教社会范围，把种姓制度同其他社会中的等级制度做对比。种姓，就其本质而言，是一种根植于印度教的阶序制度，其构造和运作原理同印度教徒超自然中心的生活方式及"洁净""污秽"的观念密切相关。从这个意义上讲，种姓乃为印度教社会的"特产"。但同时，种姓又是一种社会等级制，许多文明社会里都存在或者曾经存在过类似的制度，只是形式、构造和运作原理不同。从这个意义上说，种姓又非印度所特有。把种姓制度和不同社会中的与之相类似的制度做一比较是有益的，至少，它可使我们从一个更开阔的视野理解印度的种姓制。当然，将种姓制度做跨文化比较，并非自笔者始。胡顿教授就曾做过这方面的努力。[1] 也有学者注意到印度种姓制度同美国（尤其是美国南部）之黑人与白人关系的异同。[2] 然而除个别学者外，这些论述皆简单、粗糙，尚谈不上比较研究。据笔者所知，这方面最有成绩者是美籍华裔人类学家许烺光，他在对中国、美国、印度、日本社会丰富的体验和实地考察的基础上，对种姓做了跨文化比较，

---

[1]　J. H. Hutton, *Caste in India: Its Nature, Function and Origins*, pp. 184–186.
[2]　〔美〕许烺光：《宗族、种姓与社团》，黄光国译，第281—289页。

其观点给人以启迪（在后面的讨论中，我们将着重介绍和评论他的研究）。

第二，我们将从更广泛的意义上理解"caste"这一概念。广义的"caste"可以界定为：基于人的某种天然属性的各种社会差别。这里，"caste"与"等级"同义，它体现在社会的不同层面：（1）在家庭层面，是指习俗或法律承认某些家庭成员享有特权而另一些成员却没有，如家庭继承方面的"长子继承制"就是家庭层面的等级制体现。（2）在一般人际关系层面，是指个人在家庭之外的人际关系中呈现的差序排列，如基于年龄、性别、出身等差别的权威与服从关系。（3）在社会结构层面，是指人们根据出身划分成不同职业、不同生活方式、不同权利和义务的集团，并且个人从一个集团向另一个集团的社会流动为法律或习俗所禁止。这个层面的"等级"同"阶级"（class）相对应，以印度教社会中的种姓为典型。（4）在民族层面，主要体现为民族歧视，如美国、南非社会对黑人的歧视等。在做了这样的区分之后，我们将会看到，有的社会在各个层面都存在等级制，有的社会只在某一两个层面存在等级制，而有的社会则在各个层面都不存在等级制；一个社会在某一个层面的等级是严格的，而在其他层面未必严格；一个层面的等级制可能会投射到其他层面，也可能不会。

以下，我们将把印度的等级制分别同古埃及、日本、美国以及中国的等级制度做一对比。

第一节　同古埃及的比较

古埃及也存在严格的等级制度，但限于材料，我们只知道社会结构层面的一些表现。

根据某些经典作家的记述，埃及的种姓制度可追溯到塞索斯特里斯时代（十二王朝），但实际上，把它看成盛行于公元前 1000 年更妥。历史学家解释说，由于社会生产力的进一步发展和社会分工的专门化，政治地位和职业不同的等级集团形成，这些集团逐渐以种姓的形式固定下来。卡尔·马克思曾指出，"印度人和埃及人借以实现分工的原始形态在这些民族的国家和宗教中产生了等级制度"①，这揭示了两个社会的种姓制度在起源上的某些相似性。马克思把埃及种姓的起源解释为劳动分工的观点，还出现在他的另一段论述中，"在柏拉图的理想国中，分工被说成是国家的构成原则，就这一点说，他的理想国只是埃及种姓制度在雅典的理想化"②。

从记述来看，古代埃及的种姓制度同印度的种姓有许多相似之处。种姓称为阶级，或品级，或族籍，可见这也是同出身相关的等级集团。根据希罗多德的记载，埃及人分为七个阶级，他们各自的头衔是僧侣、武士、牧羊人、牧猪人、商贩、通译和舵手，每个阶级都是以自己的职业命名。这些记述同古希腊人对印度种姓的记载如出一辙（如孔雀王朝初期在印度生活过的希腊人麦加斯梯尼，也记载说当时印度有七个等级）。各种职业世袭，从事一种职业的人不得从事其他职业，这些都与印度种姓对职业的限定十分相似。

除了世袭的职业外，各集团的地位差别也很森严。古埃及的僧侣集团似乎也像在印度社会那样具有至高无上的地位。种姓分成特权集团和非特权集团。"在埃及人当中，除僧侣外，武士是唯一拥有特权的人们。他们每一个人都被赋予十二阿鲁拉的不上税的土地"，而国王的亲兵"除了他们的土地之外，每天还得到五明那的面包，二明那的牛肉和四阿律斯铁尔的酒"。③

我们还注意到，古埃及人的种姓隔离也同"洁净"与"污秽"观念有关。牧猪人尽管也是当地的埃及人，但由于猪是不洁动物，故他们被认为是不洁之人而不得进入任何庙宇。他们实行内婚制，因为没有别的集团的人愿把女儿嫁给他们做妻子。这表明，他们有点像印度的达利特。祭司地位世袭，并且受到"洁净""污秽"观念支配，如每24小时要用冷水沐浴4次，在为死者超度亡魂时必须剃须修面，

---

① 《马克思恩格斯全集》第3卷，人民出版社1960年版，第44页。
② 《马克思恩格斯全集》第23卷，人民出版社1972年版，第405—406页。
③ 《世界上古史纲》编写组：《世界上古史纲（上）》，人民出版社1979年版，第315页。

从铜制器皿中饮水，认为豆类食品不净等。所有这些都使人想到印度婆罗门祭司的生活方式。

当然，这两个社会的种姓制度肯定存在许多差别，只是由于材料太少，我们无法对这种差别做详细的考察。但有一个重要的差别是清楚的，那就是：印度的种姓制度能历经千年而不衰，在多次异民族入侵和打击下成功地生存下来了，而埃及的种姓制度存在的时间并不长。马其顿人亚历山大大帝征服埃及后，埃及长期处于外来势力即希腊、罗马和拜占庭帝国的征服统治下，种姓制度逐渐消失了。社会被划分为新阶级：免税的希腊罗马人、纳税的埃及人、半税的特权市民及广大农民等。两种制度的不同命运，很可能与其内部构造的根本差异有关，不过这只是一种推测而已。

第二节　同日本的比较

传统的日本是一个完全的等级社会，等级制体现在各个层面。

一、家庭层面

在日本家庭中，长子与非长子之间存在等级。在家业继承方面，日本通行"长子继承制"，长子以外的男子基本上被排斥在家业继承之外。由长子继承的家称为"本家"，非长子的家称为"分家"。本家和分家之间是一种等级关系：在经济上，分家依附于本家，前者须向后者借用土地、大农具和牲畜，使用本家所拥有的山林以及通过为本家提供帮助而获得食物或生活用品等。本家的礼仪地位也比分家高，诸如举行祭祖会之类的事宜通常都是本家的特权。长子的特权还体现在生活的其他方面，如在用餐方面，长子通常坐在较显著的位置，其餐具和食品也较非长子好些。有的地方称长子为"Oyakata"（代替父母负责照顾家者），称非长子为"Hiyamesikui"（"吃冷饭者"，因为用餐时，常长子先吃，非长子吃剩饭、冷饭）。与此相关联，日本家庭中的家长具有较大的权威，他不仅有决定子女婚姻的权力，甚至还有将女儿卖为艺妓或妓女的特权。因此，日本有把父亲同地震、打雷和火灾相提并论的俗谚。对长子特殊地位的强调，拉大了家庭成员之间的社会距离，强化了家长的权威，在家庭中形成了"家长—长子—非长子—女性成员"这样一个等级序列。

尽管印度种姓制度森严，但在家庭层面的等级制却没有日本发达。在印度大多数地方，在家产继承上通行的是"诸子均分制"而非"长子继承制"。印度教徒对种姓之内和种姓之外的区分比较敏感，而对长子与非长子的区别并不那么强调。虽然从理论上也承认长子的特殊地位（如印度《摩奴法典》说，长子是"爱"的结果，非长子是"欲"的结果），但在实际生活中并未制度化。印度一直盛行大家庭（joint family）制，弟兄们构成一个同质的集团。分家以后，长子与非长子的家庭之间一般也不构成以人身依附为特点的等级关系。印度教徒家庭中家长的权威至少由于下述两个因素而被冲淡。第一，种姓中的长者以及由他们组成的种姓会议拥有较大的权力，对种姓成员的婚姻、职业和社会交往有较大的约束力。第二，印度社会盛行"尊师"（Guru）制度，圣职者、梵学者等作为个人的精神导师，可以参与家庭中重大事情的决策。尊师要教给弟子秘密咒语，并给以精神和宗教上的指导，其重要性有时甚至超过作为家长的父亲。

二、一般人际关系层面

日本人在家庭之外最主要的次级集团是"家元"。家元是指那些在传统技艺领域里负责传承正统技艺、管理一个流派事务的组织。这种组织内部存在严格的等级制度，师傅与弟子之间是一种主从关系。在做学徒期间，弟子绝对服从师傅，禁止弟子对技艺内容做任何变更。弟子掌握技艺后，可通过隆重的入门仪式成为家元组织的一员。师傅对已获得家元成员资格的弟子给以职业上的庇护，如替弟子扬名、扶持弟子的业务活动等，弟子则对师傅有报恩的义务，如在业务上必须忠实地模仿师傅、服从家元的规定、不断声明自己的家元是什么等。业务成熟后的弟子以同样方式收徒授艺，形成一组新的师徒关系，从而形成一个庞大的"家元"关系网络。家元组织如金字塔，每个成员都处在一定层次的一定位置，排列成等级序列。师傅对弟子永远有庇护和扶持的责任，同时也享有权威；弟子对师傅永远应该服从和尊敬。同时，弟子也按年龄、入门时间等排出次序，分出等级。这个金字塔的顶端，是那个处于最高地位的"师傅"（通常是某一技艺流派的始祖或有杰出贡献者）。家元组织中的等级关系类似军队的等级划分。① 这种关系还投射到其他非亲属组织上。例如，今日日本无数社会团体内部的人与人之间的关系，仍基本上同家元中的原则相一致：上司要求下级绝对服从，同时也给予下属全面的关心和保护；职员要对公司献身和忠诚，正像弟子对家元组织那样，公司则为职员提供各种福利，犹如家元庇护其弟子。在一个团体内，即便是具有共同资格的人，也总是以某种方法设定序列、排出等级。例如，同一公司的职员，其职务与学历也相同，却要按年龄、入公司时间等排出等级。同是大学教师，不仅副教授与讲师的等级差别匪夷所思，即便同是教授，由于毕业学校、晋升日期不同，也要分出先辈和后辈来，并在语言和行动上有所区别。这种对上下等级序列的强调，是中根千枝教授称日本为"纵式社会"的主要理由。②

印度的亚种姓集团（阇提）在一定意义上起着像日本家元组织的作用。例如，它们都有限制成员的职业、调节内部竞争和传承技艺等功能，但二者的构造却是根本不同的。首先，印度的亚种姓是职业和通婚集团，是与人的出身结合在一起的，因而成员资格是自动的。而日本的家元不是内婚集团，成员资格不完全是天生的。其次，亚种姓集团依据"洁净"与"污秽"观念构成等级排列，而家元组织之间则缺乏这种观念基础。最后也是最重要的，亚种姓集团内部人与人之间缺乏像家元内部那样的差序排列。在印度，出于对共同资格（出身于同一种姓）的认同，人们往往强调与具有其他资格者的区别而非集团

---

① 川岛武宜（1982）『川岛武宜著作集』（第一卷）（岩波書店）、46—86頁。
② 参见中根千枝（1967）『タテ社会の人間関係——単一社会の理論』（講談社）。

内部的序列，强调对超自然力量的献身而非对上司和权威者的服从。主要次级集团的这些差异，造成日本人在人际关系方面有许多与印度教徒不同的特征。例如，日本人比印度教徒更容易与不同资格者缔结成集团，他们对自己在集团中的阶位更敏感，更容易服从权威等。

三、社会结构层面

日本在这个层面的等级制度，同印度的种姓制度最接近。许烺光指出，日本的社会集团在婚姻、居住和职业方面表现出僵硬的分离主义，类似种姓的"阶序冲突"（hierarchical strife），即否定个人从一个集团向另一个集团的流动。他称日本为具有种姓特征（casteism）的社会。①

传统的日本社会划分为四个世袭的阶层，即（武）士、农、工、商。在这个等级结构的最上部，还有一个"万世一系"的皇族阶层。德川幕府时代（1603—1867），社会等级的划分最为严格：政府通过全国性的居住登记办法，鼓励维持各等级的社会地位以防僭乱。每个等级都有日常行为细则，各户须在住宅门口挂上标明其身份地位的牌子。和印度的种姓制要求一样，不仅不允许改变职业，不许与不同身份的人通婚，而且各户所能购买的食物、合法居住的房屋以及社会交往的礼节等，都是根据世袭等级规定的。因此有人认为，在德川统治的260余年中，日本经历了世界上最严格并彻底得到加强的承袭制度。②

同印度有个达利特阶层存在一样，日本社会在几个主要等级集团之外，也有一个"入另册"的"达利特"阶层，即"秽多"。秽多的社会地位同印度的达利特极为相似，如从事被认为下贱的职业，被认为"不洁"，被隔离在村落以外的特定居住地，穿有区别的衣服等。

---

① Francis L. K. Hsu, "Class, Caste and Casteism," in Paul Hockings, ed., *Dimensions of Social Life, Essays in Honor of David G. Mandelbaum*, Mouton de Gruyter, 1987, pp. 601–615.

② 〔美〕埃德温·赖肖尔：《日本人》，孟胜德、刘文涛译，上海译文出版社1980年版，第168页。

日本人对秽多的歧视是那样强，以至于在说出"秽多"这个词时只能压低声音，在表示他们人数时使用描述动物的量词"匹"，在指称这些人时，有时不用语言而用四根指头表示，意即四条腿的动物。这与印度的达利特、"不可提到者"和"不可想到者"的情况非常相似。明治维新以后，秽多作为一个正式的等级阶层已被取消，对他们的歧视也不再合法，但在实际生活中仍能见到对他们的歧视和偏见，一般日本人仍不同他们通婚、交往，他们的居住地和墓地仍是同其他日本人分开的。这种情况使人想到印度社会中达利特的情况：虽然法律上已取消不可接触制度，但达利特受歧视、受迫害的地位并无大的改变，在农村尤其如此。[1]

尽管两个社会在这个层面的等级制存在许多相似点，但二者的区别也是明显的：（1）种姓根植于印度教，有深刻的神学和哲学基础，即种姓说明的是人的洁净程度和同神的距离，而日本的等级制则缺乏这样的基础。对达利特的起源，印度教徒认为他们是违犯种姓法规而失去解脱资格的人，日本人对秽多起源的解释，似乎主要是职业原因，并无神学上的意义。胡顿教授认为，日本的秽多的起源同佛教的传入有关，并认为关于生活方式的限制直接源于印度的种姓制度[2]，但我们并未发现这方面的证据。（2）印度种姓是以僧侣为最高地位的等级体制，而在日本社会，处在等级金字塔顶端的不是僧侣而是皇族阶层。（3）日本的等级集团不具有外貌差异，即便是秽多，在体态和肤色上同一般日本人没有任何区别。而种姓具有外貌差异，如婆罗门等高种姓一般是高鼻、白肤的雅利安人，达利特和首陀罗则多为黑皮肤。（4）日本集团间关于通婚、职业、共餐等隔离的规定，没有印度种姓那样严格，对于同什么样的人接触会受污染、同什么样的人接触不会受污染等，日本人远没有印度教徒敏感。

正是由于存在这些根本性差异，在废除旧的等级结构方面，印度

---

[1] 参见部落解放研究所编（1989）『部落解放史』（全三卷）（解放出版社）。

[2] J. H. Hutton, *Caste in India: Its Nature, Function and Origins*, pp. 184–186.

比日本面临更大的困难。在今日日本，除了"万世一系"的皇室阶层依然存留之外①，社会结构层面的等级制度早已成为历史。在日常生活中，倘若某日本人声称自己祖上曾是"武士"，这或许可以引起听话人的一丝尊敬，但绝不会给他的就业、婚姻、升学等带来影响。而在印度教社会，种姓仍是一个对个人的生活具有广泛约束力的社会规范。印度距废除种姓制度的一天还有相当长的路要走。

四、民族层面

这个层面的等级主义态度主要体现在日本人对非日本人的歧视和排斥上。

日本基本上是一个单一民族，但并不是没有民族歧视问题。特别是近代以降，随着同外部接触增多，此问题日益显露。日本的少数民族有朝鲜人、阿伊努人、琉球人和华人。其中，尤以对朝鲜人的排斥和歧视为烈。至少日本人会在潜意识中，把他们视作较低的等级集团。

朝鲜人是日本人口较多的少数民族，人口估计七八十万人。他们大部分是在第二次世界大战中被押到日本顶替出征的日本工人时留下的。他们同日本人在形体和肤色上几乎没有区别，语言也很接近，应当说同化于日本人是没有问题的。事实上，在日本出生的第二、三代朝鲜人，大部分已不会讲朝鲜话，行为方式也完全日本化了。尽管如此，由于日本人的种族等级主义态度，他们一直不被承认是日本社会的正式成员，在就业、住房、入学等问题上常受歧视。在日常交往中，一旦知道了他们是朝鲜人，一般日本人就会避而远之，这使得许多在日本的朝鲜人不得不隐瞒自己的真实身份。过去在日本一些村落里，日本人同朝鲜人实行着严格的隔离。朝鲜人不能出席村落评议会，死后不能同日本人葬同一墓地，他们的孩子也像印度达利特的孩子一样，在学校里只能坐在教室的后面，因为日本人担心，如果非日本人加入

---

① 从 5 世纪始，天皇一直是国家统一的象征，今日的天皇从理论上说仍是一切合法权力的唯一依据。皇室阶层仍保留了权力世袭、某种程度的内婚制等特点。

他们的集团，就会腐蚀集团的道德基础，就是导入了一个危险因素。这种态度同印度教徒有些相似。印度教徒也趋向于把外来者视为"不净"而加以排斥，例如，他们认为穆斯林是"不净"的，认为纳伽人、卡西人等部落民族为"污秽"的，外来者很难参加印度教徒的祭神仪式等。这种等级主义态度影响了民族的同化和融合，是今日印度社会民族和教派众多、民族矛盾尖锐的心理文化根源。与之相比，日本基本上是一个单一民族，但这并非因为日本人在民族问题上不是等级主义的，而是因为独特的地理环境没有给其民族等级主义提供什么表现机会：国土狭小且地势、气候变化不大，没有形成许多相对隔离的地理单位。日本各地地理环境相对单一：一样不高不险的山，一样不深不渺的河流，差别不大的气候、植被和风土。从外部条件来看，海洋这一天然屏障，有效地阻止了异民族的大规模入侵和移居。因此，在结束孤立状态以前的历史时期，日本社会几乎没有遇到过民族同化问题。

第三节　同美国的比较

美国社会也存在类似印度种姓的等级制度，但主要体现在民族层面，即对少数民族的歧视。其中，历史上美国黑人的地位和待遇在许多地方同印度的低种姓尤其是达利特相似。

众所周知，美国第一批黑人是17世纪被当作白人的"契约奴隶"贩运到美国的。当时规定，他们在工作一段时间或是皈依了基督教以后就能获得自由，然而，后来对他们做了另外的安排。弗吉尼亚州颁布了第一部承认奴隶制的法律，后来，别的州也通过了限制性法律。根据这些法律，黑人被当作财产而不是人来看待。对于黑人，不许签订合同，婚姻被认为不合法，家庭可被奴隶主分离，人身可被出售或当作礼物送人。他们同印度的达利特一样居住在特定的区域内，从事被认为低贱的工作，不能同白人通婚和交往，不能到白人餐馆就餐。直到20世纪50年代中期，美国学校中种族隔离现象还相当普遍。20

世纪五六十年代以前美国的许多公共汽车的座位是分设的,黑人不得坐白人席位。黑人还被禁止进入白人的电影院、学校以及公共社交场所,他们还常常遭白人殴打。第一次世界大战前,对黑人施以私刑在美国并不违法。据有的材料记载,在田纳西州,有一次一个黑人被白人活活烧死,周围竟有三千多人围观。① 这使我们想到印度的达利特被活活烧死的情景。

在美国,同印度达利特反对社会歧视和压迫的斗争一样,美国黑人对于强加给他们的状况常做出反抗。在奴隶制结束以前,曾发生过 200 多次奴隶起义。从 20 世纪初起,许多黑人组织起来,为改变自己的地位而斗争。他们的斗争也得到一些白人的支持。黑人运动的著名领袖马丁·路德·金在 20 世纪 50 年代领导的反种族歧视运动,使人想到印度达利特领袖安培德卡尔领导下的解放斗争。在黑人运动的不断冲击下,美国制度化了的种族等级主义体系开始动摇。1954 年,美国最高法院判定,公立学校实行种族隔离违宪,因而必须废止。1955 年 12 月起由马丁·路德·金领导的蒙哥马利市抵制乘车运动,也以最高法院否决蒙哥马利市在公共汽车上的隔离行为而告终。同过去相比,美国黑人的状况已有很大改善。国家制定了禁止在选举中实施种族歧视的法律,还规定在就业、职位提升等问题上不得歧视黑人。黑人已取得了一定的政治地位,有些黑人已进入国会、州议会或市政府。例如,道格拉斯·怀尔德是美国第一位经选举产生的黑人州长,1989 年在弗吉尼亚首府里士满宣誓就职;曾有黑人任市长的城市包括纽约、洛杉矶、底特律、西雅图、克利夫兰、华盛顿等;具有黑人血统的奥巴马当选美国第 44 任总统等。这在几十年前是不可想象的。

然而,法律规定同现实生活有很大的差距,少数黑人在政治上的地位上升也不能说明整个黑人的社会地位已彻底改变。实际生活中黑人受歧视的状况仍较严重,这主要体现在下述几个方面。

---

① 〔美〕弗·斯卡皮蒂:《美国社会问题》,刘泰星、张世灏译,中国社会科学出版社 1986 年版,第 88 页。

第一，暴力的主要受害者。极端种族主义分子杀害黑人的暴行时有发生。根据美国司法部 1986 年的统计，每 21 名黑人男子中就有一名遭谋杀。1987 年，全美发生 452 起种族罪行，其中 53% 是对黑人身体的侵害，47% 是对黑人财产的损害。有的材料表明，黑人被抢劫、强奸或遭暴力攻击的概率是白人的 2.5 倍。这同印度种姓暴力的受害者大部分是达利特的情况十分相似。根据 20 世纪 70 年代的统计，印度达利特受迫害的案件 1973 年为 6186 起，1974 年为 8860 起，1977 年达 10 879 起，1978 年和 1979 年均超过 15 000 起。① 2016 年，达利特阶层遭受暴行的案件高达 40 000 起。②

第二，就业歧视。同以前相比，美国今日黑人在就业和职业晋升方面的状况应当说已有很大改善，但歧视现象仍到处可见。许多公司仍不愿录用黑人。企业界的黑人大多数处于中下层，在遇到减薪、裁员时首当其冲。除极少数例子外，黑人很难晋升到较高的职位。1986 年 10 月，美国国务院黑人外交服务官员上诉地方法院，控告当时的国务卿舒尔茨在职位晋升和退休方面歧视黑人，视黑人官员为"二等官员"。舒尔茨在给美国外交使团的电报中也只得承认，外交服务工作中的黑人"少得令人不能接受"。③

第三，社会隔离。在美国许多城市，黑人是集中居住在一起的。这些地方通常是该地最贫穷、最脏乱、犯罪率最高的地区。在许多城市，黑人占人口的 1/3 或者更多，但黑人和白人的居住环境是分隔开来的，以至于这两个种族似乎生活在两个世界。许多美国白人虽然口头上也不赞成甚至谴责种族歧视，但他们对于同什么肤色的人做邻居这一问题却十分敏感，总是设法远离黑人，极少与黑人发生身体接触。高唱"平等""自由"的美国，在居住方面却有许多不平等、不自由

---

① 参见孙培均：《觉醒中的印度贱民》。
② 刘皓然：《种姓霸凌震惊印度！16 岁"达利特"遭多人凌辱，还被拍视频上传网络》，环球网，2022 年 4 月 22 日，https：//world.huanqiu.com/article/47hehcxUWMZ？re=nextnews，2025 年 4 月 2 日访问。
③ 吕其昌：《美国种族歧视增强》，《光明日报》1990 年 2 月 5 日，第 4 版。

的地方。许多白人房东拒绝把房子租给黑人。美国大中城市的中上层住宅区,常常是黑人的禁区,不要说黑人在这里居住,连进入也是不允许的。不仅住宅区,学校、教堂及各类社团都不是对所有人开放的,都受到阶级、种族、教派的严格限制。

以上,我们极简略地叙述了美国黑人的情况。美国社会在民族层面的等级主义和等级制度,还体现在其他方面,如历史上对印第安人的大规模屠杀、对亚裔和其他有色人种的歧视和迫害,以及对别的国家的霸权行径(是民族优越或民族等级主义在对外关系上的一种投射)等。限于篇幅,不在此论及。

美国社会中黑人同白人的关系,在许多地方与印度的低种姓、达利特同高种姓的关系十分相似。因此,说它是一种种姓制度或无不当。根据许烺光教授的介绍,我们知道,美国学者杰拉尔德·伯雷曼(Gerald D. Berreman)在对比了印度和美国的种姓制度后,将二者的相似点归纳如下:

(1)在种姓集团之间都有严格的禁忌规定,并存在与之相伴随的"某些接触是污秽的,某些接触不是污秽的"这样的观念;

(2)由强有力的制裁来维持高种姓的地位,以及根据精心的哲学、宗教心理学和发生学上的说明使其合法化;

(3)种姓地位由出身决定;

(4)低种姓的被剥夺,高种姓在经济、威望和性方面的优势地位;

(5)低种姓对高种姓的"强制性敬意";

(6)低种姓对高种姓的反感,以及低种姓企图提高地位的迂回尝试。[①]

除此以外,还有一点是共同的,即在双方的体制中,低种姓向高种姓的流动都极其困难。

尽管存在这些相似之处,但二者的差异也是明显的,有些甚至是根本性的。许烺光指出了两点重要差别。其一,印度整个意识形态和

[①] 〔美〕许烺光:《宗族、种姓与社团》,黄光国译,第282—283页。

神学观念都认为种姓制度是正当的,而美国的意识形态和神学观念则否定种姓制度。尽管意识形态同现实不是一回事,但前者对后者有很大影响,可通过学校教育、广播、报纸、电视等手段影响人们的行为。其二,印度教徒对种姓的反应与美国人不同。除少数人外,印度教徒对于种姓制度从没有什么不满,就连那些在这一体制中处于底层的达利特,不满的也只是自己的错误位置,而非种姓制度本身。他们努力争取的是通过效仿高种姓的生活习俗,从而得到一个较高的种姓地位,而不是铲除种姓制度本身。那些对高种姓虐待自己的行为极为不满的低种姓,对于那些比自己地位更低的种姓集团,也施以同样的歧视和虐待。但在美国并不是这样。在某些场合,虽然走运的黑人对不走运的黑人也会采取白人对黑人那样的态度,但是美国整个社会、政治、宗教及经济运动中体现出的对种姓现象的批判,都是以种姓理论和整个种姓制度为目标,而不是某个人或集团在这一体制中的错误位置。

此外,我们还看到,印度种姓集团间的各种禁忌,远比美国黑人同白人之间的禁忌严格。美国黑人可同白人通婚,故有 1/2 或 1/3 混血的说法,而印度种姓间的通婚规定要严格得多,混血者通常会被开除出种姓,沦为达利特。美国黑人虽然也被认为"不净",但即便是在种族歧视最严重的时期(黑奴制废除以前),社会隔离也没有发展到绝对不可有人身接触的程度。黑人可做白人的厨师、保姆,而印度的达利特是绝对不可为婆罗门或其他高种姓做这些工作的。

印度人和美国人对种姓制度的不同态度,反映了两个民族文化心态的不同。印度教徒倾向于认为,种姓差别是一种自然秩序,是神的安排,无所谓好与坏,需要改变的是自己在这个秩序中的位置而不是这一秩序本身。在这一认识的背后隐藏着对异质的文化因素容忍和宽容的精神。尽管许多美国人在实际生活中默认或坚持歧视黑人的做法,但美国整个舆论是谴责这种做法的,因为等级制度同"上帝面前人人平等"这一神学原则相违背,是人类制造的罪恶,应当被铲除。这种看法的背后是一元论的和普遍主义的世界观。正如许烺光指出的那样,在铲除种姓制度方面,美国人呈现出两个极端:或者将那些具有异质文化背景的人宣布为"不信上帝的人",意欲斩尽杀绝;或者追求从根本上废除等级体制,而不是对某个人或某个集团的位置进行变更。前一种表现形式是其殖民时期对印第安人的大规模屠杀(纳粹德国对犹太人的"最终解决办法"亦属此类),后一种表现为美国历史上的解放黑奴运动、美国最高法院的判决、"全美黑人进步协会"及各种反种族歧视组织的斗争等。这两种现象初看起来相互矛盾,却是基于一个共同点,即种姓制度的存在对于他们来说是不能接受的。① 而在印度教社会却看不到这种情况。

第四节 同中国的比较

从比较文化的角度看,中国在各个层面都不存在严格的等级制度。

中国主流的意识形态——儒家思想虽然也强调家庭中辈分、年龄及性别的差别以及基于这些差别的行为规范,但家庭层面的等级并未制度化。在继承家产方面,中国长期盛行的是诸子均分制而非长子继承制。中国早期历史上曾有嫡长子制度,当时的社会习俗和法律承认长子在继承财产上的特权,如西周的宗法分封制就有大宗、小宗之别,大宗为嫡长子,小宗为非嫡长子。但即便是在这样的情况下,小宗仍有一定的继承权和拥有相当数量的土地,非长子也未被完全排斥在财产继承之外。中国历史上虽然也有长子继承全部家产的记录,但并不普遍,占主导地位的不是长子继承制而是诸子均分制。② 这种做法不断使土地(传统社会中最重要的家产)零散化。为了维持一定的经营规模,须推迟分家的时间,这就是中国和印度历史上盛行大家庭制的原因。又由于家庭规模不可以无限大,分家总是不可避免,故中国和印度历史上皆以零散的小农经济为主要特色。中国分配家产方面的诸子均分制,在新中国成立后由于某些政策和法令的实施得到进一步的

---

① 〔美〕许烺光:《宗族、种姓与社团》,黄光国译,第285页。
② 参见胡如雷:《中国封建社会形态研究》,生活·读书·新知三联书店1979年版,第45页。

保护和发展。在笔者生活和调查过的豫东地区，分配家产时实行彻底的平均主义。家庭在置办大型家财（如盖房子）时，必须考虑分家时的平均分配问题。父母若有三个儿子，在盖房时必须做出这样的选择：要么盖三所，要么一所不盖。家产分配的不公通常会受到子女及舆论的谴责。人民公社时期"吃大锅饭"、按人头分配口粮及后来的按人口分责任田的做法，无疑促进了家产分配上的平均主义。除了某些礼仪场合（例如家庭祭祀中通常由长子抱祖先牌位），在日常生活的其他各个方面，长子并不特别受强调。中国亲属体系中"长门""仲门"或"三门"的区分，不具有等级意义。这同印度情况相似，而同日本的本家和分家的亲属等级结构形成对照。

如果说强调长子重要性的做法拉大了家庭中男性成员之间的社会距离，从而强化了家长权威的话，那么，强调诸子平等的做法会冲淡家长权威。家长权威是同家庭中的等级制分不开的，因为强调长子（未来的家长）的特权同强调家长的特权实际上是一回事。此外，中国家庭中的家长权威，还常常为族中的长者所分享。中国的家长虽然也常常包办子女的婚姻，但他在做出这样的决定时，常常需要征求族中其他成员的意见。在豫东地区，人们在为子女"相亲"时，常常由族人组成一个考察小组到对方家中考察，考察小组的意见对于父母做决定具有重要意义。考察小组的组成方式是按"门"出人，父母有时参加有时不参加。这时，并不特别强调家长与族中长者之间以及长门与非长门之间的区别，因为中国人倾向于认为，族中的每个人都有共同的血缘资格，每个长辈对后辈的成长和前途都负有责任，这同印度教家长的权威为种姓中长者和圣职者所冲淡具有同样的意义。

在中国，在一般人际关系和社会结构层面，等级制度也是不严格的。中国没有像印度种姓那样的等级集团，也没有像日本的家元那样的以严格的差序排列为特征的社会组织。传统的中国社会也有等级的划分，人们的身份也有贵贱高低之别，儒家关于君子、小人以及贵贱、上下的理论成为社会的中心，士、农、工、商及君子与小人的分立自孔子时到清末的两千多年间为社会所公认，社会习俗、法律和哲学都承认他们不同的生活方式。[①] 但是，中国的等级，除皇族等级在一定时期内是世袭外，都是开放的，"士""农""工""商"及"君子""小人""奴婢"等，都是变动不居的概念，权利非世袭，甚至也不是终身的。中国的科举制度以考试成绩选拔官员，并由此决定人们的身份和地位。参加科举的机会，大部分时间几乎都是开放的。即使对于奴婢，也只推延至三代子孙，而非世代不变。故中国大体上没有延续百年的贵族，没有世袭的官僚阶层，亦无类似印度达利特和日本秽多那样世代相传的底层阶层。在中国的戏剧、小说、民间故事等文艺形式中，反映等级流动的题材举不胜举，如一个贫寒的文人如何及第成了大官甚至加入了皇族阶层（如成为驸马），一个乞丐如何在一个偶然机会中发了大财成了富翁，一个显贵人士如何家道中衰落为寒门，等等。当然，阶层间的流动仍受种种制约（即使是在像美国那样的现代社会，社会流动也不是完全自由的，也受到出身、种族、国籍等因素的限制），但这类题材的故事那样地吸引中国人，这本身并非没有意义。与此相对照，这样的题材在印度的文艺作品中，即便不是绝对没有，也是罕见的。在中国，农民出身的陈涉可以喊出"王侯将相宁有种乎"，古代民谚有"贫富无定势""贵贱无常根""皇帝轮流做，今年到我家"等，表明人的地位之变动不居，皇族阶层亦非万世一系，而类似的说法在印度教社会中却见不到。

在传统中国社会，一个人一旦成为某一阶层的成员，必须采取与该阶层相符合的行为方式。法律和社会习俗也强调不同社会集团的不同生活方式，并设置了各种社会隔离，如历代法律对百官、士庶、良贱在饮食、服饰、居住、婚姻、丧葬等方面的规定。[②] 但细察之可发现，它们同印度种姓规定的不同之处在于：种姓规定深深地根植于印度教，以宗教上的"洁净"与"污秽"观念为基础，而中国的有关规

---

① 瞿同祖：《中国法律与中国社会》，中华书局1981年版，第三、四章。

② 同上。

定则没有神学基础。中国的许多限制与政治有关。譬如，一品官员同七品官员的差别，与其说是等级（caste）差别，毋宁说是上下级差别，这种差别即便是在现代社会中也是存在的，只不过形式不同而已。由于同政治关系密切，故有关等级的规定通常随着王朝的更替和政权的变化而变化。另外，中国社会各阶层间的社会隔离远没有种姓隔离那样极端。中国人没有这样的观念：同地位比自己低的人交往、接受其食物或与其共餐，会被污染。在传统中国农村，即使是那些被认为最卑贱者（如所谓"下九流"），也不像印度的达利特那样甚至在居住方面也须同地位高者隔离开来。因此，尽管有人列举种种证据来说明传统中国在社会结构层面等级之森严，但从比较文化的角度看，中国古代的"等级"更类似现代社会中的"阶级"（class），而不同于"种姓"。可能正是基于这个原因，许烺光称中国是"无种姓、无种姓特征"（no Caste，no Casteism）。①

这并非说，中国任何时期均未有过类似印度种姓的制度。魏、晋、南北朝时期的"门阀制度"就有点像印度的种姓制。那时，"士、庶、良、贱之分极严，社会地位高下悬殊，截然分为互不接触的阶层。士族为保其尊严，平日不与庶民来往，也不与他们通婚，社交与通婚只限于同一阶层内。士庶之分纯以门阀（出身）为基础。身份为家世的承袭，与个人在政治、经济及学问上的成就无关"②。但这种制度并未长久施行。自科举制实行始，士庶之分便不再以家世和生物上的决定为基础。科举以文取士，不问世阀门第。士的社会地位基本取决于个人的努力与机遇。在这种情况下，士可降为庶，庶亦可升为士，任何类似种姓的制度都不可能持久。

在民族这一层面，中国人也倾向于采取非等级主义态度。同印度教徒相比，中国人对宗教上的"洁净"与"污秽"问题一点也不敏感，他们从未试图把少数民族或外来者视为污秽者而加以歧视，也从

---

① 参见 Francis L. K. Hsu, "Class, Caste and Casteism," in Paul Hockings, ed., *Dimensions of Social Life*, *Essays in Honor of David G. Mandelbaum*。

② 瞿同祖：《中国法律与中国社会》，第166—167页。

未因种族问题而将他们隔离开来。汉族同少数民族的交往乃至通婚，不仅不存在理论上的障碍，实际中也是经常发生的。历史上不少君主把"和亲"作为调整同少数民族关系的手段，而这无疑又给民间交往和通婚带了头。这种非等级主义态度，使许多少数民族消除了戒备，逐渐同化于汉民族之中。众所周知，在过去许多世纪里，中国境内存在许多在生活方式乃至形体上都与汉族不同的少数民族。例如，秦汉以前分布于长江中下游以南的百越人，从事渔猎、农耕，以金属冶炼、水上航行著称，有断发、文身之俗，同中原汉人有明显不同，但后来大部分人都被同化了。犹太人或许是世界上最难同化的民族，这个民族在今日世界其他许多地方仍维持着自己的文化特性，唯有到中国来的犹太人被同化了。①

---

① 他们最初定居于河南开封，现已完全被同化。详见潘光旦：《中国境内犹太人的若干历史问题——开封的中国犹太人》，北京大学出版社 1983 年版。1987 年的统计数据显示，开封有犹太人 66 户、161 人。经过长期的通婚，开封的犹太人已经基本上被同化，在体貌特征上已经与东亚人没有太大区别。

第十一章　关于种姓印度教社会的若干理论

印度教社会的种姓制度一直是一个备受争议和讨论的话题，涉及宗教、文化、社会等多个方面。许多学者都试图从不同的角度来理解和解释这一现象，并提出了各种理论和观点。本章将对一些比较重要的种姓制度理论进行梳理和分析，希望能够为读者提供更加全面深入的视角。同时，我们也将尝试从不同的角度来审视这些理论，并探讨它们的优点、缺点以及适用范围，以期进一步促进对种姓制度的理解和研究。

第一节　马克思、恩格斯关于印度村社的论断

马克思毕生研究资本主义社会和指导无产阶级革命运动。两个原因促使他开始关心东方社会：其一，当他发现殖民地可以延长资本主义寿命时，他的分析离开了资本的故乡而转到了殖民地的东方；其二，在追溯资本的历史时，不能不涉及前资本主义社会诸形态，他便拿当时尚处于前资本主义阶段的东方诸国同欧洲进行对比。这样，马克思关于东方社会的思想就构成了马克思主义的重要部分。在东方国家中，"印度"[①]因最早沦为西方资本主义的殖民地而同资本主义联系在一起，因此，它自然成为马克思最感兴趣、论述最多的东方国家。

---

① 在马克思生活的年代，印度包括今天的印度共和国、巴基斯坦与孟加拉国，以及当时作为英属印度的一个省的缅甸的部分地区。

如果说马克思分析资本主义社会是从最简单的商品入手的,那么我们可以说他对印度社会的分析则始于对印度村社的认识。虽然在马克思之前就有许多西方人(大部分是英国殖民官吏)对村社有不少描述,但用唯物史观考察它,并强调它对理解印度社会的重要意义的,正是马克思。阅读马克思论述印度的著作可知,关于村社的论述占有十分突出的地位,它甚至被强调为理解包括印度在内的整个东方社会的钥匙。然而,马克思的这一重要思想并没有受到人们足够的重视,也常常被人们误解。举例来说,马克思对村社的强调,意味着东方社会的历史发展有其不同于西方的特殊道路。马克思没有把他分析西欧社会时得出的具体结论搬到东方社会,而是具体分析东方社会的现实,从而得出适合于东方社会的具体结论。那些认为世界历史是按一种模式发展的人,不是根据马克思提供的原则和线索分析东方社会的特点,而是把马克思提到的一些特点做这样或那样的解释,设法将其纳入某种固定的框架。这样做的结果是,虽然取得了同马克思关于西方社会的结论相符的某种"一致性",但东方社会的特点也随之被忽视了。还有人认为,马克思的这些论述是在关于东方社会的材料尚不充分的条件下做出的,在一个多世纪后的今天,没有多少参考价值,如此等等。因此,如何理解马克思关于东方的思想,是摆在我们面前的一个重大课题。

本节拟讨论马克思对印度村社问题的论述,试图厘清的问题是:马克思论述的印度村社是怎样一种东西?它的起源、性质、结构、特点和作用是什么?如何理解马克思的论断?村社对于理解印度社会历史的特点有何作用?此外,本节还将尽量根据新的研究成果检验马克思的论断。我们相信,厘清这些问题将有助于理解马克思关于整个东方的思想。

一、村社的起源及性质

考古学证明,在人类社会的早期,世界上普遍存在完全以自然的血缘关系为基础的氏族共同体。随着社会分工和交换关系的发展,原始共同体开始解体，但由于世界各地的自然生态、种族迁移等具体条件不同，故原始共同体的解体过程从一开始就表现出差异。马克思根据共同体分解程度的不同，将全世界前资本主义时期的共同体分为三种类型，即亚细亚的共同体、古典古代的共同体和日耳曼的共同体。其中，亚细亚的共同体在历史上出现最早，分解程度最低，因而是一种较原始的、陈旧的形式。印度的村社是亚细亚共同体的典型形式，它起源于古代原始的部落共同体，在历史的进程中经历了一系列分化和解体的过程，但原始的氏族关系仍以不同的方式存在，并对社会经济生活产生很大影响。村社不同于原始的氏族共同体，它是后者或多或少变化了的形式，属于阶级社会范畴。在村社之上有国家政府，村社内部存在奴隶制和种姓制。① 这是一种被马克思称为"半野蛮半文明的公社"② 和"宗法制的和平的社会组织"。显然，原始氏族共同体不具有这些特点。综合马克思和恩格斯的论述，似乎可以这样认为：大多数印度村社是一种以自然的（血缘的或毗邻而居的）关系为纽带，但已有不同程度的财产分化和阶级分化的社会生产组织，是一种原始的共同体形式。

印度村社解体缓慢（或者说解体程度低）的原因是什么呢？马克思在其著作的不同地方有不同的回答。在一处，他把原因归结为村社的特殊结构："亚细亚形式必然保持得最顽强也最长久。这取决于亚细亚形式的前提：即单个人对公社来说不是独立的，生产的范围仅限于自给自足，农业和手工业结合在一起，等等。"③ 在另一处，他则强调生态因素的作用，即灌溉的需要和复杂的地理条件造成道路的缺乏等。④ 马克思在分析造成各种共同体所有制的形式不同的原因时，告诫我们要考虑到气候、土壤的物理性质，受物理条件决定的土壤开

---

① 参见《马克思恩格斯全集》第28卷，人民出版社1973年版，第271—273页。
② 《马克思恩格斯全集》第9卷，人民出版社1961年版，第148页。
③ 《马克思恩格斯全集》第46卷上册，人民出版社1979年版，第484页。
④ 参见《马克思恩格斯全集》第9卷，第145页、第248页；《马克思恩格斯全集》第28卷，第260—273页。

发方式，同敌对部落或四邻部落的关系，以及引起迁移和历史的变动等因素。① 同样，印度村社解体缓慢也不可能是由单方面原因造成的。生态的、种族的、经济的、政治的和意识的诸因素都不可忽视。这些因素常常是在错综复杂的条件下相互影响的。马克思只是在不同的地方强调不同的重点罢了。

二、村社的社会构造：村社与种姓制度

近代西方殖民主义者初到印度时发现，这个地方的一个显著特点是社会分成许多小的村社共同体。他们中一些人以极大的兴趣描述了这种共同体的构造。马克思在写《资本论》和其他有关印度的专论中使用了他们的材料。从马克思的分析来看，印度村社的社会构造有下述特征：有限范围内的初步社会分工；依靠农业和手工业的特殊结合而自给自足；手工业者不依赖市场而依赖村社的实物收入；自然法则占统治地位等。② 马克思把这些特征视为完全同资本主义相对立的，并认为这些是印度（同时也是亚洲）社会发展缓慢的主要原因。那么，如何理解马克思的这些结论呢？

在谈到共同体的一般性质时，马克思指出印度村社具有的这种封闭的、内向性的结构特性是十分正确的。马克思正是在这个意义上把印度村社同近代资本主义社会做对比并解释印度社会诸问题的。但是，我们今天把印度村社作为特殊的认识对象时，就不能仅仅停留在马克思做出的结论上。科学的发展以及考古学、历史学方面的发现不断丰富人们的认识，也不断启发人们去思考新的问题。现在，我们有必要进一步提出这样两个问题来进行探讨：分工的不发达、生产的自给自足，是不是印度村社社会构造的特有属性？如何看待村社经济上的自给自足？厘清这两个问题，无疑会使我们对印度村社的认识深化一步。

严格说来，任何前资本主义社会的生产都具有分工不发达和自给

---

① 参见《马克思恩格斯全集》第 46 卷上册，第 484 页。
② 参见《马克思恩格斯全集》第 9 卷，第 146、248 页；《马克思恩格斯全集》第 28 卷，第 260—273 页。

自足的性质，分工的高度发达和生产的社会化只是近代资本主义发展的结果。马克思概括的上述一些特点，也程度不同地存在于其他前资本主义社会的农业共同体中。印度村社除了具有一般共同体的特征之外，还有它本身的特殊性。正是这种特殊性使它区别于其他形式的共同体。这种特殊性也是解释印度村社为何具有顽强生命力的关键所在。研究表明，印度村社内部劳动分工方式的特殊性质，即劳动分工方式与种姓制度的紧密结合决定了印度村社特殊的社会构造。马克思似乎也意识到了这一点，例如，"在这种村社内部存在着奴隶制和种姓制"①。他在分析若英国人在印度修筑铁路会产生怎样的后果时指出，铁路及由此产生的现代工业"必然会瓦解印度种姓制度所凭借的传统的分工方式"②。由于当时关于种姓制度的材料还不多，因此我们在马克思著作里找不到比这更多和更详细的论述。种姓制度与村社究竟是怎样的关系，乃是一个留待后人研究的课题。

　　社会人类学对印度种姓制度的研究大大丰富了我们对村社的认识。大家知道，种姓制度是印度很早的时候产生的一种特有制度。它的起源、演变和特点十分复杂。大体说来，印度的种姓既是一种世袭的职业集团，又是一种基本上实行内婚制的组织，同时也是一种有着共同的宗教礼仪和生活方式的社会等级集团。在这种制度下，从一个人出生之日起，他对社会应尽的义务和应享受的权利就已被规定下来，要改变这种规定几乎是不可能的。村社成员都属于一定的种姓，他们相互隔离，但由于职业的规定又相互依存。种姓制度是亚细亚共同体中保留的氏族关系在印度共同体中的特殊表现形式，它像一条无形的巨索，把从事各种职业的社员牢牢地束缚于村社之中，并使低种姓处于依附地位。研究表明，印度村社内部有两种依附关系。一种是低种姓的人和不可接触的达利特对整个村社的依附关系，在这种关系下，低种姓（多是从事手工业的匠人、差役和劳务人员）为整个村子服务，

---

① 《马克思恩格斯全集》第 28 卷，第 272 页。
② 《马克思恩格斯全集》第 9 卷，第 250 页。

为全村供应生产工具和生活用具，达利特则从事被认为低贱的职业，如清除垃圾、处理人或动物的尸体等，他们的报酬由全村以实物的形式支付，或由村中拨给少量的免赋土地，或在收获季节从公粮中分给一定量的粮食。这种关系的典型就是马克思在《资本论》中描述的那一类。还有一种是种姓依附关系，在这种关系下，低种姓服务的对象不是整个村子，而是某一个或数个特定的高种姓家族，形成一种特殊的"主—奴"关系。例如，一个出身木匠种姓的人，永远排他性地为固定的主顾服务。主顾一般在本村，但也有超出本村范围的。这种关系一经确立，便世代相传下去。在这种情况下，低种姓对高种姓的服务不仅是一种义务，而且是一种权利。这就是有名的"贾吉曼尼"制度。

在中国古代，农业和手工业是在家庭内结合在一起的，"耕织结合"乃是中国古代家庭经济的基本特点，印度村社内的农业和手工业则是由不同种姓的家庭分别完成的，可见印度村社的分工较之于中国要细致发达。但这种分工由于同种姓制度的特殊结合而永恒化了。一方面，每个种姓都视本种姓以外的种姓为"不净"，从而阻碍了向更高的工场手工业阶段的发展；另一方面，对职业的严格规定，又在小范围内形成种姓间的依存关系。在这种情况下，发展起来的不是以分工为基础的商品交换关系，而是超经济的种姓依附关系。每一个村社成为一个建立在细致分工基础上的高度闭塞的"小宇宙"，从而有效地抵抗了来自内部和外部力量的打击，虽经无数次内战、外侮、政变、被征服、饥荒等社会变动，却能较完整地存续下来。

下面讨论村社的自给自足问题。

对于马克思关于印度村社自给自足的观点，后人提出过更多的看法。例如，印度著名史学家高善必（Kosambi）博士在承认马克思的结论正确的同时，还根据自己对印度精心研究的结果，提出了一些补充意见。他写道："马克思的立论的确富有敏锐的观察力，然而，有必要做些修正。印度很多村落不出产金属和食盐，因此必须同别的地方进行交换方能得到这两样东西。这便意味着有商品生产的进行。"①（顺便指出，中国古代的"盐铁之争"也反映了类似情况。）的确，高善必指出的这一点是值得注意的。从考古发掘来看，古代恒河平原曾有过发达的商品经济，出现过跨地区的商业性联合组织——"同业公会"（Sereni）。另据史料记载，贵霜帝国时期，印度曾同当时的西方罗马帝国有过繁盛的商业往来，罗马帝国由于每年向印度输出大量贵重金属而国库空虚。② 马克斯·韦伯也指出，印度历史上，在村落匠人存在的同时，也不是没有商人和从事商品生产的城市工匠。③ 这是否同马克思的结论相矛盾呢？要回答这个问题，马恩著作中没有现成的答案，我们必须做进一步的探索。

首先，说印度村社具有自给自足的性质，并不排除在印度历史上某一时期和某一地区曾有过甚至是发达的商品经济。高善必和韦伯指出的事实都是正确的，但是，印度自古以来就是一个村社占绝对优势的国家，这也是他们两人都承认的事实。商品经济活动在空间和量的方面都有限，未能改变整个社会生产自给自足的性质，马克思就是从整个社会的生产和再生产角度论述这一问题的。

如果认识仅止于此还是不够的。如前所述，在西方，在相当长的历史时期内，自给自足的经济也是占统治地位的，商品经济的发展和城市的兴起最初也只限于很小的范围内。因此，除了从空间和量的方面考察商品经济活动以外，更重要的是还要考察印度的商品经济活动具有怎样的性质及它对社会的生产和再生产有怎样的影响。而要考察这一点，就不可忽视该国的历史传统、宗教文化、生产规模、风俗习惯诸因素的影响。其中，宗教以及与之相联系的价值观的作用不可小觑。例如，对神的虔诚和崇尚装饰的风俗影响了印度人的经济活动，阻碍了印度村社的经济活动向"合理主义"方向发展。印度人对贵重

---

① D. D. Kosambi, *An Introduction to the Study of Indian History*, Popular Prakashan Private Ltd., 1985, pp. 10–11.

② 中村元 (1963)『インド古代史』(下)、172頁。

③ 同上書、30頁。

金属有一种特殊的喜爱：家财万贯的巨富在个人生活上可能十分吝啬、俭朴，而在收集宝石和贵重金属方面却不惜钱财；即使是穷人也极爱装饰。大量贵重金属用于铸造神像和首饰，神庙成为重要的贵重金属聚集地。马克思也谈到过印度人喜爱装饰和埋藏货币等风俗。① 用贵重金属制造装饰品和神器起到了储藏货币的作用，在这种情况下，充当货币的贵重金属不断从流通领域退出，阻止了向商品形态的转换，也阻止了向产业的投资。另外，在种姓制度下，印度的商业也具有僵化的性质。商业由特定的种姓经营，商品的数量、经营范围和人数等，无不受到种姓法的严格规定。借用韦伯的话说，这是一种"不合理"的经济现象。不合理的商品经济不能改变整个社会自给自足的性质。不合理的商品经济活动与整个村社的自给自足是印度社会相辅相成的两个方面。

三、村社的土地制度

马克思曾多次同恩格斯论过东方社会的土地所有制问题，他们都认为包括印度在内的东方国家不存在土地私有制，并认为这是了解整个东方的钥匙。② 在马克思看来，既然公社没有完全解体而作为一种实体控制着人们生活的一切方面，那么，就不可能存在与之相对立的土地所有制形式，即真正的私有制。马克思常常把村社同土地公有联系在一起，他在很多地方都指出印度存在的是一种村社土地所有制。

所谓村社土地所有制，并不简单地体现为村社成员共同利用土地、共同消费土地产品这种单一的形式。的确，这种形式在印度某些地区（尤其是西北部地区）是存在的，甚至今天，也能在印度某些部落地区找到它的残迹。但是，它只是所有村社形式中最原始的形式，在数量上并不占优势。在历史的进程中，村社所有制缓慢地向个体所有制发展，村社也随之分解成不同的形式。马克思写道，村社对土地的占

---

① 参见《马克思恩格斯全集》第9卷，第146页；《马克思恩格斯全集》第23卷，第150—151页。

② 参见《马克思恩格斯全集》第28卷，第256页。

有或者体现为"各个小公社彼此独立地勉强度日,而在公社内部,单个的人则同自己的家庭一起,独立地在分配给他的份地上从事劳动";或者体现为"统一体能够使劳动过程本身具有共同性,这种共同性能够成为整套制度,例如在墨西哥,特别是在秘鲁,在古代克尔特人、印度的某些部落中就是这样"。① 第一种形式是个人拥有独立的土地占有权、土地"共有私耕"的份地制公社,它是土地私有制已有所发展但尚未充分发展的形式。第二种形式是"共有共耕"的原始公社形式。从数量上看,第一种形式为数较多:"在某些这样的村社中,全村的土地是共同耕种的,但在大多数情况下是每个土地所有者耕种自己的土地。"②

马克思关于不同形式的村社土地所有制的论述为后来的印度村社研究者所充实。1879 年,俄国学者马·柯瓦列夫斯基出版了《公社土地占有制,其解体的原因、进程和结果》。他从进化史观(这在当时西方学术界十分流行)出发,历史地考察了印度村社的演变,依据土地占有形式的不同把公社划分为若干阶段。马克思仔细地阅读了这部著作并做了详细的摘要,并在摘要中加进了自己的意见和批语。按照柯氏的划分,公社分为下述五个阶段:"(1)**最初是实行土地共同所有制和集体耕种的氏族公社**;(2)**氏族公社依照氏族分支的数目而分为或多或少的家族公社**";"(3)**由继承权**(即由亲属等级的远近)**来确定份地因而份地不均等的制度**";"(4)这种不均等的基础已不再是距同一氏族首领的亲属等级的远近,而是由**耕种本身表现出来的事实上的占有**";"(5)**公社土地或长或短定期的重分制度,如此等等**"。③ 柯氏引用古代立法文献来证明印度土地关系中占支配地位的是公社土地所有制。《摩奴法典》的时代(2 世纪前后),除了一整批氏族的和乡

---

① 《马克思恩格斯全集》第 46 卷上册,第 473—474 页。
② 《马克思恩格斯全集》第 28 卷,第 272 页。
③ 《马克思恩格斯全集》第 45 卷,人民出版社 1985 年版,第 242—243 页。引文中的黑体字为马克思画了着重线的文字,括号中的内容是马克思所加的批语。

的土地所有制以外，还存在家族土地共有制。① 印度古代土地所有制问题是一个从英国殖民印度起一直在争论的老问题，限于篇幅，我们不能评述各种观点。这里仅指出一点：印度的地理、人种、宗教、社会制度十分复杂，经济发展极不平衡，寻找材料支持或反对某一种观点是十分容易的，但也是没有意义的。马克思注意到了印度土地制度的复杂性，他在强调公社所有制的同时，并没有忽视国家和个人也享有某种土地权利。"这种以同一基本关系［即土地公有制］为基础的形式，本身可能以十分不同的方式实现出来。例如，跟这种形式完全不矛盾的是，在大多数亚细亚的基本形式中，凌驾于所有这一切小的共同体之上的总合的统一体表现为更高的所有者或唯一的所有者，实际的公社却只不过表现为世袭的占有者。"② 他也不否认个人对土地享有权利，并承认在村社瓦解过程中某些地区出现过私有制。③ 但问题在于，私有制并没有最终取代公社所有制而居支配地位。13世纪阿拉伯人入侵后，通过对官吏赏赐"封邑"而确立私有制，出现了土地封建领主化倾向，但这"只是一种例外"④。而且在马克思看来，印度的土地私有制同西方的土地私有制是根本不同的。在共同体存在的情况下，个人只是在作为共同体的一部分肢体即共同体成员时，才能成为土地的所有者或占有者。换句话说，个人的土地的所有权或占有权是通过共同体实现的。⑤ 在国家、村社和个人三者中，马克思突出强调的是村社。这可以由他于1858年写的一篇对关于印度土地所有制争论的评论来证明。1858年3月，英国殖民政府吞并印度北部一个叫奥德的土邦后，发布了一份没收奥德土地所有权的公告。这在英国殖民官吏中重新引起了关于印度土地所有制的争论。这场争论的焦点是，所谓柴明达

---

① 《马克思恩格斯全集》第45卷，第245页。
② 《马克思恩格斯全集》第46卷上册，人民出版社1979年版，第472—473页。
③ 参见《马克思恩格斯全集》第28卷，第272页。
④ 《马克思恩格斯全集》第45卷，第264页。
⑤ 参见《马克思恩格斯全集》第46卷上册，第472页。

尔、塔鲁克达尔或谢尔达尔①在印度经济体系中究竟占什么地位。一种观点认为,应该把国家看作土地所有者;另一种观点认为,印度同其他国家一样,实行一种土地私有制。马克思写道:"在对印度斯坦的习俗和孟加拉土地法所造成的社会与政治方面的困难做较为仔细的研究之后,使人产生了这样一种看法,即根据古印度教徒的习俗,土地所有权属于村社,村社有权把土地分配给个人耕种;柴明达尔和塔鲁克达尔当初只不过是政府委派去监收农村缴纳的税款并将其汇齐交给王公的官吏。"②在《马·柯瓦列夫斯基〈公社土地占有制,其解体的原因、进程和结果〉一书摘要》中,马克思把书中凡是"公社占有制"的地方都改为"公社所有制"。因此,与其说马克思认为印度不存在土地私有制,毋宁说他强调的是土地公社所有制。

印度大多数地区的土地所有制体现出多层分割的性质:国家通过享用村社的贡赋、向个人赏赐土地等形式成为最高的土地所有者。村社以直接或间接的形式组织农业生产、分配土地和支配农产品等,行使真正的所有权。公社成员则通过世代耕种自己的份地来行使世袭的占有权。这种土地所有权的多层分割,是村社土地所有制瓦解、私人所有制确立过程中的必然现象,也是英国殖民者征服印度时印度土地制度的一大特点。英国人不了解这一特点,他们在为征收田赋而必须确定土地所有者过程中遇到了很大的困难:无法确定谁是真正的所有者,有时几个人同时对同一块土地提出各自的权利要求。③ 恩格斯曾讥笑英国的法学家,说他们"曾在印度徒劳地苦思过'谁是土地的所有者?'这个问题"④。后来,英国人用法律的手段承认印度北部的柴

---

① 他们原是莫卧儿时期印度北部地区的包税人。
② 《马克思恩格斯全集》第12卷,人民出版社1962年版,第517页。此处的"孟加拉土地法"是指1793年印度总督康华里公布的《永久柴明达尔法》,根据这一法律,孟加拉、比哈尔和奥里萨的几乎全部土地均被宣布为柴明达尔所有。
③ Darhmar Kumar, *Land and Caste in South India: Agricultural Labour in the Madras Presidency during the Nineteenth Century*, Cambridge University Press, 1965, p. 8.
④ 《马克思恩格斯全集》第20卷,人民出版社1971年版,第192页。

明达尔为土地所有者,负责缴纳田赋,在印度南部和印度西部的部分地区,则承认缴纳田赋的个体农户为土地所有者。这就是著名的"柴明达尔制"和"莱特瓦尔制"改革。马克思称前者是对英国地主所有制的拙劣模仿,后者是对法国的农民占有制的拙劣模仿。[1] 19世纪30年代,英国人逐渐意识到,"公社所有制并不是某个地区独有的,而是占统治地位类型的土地关系"[2],他们便在印度西部和西北部地区推行一种承认村社为土地所有者的制度,即"马扎瓦尔制",但这与古老的村社土地所有制有明显不同:赋税虽然是以村社为单位缴纳的,但是税款仍单独地分摊给每个成员,甚至只要有一个社员一次逾期不缴,就要强制出售全村的土地,而这些土地常常被富有的法官和税收官吏买去了。因此马克思写道,英国当局"又做了他们能做的一切,把实行土地公有制的印度经济公社,变成了它本身的一幅漫画"[3]。古老的公社土地所有制彻底瓦解了,确立起来的是一种近代意义上的私人土地所有制。

四、村社与印度的历史发展

从马克思的著作来看,他不仅对印度当时发生的事情十分熟悉,而且对印度的历史也有惊人的了解。晚年,他写了长达100页的《印度史编年稿》,这说明马克思逝世前还在孜孜不倦地了解印度的历史。可以说,他几乎掌握了那个时代所有关于印度的材料,并且用唯物史观处理了这些材料,这使他对印度社会的分析具有洞察力。

在分析印度历史问题时,马克思没有将他分析欧洲历史后得出的结论套用于印度历史,他甚至批评了这种做法。例如,他不同意科瓦列夫斯基关于印度封建化的分析。[4] 对具体事物做深入具体的分析并

---

[1] 参见《马克思恩格斯全集》第9卷,第242页。
[2] 《马克思恩格斯全集》第45卷,第296页。
[3] 《马克思恩格斯全集》第25卷,人民出版社1974年版,第373页,脚注(50)。
[4] 《马克思恩格斯全集》第45卷,第283—284页。

根据这种分析得出具体的结论，是一条十分重要的马克思主义方法论原则。在马克思看来，对印度历史这个具体事物来说，最大的特点是村社一直在历史中起重要作用。马克思正是紧紧抓住这一特点来分析印度历史的。自然，大家知道，印度历史在世界诸国历史中恐怕是最令人迷惑不解的，许多重大问题至今仍无法厘清。马克思的论述也不可能很全面、很系统，有的论述也未必完全同印度史实相符。但重点在于他抓住了印度历史的本质特征，为我们分析印度历史提供了分析的方法和原则。实践证明，要研究印度的社会历史，无视马克思提示的印度历史的特点，无视他提供的研究方法和原则，只能南辕北辙，越来越糊涂。

下面仅就三个方面谈谈印度村社与印度历史的发展问题。

（一）村社与印度历史发展的停滞性

马克思这样论述过印度历史发展的停滞性：从遥远的古代直到19世纪最初十年，无论印度的政治变化多大，可是它的社会状况却始终没有改变。[1] 恩格斯也说："我们知道，西班牙发现东印度时，东印度已处于后来英国人发现那里时相同的发展水平，但印度人继续以同样的方式生活了几个世纪。他们吃、喝和呆板单调地生活，儿孙们仍然像他们祖父那样耕种着土地，除此之外，他们进行过若干变革，然而这些变革也无非各种民族间争夺政权的冲突。自从英国人来到和传播其商品后，印度人固有的生计被剥夺了，结果是他们改变了固定不变的状况。当地的工匠们移居了，并通过与其他民族的混合首次接近了文明。"[2]

考古学证明，印度社会发展的停滞性或保守性早在印度河文明时期就显现出来了。那时（公元前2500—前1700），印度河文明的城市常因印度河水泛滥而被埋没，而在每次埋没之后，人们又在同一地方

---

[1] 《马克思恩格斯全集》第12卷，人民出版社1998年版，第140页。

[2] 转引自 M. Sawer, *Marxism and the Question of the Asiatic Mode of Production*, Martinus Nijhoff, 1997, p. 40。

建设几乎相同的城市。在摩亨佐-达罗，考古学家发掘出上下九层的城市，时间相差一千多年，然而，一千多年之间，城市的格局大体上没有什么变化。① 印度历史的这一特点为一切不带偏见的历史学家所承认。如印度史学家潘尼迦写道，史诗《摩诃婆罗多》产生于5—6世纪，其所描写的社会和印度现有的社会实质上没有什么不同；2500年前释迦牟尼佛所目睹的生活在这个大陆上继续下去，基本上没有什么变化；人们仍然辩论着"业"（因果论）、"幻"的问题，信仰着同样的教义，过着同样的生活；婚姻制度、丧葬礼仪、社会关系的组织，基本上没有什么不同；释迦牟尼如果生于今日，一定会将印度人民认作自己的人民。② 这种说法虽有些偏颇，却在很大程度上反映了印度历史发展停滞性的特点。

印度社会的这种停滞性或保守性之原因在哪里呢？马克思告诉我们必须到村社制度中去寻找。他在分析了印度村社的结构后得出结论说："这种公社的简单的生产机体，为揭示下面这个秘密提供了一把钥匙：亚洲各国不断瓦解、不断重建和经常改朝换代，与此截然相反，亚洲的社会却没有变化。这种社会的基本经济要素的结构，不为政治领域中的风暴所触动。"③

按照马克思的看法，村社之所以成为印度社会停滞的原因，其一，在于这种生产机体本身的特殊性质。从前几节的分析中可以看出，村社的手工业和服务种姓不依赖市场而依赖村社或某些特定家族的实物支付，这限制了商品经济的发展；村社的社会构造特点使其自身形成一个封闭的生产周期，不依赖外部也能生存下去，这使印度社会"分解为许多模样相同而互不联系的原子"④。这样无法形成较大范围的市场，而较大市场的形成则是新的生产方式产生的前提。种姓的种种规

---

① 中村元（1963）『インド古代史』（上）、23頁。
② 〔印度〕潘尼迦：《印度简史》，吴之椿、欧阳采薇合译，生活·读书·新知三联书店1957年版，第6页。
③ 《马克思恩格斯全集》第23卷，第397页。
④ 《马克思恩格斯全集》第9卷，第249页。

定又阻止了传统的分工向更高形式的分工发展，等等。因此，"在这种情况下，公社就一直处在那种很低的生活水平上，同其他公社几乎没有来往，没有希望社会进步的意向，没有推动社会进步的行动"①。

其二，还在于村社对人的种种制约，这一点常常被人们忽视。在这种制度下，单个的人对于公社来说不是独立的，它是公社的一个有机部分。这种田园意味的社会机体把人牢牢地束缚于传统力量之下。自然的力量、种姓法律的力量、神的力量等都被看成神圣不可侵犯的，都是自然赋予的最高权力。个人在感情、思想和行动上始终是无条件服从的。"它们使人的头脑局限在极小的范围内，成为迷信的驯服工具，成为传统规则的奴隶，表现不出任何伟大和任何历史首创精神。……使人屈服于环境，而不是把人提升为环境的主宰"②，这就造成了野蛮的、崇拜自然的迷信。不仅如此，为了阻止公社的对立物——个人主义的发展，对人的本能欲望的压抑也成为必要。在神和原始的群体主义面前，个人的本能成了罪恶，禁欲主义是一种美德，发财、自由竞争被看作丢脸的事。马克思十分重视个人的发展对社会进步的作用，他把人类走出史前期与摆脱原始公社力量的束缚同公社创产的对立物——个人主义的发展联系起来。③ 他说："在现代世界，生产表现为人的目的，而财富则表现为生产的目的。事实上，如果抛掉狭隘的资产阶级形式，那么，财富岂不正是在普遍交换中造成的个人的需要、才能、享用、生产力等等的普遍性吗？财富岂不正是人对自然力——既是通常所谓的'自然'力，又是人本身的自然力——统治的充分发展吗？财富岂不正是人的创造天赋的绝对发挥吗？"④ 正是村社对个人的种种制约，影响了交换的发展，影响了在交换中造成的个人的需要、才能、享用、生产力等的普遍性，也阻碍了人的创造才能的绝对发挥，使生产力一直停留在很低的水平。生产力和生产关系

---

① 《马克思恩格斯全集》第 9 卷，第 249 页。
② 同上书，第 148—149 页。
③ 参见 M. Sawer, *Marxism and the Question of the Asiatic Mode of Production*, p. 66。
④ 《马克思恩格斯全集》第 46 卷上册，第 486 页。

一直处于相适应的状态，因此，新的生产关系的产生就成为不必要的了。

(二) 村社与国家形态

印度村社社会构造的特殊性质使它们本身可以构成一个个简单的"独立共和国"，这在很大程度上抵消了国家的作用。居民们生活在这种共同体之内，对王国的崩溃或分裂毫不在意，只要村庄保持完整，他们就不管隶属于什么权力，也不管受哪个君主统治。印度社会经济的这种基本性质在政治统治上产生了下述两个互相联系的特点。第一，印度历史上长期处于分裂状态，国家的作用微不足道。印度历史上大的帝国仅有三个，即孔雀帝国、笈多帝国和莫卧儿帝国，加起来才400余年，而且无论哪一个帝国也没有真正统一过印度，印度长期被"分解成像它的城市甚至村庄那样多的各自独立和互相敌对的国家"[①]。小王国的存在时间虽然比较长，但实力仍在村社。马克思认为的东方的村社是专制主义的基础，然而印度国家的政治统治很难说是专制式的，至少不像是中国历史上那样的中央集权式的国家，因为它缺乏像中国那样的统一的民族、统一的思想意识、统一的语言、发达的郡县制和官僚体制等条件。一位外国学者指出，在印度，国家在经济上是多余的，它甚至没有起过最低限度的国家作用，例如维护社会秩序等，因为这一任务已由种姓、村社完成了。[②] 这话不无道理。第二，印度被外来征服者所征服并长期处在外来统治之下。印度历史是"一个接着一个的征服者的历史"[③]。印度历史上较大的外来民族的入侵，现在知道的就有十多次，如雅利安人、马其顿人、塞种人、贵霜人、匈奴人、波斯人、土耳其人、阿拉伯人、莫卧儿人及近代英国人等，而且每次入侵都产生了或长或短的统治，留下了或大或小的影响。在中国历史上，汉民族以外的民族（如先秦至汉的匈奴人、唐代的突厥人、

---

① 《马克思恩格斯全集》第9卷，第143页。
② M. Sarwer, *Marxism and the Question of the Asiatic Mode of Production*, p. 53.
③ 《马克思恩格斯全集》第9卷，第246页。

宋末的蒙古人等）也多次入侵中原汉民族政权，统治阶级利用国家的力量做了有效的抵抗，除了一两次内因之外，入侵者大都遭到失败而没留下太大的影响。长城就是中原王朝利用国家力量抵抗外来入侵的最好见证。印度则不同，在外来入侵者面前，国家规模的抵抗运动即便不是没有，其作用也是微不足道的。从地理上看，印度比中国处于更有利的防御地位：古代历次外来入侵者的必经之地——开伯尔山口，全长53千米，最窄处不到600米，只要在此地稍筑工事，派兵把守，便可以一夫当关、万夫莫开，完全拒敌于南亚大门之外。但印度没有也不可能有这种军事防御，历次入侵者总是轻易地在"这个一无抵抗、二无变化的社会的消极基础上建立了他们的帝国"[①]。印度这一历史特点也注定了它沦为近代英国殖民地的历史命运。

（三）村社与印度社会的复兴

马克思在其论述印度的著作中用大量篇幅分析批判了村社的落后性和保守性；与此同时，他对村社的历史作用也予以肯定。由血缘关系、毗邻而居和由此产生的利害关系一致联系起来的村社共同体，能够抵抗一切可能的意外事件，能完全抵消干旱、瘟疫和国家灭亡所带来的灾难后果。[②] 这种制度为每个成员提供了起码的、稳定的生活条件。僵化的分工体制有助于手工技艺的提高："正是父传子、子传孙一代一代积累下来的特殊熟练，才使印度人具有蜘蛛一样的技艺。"[③] 村社还在一定程度上体现了某种团结合作的原则，提供了共同反对剥削的组织形式。更重要的是，它提供了避免资本主义暴行直接进入一种新的社会的可能性。

19世纪50年代，马克思在其著作中较多地强调了村社的消极方面。当时，在英国的商品和暴力的打击下，印度村社正迅速崩溃。面

[①] 《马克思恩格斯全集》第9卷，第246页。
[②] 《马克思恩格斯全集》第45卷，第298页。
[③] 《马克思恩格斯全集》第23卷，第378页。

对这一情况，马克思虽然也表现出同情①，但他基本上认为英国人对村社的破坏具有进步作用。他认为亚洲应该有一场真正的革命，以摧毁亚洲社会的基础，否则，人类便不能完成自己的使命，而这场革命正由英国人不自觉地承担着。②但在稍后的著作中，他更强调村社的积极方面，似乎不太相信村社崩溃的历史必然性。在1881年致维拉·查苏利奇的信的第三稿中，他谴责了英国人对印度村社的暴力行为，指出这是对文明的摧毁。这种行为对当地人来说意味着倒退而不是进步。同时，他又肯定了德国发展起来的中世纪的马尔克公社③，说它是整个中世纪人民自由的唯一中心④。既然欧洲的村社可以在不同的社会、时代保留下来，那么，依此类推，印度村社也没有必然灭亡的理由。

马克思当时确有这样的想法：随着社会交往的增加和生产手段的现代化，村社可以克服它的原始落后性而作为未来新社会的一个因素保留下来。他在讨论俄国的公社时，批判了那些认为俄国公社必然解体的"资本主义制度的崇拜者"。他指出，俄国公社有可能不通过资本主义制度的"卡夫丁峡谷"而享用资本主义制度的一切肯定的成就。⑤他甚至认为俄国社会必须从农村公社中去寻找它的"复兴的泉源"⑥。同样，印度社会的进步同村社的灭亡也没有必然的联系，相反，如果保留村社的形式，保留村社的集体生产和集体占有制度，同时克服它的消极方面，在印度就有可能出现一种高于资本主义制度的社会制度。但是，只知道赚钱和搜刮印度人民的英国殖民主义者是不可能这样做的，他们无情地摧毁了村社的基础，将成千上万的村社社

---

① 例如，他写道："从纯粹的人的感情上来说，亲眼看到这无数勤劳的宗法制的和平的社会组织崩溃、瓦解、被投入苦海，亲眼看到它们的成员既丧失自己的古老形式的文明又丧失祖传的谋生手段，是会感到悲伤的……"《马克思恩格斯全集》第9卷，第148页。

② 参见《马克思恩格斯全集》第9卷，第149页。

③ 马尔克公社（March Community）是中世纪西欧日耳曼人的一种村落组织。

④ 参见《马克思恩格斯全集》第19卷，人民出版社1963年版，第449页。

⑤ 同上书，第435—436页。

⑥ 同上书，第438—439页。

员抛入苦海,却伪善地宣称,自己曾为了维护公社而尽了一切善意的努力,但因碰到经济规律的自发力量而失败了。英国人把暴力造成的村社瓦解说成是历史的必然。马克思无情地揭露了资产阶级的虚伪,谴责了他们破坏印度村社的罪行。①

这样,马克思在一定程度上改变了他以前认为英国人对印度村社的破坏具有进步意义的看法,向我们暗示了印度社会复兴的另一条道路:不经过资本主义阶段,而利用现代资本主义生产的一切成果,克服村社的保守落后性,保留它的公有制形式和其他一切有利的因素,从而建成一个高于资本主义社会的新的社会。但随着殖民统治的加深,印度越来越不可能走这条路线了。一方面,英国人彻底摧毁了村社,确立了近代意义上的私有制,培植了较强大的资产阶级和地主阶级,建立了大资产阶级和大地主阶级联合的政治统治;另一方面,他们又在社会的各个方面保留了前资本主义的落后、保守的东西,这使印度人民的命运更加悲惨。印度社会正在背着前资本主义的沉重包袱缓慢地向资本主义方向发展。但实践证明并将继续证明,印度资本主义的发展不会给广大人民带来好处。如果印度"这个巨大而诱人的国家"②要复兴起来,马克思暗示的道路并不是没有意义的。

现在,我们可以把本节的内容归结如下:

印度村社是一种脱胎于原始氏族公社,并带有氏族公社残余的社会生产组织。村社特殊的分工方式和土地制度以及其他的自然、社会诸条件,使其成为一个牢固的自给自足的生产机体而存续下来。在漫长的历史进程中,村社缓慢解体,但直到近代西方资本主义入侵之前,村社共同体仍是在印度社会中起重大作用的因素,印度社会的许多特点都可以从村社共同体理论中得到解释。村社的排他性、闭塞性以及传统的共同体力量对人的种种制约阻碍了新的生产方式的产生,这是印度社会发展停滞的一个原因,由此也形成了印度社会的其他一些特

---

① 参见《马克思恩格斯全集》第 19 卷,第 433 页;另见《马克思恩格斯全集》第 45 卷,第 300 页。

② 《马克思恩格斯全集》第 9 卷,第 251 页。

点。但这并不等于说印度只有经过西方殖民主义者的破坏才能向前发展。马克思也正是基于对村社的分析暗示了印度的另一条复兴之路。

马克思逝世后的一个多世纪,随着历史学、考古学、社会人类学等学科的不断发展,人们对印度村社及印度社会历史的认识大大丰富了,但科学的发展并没有推翻马克思关于村社的基本思想。新的研究成果,有的验证了马克思论断的正确性,有的在马克思由于种种条件限制未能深入分析的问题上补充和丰富了马克思的理论。同时也必须承认,关于马克思的某些具体结论(如文中提到的专制主义与村社关系问题)是否符合印度的历史事实,仍有进一步探索之必要。

第二节 马克斯·韦伯的印度宗教观、种姓观

一般认为,德国社会科学家马克斯·韦伯是宗教社会学的创始人。他几乎对世界每个重要宗教都有过分析。这方面的成果收录在他去世后出版的《宗教社会学论集》(1921—1922)中。该书内容包括基督教、儒教和道教(第一卷),印度教与佛教(第二卷),以及古代犹太教(第三卷)。以下根据该书英文版①第二卷并参考其他一些材料,对韦伯关于印度各宗教的论述简单加以介绍和评论。

一、韦伯宗教社会学的基本理论框架

韦伯对印度宗教的论述,是他整个宗教社会学的一个组成部分。为了更好地理解他关于印度宗教的思想,有必要先了解他创立的宗教社会学的基本框架。

宗教社会学对宗教的研究重点不是宗教教义本身,也不是对宗教的起源与发展的考证,而是宗教教义所体现的精神对社会经济和政治的影响,或者说是宗教的伦理观同现世的关系。韦伯认为,基于宗

---

① Max Weber, *The Religion of India: The Sociology of Hinduism and Buddhism*, trans. by H. H. Gerth and D. Martindale.

伦理与现世的关系，世界上的宗教可划分为四种类型。

第一种是"出世禁欲主义"型。这种类型主要以古代和中世纪的基督教为代表。他认为，早期的基督教要人们完全不关心现世和一切世俗事务，主张虔诚地向神祈祷，等待天国的到来。这种类型的宗教拯救伦理是一种"先知伦理"，即不断要求亲证先知的存在，把人仅视作神的工具或"奴婢"，对现世采取宗教性的禁欲态度。中世纪的基督教认为，参与现世事务是对神明的疏远，因为现世是一个充满罪恶和诱惑的领域。为了获得拯救，个人应完全从尘世中隐退，以苦行、修炼为宗旨，入修道院当修士或修女，过静默、劳作、斋戒、祈祷、苦行修身的集体生活，并认为这是宗教拯救的唯一可靠方法。古代和中世纪的基督教排斥对财富的追求，认为财富对于救赎是巨大危险。对财富的追求同获得宗教上的拯救相比，不仅毫无意义，而且也不道德。

第二种是"入世禁欲主义"型，这主要体现在改革后的基督教——新教之中。同古代和中世纪的基督教不同，宗教改革后出现的新教，并不认为个人参与世俗事务是获得宗教拯救的障碍，相反，新教徒怀有一种特殊的宗教神圣情绪，力求做到在世俗职业中亲证自己是上帝挑选的工具。为了获得拯救，不是过隐修生活，而是积极参与世俗生活。在这种类型的宗教伦理中，教徒是禁欲主义者——勤勉、刻苦、节俭、节欲；同时又是世俗主义者——世俗世界是他们的责任，他们有按其禁欲主义理想改变世界的义务，教徒只能以世俗职业的成就来确定上帝对自己的恩宠，取得世俗职业成就是人的"天职"，人们必须努力工作履行天职以荣耀上帝。

第三种是适应现世型，以中国的儒教为代表。韦伯认为，儒教是一种"读书人的教诲"，它虽是一种宗教，却不含拯救理论。儒教既不像出世禁欲主义宗教那样强调脱离现世，也不像入世禁欲主义宗教那样教导人们积极履行天职以亲证神的伟大，它主要教导人们去适应传统，适应各种秩序和习俗。

第四种是逃避现世型，主要以道教、佛教、印度教以及中世纪欧洲一些神秘主义思想家的学说为代表。韦伯认为，一切冥想式的神秘主义都可归结为"对现世的绝对逃避"。这种逃避现世的宗教伦理，是古典佛教的特征，也不同程度地体现在所有亚洲和近东形式的拯救伦理之中。"逃避现世"同"出世禁欲主义"看起来很相似，实则有严格的区别：出世禁欲主义对现世有一种不断战斗的、否定意义上的入世态度，这里体现的不是"逃避"，而是"拒斥"；逃避现世则具有冥想式神秘主义特征，以逃避现世自身，从心理上说，并不是逃避，而是对不断出现的新诱惑所取得的胜利。前一种情况下，个人确信自己是神的工具；后一种情况下，个人不是神的工具而是神的"容器"。后者的入世特点是悲观主义和意志消沉。但韦伯也承认，这两种类型是可以互相转化的。

基于这种分析，韦伯认为，近代西方资本主义的生产和发展，是一种得天独厚的现象，它不是某种特定的经济运行的产物，而是起源于一种纯粹的精神因素——欧洲宗教改革后出现的新教伦理。他认为在上述四类伦理中，唯有入世禁欲主义同现代资本主义精神之间有一种"亲和性"。新教徒是"合理主义者"，从入世禁欲主义伦理中产生了"合理的"生活态度和理性主义，再加上其他因素的配合，最终使现代资本主义在西欧产生。关于新教同资本主义起源的关系的分析，集中表述于他的名著《新教伦理与资本主义精神》中。作为反证，他也分析了中国的儒教和道教、印度的佛教和印度教，以及古犹太教和古基督教，以说明为什么在这些宗教伦理背景下不能产生现代资本主义。

二、印度教与种姓制度

在上述理论框架下，韦伯以其渊博的知识，展开了对印度宗教和社会的多方面分析。

韦伯认为，古代印度已具备现代资本主义发展的某些有利因素，如印度从很古的时候起就是一个"商业之国"，今日合理的算术制度，即所有计算技术的基础，源于印度。印度人还发展了包括数学和语法学在内的合理的科学，并出现了众多的宗教和哲学派别，而这些派别大都建立在"主知主义"的成体系的合理要求之上。在印度法系中，同中世纪欧洲法律制度一样，也可以看到许多构成资本主义出发点的因素，尽管如此，印度社会内部仍未能产生现代资本主义，韦伯认为，一个重要原因在于印度人的宗教精神。

根据韦伯的看法，印度宗教精神的民族形态，是"印度知识分子正统的拯救理论"，即印度教。他认为，在印度教中，缺少像新教那样的对现代资本主义产生和发展起重大作用的"进取心""成就感"之类的精神素质，因为在印度教教义中，没有教导人通过努力履行天职或改变自己命运以亲证神的伟大之类的思想。印度教的拯救理论是超脱现世，通过冥想达到与"梵"的合一，而要做到这一点，"绝对的前提是在今生严格履行种姓义务，并回避礼仪上的重大过失——特别是试图逃离其种姓"①。"因果报应""轮回转世"的思想，对行为者的任何进取活动都构成沉重负担，因此，只要人们笃信因果报应说，就不能想象任何革命性观念或进步思想的存在。

种姓制度作为印度教不可分割的一部分，当然也进入了韦伯的分析视野。他认为，印度是一个"由极强韧的出身身份结成的国家"。具体说来，印度是一个有婆罗门（祭司）、刹帝利（武士）、吠舍（工商业手工业者）和首陀罗（奴隶）四大种姓的国家。种姓制度作为一种排他性的、严格的身份制，一直在印度社会中发挥重要作用。而且，种姓作为一种封闭的制度，是婆罗门思想的产物。韦伯指出，若没有婆罗门浸透性的压迫，这种世界上无与伦比的社会等级制度是不会以如此完善的形式出现的，也不会占据统治地位。

对印度教徒来说，人在理论上就是不平等的。当然，个人在获得宗教救赎方面，也有同样的机会，不过，这种机会不是在现世，而是要通过不断再生过程，或到达天国，或入动物界，或入地狱。韦伯注意到，印度教的伦理观没有为印度教徒提供在现世生活中改变其地位的理论上的可能性，种姓制度永远是正当的。个人可通过一系列的再

---

① 参见〔德〕马克斯·韦伯：《印度的宗教——印度教与佛教》，康乐、简惠美译，广西师范大学出版社 2005 年版。

生最终进入天国,不过,所需时间依人的出身有长有短。而且,这只有在种姓体制内才可能。种姓是永恒的,任何企图摆脱种姓束缚的人都会受到诅咒并被宣判进入地狱的底层。在印度教世界中,不存在"原罪"这一概念,因为在印度教中是不存在"罪恶"的,这里只存在对所属种姓之"法"(达摩)的违犯。实际上,印度完全不存在法庭面前或至少在"神"的面前的人类任何"自然法意义上的"平等。这种情况完全并且永远排除了批判意义上和自然法意义上的"合理主义"思辨和抽象形式,也阻止了任何"人权"的建立。所以,在印度根本不存在所谓"国家""公民"及"臣民"之类的概念,这里存在的只是关于身份的"法"。

关于印度教与社会阶层的关系,韦伯把印度教视作"正式的印度宗教精神",对这种宗教精神起决定作用的是该宗教的担当者,即婆罗门阶层。婆罗门曾是上流有教养的阶层,后来又成为上流读书人阶层。根据他的看法,同古希腊城邦文化中的知识分子形成对照的是,婆罗门的地位受到巫术和礼仪的束缚,他们在为王公服务时,常常同供祭和巫术保持着关系。婆罗门是由一部分王公牧师、解难答疑的神学家、法学家、祭司组成的读书人。上流婆罗门的报酬既不是国家发的工资,也不是家产制国家提供的官职俸禄机会和掠夺机会,而是固定的地租和田赋收益。这样,官员们的俸禄永远不会被取消。而且,最高地位的婆罗门是宫廷牧师,直到后来英国人统治时期,最高法律顾问,即婆罗门最高的"潘迪特"(对通晓种姓法规的婆罗门的称呼),大体上仍是地方上的头面人物。

韦伯还分析了印度教同政治的关系。他指出,与欧洲中世纪后期王权同教权的激烈冲突以及王权与城市中产阶级的结盟不同,印度教能在印度的具体社会条件下给统治阶层的社会地位以一种无与伦比的宗教上的合法肯定。反过来,政治条件也有助于印度教在印度文化中处于主导地位。韦伯指出,为了在宗教上具有合法地位,与在政治上和社会上都占统治地位的阶级、僧侣缔结联盟,一直具有决定性作用。

韦伯认为，正是印度教和种姓制度，阻碍了印度现代资本主义的产生和发展。但是，种姓制度实质上对经济发展所具的消极影响，并不像有人认为的那样主要是由于强加给社会互动一些限制和禁令。实际上，面对大型企业的劳动集中化要求，种姓制度是相当灵活的。种姓制度还没僵化到反对不同种姓的人在同一个作坊内工作的程度。主要的障碍是整个种姓和印度教社会制度下形成的传统主义的、反合理化的"精神"。根据他的看法，近代西方资本主义得以成功的经济因素包括合理的资本主义计算、自由市场和消除对贸易的不合理限制、合理的技术前提、有法可依的经济秩序等，而这些东西在种姓印度教社会中是无法生成的。种姓印度教文化对经济的影响集中体现为因循守旧的传统主义：工具上墨守成规，技术上任何革新都被看作对种姓法规的违犯，因而都可能导致丧失种姓身份。必须指出，韦伯并没有把印度教和种姓制度视为印度社会停滞的唯一原因，在这方面，他接受了马克思的分析，即印度村社中工匠的特殊地位——不依赖市场而只依赖不变的实物报酬——是印度乃至亚洲社会停滞的原因。他承认马克思的这个分析是正确的。同时，他补充道：不仅必须把村社工匠的地位，而且也必须把整个种姓制度看作停滞的负担者；种姓制度对经济的影响，完全是保守的和反理性主义的；要在种姓制度的基础上产生工业资本主义的现代组织是完全不可能的，在礼仪法规之下，职业的任何变动以及劳动技术的任何变化，都会引起礼仪地位的降低。①

种姓、印度教和政权的密切结合，影响了行会和城市的发展。行会和城市是西方近代资本主义产生和发展的重要前提。而印度的特点在于：城市中行会组织的出现，既没有导致西方类型的城市自治，也没导致西方世袭制国家那种社会和经济组织的产生。相反，种姓制扼杀了这种组织。印度的城市不享有真正的自治权或自主权，行会和公民没有独立的军事力量，所以，君主随时可对它们进行镇压，只要他

---

① 〔德〕马克斯·韦伯：《印度的宗教——印度教与佛教》，康乐、简惠美译，第145页。

发现这样做于己有利。

因此，印度有各种各样的拜物教、泛灵论的和巫术的信仰与实践：河神、塘神、山神、高度发达的文字程式、巫术，如此等等。巫术、宗教等阻碍了技术工业的发展。经常发生这样的情况，即"工具被作为准偶像受到崇拜"，并且和"其他传统特质一道"，工具的这种定型化乃是所有技术发展的最大障碍之一。

综合这些分析，韦伯得出结论，英国统治印度之前或统治期间，现代资本主义没有在印度土生土长地发展起来，而是作为一个缺乏自治开端的、已完成的人工制品被接受下来。他断言，英国人脆弱的资本主义统治一旦结束，印度就会重新回到诸国争雄、盗匪猖獗的中世纪状态。

三、古典佛教与耆那教

除了种姓和印度教外，韦伯还对古典佛教和耆那教有专门的论述。

韦伯认为，佛教也是逃避现实类型的宗教。古典佛教对神秘顿悟的专心，是一种"极端的出世伦理"。这里所追求的，不仅是从罪恶与苦恼中摆脱出来，而且是从"无常"中，即从业因果报的轮回中得到永远的寂静和救赎。在这种情况下，每个人都有固定的"业"（劫磨），也只能如此。在这种唯一、真正的首尾一贯的逃避现世的基础上，理所当然地不存在通向合适的经济和社会伦理之途。

韦伯认为，古典佛教是一种"独特的、非政治并且是反政治的宗教"。更确切地说，它是一种"巡游各地并受过知识训练的苦行僧的宗教技术论"。同时，它也是一种"拯救宗教"，而且是考虑如何拯救、考虑"从何处来""到何处去"的在拯救努力方面最激进的一种形态。

韦伯指出，古典佛教的拯救，完全是个人的行为，佛教里不存在救世主的帮助，因为它根本不承认任何神明和任何形式的祭祀。佛教中代替神明理论的，是无可置疑的业报学说，即普遍的业因果报伦理。

个人在彼岸的命运，完全是自己自由态度的结果。根据韦伯的说法，业报理论的出发点不是"人格"，而是"自己行动的意义和价值"。并且，佛教教诲的归结是"无执"，即对于所有志向、希望和愿望，所有今世和来世的执着都是无意义的。

关于佛教同社会阶层的关系，韦伯指出，古典佛教贬低婆罗门的知识和哲学，故引起了王公和城市贵族的共鸣。佛教的担当者是"上流在俗者有教养阶层"，佛教只是他们创造的许多拯救学说之一种，并且是最能自圆其说的一种。佛教的拯救观是一种冷静、高层次的伦理，而且要求个人自我独立，所以佛教决不会成为大众的拯救信仰。它的影响之所以能超出有教养阶层的范围，是因为它同苦行者"沙门"（Sramana）的出家这种在印度已存在的有力行为结合在一起。

佛教在印度上层人中被一种根植于吠陀的"文艺复兴"所打败，在民众中，则败于同印度各救世主宗教的竞争。在这些救世主宗教中，有毗湿奴教派各形态、密教的巫术和神秘的宗教仪式，尤其是"巴克蒂"（虔信）教派信仰。

韦伯认为，佛教成为地球上最大的宗教之一这一事实是令人瞩目的。佛教传入中国、朝鲜、日本等地后，其纯粹性发生了变化。在中国，佛教在同道教的竞争和多重交错中结合发展起来，其结果是形成了独特的民众宗教精神。但是，佛教同道教、印度教一样，都不具有能产生资本主义伦理的"趋向合理生活方式的原动力"。

印度的另一宗教，即耆那教，是与佛教同一个时代产生的。与佛教不同，耆那教更为印度式，故本质上只限于印度本土。根据传承，耆那教创始人大雄也出身于刹帝利贵族。

耆那教虽然也接受了"阿特曼"（我）的理论，却完全排除了"梵"这种神格化了的世界灵魂，它排斥吠陀教养、礼仪和婆罗门阶层，故被斥为异端。韦伯认为，耆那教从一开始就不是那种"上了年纪者临时埋头苦行生活的各个贤者的共同社会"，也不是终生苦行的先知者群体，毋宁说耆那教是一个职业僧侣的特殊教团。而且，耆那教团是一个"在特殊意义上极为本质的、禁欲主义的共同体社会"。

在耆那教中，对在俗者最重要的戒律是对占有财富的限制。它规定不得占有超过"必要限度"的东西。它并不禁止获得财富自身，只是禁止为财富所做的努力和对财富的执着。韦伯注意到耆那教的这一特点同西方禁欲主义的新教非常相似。在耆那教徒中，虚伪和夸张被极严格禁止，经济交往中要绝对正直，禁止各种欺诈和一切不正当的营利行为。所以，该教派没有以典型的东方式的方法同所谓的"政治资本主义"（官吏、包税人及皇帝的财富积累）相联系，而是像西方基督教的教友派那样，遵守着"正直为至善"之策这种初期资本主义的格言进行工作。

耆那教徒的"不杀生主义"是有名的。关于这一点，韦伯分析道，他们严格的不杀生戒律，使他们不得从事手工业和农业，因为这些工作都有可能杀死虫类。出于同样的理由，他们尤应忌避外出旅行，因此他们只能从事定居的商业。另外，他们同犹太人一样，只限于从事银行金融业。韦伯指出，在清教经济史中看到的那种"禁欲主义的强制节约"，在财产使用意义上，或者在不是作为利息财产而是作为营利资本来积蓄财产这个意义上，也同样在耆那教中起作用。他认为耆那教也受着非合理主义的传统束缚，在这种束缚之下，耆那教徒一直处在商业资本主义之中而未能建立近代工业组织，因为这里无法生长出在西方出现的产业资本。

四、几点评论

第一，韦伯生活的时代，是马克思主义在世界范围内广泛传播和无产阶级革命运动蓬勃发展的时代。马克思主义对资本主义的无情批判和揭露，使资本主义面临深刻的理论危机，当时的形势需要有人站出来为资本主义制度辩护。作为资产阶级营垒中的一名自觉成员，韦伯将全部思想建立在以现代资本主义私有制的"合理性"和"合法性"这一价值理想之上,自觉地为资本主义制度辩护。因此,从根本上说,他的思想是同马克思主义对立的。他的思想观点只是他那个时代、他所处的阶级的真理。他死后被称为"资产阶级的马克思",就说明了他的全部思想的局限性。

第二,韦伯是第一位将宗教同经济发展联系起来做系统考察的学者。他对世界宗教伦理类型的划分,使人们对宗教的认识深入了一大步。后来的研究者曾就他对一些具体宗教的看法做出批评或修正,但对他创立的宗教社会学理论本身都给予肯定。宗教社会学开创了人们认识宗教和社会的一个新视野。应当承认,我国的研究者对这一领域还较陌生,重要的是应当做细致的调查研究工作,而不是轻率地得出否定的结论。

第三,在对待"资本主义产生和发展"这一问题上,韦伯同马克思的分歧在于:马克思认为,现代资本主义的产生是历史发展的必然,归根到底是经济运行的结果。韦伯则认为,资本主义只是一系列历史因素巧合的产物,这些因素在历史上有可能相遇(如在西欧),也可能不相遇(如在中国、印度)。这些因素的汇集、巧合是某种意义上的偶然性。马克思着重分析了西欧产生资本主义的社会经济结构,他对东方社会的分析,是着眼于东方未能产生资本主义的与西方不同的社会经济结构(如印度的村社制)。韦伯则着重分析了宗教、伦理和社会心理以及这些精神因素对资本主义产生和发展的影响,论证了新教伦理同近代资本主义产生的关系,他对东方社会的分析,是着眼于东方未能产生资本主义的特殊的宗教伦理和民族精神。韦伯在这方面的分析对我们有借鉴意义。

第四,韦伯时代的社会学,正处在从历史哲学向实证社会学过渡的时期,社会学尚未摆脱鲜明的思辨特色。尽管韦伯力求把握和收集整理大量的事实,倾向于社会学的经验研究,但他的理论体系在很大程度上仍是思辨式的。他提出若干"理念类型"(ideal type),如新教的西方、印度教的印度、儒教的中国等,应用于研究,并主张在任何情况下"类型"都不会与事实完全符合。韦伯关于印度的论述，主要不是依据实证的调查而是依据文献资料的推论。为了符合他的理念类型的要求，他特别强调其中某些特征，而故意忽略或贬低另外一些特征。在文献材料的使用上，他基本上用的是印度教诸经典，并未注意到社会人类学者和民俗文化学者的材料（这类材料在当时已有所积累）。印度教经典多为婆罗门祭司编写，其影响只限于社会中有教养的上层和居住在城市中心地区的人们。经典的规定同实际生活、社会精英阶层与未受过教育的乡间百姓的实践之间是有很大差距的。这不能不使韦伯关于印度理论的普遍性受到很大限制。

第五，出于维护资本主义制度这一立场，韦伯有关西方殖民主义统治对印度社会的影响的分析是片面的。他只强调英国人的殖民统治对于抵制种姓制等"非合理性"因素有积极作用，而没有考虑殖民统治对印度社会结构和经济发展的破坏性影响。他的结论实质上掩盖和淡化了这样一个基本的历史事实：在近200年的殖民统治时期，印度的经济命脉完全掌握在殖民者手中，印度发展起来的工业是畸形的。即便是对种姓本身的影响，也不仅仅是"破坏"作用，诚如我们业已分析的那样，英国人在采取某些与种姓制度相抵触的做法的同时，也采取了旨在加强种姓对立的政策。韦伯关于英国人微弱的统治一旦结束，印度就会重新回到诸国争雄、盗匪猖獗的中世纪状态的预言失败了。独立后的印度在发展民族经济和社会进步方面取得了令人瞩目的成就，说明即使是像印度这样的有着顽固的传统主义和根深蒂固的宗教信仰的社会，要实现现代化、工业化从而进入现代化国家的行列也是可能的。过于强调用"成就感""进取心"等文化精神因素解释印度社会的"停滞""落后"，难以自圆其说。印度教的拯救观、经济伦理观、种姓制度、因果报应、神牛崇拜等文化心理因素，肯定对印度经济发展以及社会的现代化有负面影响，如何评价这种影响仍是印度今后发展的一个课题，但若偏于一执，将此解释为印度不发达的决定性原因，就很难令人信服。

第三节　许烺光对印度种姓、印度教社会的心理文化学分析[①]

美籍华裔人类学者许烺光，在心理文化学和比较文化方面著述颇丰。他从比较文化的角度对印度教、种姓制度、印度教徒的亲属体系及心理文化等有独到的分析，他的理论反映了文化人类学者对印度教社会的研究成果，下文将简单加以介绍和评论。

一、许烺光其人其论

许烺光，1909年10月28日出生于中国东北辽东半岛的庄河。少年时在哈尔滨高中读书。1933年毕业于沪江大学社会学系。大学二年级时"九一八"事变起，从此与父母失去联系。大学毕业后曾在上海从事国际救援活动。1934—1936年在北京联合医院担任"社会工作员"。1937年获"义和团事变赔款奖学金"赴英留学，在伦敦大学随马林诺夫斯基攻读人类学。1940年博士论文《中国南部家庭的功能》获得通过。1941年取道南非、印度回国，在当时设在昆明的国立云南大学任副教授、教授，讲授社会学和人类学。1944年受美国文化人类学代表人物林顿的邀请赴美，在哥伦比亚大学任讲师，并跟林顿攻读心理人类学。1945—1947年任纽约州康奈尔大学副教授。1947年到伊利诺伊州西北大学（设在埃文斯顿）任教，1955年升任教授，1957—1976年任该大学人类学系主任。1977—1978年任美国人类学协会主席。1978年退休，1978—1982年任旧金山大学"教育中的文化研究中心"主任。1982年以后从事精神心理学方面的顾问、演讲和著述工作。游历过亚洲、欧洲和北美许多地方，曾在下述地方做过田野调查工作：中国中北部（1935—1936）、西南部（1941—1942、1942—

[①] 本节基于笔者早年的一篇论文写成。关于许烺光及其学说的更为详细、更晚近的研究，可参见尚会鹏、游国龙：《心理文化学：许烺光学说的研究与应用》，南天书局2010年版；尚会鹏：《心理文化学要义——大规模文明社会比较研究的理论与方法》，北京大学出版社2013年版。

1943)、美国夏威夷华裔居住区（1949—1950）、印度（1955—1957）、日本（1964—1965）。曾任芝加哥大学、斯坦福大学、哈佛大学、俄亥俄州立大学、夏威夷州立大学、新德里大学、加尔各答大学以及中国台湾和香港地区一些大学的客座教授。他自称是"边际人"（marginal man）。

许烺光同鲁思·本尼迪克特、玛格丽特·米德等学者同为文化人类学心理学派（又称"文化与人格学派"）的代表人物，都以研究民族心理、国民性见长。不过，许氏的研究有他自己的特色。他的研究可分为两个领域：心理人类学理论和大型文明社会的比较研究（重点对象是中国、印度、美国和日本）。在笔者看来，他在后一个领域的贡献更大。在这方面，他不像本尼迪克特、米德等学者那样，只研究某些简单社会（或称"无文字社会"）的狭窄领域（如研究育儿方式与个性形成的关系），而是从文化、亲属集团和个人三者相互关联、相互作用的角度提出若干假设，并用文献、田野调查和日常生活经验的材料加以验证，因此他实际涉及了社会学、文化人类学、社会心理学和精神分析学等若干学科。同许多社会学者和文化人类学者一样，他也是从"人是有各种需要的动物"这一命题出发来构筑他的理论体系。许氏认为，人的最基本的社会性需要有三种，即社交、安全、地位，这些需要是在各种社会集团中得到满足的。他的分析想要解答：人的社会性需要的满足同社会集团以及文化之间具有怎样的关系，社会文化通过怎样的机制作用于个人，个人的社会需要在中国、印度和西方等各社会中是怎样实现或怎样受压抑的，社会文化又对个人产生了怎样的心理影响等。以印度模式为例，他关心的重点不是印度教社会家庭、种姓的结构、功能、特点或宗教文化特点，而是将印度教文化、印度社会集团以及印度教徒个人视为一个整体，揭示"超自然中心"的心理文化取向、母子关系占优势的亲属关系、离心性的世界观、"单方面依赖"的行为取向、阶序原理以及种姓集团之间相互影响、相互作用的动力学关系，并揭示隐藏在每种文化行为模式背后的统一的心理因素。许氏认为，正是这些心理因素，使大多数文化中人的行为模式变得可以预测，也使一种文化区别于他种文化。正是在这个意义上，他称自己的工作是研究"文化语法"（grammar of culture）。也就是说，每一种文化模式都像一种语言，尽管表面看来扑朔迷离、千变万化，但都依据一定的规则。许氏被认为是心理人类学的重要创始人，人们一般也称他为心理人类学家，但笔者通过研究认为，他的学说很有特色，与当时主流心理人类学不是一个路子，它是一种新版本的国民性研究，应将其学说单独从心理人类学中列出来，视为一门独立的学问，笔者称其为"心理文化学"。①

许氏采取的研究方法有其独到之处，他把他的方法称作"比较研究法"（comparative approach）。这种方法的特点是：第一，它是一种宏观比较的方法，用来比较的单位不是某些文化类型中的某些具体现象，而是整个文化体系。这是一种跨文化的比较，这种大规模的比较方法，我们在马克斯·韦伯以及 A. J. 汤因比那里看到过。不过，除了理论体系和侧重点不同外，许氏同他们的根本区别还在于：他的研究以大量社会学、人类学的田野调查为基础。从于整体上研究世界几个大规模文明这一点看，许氏的方法具有"粗线条勾勒轮廓"的特点，但就其使用的方法、材料和一般效果而言，又具有实证性和"细部刻画"的长处。这种研究可谓"粗细结合"。第二，在材料的获得和处理上有独到之处。如他本人所说，他采用的既不是严格意义上的人类学方法（通过参加一小社区的活动进行观察），也不是完全的社会学方法（通过抽样调查对材料做定量分析），而是介于二者之间。以印度为例。他曾在印度从事田野调查工作两年，但他的调查并不限于某一社区，而是同各阶层人士进行广泛接触，收集印度人的"生活史"（类似中国的家谱），调查印度家庭中的亲子关系，还调查了自杀、精神病、社团活动等印度教徒生活的特殊领域。在材料的处理上，他把圣典、神话、民间故事、戏剧、小说同基于田野调查的社区研究成果

---

① 对于许氏理论学科定位的讨论，可参考尚会鹏、游国龙：《心理文化学：许烺光学说的研究与应用》，第 7—39 页；另参阅尚会鹏：《心理文化学要义——大规模文明社会比较研究的理论与方法》。

结合起来，将前者所反映的东西视为社会的理想，将后者视为社会实际，从整体上考察二者之间的相互作用以及各自的意义。他的比较文明社会的理论以及对印度教社会的论述，集中呈现在《宗族、种姓与社团》一书中。

二、大规模文明社会比较研究的基本理论体系

正如《宗族、种姓与社团》一书的前言所说，许烺光的比较文明社会的理论体系是建立在两个假说之上的。第一个假说是，中国、印度教的印度和美国都以自己的文化为背景，都有自己独特的世界观、心理文化取向和行为模式，即中国人的情境中心主义（situation-centeredness）和相互依赖（mutual dependence）、印度人的超自然中心主义（supernatural-centeredness）和单方面依赖（unilateral dependence）、美国人的个人中心主义（individual-centeredness）和自我依赖（self-reliance）。第二个假说是，个人最重要的关系是与家庭成员的关系，人与世界其他因素的关系或者是以这种关系为模型形成的，或者受其支配。个人的社会需求（安全、社交、地位）首先是在初始集团（亲属集团）中得到满足。当初始集团满足不了人的全部社会要求时，人会到次级集团中去寻求满足。各个社会都有形形色色的次级集团，但最重要、起具体决定作用的次级集团只有一个。最重要的次级集团对中国人来说是宗族（clan），对印度教徒来说是种姓（caste），对美国人来说是各种形式的社团（club）。

围绕这两个假说，许氏展开了规模宏大的分析。中国人在家庭、亲属中有一种持久恒定的关系网，每个人都被固定在这个关系网上，个人的所有社会需要都能在这里得到满足。由于自己在集团内和集团之外对他来说具有根本不同的意义，他通过人生体验认识到不同的情境存在不同的真理，故人的基本的心理文化取向是"情境中心"，即个人对世界的反应不是统一的，而是根据自己所处的不同情境采取不同的标准。这种文化下，人的基本行为模式是相互依赖，即一个人在一个亲密的关系网络中，他依赖别人，别人依赖他，每个人都十分明

确自己的义务和责任，也十分明确要对所接受的东西进行还报（尽管回报的时间也许很迟）。例如，父母的恩是把子女养育长大，而行孝则是子女对这种恩的回报。美国人的家庭和亲属中不存在个人的永久、恒定的基地，个体处在不稳定的人际关系中，个人生活以及对环境的基本取向是自我依赖，即自己一个人考虑，一个人做决定，用自己的力量开创自己的道路。在这种模式下培养出来的个体，对依赖无法忍受，依赖会伤害他的自尊心；他也不让别人依赖他，因为那样也会引起对方的反感。这是一种"个人依赖"模式。为了得到一个可以依靠的、恒定的关系，与情境中心世界不同，美国人对生活和环境总是从单纯、绝对的立场出发，要么认为世界绝对好，要么认为绝对坏。印度人的家庭和亲属关系介于中国和美国之间，他们同亲属网络的联系没有情境中心世界那样牢固和持久，但又比个人中心世界稳定牢固。在这里，超自然的绝对真理受到强调，个人要努力使自己同"终极实在"或其显现物相亲近，故这种类型的基本心理文化取向是"超自然中心"，这种取向在人际关系上体现一种"单方面依赖"模式，即依赖者并不认为自己的依赖地位是可耻的，他们领受东西并不认为一定要还报，这是一种非互惠关系。

　　那么，为什么这三个社会中的家庭在结构和内容上有如此大的区别呢？许氏认为，这是由家庭中占优势地位的亲属关系的不同决定的。中国家庭中居优势地位的关系是父子关系，这种关系的基本属性是连续性、包容性和权威。所谓连续性，是指每一组父子关系都是由许多父子关系组成的大链条的一环。所谓包容性，是指从纵的方面讲包括死去的祖先和未出生的子孙，从横的方面讲包括所有旁系亲属。由此发展起来的基本的社会组织是扩大了的父系大家庭——宗族。由于个体在网络状人际关系中的身份不可让渡，因此宗族具有十分稳定的性质，由此培养了人们认为事物具有难以转换性和宗族取向的世界观。由于个体的社会需要在亲属体系中能得到充分满足，人们对集团外部的事物不太关心，缺乏对变化的内在冲动，故中国的历史趋于静止状态。

印度家庭中居优势地位的关系是母子关系，母子关系的基本属性是非连续性、包容性、依赖性和扩散性。与中国人不同，印度教徒的亲属集团不能为个人提供完全满足其社会需要的庇护所，他们必须到次级集团（种姓）中去寻求这种满足。但"人与'终极实在'的彻底合一"这一文化理想，把印度教徒引向对超自然的高度依赖，培养了印度教徒离心的、"万物皆可转换"的世界观。印度教社会是一个无限分离和具有扩散性的社会，在这个社会中，个人为了获得暂时的归依和安全，便结成一个个自我封闭的壁围——种姓。历来的学者中认为种姓具有强大凝聚力者居多，但许氏却认为这只是表面现象，种姓实际上反映了印度教徒离心性和扩散性的世界观。各个种姓集团都为在种姓序列中获得更高的地位而斗争，但由于缺乏衡量人们的努力能否成功的具体标准（关于"与'终极实在'的合一"无法设定检验的标准），这种争斗不会有任何结果，所以，印度教徒虽不乏对变化的内在冲动，却不会带来任何真正的社会变化。

美国家庭中占优势地位的关系是夫妻关系，夫妻关系的基本属性是非连续性、排他性和性爱。亲属集团没有为个人准备可以依赖的永久安居地，个体必须在亲属集团之外寻求社会需要的满足，因此社会成员不断组成各种自愿性社团（俱乐部）。按照许氏的看法，美国人到亲属集团之外寻求社会需要的满足以及离心性的世界观，与印度教徒有些相似，不过，美国人的文化心理取向不是将人们引向超自然，而是把不安稳的自我引向多个方面：引向外部世界，扩大自我，企图征服外部世界；引向内部，追求排他性神明和接受精神分析治疗，以消除自我的焦虑。在这种模式下，个体受到较大的压力，有一种对变化的强烈的内在冲动，社会有较大的不断形成新集团的能力，故社会的变化较显著。

三、印度教徒亲属体系的特点：与中国的比较

在马克斯·韦伯的思想中，印度教徒、埃及人、阿拉伯人、中国人和日本人，都是东方人，印度文明不过是东方文明的一支，其余两

支是中国文明和日本文明。他虽然也指出印度教同儒教和道教的区别，但相对于同西方基督教的区别，东方国家之间的区别显得不那么重要。许氏批判了这种误解，指出印度教徒的生活方式，无论是从家庭结构、政治发展还是从文学艺术、宗教信仰或等级制度去观察，它同东方其他国家（如中国）的差别，和它同西方的差别一样大。在对比了中国人的家庭和印度教徒的家庭之后，他指出，尽管两个社会的家庭制度存在一些相似点，如理想的家庭形式都是父系制大家庭、都实行"诸子均分"的家产继承制、都存在明显的两性不平等，但两种家庭制度的不同点更明显。二者的区别体现在下述几个方面。

第一，支配中国人和印度教徒生活的目标不同。传统中国家庭强调孝道，"百善孝为先""不孝有三、无后为大"这些话表达了中国儒教对家庭的伦理设计，即个人对父母的义务最优先和最重要。而印度教徒家庭的伦理设计却全然不同，印度教法典认为，人出生蒙受三种恩惠，分别来自神明、圣人和祖先，个人对父母及祖先的义务，既不是最优先，也不是最重要。

第二，印度教家庭中存在尊师制度，而中国不存在。印度教徒常有宗教导师，个人在精神生活（现在也涉及世俗生活）方面接受其指导。尊师教给弟子秘咒，他们之间有一种连父子都达不到的亲密关系。而在中国，个人或家庭的各种问题都被认为应在家庭内解决，不会求助于家庭或族中长者以外的人。与尊师弟子习俗相关，印度教徒随着年龄的增长有抛开家庭、外出巡游或过隐居生活的倾向，这就是印度的遁世制度。与此相对照，中国人永远维系着与家庭的纽带。

第三，对死者的态度不同。中国人的祖先崇拜比印度教徒发达，这主要体现在：中国人只要财力允许，都要举行铺张的葬礼，修建祖祠和墓地，编纂族谱，一般人也会供奉祖先牌位、定期为死去的祖先上供，展现了一种即使"死"也无法割断的联系。印度教徒则不同。由于担心会被"污染"，人一死就马上举行火化和祈求净化的仪式。印度教徒缺乏像中国人的家谱那样的记录，也不像中国人那样有墓地、牌位和祠堂，表明人一死，与家庭便断绝了联系。更重要的是，中国人认为祖灵对其子孙有慈悲之心，不会伤害自己的后代；印度教徒则认为，死去的祖先是危险、可怕的，他们会对其子孙所犯过失进行惩罚。

除了这些"结构"上的差别，还存在"内容"上的差别，即支配两种家庭的主要关系不同。在中国家庭里，父子关系处于优势地位，而在印度教徒家庭中，处于优势地位的是母子关系。父子关系和母子关系的各自特点如前所述。而正是这种差别，导致两种家庭制度根本不同。

何以印度教徒家庭中母子关系占优势而不是父子关系占优势？许氏指出了两个原因：第一，印度教家庭中，男女两性之间的隔离比中国的情况更厉害，男性儿童与母亲、祖母或其他女性成员有更多的直接接触。第二，印度教徒的父子关系没有中国人那样亲密。这部分是因为，印度教男子有更为敏感的"洁净"与"污秽"观念，对幼童产生的生理污物有厌恶的心理；部分是因为，印度教徒的父亲更热衷于能使他更接近神明或"真理"的各种巡游或礼仪行为。

许氏还对比了中、印两个社会的宗族组织。中国人在家庭的直接延长线上发展了宗族组织。按照他的看法，中国的宗族组织有以下特征：（1）有一个明确的组织，并拥有一套适用于其成员的行为规则；（2）存在一种权威的领导力量；（3）有关于成员资格的明确标准和记录；（4）有用于教育和公共福利的财力；（5）有共同的祖先崇拜仪式和设施；（6）有强大的凝聚力和团结心；等等。而印度教徒的宗族组织不发达。印度语言中具有"宗族"含义的词"哥特拉"，不具有上述中国宗族特征中的任何一个。"印度的宗族，既无任何团结心和实体性，对于制约、强化和维持家庭以及社区生活也不具重要意义，它在印度教社会与文化中，其实并不占重要地位。"① 印度教社会中发达的组织不是宗族，而是种姓。

---

① 〔美〕许烺光：《宗族、种姓与社团》，黄光国译，第89页。

四、种姓制度、印度教及印度教徒的心理文化特征

许氏认为，印度教徒的亲属体系并未给印度教徒提供一个满足其全部社会要求的庇护所，他们必须到家庭和宗族以外的地方去寻求归依。种姓正是他们满足社交、安全和地位要求的家庭以外的集团。种姓有两个显著的特征：(1) 自我封闭于自己筑起的壁垒之内，从而具有不断分化为一个个集团的倾向；(2) 具有每个种姓都强调相对其他种姓占有优越地位的倾向（已经在前面诸章节做过阐述，故略）。

同其他学说一样，许氏为了建立自己的理论体系，也使用了一些独特的概念作为分析工具。这些概念有"心理文化取向""文化总理想""社会连带原理""主要次级集团""责任与报酬的比率"等。对不同的社会，这些概念具有不同的内容。根据他的看法，印度教社会的心理文化取向是"超自然中心"，行为层面的取向是"单方面依赖"。文化总理想是"个体与'终极实在'的彻底合一"。社会连带原理是"阶序原理"。印度教徒的主要次级集团是种姓。人与人之间责任与报酬的比率是责任≠报酬（非互惠、非等价型）。印度教徒个人的社会要求（社交、安全、地位）就是在上述诸因素的互动中得到满足的。许氏详细分析了这些因素之间的动力学关系，并建立了一个模型。限于篇幅，就里就不做介绍了。①

关于印度社会发展方向问题，许氏未正面论及，在《宗族、种姓与社团》一书中只是做了简单的提示。许氏认为，无论是共产主义还是资本主义，同基督教和民主主义一样，都与西方人的生活方式（"个人中心"和"自我依赖"的生活方式）相联系。因此，资本主义在印度能否成功，取决于契约原理取代阶序原理的程度。

五、简短的评论

第一，人类学最初是从调查研究原始社会发展起来的，后来涉及

---

① 〔美〕许烺光：《宗族、种姓与社团》，第198页。另可参考尚会鹏：《心理文化学要义——大规模文明社会比较研究的理论与方法》。

的范围越来越广，研究对象越来越复杂，对于许多原属于历史学、社会学、经济学和心理学的领域，人类学也打了进去并获得了巨大成果。许氏采用人类学的方法，研究了世界上几个大规模文明社会，提出了独到的见解，丰富了人们的认识。同韦伯的学说相比，许氏理论的特色有三。

（1）文化上的多元价值观，即承认每种文化都是一种"模式"，是人类的一种选择，都有其合理性，也都有其优点和缺点。在做对比分析时，要尽量排除孰优孰劣的道德判断。韦伯虽然也倡导"价值中立"①，但在他的理论中仍能看到"欧洲中心论"的影响，如把新教西方式的生活方式看作"合理的"，认为亚洲人的生活方式是"非合理的""受巫术束缚的"。许氏遵循了社会人类学的基本原则，即尊重各个民族的生活方式，做出客观的描述，尽量摒弃道德评判。

（2）韦伯揭示的是宗教伦理对经济发展的影响，缺乏对心理文化的具体分析，而实际上宗教伦理或民族精神必须借助心理文化这一中介，才能对个人以及社会经济产生影响。许氏利用自己的特长，着重分析了不同民族的心理文化机制，揭示了个人、社会组织、宗教精神之间的动力学关系，应当说比韦伯的思想前进了一大步。

（3）从方法论上看，许氏的理论虽然是建立在大规模文明社会的比较研究基础上的，但所依据的材料不仅有经典文献，还有大量的实证调查。这就使他的立论更具说服力。

第二，许氏在对印度教社会做因果分析时，遵循的是这样一条路线：印度教社会的独特之处在于印度教徒的超自然中心和单方面依赖的心理文化取向，这种心理文化取向源自印度教徒特殊的亲属体系。印度教徒的亲属体系是母子关系占优势地位，母子关系的优势属性是非连续性、包容性、依赖性和扩散性，这些特性造成了印度教徒特殊的养育环境和特殊的家庭人际关系模式。这样，母子关系的优势属性

---

① 苏国勋：《理性化及其限制——韦伯思想引论》，上海人民出版社1988年版，第267页。

就成了整个问题的答案。这个思路把一个十分复杂的问题还原为较为单一因素。虽然科学的原则是用尽可能少的原理解释尽可能多的现象，但归结到人类社会，这种方法仍有过于简单化之嫌。许氏曾批评弗洛伊德和"文化与人格学派"的学者过于重视人的幼年经验的研究方法，但从他的上述思路中仍能看出他对幼年成长环境的重视，只不过他把亲属体系、次级社会集团、文化理想等因素放在一起考虑，这些因素构成了一个人成长的大环境，即文化脉络。尽管强调育儿方式的重要性，但许氏并未具体告诉我们印度教徒的育儿方式有何独特之处。《宗族、种姓与社团》一书中援引的莫利斯·卡斯泰尔斯（Morris Carstairs）和加德尔·墨菲（Gardner Murphy）等人对印度育儿方式的论述，似乎不仅适用于印度，也适合中国。实际上，人们为什么不依赖自我，而依赖别的什么力量（按照许氏的看法，中国人相互依赖，印度教徒对超自然单方面依赖），不仅受其亲属体系中占优势地位的成员关系的影响，也与生产力发展水平有关。社会生产力越发达，人们满足物质需要的手段越丰富，才越有可能自我依赖，反之，人们就越趋于依赖他人或超自然力量。可以说明这个观点的一个证据是：无论是在中国还是在印度，我们已看到，随着商品经济的发展、工业化以及与之相联系的城市化，出现了夫妻关系在亲属体系中占优势地位的趋势，以及"个人中心""自我依赖"价值观的流行。

第三，把不同的社会拿来对比，必须"冻结"许多条件，其中一个重要的条件是历史变化。也就是说，要把用来做对比的社会看作既成的存在而不考虑其发展变化。但实际上，社会是发展、变化的，孔子时代的中国同清朝时的中国绝不是一样的，今日中国与旧日中国从生活方式到价值观念都发生了很大的变化。佛教盛行时代的印度社会同后来印度教盛行的印度社会，有很大的差别。中世纪，西方人并不那么热衷于"自我依赖"和缔结"非亲属、非地域的"自愿性社团，相反，人们处在对超自然力量（上帝）以及僧侣、贵族的严重依赖之中。不考虑历史变化，把各个社会定格为一种模式，这种方法虽然减少了研究的难度，却使其结论的有效性受到限制。

第四节 路易·杜蒙与他的《阶序人》

一、杜蒙与他的《阶序人》

路易·杜蒙是 20 世纪法国重要的社会学家和人类学家，曾任法国社会科学高等研究院教授，是芝加哥大学名誉博士。他是法国另一位著名人类学家马塞尔·莫斯（Marcel Mauss）的学生。杜蒙同时也是一位印度学家，有几部研究印度的专著，其中尤以《阶序人——卡斯特体系及其衍生现象》①最为著名。该书出版后，因其对印度文明的独特见解以及对西方文明的反思而引起学术界高度重视，成为社会人类学的经典著作和研究印度种姓制度的必读书目。

"阶序人"（Homo Hierarchicus）是杜蒙独创的一个词，也是该书的关键词。该词由两部分组成。前半部分的"homo"为拉丁语，意为"人属"。我们知道"人类"的学名为"homo sapiens"，其中"homo"为人属，"sapiens"为智人种。②后半部分的"hierarchicus"由"hierarchy"而来，其前缀"hiearo"意为"神圣的""圣职的""祭品的""圣物的"。"hierarchicus"是指宗教等级制度或处在这种制度中的人。"homo hierarchicus"含义是"在阶序中的人类"或"等级人类"，中文译作"阶序人"。杜蒙把"阶序"（hierarchicus）界定为"一个整体的各个要素依照其与整体的关系来排列等级所使用的原则。当我们晓得在大多数的社会里提供整体观的是宗教，因此等级排列常常是宗教

---

① 杜蒙的这部著作最初为法文版：*Homo Hierarchicus: Le système des castes et ses implications*, Gallimard, 1966；英文版：*Homo Hierarchicus: The Caste and Its Implications*, trans. by Mark Sainsbury, Weidenfeld & Nicolson, 1970；日语版：『ルイ・デュモン：ホモ・ヒエラルキクス：カースト体系とその意味』田中雅一、渡辺公一共訳（みすず書房）、2001. 中文版参考：《阶序人——卡斯特体系及其衍生现象》，王志明译，远流出版股份有限公司 2007 年版。本章内容依据该中译本。

② 在由瑞典博物学家林奈（Carl Linnaeus，1707—1778）创立的生物分类体系中，人的位置是：动物界、脊索动物门、哺乳动物纲、灵长目、人科、人属、智人种。

性的"①。广义的阶序制度是指基于某种属性或特征而将人们分为不同层次和等级的社会结构。在这种结构中，不同层次和等级之间存在一种固定的关系和秩序，而这种关系和秩序则通过一系列的符号和仪式加以体现和巩固。例如，不同的社会阶层可能会使用不同的服饰、语言、礼仪等来彰显自己的身份和地位。

杜蒙认为，传统印度教社会以等级制度为基础，宗教性的阶序渗透到社会生活各个领域。在这种社会中，人们不是按照个人的能力、努力程度或取得的成就而是根据其所处的社会等级位置获得评价的。社会等级由出身、职业、社会地位等因素决定。这就是印度教社会的种姓制度。种姓制度下每个等级都有自己的规则和义务，而这些规则和义务也体现了印度文化中的价值观，如宗教上的洁净、奉献和牺牲等。杜蒙在书中还讨论了印度文化和印度教社会中其他重要方面，如婚姻、家庭和政治等，认为这些方面也都受到了阶序制度的影响，因为在印度文化中，这些方面都与社会等级密切相关。印度文化和印度教社会的等级制度与西方文化和西方社会的价值观有很大的不同。在西方文化中，个人主义、平等和竞争是核心价值观，而在印度文化中，最重要的价值观不是个人主义而是奉献、忍耐和内省等。因此印度教社会的等级制度是一种不同于西方社会的社会组织形式。

该书并没有仅停留在对印度种姓制度的研究上。杜蒙采用比较社会学的方法，从不同的群体中抽象出某种普遍性，再用它来反观西方社会。这是莫斯、杜蒙所代表的法国学派的一个共同特点。杜蒙指出，人类社会普遍存在阶序特点，人类的存在原本就是阶序性质的。譬如，西方社会中的种族主义就是一种"阶序的残余"。只不过，由于现代西方主体意识形态是平等主义，不愿意承认它是阶序的残余，故阶序就成了西方社会之"未思"。杜蒙从比较社会学的角度理解印度文明，认为西方若不抛弃"平等主义"和"个体主义"这种西方中心的观念和价值，就无法真正解读印度的种姓制度和印度教社会。他指出，现

---

① 杜蒙：《阶序人——卡斯特体系及其衍生现象》，王志明译，第136页。

代西方人基于自己的参照体系，采用现代西方社会的坐标来看待种姓制度和印度教社会，把种姓制度看作"永久性的社会阶层"。"社会学上流行的看法没有认识到阶序的本质、功能和普遍性，这可由他们从自然科学借用的'阶层化（stratification）'这个名称看出来。用该名词分析问题，不仅采用平等主义看法探讨留存于平等主义社会中的阶序残余，而且也以同样看法看待非平等主义社会中实存的阶序现象。幼稚的平等主义、对其他的意识形态的成见以及宣称要在此基础上立即建立起一门社会科学，都是自以为是的我群中心主义之要素。"①
"社会阶层"的滥用使现代的研究者对印度种姓制度没有任何好感，他们把这一制度仅仅看作一种不平等的制度，是一种特殊、古怪的制度。杜蒙 1977 年出版了一本名为 *Homo Aequalis*（《平等人》）的著作，用"homo aequalis"指称近代西方人的存在状态，并对自由、平等和个人主义的现代价值观提出质疑。他认为，现代社会强调的个人主义和平等，与传统社会的等级制度和集体主义价值观形成了鲜明的对比。这种差异可能导致人们的思考方式、行为方式和社会结构的变化，并且可能带来一些不可预见的后果，如忽视社会和集体的责任、削弱社会的凝聚力、使人们更难以共同生活和合作等。此外，他还认为，个人主义可能导致人们更关注物质财富和个人成就而忽视人类更高层次（如精神层面）的追求。他认为，个人主义在西方文化中得到了极大的重视，但在其他文化中却没有得到同等的重视。印度教社会就是这样的阶序社会。在阶序社会，个体处在"阶序"或者说基于宗教的等级排列之中，人是社会整体的一部分，这与西方强调独立、平等的个人社会明显不同。

与"阶序"和"阶序人"概念相联系，该书提出的另一个重要概念是"含括"（encompassing）。杜蒙认为，阶序就是含括对立面的一种关系形式，印度的种姓制度最明确地表达了这个含义，或者说印度的种姓制度把"对立面的含括"表现得更为直接。通过对印度教社会的

---

① 杜蒙：《阶序人——卡斯特体系及其衍生现象》，王志明译，第 388 页。

研究，杜蒙发现种姓体系与种姓意识形态的存在物、衍生物以及对立物之间的关系是含括与被含括（encompassed）关系。印度的种姓制度有两个明显特征，一个特征是"用详细的规则以保证彼此的隔离"，另一个特征是"由分工而造成的相互依赖"。这两个看起来相互矛盾的特征，正是通过阶序才被联系在一起的。在具体的层次，种姓制度本身的阶序性也"重演"着这种含括与被含括关系。杜蒙称这种关系是"容忍"，即接受与自己对立的群体并与其共同生活。这是高阶种姓在与那些"污秽"种姓共存时所抱有的态度。共存共生的条件是：一部分人居于阶序的下层。这最鲜明地体现了阶序的含括性。"很多种姓，其习惯和风俗可能彼此不同，但他们可以生活在一起，这也是把他们分成等级、使他们彼此隔离的法律所允许的。我们在西方会表示赞同或加以排斥的事物，他们只是给它冠上一个等级。"①

种姓体制下的集团与个人的关系也是一种含括与被含括关系。种姓世界是一个强调"相互关系"而不强调"个人"的世界，特定种姓和特定个人并不具有实体性，从经验上说，"个人"是存在的，但在思考层面上"个人"没有实体性，在世俗生活的水平上不存在"个人"，所有的尝试不是始于个别要素，而是始于"关系"。对于印度教徒自身来说，在他采取现实观点的那一瞬间，包括诸神在内的一切都是不现实的。在印度教社会，"个人"是以出家人、尊师、遁世者的身份存在的。这些人可以无视种姓制度和相互依存，专注于对"我"（灵魂）和超自然的探讨，通过放弃现世和宣告人的社会性死亡，个人可以从严格的相互依赖网络中摆脱出来，与那个"普遍自我"（或称"绝对实在"）成为一体。从严格意义上说，这与被社会生活排斥还不一样，它是行为者主动追求的状态，故也像西方的"个人"那样"自身成了目的"。在这个意义上，杜蒙把弃世者称为"世俗外的个人"。出家、遁世制度与种姓制度是矛盾的，但这是印度社会相辅相成的两个方面，这些"世俗外的个人"被印度教社会体制所含括。

---

① 杜蒙：《阶序人——卡斯特体系及其衍生现象》，王志明译，第362页。

杜蒙还认为，传统印度的"总体意识形态"与社会文化各要素也是含括与被含括关系。这种关系具体体现为：基于宗教性身份的阶序逻辑支配着经济和政治等级逻辑。这个具有极大含括性的总体意识形态被杜蒙比作"慈悲圣母的斗篷"。"生活并不仅仅是意识形态最注目的那些内容，不过，生活中一切情境都或多或少被总体意识形态涂上了色彩，即使不是被它完全左右。"①

那么，阶序以及与之相联系的含括与被含括关系，究竟依据怎样的标准呢？杜蒙给出的答案是：宗教上的"洁净"与"污秽"观念。在传统印度的意识形态中，处于支配地位的是宗教性逻辑，"洁净"与"污秽"最终把所有相关群体都连接成一道阶序链条。"这项对立是阶序的基础，因为阶序就是洁净比污秽高级；它也是隔离的基础，因为洁净与污秽必须分开；它也是分工的基础，因为洁净的职业也必须与污秽的职业分开。整体乃是建立于这两个既是必要性的又是阶序性的并存之上。"②

基于对阶序的普遍性认识，杜蒙对建立在西方二元对立基础上的意识形态进行了反思。"我们必须了解到，阶序必然以某种方式显现出来，在与之对立的观念占优势的情况之下或许会以阴暗的、丑恶的、或病态的方式表现出来。"③ 西方个人社会对阶序的"未思"造成了一个严重的后果，就是将自己社会中的意识形态逻辑粗暴地套用到其他社会。杜蒙最后呼吁"迈向阶序理论的建立"，他倡导的阶序性不是二元对立的关系，而是含括与被含括关系。杜蒙认为，对阶序的这种认识有助于对西方现代意识形态进行批判和反思。他想要建立一种新式社会科学思考逻辑，一种用辩证的、含括的互补逻辑来代替单纯二元对立的逻辑。他相信后者与西方现代社会的意识形态息息相关，是被设想的个体人之间关系的投射，而阶序理论则有可能如实地反映社会生活的某些方面，因为它被认为来自对人的社会性和整体性的深刻理解。

---

① 杜蒙：《阶序人——卡斯特体系及其衍生现象》，王志明译，第32页。
② 同上书，第108页。
③ 同上书，第414页。

二、对杜蒙的理论的批评

杜蒙的"homo hierarchicus"概念为理解印度的种姓制度提供了一个框架,也为反思基于西方个人社会经验的思想和观念提供了启示。但《阶序人》这部著作也引起了广泛的批评。批评者有印度社会学家 M. N. 斯利尼瓦斯、安德烈·伯特尔,美国人类学家麦金·马里奥特(McKim Marriott)、卡罗尔·布雷肯里奇(Carol Breckenridge)等人。学者们的批评主要集中在以下几个方面。

第一,偏于理论,缺乏实证研究。批评者认为,杜蒙的这本著作对印度种姓的描述更多是依据印度古代的典籍,偏于定性分析,忽视了实证研究和数据分析,因此脱离印度社会的现实,特别是不符合今日印度城市社会的现实。印度社会学家和人类学家伯特尔认为,杜蒙的著作对现代印度是不适用的,他对现代印度没有像他对传统印度那样热情,而传统印度则是他自己所建构的印度。[1]印度学者 K. L. 夏尔马(K. L. Sharma)区分了"今日种姓制度"(today caste system)与"印度的种姓"(caste in India)两个概念[2],而杜蒙描述的种姓制度属于后者。

第二,忽视种姓的变化。一些批评者认为,杜蒙将印度教社会和印度文化描述为单一、不变的整体,忽略了地区差异和变化。他也没有充分考虑不同印度社会群体的经济差异和种姓之间的不和。他的等级制度理论过于简单化和武断,过于强调印度等级制度的一些方面,忽略了历史变化对社会结构和价值观的影响。他将印度的传统社会和现代社会看作静态的,而事实上,印度的社会结构和价值观随着时间和历史的演变在不断发生变化。

---

[1] Andre Beteille, *Caste, Class and Power: Changing Patterns of Stratification in a Tanjore Village*, 3rd ed., Oxford University Press, 2012; Andre Beteille, *Society and Politics in India: Essays in a Comparative Perspective*, Routledge, 1991.

[2] Kanhaya L. Sharma, "Is there Today Caste System or there Is only Caste in India?," *Polish Sociological Review*, No. 178, 2012.

第三，概念模糊。一些学者认为，杜蒙过于强调理论和概念，并且没有明确界定所使用的一些重要术语，如"homo hierarchicus""homo aequalis""individualism"等。这使他的观点显得过于抽象和理论化，难以理解和评价。

第四，过度强调种姓的宗教因素。有的学者批评杜蒙夸大了种姓的宗教礼仪特点。"种姓的地位隔离在其结构上不同于单纯的种族隔离。种姓结构将种族隔离群体的地平线和不相干的共存关系转化为一种垂直的社会系统，即种族的上位和下位关系。共存的条件是相互排斥和蔑视，但允许每个族群社区认为自己的荣誉是最高的；种姓结构带来了社会从属关系，并承认有利于特权种姓和地位群体的更多荣誉。"[1] 有学者认为，种姓是一种现代政治现象，英国的统治极大地扩充和加强了种姓的规范和惯例，种姓是英国殖民主义的产物，而杜蒙将"洁净"和"污秽"原则作为种姓理论是不成立的。比"洁净"和"污秽"价值观和思想更重要的是种姓的社会经济和政治关系。种姓是一个包含了整个社会经济和政治关系的矩阵。[2]

笔者认为，学者们的这些批评中有的是有道理的。如杜蒙提出的概念的确存在界定模糊和难以理解的问题。"homo hierarchicus"和"homo aequalis"这两个概念就有这样的问题。这两个概念都是用"homo"（人类）构词，但视角却是不同的："homo hierarchicus"是从一种普遍主义视角出发，试图概括人类的等级本质（关于"hierarchicus"能否作为人类生存的本质特点，将在后面讨论），而"homo aequalis"却是一种相对主义的视角，讨论的只是西方个人社会的特殊情况。这两个概念出自不同的视角，但都用"homo"来表述，这是矛盾的，使人难以理解。

不过，总的来看，杜蒙这部著作的贡献是值得肯定的。有些批评者超出了学科本身的要求，例如，批评杜蒙忽视了种姓制度的政治经

---

[1] Kanhaya L. Sharma, "Is there Today Caste System or there Is only Caste in India?".
[2] Ibid.

济因素，就是超出学科的要求。杜蒙是一个人类学家，不是一个研究印度经济与政治的学者，他不可能对种姓的政治、经济、宗教侧面都给以同样的关注。至于种姓制度的变化，恐怕也需要专门的视角进行研究，不能要求杜蒙的著作来完成。有的批评者批评杜蒙过于强调宗教因素，夸大了宗教上"洁净"与"污秽"观念在种姓中的作用。但从比较文明的角度来看，种姓制度的独特之处恰在于它的宗教性。"洁净"与"污秽"是一种测量种姓地位的标尺，杜蒙指出它的重要性，这是敏锐的，也是一个人类学家所独具的研究视角。阶序可视为印度教徒亲近超自然的努力程度，而"洁净"与"污秽"是测量个人与那个"终极实在"的距离的一种标尺。印度教社会"超自然中心"的心理文化取向，赋予了阶序以宗教的性质。根据我们的知识，尚无其他哪一种宗教的"洁净"与"污秽"观念发达到印度教社会那样可用来衡量一切事物的程度。人类社会的确广泛存在等级制度，如历史上，古代埃及、日本等国也存在类似印度的种姓制度，但是都缺乏印度种姓那样的神学基础，故都不具有印度种姓制度那样的顽强生命力。虽然随着时间的推移，印度种姓的重要性在下降，甚至在礼仪和饮食习惯方面也是如此[1]，但种姓仍可以说是理解今日印度社会的一个关键因素。所以笔者认为，杜蒙对于种姓的神学基础的论述并没有过时。

笔者认为杜蒙这部著作最重要的一个贡献是，他提出的"homo hierarchicus"概念改变了人们对印度种姓制度的看法。[2] 这个概念对于反思西方个人化社会的平等、自由等基于个人主义的价值观的局限性，起到了积极作用。杜蒙的这个概念，启发了人们以一种宽容的眼光看待印度的种姓制度。他批评人们把种姓视为一种落后的制度。按照他的观点，种姓制并非什么古怪制度。人类社会本来就是阶序性质的，传统印度教社会将人视为整体的一部分而呈现出阶序的特点，这种情

---

[1] Sonalde Desai and Amaresh Dubey, "Caste in 21st Century India: Competing Narratives," *Economic and Political Weekly*, Vol. 46, No. 11, 2011.

[2] 杜蒙：《阶序人——卡斯特体系及其衍生现象》，王志明译，第444页。

况在某种意义上尊重了社会的本来面貌。杜蒙将种姓作为人的社会存在的真实来把握，认为种姓社会是与西欧个人主义社会相对的，种姓社会的人才是典型的社会存在。对于社会科学理论，必须看能否对种姓社会有效，才能判断其正确性。尽管笔者不同意其将阶序扩大化的做法（详后），但这个概念可以反思西方。

这部著作的另一个重要贡献是区分了两种含义的"个人"。杜蒙从两种含义上理解"个人"：一种是在各种社会都能看到的经验性的行为主体，即"个体之人"；另一种是作为理性存在和制度规范主体的个人，并与自由、平等之类的价值观相联系。后一种意义上的"个人"是"西方社会所特有、由西方社会制造出来的理念型、理想型的表象。"[1] 所谓"个人主义""个人社会"概念一般是指后一种含义。他认为，人存在的本质是相互联系而不是个体。所以，"做社会学比较时，只有第二种意义的个人才能当作个人看待，至于第一种意义下经验性的行动体，应该使用另外一个名词。这样才能避免不小心把个人放进并不承认个人的社会里面去，也才能避免把个人当作是一个可以做比较之用的普遍单位或以之为指称的项目"[2]。他把物理学家描述粒子与体系之间关系的一段话，用于揭示个体之人与社会体系之间的关系："（在量子物理中）……基本粒子的个性在互动中会减弱，互动愈频繁减弱愈厉害。在一方面是根本没有完全孤立的粒子，另一方面是连接组成一个体系的情形从来不会完整到使组成粒子完全丧失其个性，因此可以了解到，实相（reality）似乎是在完全自主的个性这个概念与完全融合的体系这个概念之间。"[3] 也就是说，在人类社会，完全独立的"个人"和完全无个人的"体系"，就像自然界中完全孤立的粒子和完全融合的体系一样，都是不存在的。"把个体存在与关系分割切断的想法，基本上是现代的。"[4]

---

[1] 杜蒙：《阶序人——卡斯特体系及其衍生现象》，王志明译，第18页。
[2] 同上书，第63页。
[3] 同上书，第103—104页。
[4] 同上书，第104页。

笔者认为，杜蒙将"个人"的两种含义区分开来的做法具有重要意义。后一种含义上的"个人"，是"作为理性存在和制度规范主体的个人，并与自由、平等之类的价值相联系"①，实指一种在西方社会占优势地位的基本人际状态，而他提出的"阶序人"则是一种在印度教社会占优势地位的基本人际状态，尽管杜蒙本人没有明确说明这一点。杜蒙的这个概念实则提出了一种新的社会科学研究范式，他在研究印度教社会基础上的"迈向阶序理论的建立"的呼吁，实际是对目前主要建立在西方个人社会经验基础上的、以二元对立为特点的社会科学理论和方法论的深刻反省。

三、是"homo hierarchicus"还是"homo relations"？——"阶序人"一词引起的思考

许烺光和杜蒙都是 20 世纪重要的文化人类学家，他们都对文化的比较研究做出了贡献。许氏的《宗族、种姓与社团》也是从比较的视角研究了印度、中国和美国等几个大规模文明社会，概括了印度教社会的若干特征。他们都是从比较文明社会的角度，探寻了人们行为背后的原理。这两个学者都批评西方中心主义，主张用印度自身的逻辑来理解印度。许氏的著作出版在先，杜蒙写作《阶序人》一书时参考了许烺光的著作（杜蒙在《阶序人》一书的参考书目中列举了许氏的这部著作）。② 但这两个学者的理论视角存在根本的区别。杜蒙可以说持一种绝对主义的文化比较观，认为文化存在一种普遍的层次和结构，应该通过不同的文化之间的比较来揭示这种结构。杜蒙在《阶序人》中提出了"人类等级学"这一概念，从（与西方社会）比较中抽象出某种东西，再来反思西方社会，他甚至认为印度的模式更接近人类存

---

① 尚会鹏：《心理文化学要义——大规模文明社会比较研究的理论与方法》，第 62 页。
② 杜蒙在另一篇重要论文中引用了许烺光的另一篇论文，参见 Louis Dumont, "On the Comparative Understanding of Non-Modern Civilizations," *Daedalus*, Vol. 104, No. 2, 1975, pp. 153-172; F. L. K. Hsu, "Psychosocial Homeostasis and *Jen*: Conceptual Tools for Advancing Psychological Anthropology," *American Anthropologist*, Vol. 73, No. 1, 1971。

在的事实，认为作为"不同等级之间排列的规则"的"阶序"，普遍存在于人类社会。这是一种普遍主义的视角。而许烺光则基本上持一种文化相对主义，认为对不同文化应该以相对的方式进行比较，他对中国、美国和印度三个有文字的文明进行了比较研究，认为每个文明都有独特的特点：各有不同的"心理文化取向""文化总理想"和"社会连带原理"，没有哪一种模式更好，只有利与弊问题。这些模式之间的差异不是发展阶段、程度的不同，而是生存状态的不同、模式的不同和实质内容的不同，就像苹果树与梨树的不同一样。

但是，许烺光的理论并不是绝对的相对主义视角。他提出的"人类常数"和"心理社会均衡"概念就带有普遍主义的特点。根据他的看法，无论哪个社会、哪个文化背景下的人，都有一些常量，人都是心理社会均衡体，人的行为都遵循心理社会均衡原则。这涉及怎样认识人类存在的本质的问题。这也是两个学者学说的根本差异所在。

杜蒙创造了"homo hierarchicus"这个概念，认为等级结构是所有文化的共性，阶序制度是人类本质。杜蒙评论道："'自然'的社会是阶序化的，其理性乃是在于建立自己为一个整体，一个处于另一个更广大的整体中的整体，它对于'个人'毫无意识；然而'理性'的社会只承认个人，也就是认为普遍性或理性只存在于个别的人身上，将自己置于平等标准之下，对自己是个阶序化的整体毫无意识。在一定意义上，'由历史跃向自由'的一跃已经完成，我们活在一个落实了的乌托邦。"① 但是把人类本质概括为"阶序"（hierarchicus）是很有争议的。

人类有没有一些超越所有文化、所有社会普遍存在的特质呢？一方面，我们人类作为同一个物种（智人），人与人之间有99%以上的基因是相同的，人类在生理上的共同本质也是无法否认的。但另一方面，我们人类有族群的差别、个体的差别。同样，作为社会存在的人类，也具有共同性的本质，同时也具有文化和个体的差别。那么，社会存在的人与人之间到底有什么东西是共同的？杜蒙把阶序概括为人

---

① 〔法〕杜蒙：《阶序人阶序人——卡斯特体系及其衍生现象》，王志明译，第444页。

类社会的本质。但阶序能作为人类存在的本质特征吗？笔者认为不能。杜蒙对阶序的认识是从印度的种姓制度概括出来的，既然把阶序定义为一种基于宗教的等级，就很难说这种等级普遍存在于人类社会。西方社会的种族主义毕竟与种姓制度不同。中国人基于亲属角色的等级（费孝通先生所谓的"差序格局"）以及日本人的序列意识，都与印度基于种姓的"阶序"不同，故都不能以"hierarchy"来描述。故杜蒙把这种基于印度教社会的等级制度概括为人类社会的一种普遍现象是不适当的，他犯了把由印度这一特殊研究对象得出的结论无限扩大的错误。

既然阶序不是人存在的本质特征，根据笔者的理解，人的存在就是一种关系状态。人类无论是在社会、文化还是在生物方面，都存在广泛而复杂的联系和相互作用，即人类是一种人与人、人与物、人与文化理念的关系体。关系性才是人类存在的本质。这个就是"人类常数"（human constant）概念。"关系"（relations）是人类的常数。杜蒙所称的"含括与被含括关系"，实质上也是指人与人之间的一种相互依赖关系。与杜蒙不同，许氏提出了"基本人际状态"和"心理社会均衡体"的概念，认为这两个概念所表述的内容是具普遍性的。人类的差别只是体现在基本人际状态的构成内容和均衡模式上。这里，许氏事实上提出了"人的存在是一种关系体"的结论。基本人际状态就是一种关系体，而心理社会均衡是这个关系体的运作原理。不同文化形成不同的基本人际状态和心理社会均衡模式，其中什么人、什么物、什么理念最重要，是经过文化编码的。人的存在本质上是一种关系体而不是杜蒙所称的阶序。所以，如果也要用"homo"这个杜蒙喜欢用的词来表述，那么，把人类称作"homo relations"（关系人）比"homo hierarchicus"（阶序人）似乎更合适。与其说杜蒙呼吁从单纯的二元对立的逻辑"迈向阶序理论的建立"，还不如说呼吁"迈向关系理论的建立"。把人视为一种关系体，也是中国文化对人的基本认知。中国文化中的"人"（Jen），不是指个体，也不是指一种阶序，而是指一种关系体。①

如果阶序不能作为人类的本质，那么如何理解杜蒙的"阶序人"这个概念呢？笔者认为，用"阶序人"描述印度教徒的基本人际状态是合适的。这是人类关系体的一种特殊形式。在这种基本人际状态下，人与人的等级关系与宗教相联系，体现为种姓式等级关系。杜蒙的《阶序人》一书的所有内容，均适合在这个视角下进行理解。"阶序人"是"间人"（the contextual）的一种亚类型，除此之外，还有中国、日本等亚类型。② 人类文化的差异可归结为关系类型的差异。同样，"平等人"就是"个人"（the individual），它是一种特殊的关系类型，即一种以"弱化人的相互性、强化人的个体性"为特点的关系类型。

许烺光和杜蒙都把"阶序"作为理解印度教社会和印度教徒行为的重要概念。其差别是，杜蒙认为作为"不同等级之间排列的规则"的"阶序"，普遍存在于人类社会，得出了"人的存在是一种'阶序'"的结论，不适当地把阶序扩大为人类社会本质。而许氏提出了"基本人际状态"，事实上把"关系性"概括为一种超越文化和社会的人类本质，而把"阶序"作为印度教社会主要的社会连带原理（"阶序原理"）来理解。就"阶序"的内在逻辑而言，它基于宗教上的"洁净"与"污秽"观念，在这一原理下缔结的集团是种姓。这些模式各有不同的"心理文化取向""文化总理想"。但是他没有明确地把"阶序人"作为一种特殊式的基本人际状态来定位。笔者认为需要把杜蒙和许氏两个学者的理论结合起来，形成一种自洽的新的理论。新理论可简述为：人类的存在本质上是一种关系体，关系体的内容运作方式因文化不同而不同，从而形成不同的基本人际状态。阶序人是印度教徒的基本人际状态类型，属于"间人"的一个亚类型，而"平等人"是另一种基本人际状态，属于"个人"类型——这就是笔者在

---

① 许烺光在论文"Psychosocial Homeostasis and Jen: Conceptual Tools for Advanced Psychological Anthropology"中详细探讨过这个问题。

② 参见尚会鹏：《心理文化学要义——大规模文明社会比较研究的理论与方法》，第62—65页。

《心理文化学要义——大规模文明社会比较研究的理论与方法》中所阐述的心理文化学基本理论。这是一个把人的存在视为一种关系体（基本人际状态）的"关系理论"，是杜蒙呼吁的真正超越了单纯的二元对立逻辑的新的社会科学范式。这个理论也是笔者已完成的另一本专著，即《阶序人、阶序人主义与阶序人社会：印度教徒基本人际状态研究》的基本视角。

主要参考文献

陈洪进编:《南印度农村社会三百年——坦焦尔典型调查》,黄思骏、刘欣如译,中国社会科学出版社1981年版。

〔苏〕安东诺娃、戈尔德别尔格、奥西波夫主编:《印度近代史(下册)》,北京编译社译,生活·读书·新知三联书店1978年版。

〔苏〕巴拉布舍维奇、季雅科夫主编:《印度现代史(上册)》,北京编译社译,生活·读书·新知三联书店1972年版。

〔法〕路易·杜蒙:《阶序人——卡斯特体系及其衍生现象》,王志明译,远流出版股份有限公司2007年版。

〔印度〕蚁垤:《罗摩衍那(二)》,季羡林译,人民文学出版社1981年版。

季羡林:《罗摩衍那初探》,外国文学出版社1979年版。

《摩奴法论》,蒋忠新译,中国社会科学出版社1986年版。

《摩奴法典》,〔法〕迭朗善译,马香雪转译,商务印书馆1982年版。

《薄伽梵歌》,张保胜译,中国社会科学出版社1989年版。

〔印度〕德·恰托巴底亚耶:《印度哲学》,黄宝生、郭良鋆译,商务印书馆1980年版。

《文明的历史脚步——韦伯文集》,黄宪起、张晓琳译,上海三联书店1988年版。

黄心川:《印度近代哲学家辨喜研究》,中国社会科学出版社1979年版。

〔印度〕罗梅什·杜特:《英属印度经济史(上下册)》,陈洪进译,生活·读书·新知三联书店 1965 年版。

林承节:《印度民族独立运动的兴起》,北京大学出版社 1984 年版。

苏国勋:《理性化及其限制——韦伯思想引论》,上海人民出版社 1988 年版。

尚会鹏:《心理文化学要义——大规模文明社会比较研究的理论与方法》,北京大学出版社 2013 年版。

〔美〕许烺光:《宗族、种姓与社团》,黄光国译,南天书局 2002 年版。

殷陆君编译:《人的现代化——心理·思想·态度·行为》,四川人民出版社 1985 年版。

Beteille, Andre, *Caste, Class and Power: Changing Patterns of Stratification in a Tanjore Village*, 3rd ed., Oxford University Press, 2012.

Beteille, Andre, *Society and Politics in India: Essays in a Comparative Perspective*, Routledge, 1991.

Bhargava, B. S., *Panchayati Raj System and Political Parties*, Ashish Publishing House, 1979.

Bougle, Celestin, *Essays On The Caste System*, trans. by Pocock, D. F., Cambridge University Press, 1971.

Chandra, Bipan, *Communalism in Modern India*, Vikas Publishing House, 1984.

Conlon, F. F., *A Caste in a Changing World: The Chitrapur Saraswat Brahmans, 1700-1935*, University of California Press, 1977.

Desai, A. R., *Rural Sociology in India*, 4th ed., Popular Prakashan, 1969.

Desai, I. P., *Untouchability in Rural Gujarat*, Popular Prakashan, 1976.

Desai, S. V., and George M. Moraes, *Social Life in Maharashtra Under the Peshwas*, Popular Prakashan, 1980.

Dube, S. C., *Indian Village*, Routledge & Kegan Paul Ltd., 1955.

Dube, S. C., *Indian Society*, National Book Trust, 1990.

Dumont, Louis, *Homo Hierarchicus: The Caste System and Its Implications*, trans. by Sainsbury, Mark, Weidenfeld & Nicolson, 1970.

Dumont, Louis, *A South Indian Subcaste: Social Organization and Religion of the Pramalai Kallar*, Oxford University Press, 1986.

Dutt, N. K., *Origin and Growth of Caste in India*, Kegan Paul, Trench, Trubner & Co., 1931.

Gavaskar, V. R. *Community Development in India: The Politics of Technology, Revolution, and Control*, Oxford University Press, 1988.

Ghosh, S. K., *Communal Riots in India: Meet the Challenge Unitedly*, Ashish Publishing House, 1987.

Ghurye, G. S., *Caste and Race in India*, 5th ed., Popular Prakashan Rombay, 1979.

Gough, K., *Rural Society in Southeast India*, Cambridge University Press, 1981.

Gupta, A. R., *Caste Hierarchy and Social Change: A Study of Myth and Reality*, Jyotsna Prakashan, 1984.

Harichandran, C., *Panchayati Raj and Rural Development*, Concept Publishing Co., 1983.

Hsu, F. L. K, "Psychosocial Homeostasis and Jen: Conceptual Tools for Advancing Psychological Anthropology," *American Anthropologist*, Vol. 73, No. 1, 1971.

Hsu, F. L. K., *Clan, Caste and Club*, Van Nostrand Reinhold Co., 1963.

Hutton, J. H., *Caste in India: Its Nature, Function, and Origins*, Cambridge University Press, 1946.

Jayaraman, R., *Caste and Class: Dynamics of Inequality in Indian Society*, Hindustan Publishing Corp, 1981.

Kalota, N. S., *India as Described by Megasthenes*, Concept Publishing Co., 1978.

Sharma, K. L., "Is there Today Caste System or there is only Caste in India?"

Polish Sociological Review, No. 178, 2012.

Kolenda, P., *Caste in Contemporary India: Beyond Organic Solidarity*, Rawat Publications, 1984.

Kosambi, D. D., *An Introduction to the Study of Indian History*, Popular Prakashan Private Ltd., 1985.

Kumar, Darhmar, *Land and Caste in South India: Agricultural Labour in the Madras Presidency during the Nineteenth Century*, Cambridge University Press, 1965.

Madan, G. R., *Indian Social Transformation*, Allied Publishers Private Ltd., 1972.

Majumdar, D. N., *Caste and Communication in an Indian Village*, Asia Publishing Hose, 1958.

Majumdar, D. N., and T. N. Madan, *An Introduction to Social Anthropology*, Asia Publishing House, 1956.

Mayer, A. C., *Caste and Kinship in Central India*, Routledge & Kegan Paul, 1960.

Pandhe, M. K., *Social Life in India*, Calcutta, 1977.

Punit, A. E., *Social Systems in Rural India*, Sterling Pub. Pvt. Ltd., 1978.

Radhakrishnan, S., *The Hindu View of Life: Upton Lectures Delivered at Manchester College, Oxford, 1926*, George Allen & Unwin Ltd., 1927.

Sarkar, J., *Caste, Occupation and Change*, B. R. Publishing Corporation, 1984.

Kautilya's Arthaśāstra, trans. by Shamasastri, R., Mysore Prining and Publishing House, 1967.

Sen, S. N., *Administrative System of the Marathas: From Original Sources*, University of Calcutta, 1923.

Sharan, P., *Government and Politics of India*, Metropolitan Book Co. Pvt. Ltd., 1984.

Sharma, M. L., and T. M. Dak, ed., *Caste and Class in Agrarian Society: Dynamics of Rural Development*, Ajanta Publications, 1985.

Sinha, D., *Indian Villages in Transition: A Motivational Analysis*, Associated Publishing House, 1969.

Slater, Gilbert, *The Dravidian Element in Indian Culture*, Laurier Books Ltd. / AES, 1982.

Sonalde Desai, and Amaresh Dubey, "Caste in 21st Century India: Competing Narratives," *Economic and Political Weekly*, Vol. 46, No. 11, 2011.

Srinivas, M. N., *Social Change in Modern India*, University of California Press, 1966.

Srinivas, M. N., *India: Social Structure*, Transaction Publishers, 1980.

Srinivas, M. N., *Caste in Modern India and Other Essays*, Asia Publishing House, 1962.

Srinivas, M. N., ed., *India's Villages*, West Bengal Government Press, 1955.

Weber, Max, *The Religion of India: The Sociology of Hinduism and Buddhism*, trans. by Gerth, H. H. and D. Martindale, The Free Press, 1958.

Wilkins, W. J., *Modern Hinduism: An Account of The Religion and Life of The Hindus in Northern India*, John Murray, 1887

Wiser, W. H., *The Hindu Jajmani System: A Socio-Economic System Interrelating Members of a Hindu Village Community in Services*, Lucknow Publishing House, 1936.

Zinkin, T., *Caste Today*, Oxford University Press, 1962.

上村勝彦訳（1984）『実利論』（岩波書店）。

中村元（1963）『インド古代史』（春秋社）。

山崎元一（1985）『インド社会と新仏教』（刀水书房）。

山際素男（1982）『不可触民の道：インド民衆のなかへ』（三一書房）。

松井透・山崎利男編（1969）『インド史における土地制度と権力構造』（東京大学出版会）。

木村雅昭（1982）『インド史の社会構造』（創文社）。

深沢宏（1972）『インド社会経済史研究』（東洋経済新報社）。

附录　印度南部乡村社会实态——坦焦尔地区库土尔村的实地考察

1992年1月2日至15日，在印度文化关系委员会（Indian Council for Cultural Relations，ICCR）的资助下，我对印度南部乡村社会做了为期半个月的考察旅行，其中重点考察了泰米尔纳德邦坦焦尔（Thanjavur）地区的库土尔（Koothur）村。我之所以对坦焦尔地区的村落感兴趣，很大程度上是受了两本书的影响，一本是英国女人类学家凯思林·高夫（Kathleen Gough）的《东南印度的乡村社会》（*Rural Society in Southeast India*，1981），另一本是德里大学社会学系教授安德烈·伯特尔（Andre Beteille）写的《种姓、阶级与权力》（*Caste，Class，and Power*，1966）。这两部出色的著作描述的村落皆在坦焦尔地区。

在马德拉斯大学，我结识了人类学系副教授V. Karuppaiyan博士，他是泰米尔人，曾在库土尔村做过田野工作。他将调查材料整理成一本书稿，名为*Koothur, A Thanjavur Village：A Study of Changing Patterns of Land and Power Distribution*（未公开出版）。当我向他提出考察坦焦尔乡村的想法时，他向我推荐库土尔村，说该村是一个典型的印度南部村落。从他那里还知道，安德烈·伯特尔教授在其著作中描述的Sripuram村（真实名字是Thilaisthnam）距离库土尔村只有15千米。这真是个意外的收获，我便决定访问这两个村子。由于时间短，我重点考察了库土尔村，在斯里普拉姆（Sripuram）村只做了半天的访问。这里只报告库土尔村的情况。

一、村落概况

库土尔村位于坦焦尔县城西北 25 千米处，被称作南印度文化摇篮的高韦里（Cauvery）河从村南边流过。高韦里河水流湍急，而且流量依季节变化较大，故不利于航运，只作灌溉用。该村的交通主要靠陆路，坦焦尔公路与孔拜康纳姆（Kumbaiconam）公路从村里通过，南距 Tiruchchirappalli 至 Nagappattinam 的铁路约 11 千米。

坦焦尔地区气候湿润，日温差小，雨量充沛，土地肥沃，是印度重要的水稻产区之一。库土尔村是一个典型的以生产水稻为主的农业村落，除水稻外，还种植椰子、甘蔗、芭蕉、花生等经济作物。这里一年四季适合作物生长，到处是一望无际的稻田。然而，水稻长势并不太好，亩产平均只有 230 千克。坦焦尔县城有一榨糖厂，库土尔村生产的甘蔗大部分卖到糖厂，只有少部分零售。

村落的居住区以种姓区分开来。全村划分为三大种姓集团，即婆罗门、非婆罗门和达利特。这三大种姓集团居住在五个区内：婆罗门一个区，非婆罗门和达利特各两个区。各居住区有相对的独立性：空间上隔着一定的距离，每个种姓区都有自己的名字。婆罗门街区称"Agraharam"，两个非婆罗门区称"Kali Ammān Koil"，两个达利特区中，一个称"Kakanar Clolny"，另一个称"Ambedkar Nargar"（以近代达利特运动著名领袖安培德卡尔博士命名）。各区有自己的庙宇和水井。这样，库土尔村实际上是由五个相对独立的小村落组成的。这种居住方式在全印度是相当普遍的，它同中国大多数村落中各族姓集团在居住上缺乏空间隔离的情况形成对照。

村中的住房可分为两大类。一类是传统式的简陋草房，屋顶用当地出产的芭蕉叶编织而成，尖顶，陡峭，适应当地多雨的特点。有的房子四周有高约一米的土墙，有的无土墙，只用木棍支撑，实际上只是一个草棚子而已。由于该地区气候炎热，房子四壁都不密封。茅屋都很低矮，必须弯腰才能进出，这种高度很可能有利于抵御每年雨季从孟加拉湾刮来的大风。这种房子造价低廉，达利特住区绝大部分房子属这一类。

另一类是砖瓦结构房屋，红瓦房顶，类似我国北方农村的青砖红瓦房。婆罗门街区的房子大部分属这类。另外，村中几户特别富有者住的是钢筋水泥结构的两层楼房。从整体看，婆罗门街区的住房优于其他种姓街区。达利特街区住房最差，街道不仅不整齐，而且很脏。

村中靠公路有一茶店，出售热咖啡和茶水，咖啡30派沙（约合人民币3分）一杯。这里不仅是村民们喝茶、休息的地方，也是村落中最大的信息交流场所。村中谁家的媳妇同婆婆吵架了，谁家生了孩子，坦焦尔城里发生了什么大事等，均是人们一边喝咖啡一边议论的内容。开店的兄弟俩在知道我来自遥远的中国时，感到很惊讶，然后憨厚地端出咖啡给我喝。通过同他们聊天，知道茶店的生意相当不错。

离茶店不远处有一个小卖部，出售粮食、绳子、食品和日用小百货。除这一小卖部外，村中公路边上还有几处小摊位，出售椰子、香烟、火柴等。

村中有六座庙宇，都是印度教神庙。其中，两座迦利（Kali）女神庙，一座"湿婆之子"（Sastha Pillaiyan）庙，一座"湿婆神之妻"（Ammān）庙，一座毗湿奴（Visinu）庙，还有一座不知道名称。另外，在村西约300米处，有一基督教教堂，不过不属于该村。

村里有两所小学。一所是私立的，位于婆罗门街区，用英语授课，学生多是较富有的高种姓；另一所是地方政府办的，位于Kali Ammān Koil街区，用当地语言（泰米尔语）授课。两所学校共有学生200名。一名在私立学校就读的三年级学生的课程表是：英语、数学、科学、社会、泰米尔语、会话、故事朗诵、翻译、常识、绘画与书写、衣着。

村中有一委员会，类似"潘查雅特"组织。该委员会有五个成员，每个种姓集团都有人参加。村中一些重大问题，由该委员会讨论解决。村头人叫Sundernuthi。村委会有一活动场所，位于婆罗门街区，是一间简陋的砖瓦房，屋内没有什么陈设。

当地人的主食是大米，食品有Idali（米粉团子）、Dosai（米粉煎饼）、Geseri（一种类似面条的甜食）、Satni（调料糊）、Yannai（菜泥)。同大多数印度人一样,这里吃饭不用碗、筷、刀、叉之类,而是把饭盛在洗净的芭蕉叶子上,用手抓食。

从文化渊源上看,这里的文化属达罗毗荼文化,与印度北部的雅利安文化有明显不同。他们操的泰米尔语与流行于印度北部的印地语完全不同。从人种上看,这里的人皮肤较黑,鼻子较扁平,是较典型的达罗毗荼人种,可与白肤、高鼻的雅利安人种区别开来。

总的来看,由于离城市较远,村落仍大体上保持着闭塞的生活,经济上自给自足,贫穷。除了偶尔有县政府官员来此,平时很少有外来者,仍保持着纯朴的民风。在外来者面前,村民们表现出好奇、憨厚和不知如何是好的样子。妇女尤其羞涩,给她们拍照时,成年妇女总是不好意思地背过脸去,少女则害羞地跑开,或躲在大人的背后。

二、家庭

全村 1200 人,249 户,户均约 4.8 人,从这个数字看,家庭规模并不算大。然而,传统的大家庭(joint family)制度似乎仍然存在。而且,越富裕的上层农户,家庭规模越偏大。虽然政府提倡计划生育,但在这里几乎没有什么影响。

在向导的陪同下,我走访了 6 户人家,这使我对印度教徒的家庭有了真实的感受。这 6 户人家,经济上代表上、中、下三个阶层。现将其中两户的情况报告如下。

Ganapathi 家可算作村中的富裕户。Ganapathi 是我在马德拉斯大学结识的 V. Karuppaiyan 博士的岳父,我就住在他家。Ganapathi 今年 63 岁,生养了 6 个孩子:5 个女儿,1 个儿子。5 个女儿中 4 人已婚,最小的女儿 Ravathi 也已有了婆家。儿子 Ralirey 已婚,有 4 个孩子。这样,他们家共有 9 口人:Ganapathi 夫妇,儿子、儿媳及其 4 个孩子,小女儿。这是一个三代同堂的大家庭(该村中人口最多的家庭为另一富户,即村长 Sunder Muthi 家,成员为 12 人)。

Ganapathi 家在附近的 Triukatupalli 镇上开了一个餐馆,由其儿子经营。餐馆是他家最主要的财富源泉。他家有 10 英亩土地,主要种植水稻、花生、甘蔗；有 5 头牛，并雇了 15 个雇工干农活；有碾米机一台，可为村民加工稻米；有电视机一台。

他家的房子很大，很考究，是该村两幢最好的房子之一，1972 年建成，据称花费了约合 6 万元人民币。这是一笔不小的数目，一般农户是盖不起的。

这是一幢水泥结构的二层楼房，占地约 130 平方米。二楼是一个大晒台和两间卧室。但楼上的卧室并不住人，主要用来放东西，家庭成员的活动场所主要在一楼。

一楼的房间配置十分有意思。整个房子像一列火车，从前门进去，直穿过两个房间，来到大厅，由大厅再直穿两个房间到后门。除靠大厅西边的更衣室和仓库外，房间都没有门，一条通道南北贯穿几个主要房间（见图 1、图 2）。各个房间的功能划分不严格，中间的活动大厅占据十分突出的位置，睡觉、吃饭、会客、敬神都在这里。由于人们吃饭、睡觉都在地上，屋子里家什不多。这种形式的房间配置在当地上层农户中相当普遍。

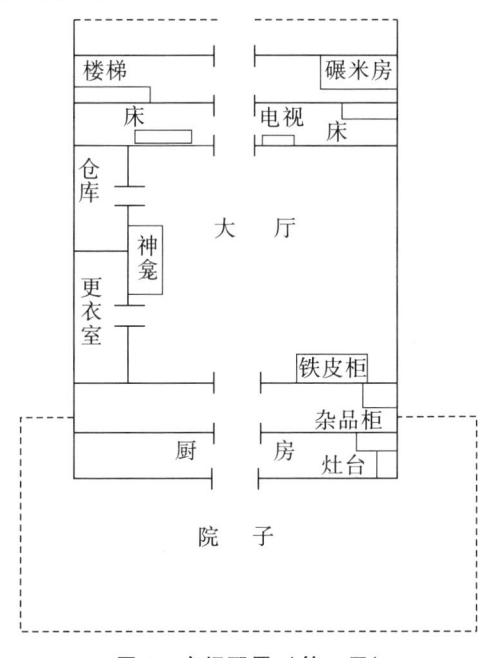

图 1　房间配置（第一层）

```
┌─────────────────────────┐
│ ┌────┐                  │
│ │    │   楼梯口         │
│ └────┘                  │
│                         │
│                         │
│         晒    台         │
│                         │
│                         │
│              ┃ ┃         │
│              主卧室      │
└─────────────────────────┘
```

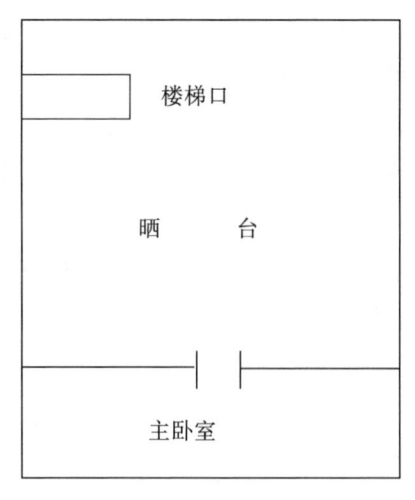

图 2　房间配置（第二层）

家庭成员的分工是：Ganapathi 负责家里农活，儿子在外经营餐馆，他们的妻子操持家务和照顾 4 个孩子。Ganapathi 的 4 个已出嫁的女儿，除 1 个住在马德拉斯城外，其余 3 个的家都离库土尔村不远，常来娘家走动。

Ganapathi 的儿媳妇是村中最有名的好媳妇，能干、脾气好，婆媳关系较融洽。这的确不容易，因为根据笔者的了解和观察，婆婆的脾气并不很好，易发火，说话时像吵架。当我通过翻译告诉这位儿媳妇说，村里人夸她是位好媳妇时，她腼腆地低下头说，其实并不是那样，有时也同婆婆生气，特别是刚嫁到他家来时，很不习惯，现在好多了。看来，在大家庭制度下，关系复杂，要相处融洽，必须学会"忍"，这无论是在中国还是在印度都一样。她娘家是邻村一富户，每年大约回娘家四五次。

如果说 Ganapathi 家是当地富裕农户的代表的话，达利特 Arumugan 家则是下层农户的代表。Arumugan 现年 40 岁，在 Tirukatuppalli 镇上一家商店当伙计，月收入约合 30 元人民币。全家 4 口人，妻子 Miliunee 30 岁，两个男孩，大的 8 岁，小的 4 岁。没有土地，丈夫的收入成了一家 4 口人唯一的经济来源。他家的住房，与其说是房子，不如说是个草棚：四周用木棍撑着，没有墙壁。为了防止下暴雨时雨水流进"屋"里，周围用泥土堆起一道二尺高的矮墙，里面铺一层沙土，人就在沙上休息、睡觉。几件炊具，一个破铁皮箱子，以及绳子上挂的几件衣服，就是他们家的全部家产。

然而，令我惊讶的是，他们对现状并无抱怨。Arumugan 的妻子很健谈，似乎很乐观。当我提出给她和她的两个孩子拍照时，她爽快地答应了，并跑回屋里，换了一件较新的纱丽，也把两个孩子打扮了一番。

以下是笔者同 Miliunee 的访谈对话内容：

问：你叫什么名字？今年多大了？
答：Miliunee，30 岁。
问：结婚几年了？
答：11 年了。
问：你娘家是什么种姓？
答：达利特。
问：你们家里的钱够花吗？
答：够花，生活上没有什么困难。还有人不如我们呢。
问：你看，你们村有的人家很富裕，你不羡慕他们吗？
答：不羡慕。他们都是高种姓。达利特中没有富的。
问：你信神吗？
答：信。
问：你难道不觉得，神对你们不公平吗？
答：不，神是公平的。我们同他们（富裕的高种姓）的差别，是前世决定的。我们的来世可能比他们好哩。
问：你生活中有没有遇到过什么麻烦，譬如不可接触制度方面的？
答：平常来往很少，所以也没有什么麻烦。
问：生活上有什么不满吗？
答：没有。我的两个孩子很好，我并不痛苦。我丈夫对我也不错。

这两户可以说是该村家庭状态的两个极端。笔者还走访了中层农户，限于篇幅，这里就不介绍了。

三、种姓

笔者曾发表过若干关于印度乡村中种姓制度的文章，却没有实地考察过这一制度。因此，了解种姓制度的现状，是这次考察最主要的任务之一。

在像德里和马德拉斯那样的大城市，已经不会直接看到种姓制度的影响，但在乡村社会，它仍起着明显的作用。不过，这是一个较敏感的问题，许多城里人被问及这个问题时，脸上总显出不太自然的神情。在动身去南印度前，一位要好的印度朋友叮嘱我：要十分小心，人们不愿谈这个问题。因此，临行前我对究竟能获得多少这方面的材料并无把握。但实际考察情况却比预想的好。原因在于：库土尔村的村民不像城里人那样，他们的现代法律意识很淡薄，也缺乏"平等""自由"之类的现代思想。种姓划分与种姓实践，对他们来说是自然而然的事，似乎已化为他们的自觉行动。他们并不讳谈种姓问题，正如他们不讳谈每日吃些什么及天气如何等问题一样。

在库土尔村的三大种姓集团中，婆罗门的礼仪地位最高。该集团内部又分成几个亚种姓集团，如厄耶尔（Aiyeres）等。非婆罗门也包括许多更小的集团，如卡拉尔、切提、帕赖扬几个亚种姓集团。三大种姓集团的礼仪地位和人数呈金字塔状：塔的顶端，人数最少；达利特是塔的底部，人数最多；中间为非婆罗门种姓。这种情况同印度大多数村落中的种姓构成相一致。

种姓集团之间仍保持着隔离，最突出的表现是村落的居住方式。许多关于印度种姓和村落的报告说，印度村落分种姓而居，库土尔村就是如此。如果仅从规模上看，每一个种姓居住区都可相当于中国独立的村子，但在这里，以种姓为基础的分居体制把这些小区分割开来，使每个居住区成为一个空间上相互隔离、生活和社会交往上自成一体的小社区。但同时，由于按照传统，某一种姓只能从事某一特定职业，所以居住在一个小区的人也离不开其他小区。譬如，对于婆罗门种姓来说，既要保持同达利特的社会隔离，又需要后者在农忙时提供劳动力以及平时从事诸如搬运动物尸体、打扫卫生等工作。而达利特在举行重要的宗教仪式等场合，也离不开婆罗门的帮助。

然而，库土尔村种姓隔离的实践，并不像有些印度教经典中规定的那样严格。从同村民的交谈中我获得这样一个印象：人们对种姓制度的认识，可以说主要是印度教徒与达利特的问题。人们对二者的区别比较敏感，种姓隔离的实践也主要限于这二者之间，而对印度教徒内部的划分却不如想象的那样严格。人们谈论种姓问题时，总是说印度教徒如何如何、达利特如何如何，却不太注意印度教徒内部的种姓划分，尽管在印度教徒内部，不管是婆罗门还是非婆罗门，都分成不同的亚种姓集团。我住宿的 Ganapathi 家，信仰印度教，在到达该村的当天晚上，好奇的村民来围观我这个黄皮肤、小眼睛的外国人。当我问他们属什么种姓时，他们回答"印度教徒"，腔调中露出几分自豪。他们告诉我，达利特不会到印度教徒家里来，虽没有禁止他们的相关成文规定，但他们会自觉这样做。因此，库土尔村种姓的社会隔离，主要体现在印度教徒与达利特这两大社会交往圈之间。

种姓间不通婚的规定，至今仍得到严格遵守。我询问村中有无印度教徒与达利特通婚的例子，他们回答说，外村有，库土尔村一个也没有。这同印度教的"洁净"与"污秽"观念有关：印度教徒担心被达利特污染。但村里的印度教徒说，不愿与达利特通婚，是因为他们太穷太脏，而且习惯一直如此。从同村民们的交谈来看，至少在那些受过教育的年轻人中，"洁净"与"污秽"观念已有所淡化。村民们从经济等实际立场上来解释不通婚的原因也是有道理的。印度教徒和达利特是两个经济地位、宗教信仰和行为方式根本不同的社会集团，不通婚显然可以避免许多生活上的不便和冲突。譬如，假如一个达利特女子嫁到印度教徒家，她必须学习后者的各种行为方式，进新的庙宇，拜新的神明，同地位不同的陌生人打交道等，而印度教徒家庭则要考虑经济负担（因为达利特大都很穷）和交往等实际问题。这两个集团差别太大，偏见也根深蒂固，不可能通婚，至少在今后很长一段时间内如此。

然而，种姓的"洁净"与"污秽"观念，的确仍在实际生活中发挥作用。最明显的一个证据是：村中的浴场和火化场是按种姓分开的。这里气候炎热，尤其是夏季，一天劳累后，人们喜欢到高韦里河里洗个痛快。而且，在这里，洗澡还是一种宗教上的需要，因为根据习惯，在较严肃的敬神活动之前必须净身。由于怕受到污染，婆罗门不与其他种姓在一个地方洗澡。婆罗门的浴场在上游，靠近村中最大的神庙——Harihara Pultara 庙。向下游约 250 米处是非婆罗门的浴场。再向下游约 50 米处是达利特的浴场。浴场的位置沿河水流的方向按种姓的礼仪地位排列，因为按照婆罗门的解释，流动着的河水是洁净的，只有让达利特在下游洗澡才不会污染婆罗门。

婆罗门火化场与非婆罗门火化场都在村落的东南方，二者相距约 50 米。印度人死后火化，按印度教理论，人死后依其生前的行为和种姓，有不同的归宿，故火化尸体是极严肃的事。一位婆罗门告诉我，达利特对神不虔诚，死后不能与婆罗门在同一地方火化。

库土尔村民在食品授受方面展现出的种姓限制，与大多数印度村落相一致，即印度教徒绝不从达利特手里接受食品、水和香烟等，相反的情况，即达利特从印度教徒手里接受食物，是可以的。这种不成文的规定已成为人们的自觉行动，故村里很少发生因食物接受而产生的"污染"问题。同样道理，达利特不可进印度教徒的屋子，而印度教徒则可以进达利特的屋子。不过，有一个不成文的规定：达利特可以在印度教徒家中干活。Ganapathi 先生家就雇用了 4 名达利特。户主告诉我，达利特只是来干活，干完活就走，会尽量避免到主人房间里去。这一点，可以从达利特毕恭毕敬的态度上看出来。印度教徒虽可到达利特家里，却很少去。而婆罗门与卡拉尔种姓之间的交往则较密切，二者的区分似乎只体现在理论上和礼仪上，实际生活中看不出有什么限制。

当地有一种在门前画吉祥图案的习俗。每天早上，妇女早早起来，用极细的白石粉在自家门前撒出复杂的图案。当地人称这种图案为"Golam"。撒图案一般要花一个半小时左右。妇女总是极认真地去做，因为这种图案不仅表示吉祥，也是一个家庭礼仪地位的象征：只有印度教徒才允许做这样的图案。即便有的达利特也会在门前画图案，但不仅尺寸小得多，而且简单得多。这也可算作种姓影响的一个例证。

许多著作描述过种姓集团的地位之争和种姓冲突，但库土尔村种姓间的关系似乎比较平静。我曾通过向导向四位村民（一村中头人，两名达利特，一名婆罗门）询问这样的问题：种姓间的关系是否紧张？有没有种姓冲突的实例？他们的回答都是否定的。看来，我需要对以前关于种姓对立的观点做某种调整。一般说来，倘无外来影响，种姓间可以保持和睦关系，而且这种关系又为贾吉曼尼制度所加强。库土尔村的贾吉曼尼制已衰落，只能看到一些残余形式。例如，Ganapathi家与雇用的15个工人之间的关系，既非完全现代资本主义式的，亦非完全贾吉曼尼式的，而是介于二者之间的：理论上讲，工人只干农活，但实际上也干一些家务；工人可以自由离开雇主，但实际上很少有这种事发生；雇主与工人之间保持着一种相当稳定的关系。在付酬方式上，则是现金与实物结合：每个工人每天的工资为10卢比，另带三顿饭。新的变化似乎还没有威胁到传统关系。当然，这并非说种姓集团间没有紧张。必须声明，我访问的时间很短，对于我这个初来乍到的外国人，他们是否如实回答，还是一个问题。但有一点是肯定的，即种姓关系的平静是建立在人们自觉遵守传统习俗之上的。考虑到该村距城市较远、新思想很难到达这里这一事实，就不难理解这种平静了。

四、宗教生活

印度人都虔信宗教，无论是在火车上还是在村落里，与人谈话谈熟后，人们总免不了向我提问："你的神是哪一家？佛陀？"当我回答说我不信神时，他们表现出的惊讶和不可思议之状，给我留下了深刻印象。有时，为了不使他们失望，我回答说，我们的神是孔夫子。这虽是戏谈，但实际上按印度教徒的神明标准，我们的孔老夫子应该够得上神的资格。我就在几个地方看到，他们把圣雄甘地以及历史上一些宗教改革者的画像，同湿婆神供奉在一起。

在整个印度，宗教气氛都很浓，泰米尔地区尤其这样。无论是城市还是农村，最华丽、最引人注目的地方都是印度教神庙。名胜古迹多是神庙，绝大部分工艺品都与敬神有关，我的向导告诉我一句话，叫"one area, one temple"（一地一庙），用以形容庙宇之多。

仅1200人的库土尔村，就有大小6座庙宇，算起来，平均每200人拥有一座庙。还必须指出，这六座庙都是有建筑物、有神像、有专门管理者的祈祷场所，也就是说，是我们中国人概念中的庙宇，而实际上，印度教徒概念中的"庙"要广泛得多。许多地方的印度教神庙十分简约，甚至一棵大树外加贴一张神像、筑一土堆、放一花环，就是一座庙。库土尔村就有几处这种"因陋就简"的庙。他们在这个问题上似乎遵循着"庙不在大，有神则灵"的原则。

Sastha Pillaiyan庙是村中规模最大的神庙，它坐落在村西南角，占地面积约1000平方米，由大门、院墙、走廊和祈祷室几部分组成。庙前是一宽阔场地，有彩绘泥塑马和大象各一座，高约2.4米，大门上方满是色彩斑斓的神塑像。祈祷室外形呈方锥体，四面布满了大小神塑。庙内供着Sastha和Pillaiyan（或称Ganepsh，即湿婆神之子）塑像。这是该村婆罗门最主要的祈祷场所。

Kali Ammart庙是供奉卡利女神的庙，位于卡拉尔种姓区西头，是一东西走向的长方形建筑，没院子。祈祷室也是方锥体塔式建筑，其规模比Harihara Pultara庙小。据说这是一座新建庙宇。

婆罗门街区西北角有一座毗湿奴神庙，是达利特的祈祷场所。其规模与Kali Ammart庙差不多，外观较破旧。

婆罗门街区东北角的庙叫Ammān Koil，是湿婆神妻子的庙。这是5所庙宇中规模最小的一座，仅有一间低矮的小屋。

在村落西部约250米处，有一基督教堂，它不属于库土尔村，而是属于Komakudi村。不过，库土尔村的基督教徒也到这里做礼拜。教堂高约 4 米，占地面积约 50 平方米。

从宗教信仰上分，村民分为印度教徒（包括婆罗门和非婆罗门）、达利特、基督教徒和穆斯林（仅两户）。由于笔者最感兴趣的是印度教徒的宗教生活，故对此给予了较多的关注。

向神祈祷，是印度教徒日常生活的一项重要内容。这种祈祷活动大体可分为三个不同的层次。

第一，家庭层次。

无论怎样矮小、简陋的茅屋，必内设神龛。最简单的神龛仅是一张贴在灶边的破旧神像，那情景使人想到过去中国农家那饱受烟熏火燎之苦的"灶王爷"。富裕人家的神龛不仅规模大、装修考究，而且神像众多。以 Ganapathi 先生家为例。神龛位于一楼大厅西墙壁中央十分显著位置，有两扇门，类似一大壁橱，外悬以铜铃，祈祷前敲铃，以通知神明。神龛内有 8 张画像：湿婆，象头神，以及其他叫不出名字的神及圣人。除画像外还摆有几个小铜神像。早上，Ganapathi 老人起床后的第一件事是净身，在额前涂三道白杠（湿婆派的特有标记），来到神龛前，敲铃，双手合十，静默，然后才吃早饭。有时，祈祷时还放音乐。他家有一台日本产的三洋牌小型收录机，有 32 盘录音磁带。Ganapathi 老人告诉我，这些磁带上录的都是敬神曲子。可见祈祷活动已用上了现代化的"高技术"产品。Ganapathi 自己也会唱些曲子，在我的要求下，他唱了一支。他唱得认真、虔诚，可惜我听不懂。在他家住，早上不到 5 点钟就被外面奇特的音乐所惊醒，问了问，才知道是喇叭播放的敬神曲。

第二，村庙层次。

家内祈祷随时可进行，但遇到节日或向神明提出更高的要求时，到村庙祈祷被认为更有效。特别虔诚的人，除在家祈祷外，每日要到村庙中去。在我与之交谈过的人中，就有两个这样的人，一人叫 M. Basuaku，45 岁，卡拉尔种姓，耕者，他每天下午 6 点左右去神庙祈祷，约一小时。另一人是个 78 岁的婆罗门，此人受到过印度总统的接见，在村里德高望重，据称每天到庙里祈祷。在我到达村里的第二天上午 10

点，他带着两个孙子，来到 Harihara Pultara 庙。他向我介绍了各路神明的名字、简历以及庙的历史，给我的印象是：他对神的虔诚是建立在他丰富的宗教学知识之上的。特别值得一提的是村中每月三次较大规模的祭神活动。到达该村的第二天，我刚起床，就听到外面吹螺号、打铜钹的声音，很热闹。出来一看，见一群孩子举着神像在游行。村民告诉我，泰米尔历的每个星期一早上，都要举行这样的活动。与人们进神庙祈祷时的严肃、虔诚态度不同，这种游行充满了嬉闹的成分，孩子们追着、打着，嘻嘻哈哈。这种游行示威与其说是在"示"神明之"威"，不如说是在让平时寂寞的神明出来散散步、开开心，同群众联欢一下。

第三，朝圣。

最高层次的祈祷活动是到或远或近的印度教圣地朝圣。在坦焦尔的 Brihadesvara 神庙以及马杜赖的 Sundareswar 大庙里，会看到成群结队的香客，极虔诚地向湿婆神和象头神膜拜。神庙的祭司赤着膊，淌着汗，哼哼呀呀地唱着，不停地把燃着圣火的托盘从神殿深处端出又端进，香客们则争先恐后地抢盘中的灰烬，将其抹在自己的额前，以示已得到神佑。这些香客中多数是本地人，也有远道而来者。在马杜赖的 Sundareswar 大庙，我看到一队香客，头顶行装，口喊号子，极其虔诚。问他们从何而来，回答说尼泊尔附近。如果是真的，那么他们少说也跋涉了 2000 千米，这种宗教献身精神令人惊叹。有远道朝圣体验的印度教徒，不仅能在心理上得到极大的满足，而且在村落社会中会受到更大的尊敬。

库土尔村也有许多人到外地朝圣。最多的是去坦焦尔县城的大庙。不过，他们说，他们去坦焦尔朝圣，多半不是特意去的，而是在购物、访友时顺便进香。还有到更远的地方朝圣的，但因时间关系，我没有去访问这些人。

总的来说，对于这三个层次的祈祷活动，信徒行程越远，越显其心诚，同时也被认为更可能灵验。

我有这样的感觉：村落社会中越是地位高、有知识的人，对神越虔诚，在宗教生活上花费的钱财和精力也越多。我的向导告诉我，他的一位在坦焦尔城中开粮店的族中爷爷，很富有。前年向坦焦尔一神庙捐献了 3 万卢比，受到当地人们极大的赞誉和尊敬。

无论是库土尔村还是在其他地方，我都深深体会到，神庙对于印度教徒是那样的重要。较大规模的神庙，不仅是一个宗教祈祷场所，同时也是一个文化活动中心、慈善救济中心和商业活动中心。由此，我理解了古代印度这样一个史实：许多重大战争，既非为了争夺土地，更非为了争夺奴隶或别的什么，而仅仅是为了争夺一座神庙。

关于村中各教派之间的关系，看不出什么紧张。印度教徒同基督教徒的交往，不像其同达利特那样严格，但也受限制。这种限制主要是经济方面的。一般来说，上层印度教徒只同上层基督徒交往，贫穷的印度教徒同贫穷的基督教徒交往。但通婚严格限制在一个教派之内。

重要译词

A

achieved status 获得性身份
Acintya 阿森迪亚（不可思议的）
Ahir 阿西尔（北方邦一种姓）
Ambalavasi 安巴拉瓦西（马拉巴尔海岸一种姓）
Ammān 湿婆之妻名
anuloma hypergamy 顺婚（高种姓男子娶低种姓女子）
Artha 利
Aryans 雅利安人
Atman 阿特曼，自性，我
axis of secularism 世俗主义轴心
axis of tradition 传统轴心
aya system 阿亚制度

B

Bhakti 巴克蒂（敬信）
Balutdar 巴鲁特达尔
Banya 班尼亚（北方一种姓）
Barendra Brahmin 西孟加拉一婆罗门亚种姓名
Bhangi Mehtar 班吉·梅塔尔（一达利特种姓）
Bhandari 班达里（种姓）
Bhils 比尔人（一部落名）
Biradar Bhau 法定兄弟
Brahmā 梵，梵天，"大我"
Brahmā-ātma-aikyam "梵我一如"
brahmacarya 梵行期
Brahmin 婆罗门
Brāhmo Samāji 梵社
Budhalkar 卜达尔卡尔（种姓）

C

Cāndāla 旃陀罗（古代达利特的一种）
caste 种姓
caste association 种姓协会
caste dinner 种姓饭
caste Panchayat 种姓潘查雅特
caste war 种姓战争
Cauvery 高韦里（河）

Chambhar 昌巴尔（种姓）
Chamar 查马尔（种姓）
Chauhan 乔罕（种姓）
Chasa 乔沙（种姓）
Chetti 切提（种姓）
Chuhrā 朱拉（一达利特种姓）
clan 宗族
commensal unity 共食单位
communal riot 教派骚乱
Coorgs 果戈人（印度南部一部落）
criminal class 犯罪阶级

D

Dalit 达利特（被压迫者）
Dāsa 达萨
Dāsa Porwal 达萨·波瓦尔（种姓）
Darshan "神性放射"
de-Sanskritization 非梵化
de-ritualization 非礼仪化
Dhakra 达克拉（种姓）
Dharma 法（达摩）
Dharmasabhā 法会
Diwan 迪万（地方行政长官）
Dom 多姆（达利特种姓）
Dhor 多尔（一部落名）
dominant caste 统辖种姓

F

family community 家庭共同体

four Ashramas 四个生活期

G

Gaur Brahmin 一婆罗门亚种姓名
Ghadasi 格达西（种姓）
Gopa 哥帕（古代村吏）
gotra 哥特拉
gotra exogamy 哥特拉外婚制
grāma 村落
Grāmik 村头人
grammar of culture 文化语法
Grāa Sabhā 村民大会
Grāmvirid 村长老
grhastha 家住期
guild 行会
Guru 尊师

H

Haddi 哈迪（种姓）
hali system 犁人制度
Hari 哈里（种姓）
Harijan 哈里真（圣雄甘地对达利特的称呼）
hierarchic pyramid 阶序金字塔
Hierarchical 阶序主义的
hierarchical strife 阶序冲突
hierarchy 阶序
Hinduism 印度教

I

ideal type 理念类型

Inamdar 伊南达尔
individual-centered world 个人中心世界
individual-centeredness 个人中心主义
internalization 内在化

J

Jijhotia Brahmin 一婆罗门亚种姓名
jajman 贾吉曼
jajmani system 贾吉曼尼制度
Jat 贾特（种姓）
jatha 宗族
jāti 阇提
jāti-samkara 种姓混杂

K

Kamal 卡马尔（税制）
Kanauja Brahmin 卡瑙季亚婆罗门
Kasar 卡萨尔（种姓）
Kayasta 卡雅斯塔（种姓）
Kama 欲
Kamma 卡马（种姓）
Kati 科提（种姓）
Khedut Sangh 克都特同盟
Kshatriya 刹帝利
Ksherapala 土地监护神
Kul 库尔
Kumbi 昆比（种姓）

L

Lambardar 仑巴达尔
Lingayat 林伽雅特（种姓）
Lohar 劳哈尔（铁匠种姓）

M

Mappila 莫普拉
Mahar 马哈尔（种姓）
Mālā 马拉（一达利特种姓）
Manga 芒戈（种姓）
Maratha 马拉塔（种姓）
marginal man 边际人
magical power 魔力
Maya 幻
microcosmos 小宇宙
Mirasdar 米拉斯达尔
Modh 穆德（种姓）
Moksha 解脱
Mukti 解脱
mutual dependence 相互依赖

N

Nadar 纳达尔（种姓）
Nagapanchami Festival 蛇神节
Nashik 那西克（一印度教圣地）
Nayars 纳亚尔人
Nambudiri 南布迪里（一婆罗门种姓）
Nigantha Nātaputta 尼提陀·菩提

子（大雄）
Nirguna 尼尔古那（无属性）
Nisāda 尼沙达（古代达利特的一种）

P
Pednekar 帕德卡尔（种姓）
Paraiyan 帕赖扬（一达利特种姓）
Prabhu 普拉布（种姓）
Porwal 波瓦尔（种姓）
Prohibited degrees 禁婚亲等
Panch 潘奇
Panchadari 潘查达里（种姓）
Panchayat 潘查雅利，"五老会"
Panchayat Samiti 潘查雅特委员会
Panchayat Raj 潘查雅特制度，乡村评议会制度
Patidar 帕提达尔（种姓）
Patil 帕特尔（村长）
Police Patel 治安员
Pradhan 区委员会主席
Pratiloma hypergamy 逆婚
Purusa 普鲁沙（原人）

R
Radhiy Brahmin 一婆罗门种姓名
Raiyatwari 莱特瓦尔（村落类型）
Rajput 拉其普特（种姓）
Ramoshis 拉摩什人
Reddi 雷迪（种姓）
Rana 拉纳（种姓）
Rin 债

S
Sabha 萨博（大会）
Sādhu 苦行者
Sainthood 圣者身份
Samiti 萨米提（会议）
samnyasa 遁世期
sanskritization 梵化
sapinda exogamy 萨宾达外婚制
Saraswat Brahmin 萨拉斯瓦特婆罗门（一婆罗门种姓名）
Sarpanch 沙潘奇
Sashtikar 萨西提卡尔（种姓）
Sastha/Pillaiyan 湿婆神之子名
Sāti 萨提（寡妇殉葬）
Satyagrāha "坚持真理"
secularization 世俗化
self-reliance 自我依赖
Shagirdpesha 沙基尔帕萨（种姓）
Shenvi 沈维（种姓）
Shrimati 斯利马提（种姓）
Shudra 首陀罗
situation-centeredness 情境中心主义
situation-centered world 情境中心世界
Siva 湿婆

social distance 社会距离

Solanki 索兰基（种姓）

Sonar 索纳尔（种姓）

Sramana 沙门

Sereni "同业公会"

sub caste 亚种姓

supernatural-centeredness 超自然中心主义

supernatural-centered world 超自然中心世界

Sutar 苏塔尔（木匠种姓）

U

Union Board system 联合委员会制度

Upree 乌普里

unilateral dependence 单方面依赖

untouchable 直译为"不可接触者"，今称达利特

untouchability 不可接触制，不可接触性

untouchability in untouchables 不可接触者中的不可接触制

V

vanaprastha 林住期

Vani 瓦尼（种姓）

Varna 瓦尔纳

village community 村社

Village Panchayat 村潘查雅特，村评议会

Visa Porwal 维萨·波瓦尔（种姓）

Visnu 毗湿奴（印度教三大神之一）

W

westernization 西化

Y

yejmanru system 耶吉曼鲁制度，即贾吉曼尼制度

Z

Zila Panchayat 区委员会